AF892996

Alain Bresson

L'économie de la Grèce des cités

(fin VIe-Ier siècle a.C.)

II. Les espaces de l'échange

ARMAND COLIN

Collection U • Histoire

Ouvrage publié sous la direction de Maurice Sartre

Illustration de couverture : Monnaies aux types athéniens
du trésor de Tell El-Mashkuta (*IGCH*, 1649). Cabinet des Médailles, Bruxelles.

© Armand Colin, Paris, 2008

ISBN 978-2-2003-5358-2

DANGER
LE PHOTOCOPILLAGE TUE LE LIVRE

Tous droits de traduction, d'adaptation et de reproduction par tous procédés, réservés pour tous pays. • Toute reproduction ou représentation intégrale ou partielle, par quelque procédé que ce soit, des pages publiées dans le présent ouvrage, faite sans l'autorisation de l'éditeur, est illicite et constitue une contrefaçon. Seules sont autorisées, d'une part, les reproductions strictement réservées à l'usage privé du copiste et non destinées à une utilisation collective et, d'autre part, les courtes citations justifiées par le caractère scientifique ou d'information de l'œuvre dans laquelle elles sont incorporées (art. L. 122-4, L. 122-5 et L. 335-2 du Code de la propriété intellectuelle).

Armand Colin • 21, rue du Montparnasse • 75006 Paris

Introduction

Après avoir présenté les déterminants de base de l'économie de la Grèce des cités ainsi que les données de la production, ce second volume aborde la question de l'échange et du marché. Le monde égéen et l'univers des cités restent le cadre de référence de ce second tome. Mais l'horizon des échanges extérieurs des cités de la mer Égée ne se limitait pas à leur environnement géographique immédiat. C'est dans leur relation avec les espaces extérieurs qu'elles trouvèrent l'un des principaux facteurs de leur développement économique. Tout en centrant l'attention sur cette région, il faut donc accepter de prendre en compte la place de ces cités dans un espace plus vaste, pouvant parfois embrasser l'ensemble de la Méditerranée.

Quelle était la « nature de l'économie » de la Grèce ? Était-elle ou non une économie de marché ? C'est souvent en ces termes qu'est mené le débat relatif à l'économie de la Grèce des cités. Même si la formulation est banale et si l'on ne doit pas s'attarder à des querelles de mot, il reste qu'il n'est pas sûr qu'une démarche classificatoire constitue la meilleure manière de mener le débat. À la méthode consistant à imposer une grille de lecture, comme s'il s'agissait de cocher des cases dans un questionnaire, on préférera une analyse en termes de processus et de dynamique, en n'excluant pas le recours à des instruments théoriques, ce qui est une démarche toute différente. De la sorte, en effet, il est possible à la fois de mettre en évidence la spécificité de l'objet, en l'occurrence l'économie de la Grèce des cités, et de le situer dans un cadre d'analyse plus vaste, celui de la théorie générale de l'économie.

On a vu que le trait majeur de l'organisation des cités était que de larges communautés d'hommes libres, les citoyens, se regroupaient pour former des ensembles se donnant une organisation politique, symbolique et économique qui les identifiait et les définissait. Par extension, des hommes libres non-citoyens, résidents ou étrangers de passage, pouvaient vivre à la périphérie de ces communautés, chacune de ces catégories d'étrangers disposant de droits spécifiques. Pour ce qui concerne l'économie, c'est-à-dire la reproduction de la société vue sous son angle matériel, deux traits de cette organisation jouaient un rôle décisif.

Il s'agissait d'abord d'une appropriation privée des biens de production et, donc, de la constitution d'une multitude d'unités de production disposant chacune d'une autonomie de décision. Le système antique poussait l'appropriation privée jusqu'à y inclure la propriété des hommes : de ce fait, la frontière entre les hommes libres (d'abord ceux qui étaient membres de la communauté citoyenne ainsi que, par extension, tous les libres) et les esclaves devenait radicale. La propriété privée était garantie par l'existence de la cité, qui en était le fondement. Face au monde extérieur, la cité était en effet d'abord un groupe de guerriers imposant sa domination sur une terre, contre d'autres groupes similaires désireux eux aussi de s'emparer de terres et autres biens de production. Telle est la raison pour laquelle la défense de la cité et la participation aux campagnes militaires étaient requises de tous les citoyens, non seulement à l'époque archaïque et classique, mais même, bien plus largement qu'on le pensait jusqu'il y a peu, encore à l'époque hellénistique.

Dans son espace intérieur, la cité assurait en contrepartie à chacun de ses membres la garantie du maintien de la propriété privée de biens matériels et d'esclaves. La dimension économique de la cité était donc présente dans sa définition même. Les contestations sur la propriété des biens ne devaient pas se régler par la force, comme c'était le cas dans les rapports avec les communautés extérieures, mais par la voie pacifique et la médiation de la communauté. Ainsi, la cité était un espace où, en principe, les contestations sur la propriété devaient se régler par l'entremise d'un tribunal formé de membres de la communauté. Ce n'est que lorsque la communauté ne parvenait plus à régler par elle-même ses conflits que, pour éviter une révolution, une guerre civile, ou du moins des troubles sociaux graves, elle devait faire appel à des juges étrangers pour régler ses litiges internes. De fait, le recours à des juges étrangers fut assez fréquent à l'époque hellénistique[1]. On retiendra en tout cas que la cité était un espace de droit et que le règlement des litiges par un tribunal apportait une garantie d'importance vitale à la vie économique.

L'autre trait caractéristique du régime de la cité était la libre disposition par les citoyens, et les libres en général, d'une proportion largement majoritaire de la valeur de la production de leur propriété, que cette dernière soit importante ou très modeste[2]. C'était là un trait qui les différenciait de manière fondamentale des sociétés des royaumes du Proche-Orient. Maîtres de leur produit, les libres étaient susceptibles de les échanger avec leurs homologues, dans le cadre de la communauté, ou bien, sous certaines conditions et éventuellement avec certaines contraintes définies par la cité, avec des partenaires extérieurs à leur communauté d'origine. L'échange marchand, non la livraison de type bureaucratique, jouait donc un rôle décisif dans la circulation des biens. Le système de la monnaie frappée de métal précieux, dont les débuts se situent vers 600 a.C. et qui connut un développement fulgurant à la fin de l'archaïsme, constitua un prodigieux accélérateur des transactions.

Dans le monde de la Grèce des cités, les espaces de l'échange étaient régis par deux institutions, l'agora pour le commerce intérieur, l'emporion pour le commerce extérieur. Ce second volume accorde donc une place significative à l'étude institutionnelle. Cependant, il vise surtout à dégager la logique économique qui se développa dans le cadre ainsi défini, qui est donc infiniment plus vaste que celui de la cité *stricto sensu*. Le monde grec était une société globale qui se divisait en communautés particulières. Le piège serait de restreindre l'analyse économique au cadre de la cité. L'enjeu est au contraire de mettre en évidence la logique économique de la « société des cités ». Même s'il reste au centre de l'attention de l'ouvrage, on doit nettement situer le monde égéen comme une portion d'une zone d'échange bien plus vaste, qui englobait la plus grande partie de l'espace méditerranéen. On montre en effet dans ce second volume comment les échanges entre régions jouèrent un rôle décisif dans l'évolution du monde grec. Pour finir, on teste les limites atteintes par le système en s'inspirant de la théorie des jeux.

Pour garder à ce second tome des proportions raisonnables et comme dans le premier, bien des thèmes importants ne sont qu'à peine esquissés ou signalés, voire entièrement passés sous silence. Ainsi, nous faisons souvent allusion à la structuration inégalitaire des revenus, sans pouvoir consacrer à ce sujet les développements qu'il mériterait. Il en va de même des revenus et des dépenses des États ou des théories économiques antiques, sauf si elles concernaient les échanges[3]. De la sorte, cependant, nous espérons avoir conservé à ce volume une plus grande unité.

Au terme de cette aventure, nous voudrions dire une nouvelle fois à M. Sartre toute notre reconnaissance : nous lui devons le projet de ce livre et son soutien ne nous a jamais fait défaut. Nous voudrions aussi remercier chaleureusement Fr. de Callataÿ, ami attentif entre tous, à qui nous devons en outre la photo de couverture de ce second tome. À la liste des noms des amis et collègues déjà mentionnés dans l'introduction du premier tome, nous voudrions ajouter la liste de ceux à qui, pour le présent volume, nous sommes redevables d'informations bibliographiques, de renseignements spécifiques, ou de discussions sur des thèmes plus généraux. Que M.-Fr. Boussac, L. Cavalier, V. Chankowski, P. Debord, Cl. Domergue, P. Doukellis, G. Finkielsztejn, V. Gabrielsen, Y. Garlan, L. Mendoni, Cl. Moatti, J. Ma, A. Marcinkowski, St. Mitchell, D. Knœpfler, O. Picard, N. Prévost, S. Psoma, G. Reger et P. Rouillard trouvent donc ici l'expression de notre amicale gratitude. La liste pourrait être plus longue et nous devons par avance nous excuser auprès des collègues et amis dont le nom ne se trouverait pas mentionné ici. Pour l'établissement des cartes, nous avons comme pour le premier volume bénéficié de l'aide de N. Pexoto. S. Vincent nous a apporté toute sa compétence dans le traitement de certains graphiques. Que toutes deux trouvent ici l'expression de notre vive gratitude, ainsi que tous les amis du centre Ausonius, qui a depuis si longtemps formé notre famille scientifique. Envers Michèle et François, notre dette est si lourde que nous ne saurions en donner la mesure. Il est sûr en tout cas que sans leurs relectures, leurs conseils et leur vigilante attention, la rédaction ce volume n'aurait jamais pu aboutir dans les courts délais imposés par les exigences des programmes universitaires français. Julie et Frédéric ont aussi été mis à contribution pour diverses aides bibliographiques. *In fine*, bien entendu, nous restons seul responsable des points de vue exposés dans cet ouvrage et, d'autant plus, des erreurs qu'il pourrait éventuellement contenir.

Cestas, 11 décembre 2007

Chapitre 1

Les institutions du marché intérieur

La cité était à la fois une communauté vivante et un État collectif. Privilège du citoyen, la liberté ne signifiait pas l'absence de règles. Bien au contraire, elle ne pouvait se réaliser en dehors d'un système de lois qui en assuraient l'exercice. L'une des facettes de cette liberté consistait, pour le citoyen, à échanger avec ses pairs quand il le voulait, selon sa décision. Il pouvait le faire sur la place de marché, l'agora (ou sur les agoras, dans le cas de cités vastes qui en comptaient plusieurs, comme Athènes ou comme Rhodes). L'agora était un espace où les échanges étaient régulés par les institutions de la cité, représentées par un ou plusieurs magistrats. Il leur revenait de faire en sorte que les relations marchandes entre citoyens soient fondées sur le principe de l'équité et de la justice. Vues sous cet angle, les transactions de l'agora n'avaient donc pas seulement un caractère privé. Elles engageaient aussi pleinement la vie de la collectivité. C'est la raison pour laquelle la cité devait aussi veiller sur l'approvisionnement et sur les prix des denrées offertes à la vente. Un approvisionnement insuffisant ou des prix trop élevés pouvaient en effet avoir le même effet destructeur sur la communauté civique. Régulatrice et arbitre des échanges, la cité pouvait donc aussi en devenir acteur.

La propriété privée

La propriété privée et l'échange

La définition de la propriété des biens est le préalable de toute transaction. La forme de la propriété varie d'une société à l'autre. Il importe ici de définir celle qui prévalait dans la Grèce des cités par rapport à celles des autres sociétés du temps. Dans les États orientaux antérieurement à la conquête perse ou dans l'empire perse lui-même, le droit de propriété n'était pas défini de manière uniforme. Au sommet de la pyramide sociale, le souverain possédait d'ordinaire un droit de propriété supérieur sur la terre et sur toute personne et tout bien du royaume. Les communautés paysannes installées sur la terre royale devaient payer aux souverains une redevance d'un montant très élevé. Même si, dans la pratique, la propriété privée existait aussi bien en Égypte qu'en Mésopotamie, elle n'avait nullement le caractère qu'elle pouvait avoir dans le monde des cités grecques. Cependant, la mise en évidence récente de *laoi*, de paysans dépendants, à l'intérieur du royaume de Macédoine au début du IIIe siècle a.C, montre que, sur ce plan, des formes d'exploitation du travail semblables pouvaient se rencontrer de part et d'autre de l'Égée[1]. De même, au sein du monde des cités aussi, il pouvait exister de fortes différences entre celles qui conservaient un modèle traditionnel fondé sur l'exploitation de paysans dépendants, comme les cités crétoises ou Sparte, et celles qui étaient urbanisées et ouvertes à l'échange. C'est surtout aux cités du second type qu'on s'intéressera ici, celles dont le modèle s'imposa au cours de l'époque classique et plus encore à l'époque hellénistique.

La propriété privée des biens était la base même de la société civique. Aristote insiste fortement sur ce point[2]. La propriété privée signifiait le droit de disposer librement de ses biens et de leur produit. Elle incluait donc d'abord la possibilité d'acheter et vendre librement, qu'il s'agisse de biens de production (terre), de biens d'usage (comme des meubles ou une maison), ou de produits destinés à la vente (produits agricoles ou produits artisanaux). Ensuite, elle supposait le droit de transmettre ses biens à ses héritiers. Tel était le fondement de la liberté du citoyen : il était maître de ses biens, comme il était maître de sa personne. Au contraire, comme le soulignent explicitement les sources grecques, il n'y avait dans le monde perse qu'un seul homme libre, le roi : même les plus grands dignitaires du royaume n'étaient que ses esclaves et (du moins en droit) il pouvait user d'eux et de leur personne comme il l'entendait.

Cependant, la propriété privée du citoyen, dont dérivait celle des métèques, était elle-même fondée sur l'appropriation par la cité d'un territoire défini, qu'elle était susceptible de défendre par les armes et sur lequel elle pouvait exercer ses lois. C'est la raison pour laquelle la terre ne pouvait être la propriété que des seuls citoyens. Il entrait donc dans la notion de propriété un rapport de violence, exercé par la collectivité civique : la conquête militaire de terres nouvelles était légitime, le rapport de force fondant le droit. Dans les cités coloniales établies par les Grecs sur des terres occupées par des populations barbares (non-grecques), ce rapport de force se traduisait par l'expropriation des indigènes et l'appropriation par les colons grecs de la terre conquise. De la même manière, ce rapport de force collectif était aussi le fondement de l'asservissement des hommes : la propriété des biens incluait aussi la propriété des personnes. Ce point constitue une différence essentielle par rapport à la propriété privée telle qu'elle est définie dans les sociétés d'aujourd'hui. La main-d'œuvre devenait un capital transmissible. À Athènes, jusqu'à Solon, on pouvait être réduit en esclavage pour dette. Après Solon (594 a.C.), la différenciation entre hommes libres et esclaves devint radicale : un homme libre ne pouvait pas être réduit en esclavage pour raisons économiques à l'intérieur du cadre civique. S'il était endetté, il ne pouvait pas davantage se vendre lui-même en esclavage, ni vendre son épouse ou ses enfants. C'était donc définir une frontière entre les citoyens (et donc les hommes libres en général) et les esclaves. Les premiers étaient susceptibles d'être acheteurs et vendeurs de toute catégorie de biens, tandis que les seconds étaient définis exclusivement comme biens susceptibles d'être achetés et vendus. Dans les autres cités, la bipartition devint elle aussi une caractéristique fondamentale de l'organisation sociale.

La cité assurait la garantie des droits de propriété et du bon ordre général. Ainsi, les magistrats devaient veiller à ce que les bornes ne soient pas déplacées. Le détail de leur fonction et leur nom variaient en fonction de leur lieu d'exercice et aussi selon les cités. Dans la *Politique* (6.8.4-6), Aristote explique ce que pouvaient être les tâches des policiers (*astynomoi*) pour l'espace urbain, des gardes champêtres (*agronomoi*) et des gardes forestiers (*hylôroi*) pour l'espace rural. On sait en effet qu'à la campagne les propriétaires devaient eux-mêmes faire garder leurs champs au moment des récoltes, comme c'était encore le cas il y a peu dans l'Europe méditerranéenne. Des tours de guet en bois permettaient d'assurer cette surveillance[3]. De manière générale, il fallait veiller à prévenir ou à arbitrer les conflits de propriété, faire en sorte que les bornes ne soient pas déplacées. Pour ce qui est spécifiquement des bornes, on doit citer l'existence de « gardiens des bornes » (*horophylakes*) à Chios[4]. Sous des formes diverses, centralisées ou décentralisées, l'enregistrement cadastral des terres dans les archives publiques permettait aussi de garantir la pérennité de la propriété. Il apparaît aujourd'hui que cet enregistrement était plutôt la norme que l'exception à l'époque hellénistique[5]. Au reste l'enregistrement des contrats privés devait être déjà fréquent à l'époque classique, puisqu'il est mentionné comme une évidence par Aristote (*Politique*, 2.8.7). À l'intérieur du cadre civique, l'identité du propriétaire n'importait pas. Il pouvait s'agir de la propriété d'une entité abstraite (d'un dieu), d'une collectivité (par exemple d'une phratrie ou d'un dème) ou d'un individu (en règle générale un citoyen, les métèques, c'est-à-dire les étrangers résidents, étant, sauf privilège particulier, exclus de la propriété de la terre civique). Certaines terres faisaient l'objet d'un tabou religieux particulier et leur mise en culture était interdite. Pour le reste, et de manière générale en Grèce, les domaines appartenant à un dieu n'étaient pas traités différemment de ceux d'un simple particulier : ils étaient mis en location[6]. De la sorte, les sanctuaires se procuraient les revenus qui leur permettaient d'assurer l'entretien du culte et les frais de construction ou de réparation des bâtiments appartenant au dieu. À Delphes, par exemple, coexistaient donc des terres interdites de mise en culture (la *hiera chôra*) et d'autres qui faisaient l'objet de contrats de location[7]. De même, les réserves des sanctuaires en métal précieux pouvaient éventuellement faire l'objet de prêts à des particuliers, même si manifestement ce n'était pas là cette fois une règle générale[8]. Les revenus tirés des propriétés du dieu servaient à l'entretien des bâtiments du sanctuaire ou à payer les frais du culte, en particulier ceux des fêtes et des sacrifices, dont les membres de la collectivité civique étaient directement bénéficiaires.

La propriété privée ne fut jamais sérieusement mise en cause. L'utopie de la *République* de Platon d'une société abolissant la propriété privée au profit d'une stricte division du travail entre classes sociales, à la manière d'une colonie d'abeilles, n'eut jamais d'autre réalité que spéculative. Quant à Sparte, l'idée qu'elle aurait connu une forme de propriété collective, avec un État redistribuant les lots de terre à chaque génération, n'est qu'un mythe de l'historiographie moderne[9]. La seule remise en cause, non pas de la propriété privée, mais de l'état de la propriété, pouvait venir de la contestation sociale. À l'intérieur de la cité, une répartition sociale par trop inégalitaire pouvait en effet conduire à la contestation de l'ordre établi. De l'époque archaïque à la fin de l'époque hellénistique, deux revendications sociales furent toujours mises en avant en cas de crise : l'abolition des dettes et le nouveau partage des terres[10]. Cette seconde revendication correspondait en quelque sorte à une volonté de revenir à un état (mythique) d'égalité originelle entre les citoyens. De fait, nombre de cités connurent des épisodes révolutionnaires, parfois accompagnés de formes de violence extrême. Mais il ne s'agissait au fond que de remplacer des propriétaires par d'autres propriétaires, non de remettre en cause la propriété elle-même.

L'autre forme de remise en cause de la propriété pouvait venir des esclaves. Malgré les menaces de châtiments corporels rigoureux qui pouvaient frapper les esclaves qui étaient repris, les fuites d'esclaves n'étaient pas rares. Les papyrus d'Égypte révèlent que les propriétaires lançaient de véritables avis de recherche, appuyés sur des signalements correspondant au physique du ou des fugitifs[11]. Il ne devrait faire aucun doute que des systèmes analogues existaient déjà à l'époque classique. C'est en tout cas pour se prémunir contre l'éventualité des fuites d'esclaves que fut inventé le premier système d'assurance : à Babylone, à la fin des années 320 a.C., le Rhodien Antiménès proposait de payer une prime qui permettrait de compenser les fuites éventuelles[12]. Pour rattraper les esclaves qui essayaient de s'enfuir à l'étranger, les cités passaient entre elles des accords d'échange réciproque de leurs esclaves en fuite. Quant aux révoltes d'esclaves, plusieurs d'entre elles furent de grande ampleur. D'une part, les esclaves pouvaient profiter d'un contexte de guerre pour rejoindre l'un des deux camps, en espérant de la sorte gagner leur liberté. Ce fut le cas lors de la révolte des esclaves de Corcyre en 427 ou de Chios en 412, où les esclaves rejoignirent le camp des démocrates et des Athéniens[13]. Mais ce fut aussi le cas pour les 20 000 esclaves athéniens qui s'enfuirent lors de la guerre de Décélie[14]. Cependant, des révoltes d'esclaves pouvaient se déclencher de manière autonome, hors contexte de guerre, lorsqu'existaient de fortes concentrations d'esclaves, celle de Délos en 133 puis à la fin du IIe siècle a.C.[15]. Rien n'indique qu'on ait jamais songé à la « suppression de l'esclavage ». Lors de la grande révolte des esclaves en Sicile des années 130, le chef des révoltés, Eunous, se proclama roi sous le nom d'Antiochos. Il prit certes sa revanche sur ses anciens maîtres, mais n'entreprit nullement de supprimer le statut servile[16].

On peut donc considérer que, dans le cadre de la forme d'appropriation collective que constituait la cité, les citoyens (et, par leur entremise, les métèques, mais, quant à eux, sans droit sur la terre) étaient libres d'user de leur propriété comme ils l'entendaient. Chaque citoyen devait avoir pour ambition d'être autosuffisant, *autarkès*. Mais cette ambition ne signifiait nullement que ce dernier dût se fermer aux autres et refuser l'échange. Bien au contraire, Aristote insiste sur le fait que, inévitablement, tout le monde avait besoin des autres pour satisfaire les besoins inhérents à une vie digne de ce nom. Le paysan, qui lui-même ne pouvait produire toutes les catégories de produits agricoles, avait en outre inévitablement recours au maçon, au cordonnier ou au forgeron. Aristote considérait comme une évidence que la division du travail était au fondement de la cité[17]. Pour lui, « l'autarcie » (*autarkeia*), c'est-à-dire le fait d'être autosuffisant, ne pouvait se réaliser que dans et par la vie collective. Certes, à ses yeux, la possibilité d'échanger de manière équitable ne suffisait pas à définir l'autarcie, mais elle en était néanmoins une condition indispensable[18].

En outre, comme y insiste aussi Aristote (et l'on peut penser que sur ce point comme sur bien d'autres il reflétait l'opinion commune sur la question), l'usage de la propriété impliquait un certain nombre de devoirs. Membre d'une collectivité qui était elle-même le fondement de l'appropriation individuelle, le citoyen propriétaire ne devait pas faire usage de sa fortune uniquement à des fins personnelles. Une fois la satisfaction de ses besoins assurée, il devait aussi mettre sa fortune au service de la collectivité. En effet, la collectivité étant au fondement de la satisfaction de ses propres besoins, dans l'usage de sa propriété privée le citoyen se devait en retour d'être généreux à l'égard de la cité ou de ses concitoyens, puisque son intérêt bien compris résidait dans le maintien de la collectivité civique. S'il en avait les moyens, il ne devait donc pas se dérober aux charges collectives qui lui étaient imposées, qui étaient désignées sous le nom de liturgies. Il s'agissait, par exemple, du financement de spectacles (la chorégie) ou de l'équipement de navires de guerre (la triérarchie)[19]. De même, il se devait de répondre favorablement aux sollicitations de contribution volontaire lors des souscriptions publiques lancées pour le financement de telle ou telle opération (par exemple pour des achats de grain à titre public ou pour la construction de fortifications)[20]. En revanche, l'échange des biens entre les citoyens (ainsi que, de même, tous les échanges opérés sur le territoire de la cité, quels que soient les partenaires) devait strictement respecter l'équité. Les différends entre acheteurs et vendeurs, ou plus largement entre tous les contractants (entre autres par exemple entre employeurs et salariés), pouvaient en effet être source de graves troubles. Maintenir l'ordre et l'équité dans les transactions, c'était donc aussi assurer la continuité de la collectivité civique.

S'agissant de la vie sociale et politique, Aristote proposait à ses lecteurs un traité de morale, une éthique qui devait les guider dans leur conduite de citoyen, à titre public comme à titre privé. Selon lui, le maître mot dans tous les domaines était : garder la mesure. Il ne fallait pas s'enrichir à l'excès. Midas était mort de sa cupidité, car tout ce qu'il touchait était transformé en or[21]. Il ne fallait pas non plus faire des dépenses excessives aboutissant à la perte de son patrimoine, ce qui aurait été à l'encontre du but recherché de maintien de la collectivité civique. Le modèle prôné par Aristote était celui d'un régime de redistribution modérée, permettant d'atténuer les tensions sociales et assurant la pérennité de la cité. Mais la réalité pouvait être fort différente. La tension entre l'idéal civique de tendance égalitaire et l'enrichissement d'une minorité fut toujours l'un des principaux facteurs d'évolution des sociétés civiques grecques.

Transactions, ventes et contrats

La spécificité du droit et des pratiques juridiques des cités grecques pourrait apparaître comme une limitation du droit de propriété. Pour ce qui est du droit, on doit tout d'abord souligner que chaque cité grecque possédait son propre code de lois, cela y compris encore à l'époque impériale. On peut donc considérer qu'il n'exista jamais de « droit grec », mais seulement celui d'une multitude de cités[22]. Au fil d'une histoire qui s'étend sur un millénaire (si l'on va de l'archaïsme jusqu'à la fin du IIIe siècle de notre ère), les évolutions politiques, et donc les évolutions juridiques, furent nombreuses. Il ne fait aucun doute que, à l'époque classique, pour ne prendre que ce seul exemple, le droit de Sparte ou celui de Gortyne divergeaient fortement de celui d'Athènes (par exemple pour le droit de la famille). En outre, on doit souligner que notre connaissance de la situation juridique des cités est fort variable : le droit d'Athènes et celui de Gortyne (grâce au fameux Code) nous sont incomparablement mieux connus que celui de la plupart des autres cités, pour lesquelles l'information est beaucoup plus maigre et de surcroît très inégale. Pourtant, au-delà de cette réelle diversité de détail, dans les cités les plus urbanisées et ouvertes aux échanges on peut néanmoins affirmer que d'une cité à l'autre les principes du droit ne différaient pas de manière essentielle.

C'est ce qui fait qu'un Grec n'était jamais dépaysé dans une cité autre que la sienne, car il y trouvait un environnement légal qui lui était familier et dans lequel il pouvait rapidement s'insérer, au prix de quelques adaptations. Pour rendre compte des différences constatées entre cités (même si cette question n'a pas à être traitée ici), il vaudrait mieux poser la question du droit des cités grecques en termes de variations et de permutations dans le cadre d'une structure globale qui limitait le champ des possibles. Si les cités grecques avaient chacune été des monades ne partageant aucun trait commun avec les autres, Aristote n'aurait jamais pu entreprendre d'écrire la *Politique*. Au reste, la spécificité du droit romain ne tient qu'au fait qu'il s'agit du droit d'une cité particulière qui, devenue un État mondial, l'imposa finalement à l'ensemble de l'empire, au terme d'un processus qui dura plusieurs siècles. Encore doit-on souligner que ce qu'on appelle conventionnellement le droit romain est en fait un ensemble composite de textes législatifs, mais aussi de commentaires de jurisconsultes ou de jurisprudence (répertoire d'arrêts rendus par des magistrats, en particulier à l'époque impériale), dont la somme ne fut établie que très tardivement, à l'époque de Justinien, lequel, outre le code qui porte son nom, fit rédiger le *Digeste* et les *Institutes*[23]. L'image que l'Europe médiévale et moderne s'est forgée du droit romain ne correspond donc pas véritablement à ce qui était la réalité du droit de Rome à l'époque de la République. Pour ce qui est des pratiques juridiques, la spécificité de l'État-cité grec voulait que le corps civique dans son ensemble (les citoyens) fût non seulement le principe qui régît l'État (la *polis*), mais que les citoyens eux-mêmes constituent l'appareil d'État, lequel ne pouvait être distinct de l'ensemble des citoyens. De ce fait, les pratiques juridiques étaient effectivement différentes de celles qu'on observe pour le droit romain, tel qu'il se mit en place à partir de l'époque tardo-républicaine et à l'époque impériale. Dans les cités grecques, le tribunal n'était autre que le peuple (ou son émanation) réuni pour dire le droit. Il n'était pas lié dans ses sentences par un corpus juridique et par une jurisprudence qui auraient eu une valeur propre, indépendante de son autorité. Dans le cadre des lois, le peuple était souverain en matière judiciaire comme en matière politique[24].

On se gardera cependant de considérer que la propriété aurait été instable et que les sentences des tribunaux auraient été du domaine de l'arbitraire. Une conception encore aujourd'hui très largement dominante veut que, en Grèce, et par rapport à la situation qui prévalait à Rome, la propriété ait été mal définie. Ce point mérite attention. Il est vrai que la propriété était définie de manière différente de celle qui prévalait à Rome. En Grèce, la propriété n'avait pas le caractère absolu de la *possessio* romaine car elle était liée à l'appartenance à une communauté civique et à l'existence de cette dernière, qui en constituait le fondement. Trois traits suffisent à illustrer ce point. Ainsi, tout d'abord, seuls les citoyens avaient le droit de posséder une terre. Ensuite, il pouvait exister des contraintes spécifiques sur la propriété, comme le montre, à Athènes, une loi qui, en principe, interdisait d'arracher les oliviers[25]. En troisième lieu, à Athènes encore, une procédure comme celle de l'*antidosis*, c'est-à-dire de l'échange des patrimoines dans le cas d'un procès contradictoire entre citoyens sur le montant d'impôt qu'ils devaient payer (l'accusateur pouvant réclamer d'échanger son bien contre un citoyen qu'il considérait comme plus fortuné mais qui payait moins d'impôts que lui), est tout à fait spécifique du monde des cités[26]. La propriété éminente de la cité se manifestait en outre par diverses limitations, comme le droit d'exploitation du sous-sol. Ainsi, à Athènes, le propriétaire du sol n'avait pas le droit d'exploiter une mine : seule la cité pouvait concéder ce droit (on disait « vendre », mais il ne s'agissait que d'une concession à terme), moyennant une redevance périodique. En droit romain, au contraire, le principe est *cujus est solum ejus est usque ad coelum et ad infernos*, « La propriété du sol va jusqu'au ciel et jusqu'aux enfers ». Au delà de ces limitations, cependant, le propriétaire était libre d'user de son bien comme il l'entendait. Aristote (*Rhétorique*, 1.5.7) définissait la propriété ainsi : « La capacité à aliéner, ou pas ; par aliénation, j'entends le don et la vente. » Les transactions, et plus généralement toutes les formes de contrats, faisaient l'objet d'une législation spécifique, qui protégeait acheteurs et vendeurs et qui avait pour but de régler les contestations sur la propriété.

S'agissant précisément du droit de la vente et plus largement du droit des obligations, l'opinion qui prévaut aujourd'hui veut qu'elle ait été sérieusement défectueuse par rapport au droit romain. Cette théorie est due à Fr. Pringsheim, qui a exposé sa thèse dans un ouvrage qui a fait date, *The Greek Law of Sale* (1950). Pour lui, les sociétés connaissent nécessairement trois formes de droit relatif aux contrats. Historiquement, le premier type aurait été le contrat formel, selon lequel des paroles définies prononcées par les parties les engagent et rendent le contrat contraignant : le type en serait la *stipulatio* romaine. Le deuxième type aurait été le contrat réel, qui veut qu'un contrat ne devienne valide (et donc ne puisse donner lieu à une procédure judiciaire) que si la livraison a été effectuée et si le prix a été payé. Le troisième type aurait été le contrat consensuel, qui veut qu'un simple accord direct entre les parties rende le contrat contraignant (et donc puisse donner lieu à une procédure judiciaire). Or, selon Pringsheim, le monde grec, à la différence de Rome, n'atteignit jamais le stade du contrat consensuel et en serait donc resté à une forme primitive du droit sur la vente et sur les obligations. Ainsi, en particulier, les Grecs n'auraient donc pas su distinguer possession et propriété. Face aux obstacles pratiques liés au caractère primitif de leur droit, les Grecs auraient été contraints de mettre au point toutes sortes de fictions juridiques pour les tourner, ce qu'on apercevrait en particulier dans le droit de l'Égypte lagide. Même à l'époque impériale, alors qu'ils étaient pourtant dominés par Rome, les Grecs en seraient restés à leurs formes de droit traditionnelles. L'une des principales conséquences concrètes aurait été que le monde grec n'aurait pas connu le système des ventes à crédit, puisque ce qui définit ce type de vente est que l'acheteur se trouve temporairement être le possesseur d'un bien dont il n'a pas encore totalement réglé le prix d'achat.

Le point de départ de Pringsheim, pour qui la loi des cités n'aurait pas reconnu un caractère contraignant aux accords librement contractés entre parties privées, se heurte pourtant à une surabondance de témoignages qui affirment explicitement le contraire[27]. Dans la *Rhétorique* (2.15.9 et 21), Aristote expose ainsi les principes du droit des accords : « De nouveau, il est nécessaire d'examiner si la loi est contradictoire avec une autre loi ou avec elle-même ; ainsi, une loi prévoit que tous les contrats seront contraignants (*kyria*), tandis qu'une autre interdit les contrats contraires à la loi »... « ce ne sont pas les contrats qui rendent la loi contraignante (*kyrion*), mais les lois qui rendent les contrats contraignants. De manière générale, la loi elle-même est une sorte de contrat et quiconque désobéit à un contrat, ou le subvertit, subvertit la loi. En outre, la plupart des transactions sont menées à bien par contrat, si bien que si l'on rend non contraignant (*akyron*) l'autorité des contrats, on s'en prend au besoin réciproque qu'ont les hommes entre eux (*tèn chrèian*) ». Certes, comme il se doit dans ce qui est une sorte de manuel à l'usage des avocats du barreau, Aristote ne se prive pas ensuite de développer l'argument contraire en opposant le droit naturel au droit positif (le principe de justice est même supérieur à la loi elle-même). Mais les principes du droit positif demeurent. Démosthène, Dinarque insistent de même à plusieurs reprises sur ce que les accords (*homologiai*) librement consentis sont contraignants (*kyriai*). Enfin le lexicographe Pollux (8.31) fait mention d'une « loi sur la violation de contrat ». Considérant qu'il s'agissait d'un témoignage tardif, Pringsheim a dénié toute valeur à ce témoignage, mais son argumentaire est bien faible face aux témoignages d'Aristote, Démosthène et Dinarque[28].

Au-delà des principes généraux, qu'en était-il réellement du droit des ventes et des contrats ? Dans le rapport entre acheteur et vendeur, l'avance d'argent sur le prix à payer peut venir du vendeur : il s'agit alors de vente à crédit (la livraison est effectuée, mais une partie de la somme seulement est payée au moment de la cession, le reste devant l'être plus tard). Elle peut aussi venir de l'acheteur : il s'agit alors d'arrhes pour prendre une option sur un bien qui sera livré ultérieurement (une partie de la somme est payée par avance au vendeur). La vente à terme n'est qu'une forme particulière d'avance de la part de l'acheteur : le bien n'est pas encore produit et ce que sera son prix de marché ne peut encore qu'être estimé, mais les deux parties s'engagent néanmoins sur une livraison, dans des conditions, à une date et à un prix fixé par contrat. De la part des deux parties, la vente à terme représente une prise de risque. Le vendeur a l'avantage de se faire payer par avance tout ou plutôt (d'ordinaire) partie de la somme totale convenue, mais il s'engage aussi à livrer quoi qu'il arrive à la date fixée, ce qui peut se révéler périlleux s'il ne peut satisfaire à cette obligation. Quant à l'acheteur, il a l'avantage de l'assurance de se faire livrer un produit donné à une date fixée, mais il prend aussi un risque car les conditions du marché peuvent alors avoir changé, de sorte que le prix courant du produit en question pourra se révéler inférieur à celui auquel la vente a été convenue, avec donc pour lui le risque d'une perte financière importante. C'est ce deuxième aspect, celui de l'avance de la part de l'acheteur qu'on doit d'abord évoquer.

D'emblée, on doit souligner que les ventes faisant intervenir des arrhes sur la livraison future du produit existent au moins depuis la première moitié du ve siècle a.C. En effet, un texte sur plomb provenant d'un petit port de commerce de la côte du Languedoc des années 480-460 a.C., point d'échanges entre Grecs, Étrusques et Ibères, évoque déjà une vente avec arrhes (*arrhabôn*) et un dépôt de garantie (*engyètèrion*)[29]. Il n'y a pas de témoignage relatif à des arrhes dans la documentation attique, mais cela tient sans doute au type de sources dont nous disposons pour cette cité[30]. En revanche, on retrouve le système de la vente avec arrhes dans la documentation papyrologique de l'Égypte ptolémaïque, où le système était courant. C'est le cas par exemple dans une plainte envoyée au roi Ptolémée IV par un marchand de laine, qui a acheté des toisons de moutons sur pied. Ayant versé 13,2 % d'arrhes (76 drachmes sur un total convenu de 575 drachmes 1 obole 4 chalques) sur 118 toisons de laine, un marchand de laine considère qu'il les a achetées et que le producteur indélicat, qui a tondu les moutons et gardé la laine pour lui, doit être contraint par l'autorité de lui remettre le produit convenu[31]. On a donc là très clairement un cas où le propriétaire et le possesseur sont distincts. C'est ce qui explique du reste que, dans ce type de contrat, les litiges surviennent au sujet de la livraison, le vendeur n'étant pas à même de l'effectuer (cas sans doute le plus fréquent) ou l'acheteur ne souhaitant plus recevoir livraison en payant le solde.

Avec le second cas mentionné, on a donc un exemple de vente à terme, c'est-à-dire de vente dont les obligations des parties, acheteur et vendeur, doivent être exécutées postérieurement à la date d'achat. Ce contrat indique de manière explicite que le produit a été *acheté*, même si seule une partie du prix a été versée. Un cas encore plus explicite est celui de la loi thasienne sur le commerce du vin, dont deux clauses concernent les ventes à terme[32]. La loi prévoit ainsi que la vente du moût ou du vin sur pied ne pourra intervenir avant le mois de Plynteriôn, correspondant très probablement à ce qui est pour nous la fin du mois de juin et le début du mois de juillet. Manifestement, la cité de Thasos voulait éviter toute contestation sur des ventes à terme effectuées à des dates trop précoces : il fallait attendre que l'on puisse faire une estimation raisonnable de la qualité et de la qualité de la vendange avant de pouvoir effectuer la vente sur pied, ce qui n'était possible qu'au début de l'été (pour une vendange à effectuer en septembre). La loi dut être instaurée suite à de trop nombreux litiges occasionnés par des ventes sur pied effectuées à des dates trop précoces. La seconde clause concernant les ventes à terme prévoit que, pour qui achète en *pithoi*, en jarres (c'est-à-dire une fois la récolte faite et le vin mis en jarres), la vente sera réputée « parfaite » (*kyria*) si les scellés ont été apposés sur les jarres. Une vente est réputée « parfaite » dès lors que les parties sont d'accord sur la chose et sur le prix. Elle a alors une valeur contraignante (« legally binding » dans le vocabulaire de la common law anglaise et américaine). Dès lors que l'acheteur a apposé son sceau sur les *pithoi*, il est réputé être propriétaire du vin. Dès ce moment, c'est lui qui encourt le risque de détérioration du vin, qui est un produit fragile, surtout dans les conditions de vinification de l'antiquité, susceptible de tourner très rapidement. C'est lui aussi qui encourt le risque de perte, si le *pithos* se brise ou a une fuite. On retrouve les mêmes clauses dans le droit romain, comme le montre le chapitre 18.6 du Digeste, *De periculo et commodo rei venditae*, qui privilégie l'exemple du vin. L'expression latine *signare dolium*, « sceller une jarre », apparaît avec la même valeur juridique que dans la loi thasienne : « Si une jarre a été scellée par l'acheteur, Trebatius affirme qu'elle est réputée livrée[33]. » Encore une fois, la distinction entre le fait (la possession) et le droit (la propriété) est parfaitement claire en droit grec comme en droit romain. Vouloir les opposer pour affirmer une « infériorité » du droit grec n'a pas de sens. Le droit grec reconnaissait si bien les ventes à terme que, comme à Thasos, il pouvait même les réglementer (pour la date des ventes sur pied). Il va de soi que ces contrats entre particuliers pouvaient donner lieu à procès, comme le montre l'abondante documentation papyrologique d'époque ptolémaïque, qui n'est pas le témoignage d'un droit particulier, fondamentalement distinct du droit des cités grecques, mais son prolongement direct. Seule la perte de la documentation correspondante nous prive de connaître le détail des procédures de vente (et des litiges afférents) dans le droit des cités grecques.

Le monde de l'agora

L'agora comme espace de droit

En 545 a.C., alors que le roi de Perse Cyrus allait s'en prendre aux cités grecques de la côte ionienne, les Spartiates lui firent savoir qu'ils se considéraient comme les protecteurs de ces cités. Selon Hérodote (1.152-3), Cyrus ne savait encore rien des Spartiates. Informé de qui ils étaient, il aurait alors affirmé : « Je n'ai jamais craint des gens de cette espèce, qui ont au milieu de leur ville un endroit désigné pour se réunir et prêter des serments qui ne sont qu'un moyen de se tromper les uns les autres. » Hérodote précise que Cyrus désignait ainsi l'agora. Même si l'attitude de Cyrus peut être analysée dans le cadre de l'idéologie achéménide selon laquelle le roi est le maître de la Vérité dont les ennemis ne sont que des menteurs, ce qui rend l'anecdote plus vraisemblable, cette dernière n'est naturellement qu'un de ces discours en miroir qu'un peuple prête aux autres pour mieux se définir lui-même.[34] Sous ce rapport, le Persan de Montesquieu était donc bien un descendant de Cyrus. En tout cas, l'anecdote relative au marché semble avoir été un *topos* en Grèce ancienne, puisqu'on la trouve sous une forme similaire dans le propos que la tradition prête à l'un des Sept Sages de la Grèce, le fameux Anacharsis, qui, comme ami de Solon, est donc censé avoir vécu au début du VIe siècle. À propos du marché, selon Diogène Laërce (1.105), le Scythe Anacharsis affirmait que « l'agora est un lieu défini pour se tromper les uns les autres et acquérir plus que ce à quoi on a droit. » Le même Anacharsis était censé s'être étonné de savoir « comment il se faisait que les Grecs puissent proscrire le mensonge et en même temps mentir effrontément dans les opérations du commerce de détail » (*ibid.*, 1.104). Les propos relatifs à Anacharsis ne valent naturellement pas seulement pour l'époque archaïque. Ils ne sont pas caractéristiques d'une période particulière de l'histoire du monde grec ou d'une seule classe sociale (en tout cas certainement pas de la seule élite aristocratique). D'une part, certes à des degrés divers, l'idéologie aristocratique a influencé toutes les périodes de l'histoire de la Grèce et de Rome : c'est ainsi qu'on retrouve chez Cicéron, dans la lignée de ses maîtres grecs, la même idée du mensonge au marché[35]. D'autre part, l'hostilité aux marchands de l'agora émanait de toutes les couches sociales, peut-être même davantage des couches populaires, qui la fréquentaient journellement. L'élite aristocratique écrasait de son mépris les couches populaires mais, au quotidien, elle se frottait moins à l'agora.

Que le marché ait été le lieu où il était tentant d'essayer de faire le plus grand profit possible, au besoin en utilisant des moyens déloyaux, on ne saurait guère en douter. Mais il serait erroné d'en conclure que les institutions de la cité laissaient mensonge et tricherie régner en maîtres sur l'agora. Précisément, les institutions de la cité étaient là pour contraindre à la loyauté, *volens nolens*. À Athènes, une loi citée par Démosthène prescrivait explicitement que les pratiques frauduleuses étaient interdites sur l'agora : « Une loi prescrit qu'il est interdit de tromper sur l'agora[36]. » Hypéride la mentionne également dans les mêmes termes[37]. La capacité de tromperie sur l'agora relève d'une situation « d'asymétrie informationnelle », le vendeur détenant sur les produits offerts à la vente une information qu'il ne divulguait pas, allant même parfois au contraire jusqu'à maquiller ses produits pour que l'acheteur soit trompé sur la qualité des produits offerts. L'appareil législatif de la cité était là pour y remédier[38].

Tous les échanges de production devaient-ils avoir lieu sur l'agora ? Pour certains produits particuliers, des allusions relatives à la fixation du lieu et à la durée du marché vont dans ce sens. La loi sur la laine d'Érythrai du IVe siècle interdit de vendre depuis un autre emplacement que celui qui a été défini par la cité, et il interdit de vendre après le milieu de la journée[39]. Les diverses allusions aux secteurs de l'agora, déjà mentionnées, aux emplacements de vente (ainsi dans la loi délienne sur les bois et charbons) ou plus généralement à la délimitation du lieu de vente et à la durée du marché (ainsi dans la loi relative à la panégyrie d'Andania) vont dans le même sens[40]. L'intérêt de la cité à percevoir des taxes sur les ventes ne pouvait que la pousser à concentrer le commerce sur l'agora.

Mais cela signifie-t-il que toutes les ventes devaient avoir lieu sur l'agora, que tous les contrats devaient y être rédigés ? Ce serait là une vision excessive. Certes, la ville grecque ne connaissait pas des rues systématiquement bordées de boutiques. Mais il n'était nullement interdit de se fournir auprès d'un artisan, dans le quartier spécialisé où ceux-ci étaient installés. En outre, les affaires importantes, comme l'achat d'une maison, d'une boutique ou la conclusion d'un contrat commercial pouvaient se traiter dans des maisons privées. On doit donc considérer que la réglementation sur le commerce ne devait être contraignante (avec interdiction de vendre hors des périodes et lieux et fixés par la cité) que pour une liste limitée de produits, comme le grain, les produits alimentaires en général, les produits faisant l'objet d'une vente par des intermédiaires ou les produits ayant une importance particulière pour l'économie de la cité en question, comme la laine à Érythrai (ventes en gros par les marchands comme ventes au détail par des intermédiaires). Pour d'autres « produits », comme par exemple les esclaves, même si l'essentiel des achats devait s'effectuer sur l'agora, on possède néanmoins plusieurs exemples de ventes effectuées en dehors du cadre de l'agora stricto sensu.

Agora de la cité, agoras locales et marchés temporaires

L'agora elle-même était divisée en secteurs. À Athènes à l'époque classique et hellénistique, ils étaient désignés sous l'appellation de *kykloi*, « cercles », où l'on savait pouvoir trouver tel ou tel produit, ou telle ou telle catégorie de personnel à embaucher. À partir de la fin de l'époque hellénistique, et surtout à l'époque impériale, les agoras devinrent de plus en plus des places entourées de portiques à colonnade. Les fouilles de l'agora de Pella (en Macédoine), ville détruite par un séisme au début du Ier siècle a.C., donnent un bon aperçu de ce que pouvaient être l'aménagement des agoras à cette époque : il s'agit d'une vaste place entourée de portiques, dont les espaces intérieurs sont divisés par des murs de refend délimitant des espaces correspondant à deux pièces en enfilade, pouvant servir de boutiques ou d'ateliers. Le riche matériel archéologique trouvé sur place (monnaies d'argent et de bronze, anses d'amphores, objets métalliques variés, stylets en ivoire, etc.) constitue un reste de l'activité intense qu'on y pratiquait[41]. À Magnésie du Méandre à la haute époque impériale, c'étaient les espaces entre les colonnes (en nombre variable) qui étaient attribués aux différentes catégories de métiers. De manière générale, on doit considérer que, sur l'agora des grandes villes, on trouvait ainsi un secteur réservé aux bouchers, un autre aux poissonniers, aux marchands de grain, aux marchands de vêtement, aux vendeurs de céramiques, d'outils en fer ou en bronze, aux bibelots, aux oiseleurs, etc. De la sorte, le client ne perdait pas de temps à parcourir l'agora dans tous les sens pour trouver les denrées dont il pouvait avoir besoin. De même, les agoranomes et autres responsables du marché avaient une plus grande facilité à contrôler les opérations effectuées.

L'image de l'agora comme marché au centre de la cité a une réalité. Cependant, elle doit s'articuler à d'autres lieux d'échanges officiels, eux aussi institutionnalisés. Pour une cité vaste, comme Athènes, pourvue de deux villes, Athènes et Le Pirée, il n'y avait pas une seule grande agora, mais deux, une dans chaque ville, chacune d'entre elles étant sous le contrôle de cinq agoranomes. Mais, à Athènes, il existait aussi des agoras locales, dans les dèmes, dont un petit nombre est attesté par nos sources (même s'il ne faudrait certainement pas considérer que chacun des 139 dèmes de l'Attique avait son agora)[42]. Le dème de Rhamnonte prévoit ainsi de financer les dépenses correspondant au nouveau sacrifice en l'honneur du roi Antigone par le revenu de l'*agorastikon*, c'est-à-dire les revenus perçus sur l'agora du dème[43]. On comprend parfaitement l'intérêt de ces marchés locaux pour les habitants du lieu, qui ne pouvaient envisager de se fournir aux grandes agoras d'Athènes ou du Pirée, bien trop éloignées pour la plupart des Athéniens ruraux. Mais une association religieuse comme le *genos* des Salaminiens possédait elle-même une agora à Koilè (son mode de fonctionnement nous reste inconnu)[44]. Le cas d'Athènes se retrouve à Rhodes : outre les agoranomes de la ville de Rhodes, il existait au moins un agoranome (et donc une agora) à Lindos, l'une des villes de l'île[45]. Des agoras de frontières sont également attestées par nos sources, ce qui montre que l'on pouvait commercer avec des marchands étrangers à la périphérie de la cité[46].

On doit aussi mentionner les panégyries, les fêtes religieuses, qui donnaient lieu à de grands rassemblements[47]. Ces fêtes attiraient beaucoup de monde. Elles revêtaient donc en soi un aspect économique, puisqu'il fallait nourrir et coucher les pèlerins, les divertir aussi, et plus généralement leur fournir tout ce dont ils pouvaient avoir besoin pour le culte, par exemple des animaux de sacrifice. Ces fêtes étaient donc l'occasion de véritables marchés. Les marchands avaient accès au sanctuaire, y installant une agora temporaire. Lors de la panégyrie ayant lieu dans le sanctuaire d'Artémis Amarysia à Érétrie, les vendeurs avaient explicitement le droit de vendre « dans le sanctuaire »[48]. Ces derniers étaient sous la responsabilité d'agoranomes, magistrats de la cité où avait lieu la fête ou magistrats nommés spécialement à cette occasion. Si cet aspect des choses est donc incontestable, dans certains cas au moins la nature de certains des produits qui étaient échangés ou la périodicité de la panégyrie ne laisse pas de doute. Sans qu'on puisse donc en faire une règle générale, dans plusieurs de ces fêtes au moins, il ne s'agissait pas seulement d'assurer la subsistance des pèlerins et une véritable foire se tenait en parallèle à la fête. La célébration des fêtes d'Artémis Amarysia à Érétrie ou des Aktia à Anaktorion donnait lieu à de véritables foires. Ainsi, lorsqu'à l'occasion des Aktia il est question de ventes d'esclaves, il ne s'agissait plus d'approvisionnement des pèlerins.

Comme les agoras ordinaires, les panégyries répondaient elles aussi à de fortes réglementations. Elles étaient sous l'autorité d'agoranomes ou de panégyriarques. Certaines de ces panégyries étaient même un mélange d'agora et d'emporion temporaire (car des marchands venus de l'étranger, et non exclusivement des commerçants locaux, y étaient actifs). Pour ce qui est des magistrats, des taxes ou des exemptions de taxe, on retrouve un panorama similaire à celui que l'on observe pour les agoras ou les *emporia*, selon le cas. Dans les zones rurales, les panégyries pouvaient remplir le rôle de marchés périodiques. Mais l'ouverture internationale de certaines de ces panégyries montre que ces dernières dépassaient largement le cadre du simple marché rural.

Acheter et vendre sur l'agora

Quel était l'intérêt pour le vendeur d'avoir recours à l'agora ? L'agora fournissait le lieu où le vendeur pouvait trouver facilement des clients. Concrètement, cela signifie que, pour le vendeur, son coût était réduit au coût de transport de ses denrées au marché et au paiement de la taxe de marché (*epônion*). Pour un coût d'entrée sur le marché proportionnellement faible, il avait accès à une clientèle potentielle qui n'était plus aléatoire et qui minimisait ses coûts de signalisation (les coûts liés au fait de se faire connaître, ce qui, de nos jours, dans un tout autre cadre, correspondrait aux frais de publicité). En outre, il avait lui-même l'avantage de pouvoir acquérir une information lui permettant d'ajuster ses prix en fonction de ceux des autres vendeurs. Enfin, le vendeur bénéficiait de la garantie juridique de la cité en matière de maintien de l'ordre. De la sorte, il était assuré de maintenir ses droits de propriété contre toute pression, pour le cas où les acheteurs trouveraient le prix des denrées trop élevé.

Qu'en était-il pour l'acheteur ? L'agora était le lieu où il pouvait aisément se procurer les produits dont il souhaitait pouvoir disposer. S'il en était ainsi, c'est parce que l'agora était le lieu où l'on pouvait se les procurer au meilleur coût. De fait, le coût de l'information lié aux prix des produits était minimisé. En faisant le tour de l'agora, l'acheteur pouvait rapidement (donc avec un coût minimal) obtenir l'information sur les prix des produits désirés, cela d'autant plus facilement que, comme on l'a vu, les commerçants vendant des produits identiques ou similaires étaient regroupés par secteurs au sein de l'agora. En outre, l'acheteur passant par l'agora pouvait bénéficier de l'offre supplémentaire procurée par les commerçants étrangers (qui, eux aussi, y avaient accès). Pour obtenir une information de même nature sans l'agora, il aurait fallu passer plusieurs jours à faire le tour des producteurs de la cité, dans les villages ou les fermes du territoire de la cité.

L'agora, l'*emporion* ou la panégyrie procuraient aux partenaires de l'échange un avantage considérable, puisqu'ils permettaient de minimiser les coûts de transaction. Ces lieux d'échange spécialisé procuraient donc un service considérable. Pour cela, la cité devait faire des dépenses : coût d'aménagement de l'agora, salaire des magistrats et du personnel chargé du maintien de l'ordre, de l'entretien ou du nettoyage (comme le montre la loi du Pirée relative à la propreté de l'agora). Il était donc normal que d'ordinaire la cité prélevât une taxe qui lui permît de compenser son propre coût financier, l'*epônion*, ou taxe sur les ventes, et un droit de place d'après le texte d'Andania, à l'agora ; la *pentekostè*, taxe *ad valorem* de 2 % sur les importations et exportations, à l'*emporion* (et les taxes correspondantes pour les panégyries). En fonction du service qu'elle rendait et des coûts qui en résultaient, il était légitime que la cité prît aussi un bénéfice. La pratique s'accordait avec le principe qui voulait que non seulement les particuliers mais la collectivité, chacun avec ses moyens, puissent se procurer des revenus (*prosodoi*).

On peut donc conclure que l'institution de l'agora était un moyen de faire baisser le coût d'information, aussi bien pour l'acheteur que pour le vendeur. En outre, le rôle institutionnel de la cité était de minimiser l'asymétrie informationnelle liée au rapport entre acheteur et vendeur. De la sorte, la cité minimisait le coût des transactions marchandes. Il s'agissait là d'un puissant facteur d'incitation à l'échange. Par sa seule existence, l'institution de l'agora était un facteur positif de développement économique, puisqu'elle incitait les producteurs à produire davantage, avec les meilleures chances de trouver un acquéreur pour un coût minimal. Pour le citoyen consommateur, le bénéfice était à la mesure de la baisse du coût des transactions.

Les contraintes légales sur l'agora

Le contrôle des transactions

Il revenait à des magistrats particuliers, les agoranomes, de veiller à la régularité des transactions effectuées sur le marché[49]. On est assez bien renseigné sur leur nombre et sur leur compétence grâce à la *Constitution d'Athènes* d'Aristote (51.3-4) :

> « Sont aussi désignés par le sort dix agoranomes ("inspecteurs des marchés"), cinq pour le Pirée, cinq pour la ville. À ces derniers, il est enjoint par les lois de veiller à ce que tous les articles mis en vente soient de qualité authentique et non adultérés.
>
> Sont de même désignés par le sort dix métronomes ("inspecteurs des poids et mesures"). Ils ont la responsabilité des poids et mesures et doivent veiller à ce que les vendeurs en emploient qui soient justes.
>
> Il y avait aussi dix sitophylaques ("commissaires au grain") désignés par le sort, cinq pour le Pirée et cinq pour la ville ; ils sont aujourd'hui au nombre de vingt pour la ville et quinze pour le Pirée. D'abord, ils veillent à ce qu'à l'agora le grain brut soit vendu au juste prix, ensuite à ce que les meuniers vendent la farine en proportion du prix de l'orge et à ce que les boulangers vendent les pains en proportion du prix du froment, et que ces derniers aient le poids qu'ils auront fixé ; en effet, la loi leur prescrit de le fixer. »

Un texte d'Érythrai (*IErythrai*, 15), de c. 360-330 a.C., donne une idée concrète de ce que pouvait être la réglementation de la vente d'un produit particulier, en l'occurrence la laine, qui était l'un des principaux produits d'exportation de la ville[50] :

> « ... et les vendeurs pèseront la laine que chacun d'entre eux vend, et ils feront la pesée sans dol ; si l'un d'entre eux fraude, qu'il paie vingt drachmes [par talent ?] ; que l'agoranome fasse l'exécution de l'amende ; que (le vendeur) vende jusqu'à midi ; que les vendeurs de laine ne vendent pas de laine de moutons de l'année ; s'il

en vend, qu'il soit frappé d'une amende de vingt drachmes par jour par les agoranomes ; que le marchand ou l'intermédiaire ne vende pas de laine ou de flocons de laine de toison d'un autre endroit et en aucune façon que du [marché aux laines] ; s'il vend ailleurs, qu'il soit privé de sa laine et qu'il soit frappé d'une amende de vingt drachmes et que tout soit vendu aux enchères par les prytanes ou que la vente soit effectuée (par la balance publique ?)... »

Le règlement sur les mystères d'Andania (92/91 a.C.), en Messénie, établissait entre autres les règles qui devaient prévaloir au marché lié à la fête[51] :

> « Que les *hieroi* définissent un lieu où auront lieu toutes les transactions. Que l'agoranome de la cité prenne soin de ce que les vendeurs vendent des produits non frelatés et de qualité authentique, et utilisent des poids et mesures conformes aux mesures publiques ; qu'il ne fixe ni prix de vente ni horaire et que personne n'exige des vendeurs un droit de place ; ceux qui ne vendront pas conformément à ce règlement, s'ils sont esclaves qu'il les fasse fouetter, s'ils sont libres qu'il les frappe d'une amende de vingt drachmes et que la sentence soit du ressort des *hieroi.* »

Ces trois textes montrent que la première tâche des magistrats du marché était d'empêcher les fraudes, en veillant à ce que le vendeur ne trompe par l'acheteur sur la qualité ou la quantité des produits offerts. Toutefois, dans certaines cités, pour certains produits, des magistrats spécialisés prenaient le relais des agoranomes. C'était le cas en particulier des sitophylaques à Athènes, à Rhodes ou à Priène : ces magistrats étaient spécialement chargés des échanges mettant en jeu le grain[52]. On doit tout d'abord souligner que l'exercice de la charge d'agoranome (et autres magistrats chargés du marché) reposait sur un cadre légal défini. Il existait à Athènes ou à Milet un *nomos agoranomikos*, une « loi agoranomique », et il devait en être de même dans la plupart des cités[53]. Les agoranomes (un seul dans le cadre d'une petite cité) exerçaient leur charge sur l'agora. Cette place publique était un espace délimité par des bornes. L'espace sur lequel ils exerçaient leur compétence, du moins s'agissant des ventes au détail, était donc bien défini. Dans la comédie des *Acharniens* (719) d'Aristophane, Dikèopolis commence par délimiter l'espace de son agora par des bornes. À Athènes, de telles bornes nous sont connues par l'archéologie[54]. L'agora s'ouvrait et se fermait à heure fixe. Une anecdote rapportée par Plutarque (*Propos de table*, 4, Préambule) brocardait ceux qui n'avaient d'oreille que pour la cloche de l'agora et bondissaient chez les marchands de poissons pour faire l'ouverture du marché. À Érythrai, le marché aux laines était ouvert jusqu'à midi seulement[55]. Cependant, les compétences des agoranomes allaient au-delà de la réglementation de la vente au détail et c'est un aspect sur lequel il conviendra de revenir. Sur l'agora, en tout cas, ils disposaient d'ordinaire d'un local, l'*agoranomion*. Ils devaient y déposer les instruments propres à l'exercice de leur charge (balances, poids et mesures, étalons, éventuellement archives). C'est entre autres devant l'*agoranomion* qu'on pouvait afficher les réglementations relatives aux prix ou aux ventes[56]. Pour assurer leurs proclamations, ils disposaient sans doute d'une sorte de tribune, éventuellement en pierre, analogue à la pierre servant aux hérauts pour leurs proclamations.

Pour ce qui est de la qualité des produits, selon Aristote les agoranomes devaient donc veiller à ce que les produits vendus soient « de qualité authentique et non adultérés ». On retrouve à diverses reprises un formulaire presque identique aux époques ultérieures. C'est le cas avec la prescription qu'on trouve sur l'agora temporaire de la panégyrie d'Andania : les produits doivent être vendus « non frelatés et francs de toute adultération ». C'est le sens de la formule qu'on retrouve encore en Égypte à l'époque impériale, selon laquelle le froment vendu ou payé à titre de redevance doit être « de l'année, franc de toute adultération, non frelaté et non mélangé à de l'orge »[57]. En d'autres termes, le froment ne devait pas être vendu mélangé à du vieux grain (c'est-à-dire de l'année précédente), ni dégradé (par la moisissure ou la vermine) ou mélangé à une céréale de qualité inférieure comme l'orge. Il fallait de même que la farine ne soit pas mélangée de son, ou que le vin ne soit pas mouillé. Une loi de Thasos (grande cité viticole) fait allusion à une loi réprimant le mouillage du vin[58]. Dans les conditions techniques de l'Antiquité, où l'on ne pouvait pas vérifier le titre alcoolique, ces contrôles ne devaient pas être une tâche facile[59]. Globalement, plutôt que sur la base d'une mesure, les vérifications de qualité étaient donc fonction d'une appréciation empirique de la part des agoranomes. C'étaient en particulier les marchands de produits frais, comme les poissonniers, qui étaient l'objet de suspicion, car leurs produits s'abîmaient très vite. À Athènes, une loi interdisait de mouiller les poissons pour les faire paraître plus frais[60]. Mais d'autres aussi étaient susceptibles de frauder. Ainsi, le marchand de silphion, un produit de très haute valeur, pouvait mélanger son produit de farine[61]. Les plus crédules se laissaient prendre à des ruses grossières. Dioscoride (2.80.6) rapporte comment un commerçant romain trompait ses clientes raffolant de crotte de crocodile, qu'elles utilisaient comme cosmétique : il leur vendait à la place de la crotte d'étourneaux nourris au riz[62].

Pour ce qui est de la quantité vendue, la tâche des magistrats consistait à veiller à ce que les vendeurs utilisent des poids et mesures qui soient ceux que la cité avait déterminés. Chaque cité avait en effet son propre système métrique. Les originaux des poids et mesures, c'est-à-dire les étalons, étaient soigneusement conservés dans des sanctuaires[63]. Sur la base de ces originaux étaient fabriqués sous le contrôle des agoranomes des poids et mesures qui étaient remis aux vendeurs. C'est la raison pour laquelle on possède une vaste collection de poids portant la signature d'un ou plusieurs agoranomes. Parfaitement calibrés, ces poids et mesures portaient habituellement le symbole de la cité, par exemple la chouette à Athènes. Ils étaient donc aisément identifiables. Dans les cités riches et très peuplées comme Athènes, comme l'indique Aristote, c'étaient des magistrats spécialisés, les métronomes, qui étaient chargés de veiller aux poids et mesures Mais, dans la plupart des cités, la charge n'existait pas et c'étaient les agoranomes qui assuraient cette fonction. Les fraudeurs pouvaient en effet être tentés d'utiliser les poids d'autres cités, ayant le même aspect général, mais un poids moindre que le poids légal. Ils pouvaient aussi être tentés d'utiliser des poids contrefaits. Pour ce qui est des commerçants locaux, on peut penser qu'ils devaient garder par-devers eux les poids et mesures qui leur avaient été remis, à charge pour eux de les faire vérifier régulièrement par les agoranomes. Quant aux commerçants étrangers, qui eux aussi pouvaient avoir accès à l'agora, comme le montre Aristophane (*Acharniens*, 720-722), ils étaient peut-être supposés remettre poids et mesures à leur départ. En tout cas, les magistrats devaient donc veiller à ce que les marchands ne lèsent pas les acheteurs en trafiquant poids ou balances et vendant une quantité moindre que ce qui était déclaré : c'est ce que prévoit explicitement la loi d'Érythrai sur la vente de la laine. Dans le cas particulier de la laine, la même loi impose l'interdiction de la vente les jours de pluie, car en ce cas la laine mouillée pèserait davantage que son poids normal et le client serait donc lésé. Plus la valeur de l'unité de produit était élevée, plus il était tentant de frauder. Les marchands de pourpre, un produit de haute valeur, étaient tentés de truquer leurs balances[64].

C'est à Délos qu'on a la documentation la plus riche, textuelle et archéologique, sur le « mobilier du commerce ». Il s'agit d'abord de fléaux de balance à double plateau, de chaînes de balance, de règles graduées de « balances romaines » (qui n'ont donc rien de romain), ou de poids en pierre ou en métal[65]. L'un des objets les plus caractéristiques de l'agora ou du marché (dans le monde occidental de l'époque impériale) était le *sèkôma*. Pour s'en tenir à la documentation antérieure à l'époque impériale, on en a trouvé une multitude, depuis la mer Noire jusqu'au Péloponnèse, depuis l'Occident (Sicile) jusqu'à l'Asie Mineure et au Levant (Maresha). Le *sèkôma* est une table de pierre creusée de cavités circulaires, correspondant à un volume donné et percées d'un orifice à la partie inférieure. Une même table compte donc une série de cavités pour des volumes différents. Pour les produits semi-liquides comme le grain, ou pour les liquides comme le vin ou l'huile, l'usage des *sèkômata* garantissait donc à l'acheteur un volume de denrée (il était sûr de ne pas être lésé), en même temps que, pour le vendeur, l'instrument avait l'avantage de lui faire gagner du temps dans son opération de mesure[66]. Il s'agissait donc de manière caractéristique d'un moyen caractéristique d'abaisser les coûts de transaction. Poids et *sèkômata* ont fréquemment été dédiés par des magistrats à la divinité du lieu. Ainsi, à Délos, des *sèkômata* sont dédiés par des agoranomes ou, après 167, par des épimélètes athéniens après que l'île fut devenue possession athénienne[67]. À Délos, les *sèkômata* paraissent avoir été particulièrement nombreux[68]. Parfois une inscription gravée sur le *sèkôma* précise la capacité et éventuellement la denrée mesurée. Ainsi, une inscription sur un *sèkôma* de Délos précise qu'on a affaire à un « *sèkôma* d'un demi-médimne de grain »[69]. La taille des *sèkômata* varie : les uns sont adaptés à des mesures de grande capacité, d'autres à de moyens ou encore à de petits volumes, comme un *sèkôma* délien ayant quatre cavités respectivement de 0,6 - 0,3 - 0,15 - 0,06 litres[70]. La valeur unitaire de la denrée pesée était sans doute inverse de la capacité, mais le nombre élevé de *sèkômata* et la variété des capacités mesurées indique clairement que leur usage était général pour les produits liquides ou semi-liquides.

Pour ce qui est des balances, la loi de Délos sur les bois et charbons et d'autres documents du même genre, montrent qu'il en existait divers types. Pour les pondéreux, en l'occurrence le bois de chauffe, il existait une balance dénommée à Délos *stathmos xylèros*, « poids public » destiné au bois, selon le vocabulaire en usage dans la France du XIXe ou du début du XXe siècle, bien adapté ici car le grec *stathmos* signifie également « poids »[71]. Pour peser le charbon de bois, d'un poids bien moindre par unité de volume, on avait recours à des balances à plateaux (*zyga*). Pour les pesées de métaux précieux, on pouvait utiliser des balances de précision (« petite balance »)[72].

Enfin, en imposant l'usage d'une monnaie particulière (éventuellement la sienne si la cité en question disposait d'un monnayage, ce qui était vrai pour toutes les grandes cités – Sparte mise à part jusqu'au IIIe siècle –, mais pas pour toutes les petites), l'État donnait une garantie supplémentaire aux transactions. L'usage d'une monnaie unique et incontestable dans les transactions de l'agora évitait les contestations auxquelles aurait pu lui-même donner lieu le commun instrument de mesure des valeurs et instrument d'échange que constituait la monnaie. Il est donc logique que l'État ait mis tout son soin à veiller à ce que les monnaies qui étaient utilisées sur le marché ne soient pas des faux et, si nécessaire, qu'il ait veillé à retirer ces derniers de la circulation[73].

En outre, au-delà de l'agora stricto sensu, la cité veillait à ce que toute une gamme de produits finis soit calibrée selon un modèle préétabli. C'est la raison pour laquelle on trouvait par exemple sur l'agora d'Athènes un étalon (en marbre) qui donnait les dimensions qui devaient être celles des tuiles. Outre les tuiles, les briques et jusqu'aux pesons des métiers à tisser ou des filets de pêche étaient eux aussi des produits standardisés[74]. De la même manière, les vases conteneurs comme les amphores (qui pouvaient être de différent gabarit : unité pleine, demi-unité...) étaient eux aussi des produits calibrés. Chaque cité avait en effet une forme particulière d'amphore et, à une période chronologique donnée, toutes les amphores de même gabarit avaient la même taille et le même aspect. Dans les conditions de production de l'époque, il s'agissait de produits totalement standardisés. Il était indispensable que l'amphore, dans des limites de tolérance raisonnables, ait une capacité définie : si sa capacité avait été insuffisante, l'acheteur aurait été trompé, car on achetait les produits à l'amphore. Le point important était que celui qui mettait le vin en amphore puisse mettre dans le récipient la quantité prévue[75]. Cet étalonnage constituait une garantie pour l'acheteur. Tuiles, briques, pesons ou amphores pouvaient à certaines périodes et dans certaines cités porter un timbre, qui constituait la certification officielle du calibre, du poids ou de la capacité. Le format, le symbole (qui était souvent identique à celui qu'on trouvait sur les monnaies de la cité), éventuellement le texte du timbre (noms de prêtres ou de magistrats…) changent d'une cité à l'autre. Dans certains cas, le magistrat n'est pas seulement un éponyme qui date le timbre et le produit, mais un magistrat lié à l'activité de contrôle des activités de la cité. À l'époque hellénistique, les timbres amphoriques de Sinope portent le nom d'un astynome, c'est-à-dire d'un magistrat chargé du maintien de l'ordre dans la cité. À Cnide, ils portent au début du IIe siècle celui des phrourarques, c'est-à-dire de chefs des forts gardant le territoire (et qui avaient donc la responsabilité des sites de production se trouvant sur le territoire de leur ressort). À l'époque tardo-hellénistique et à l'époque impériale, il devient presque de règle que le nom du magistrat figurant sur ces objets soit celui d'un ou plusieurs agoranomes[76].

Le contrôle des contrats et de la production

L'agora n'était pas seulement une place publique vouée au petit commerce. Il s'agissait aussi du lieu où étaient conclus les contrats. Il faut entendre par là tous les contrats d'achat et de vente, les petits contrats mais aussi les gros contrats de financement du commerce extérieur, comme l'indique Aristote dans la *Politique* (6.8.3)[77] : « Tout d'abord donc, le soin des besoins essentiels passe par l'agora, où il faut qu'il y ait une magistrature chargée de surveiller les contrats commerciaux (*symbolaia*) et de veiller au bon ordre. C'est pratiquement une nécessité pour toutes les cités que d'acheter certains produits et d'en vendre d'autres pour la satisfaction réciproque des besoins, et c'est le moyen le plus immédiat d'atteindre l'autarcie pour laquelle, pense-t-on généralement, on se rassemble en une seule communauté politique. » Aristote faisait allusion aux contrats en général, y compris ceux qui pouvaient avoir une portée internationale, qui assuraient l'autarcie de la collectivité, et qui en tant que tels avaient une importance vitale pour la cité.

Cependant, il va de soi aussi que ce sont tous les contrats conclus à l'agora qui étaient sous le contrôle des magistrats. On doit considérer que l'agora était effectivement le lieu où étaient conclus nombre de contrats. Ainsi, dans le roman de *Chairéas et Callirhoé* (1.14.3 et 2.1.6), après un paiement d'arrhes, le brigand Théron promet-il de passer le contrat de vente à l'agora[78]. Le lieu de conclusion du contrat avait-il une importance particulière ? Donnait-il matière à une mention particulière inscrite dans la lettre du contrat ? Le contrat recevait-il alors une forme d'enregistrement particulier de la part des magistrats, lui donnant une garantie spécifique, et cela même s'ils étaient ensuite déposés chez des particuliers ? La question mérite en effet d'être posée, du moins dans des cités comme Athènes à l'époque classique où la loi n'imposait pas un dépôt des contrats privés dans les archives, comme ce fut le cas ultérieurement à l'époque hellénistique.

Or, on sait que, à Athènes et certainement dans la plupart des cités, le principe voulait que tout contrat librement conclu ait eu ipso facto valeur contraignante pour les parties prenantes. Une affaire survenue à Athènes dans les années 330 a.C., celle du *C. Athénogénès* d'Hypéride, en est une bonne illustration. Pris par sa passion amoureuse pour un petit esclave, un client qui voulait l'acheter s'est du même coup porté acquéreur d'une parfumerie. Le contrat d'achat est conclu dans une maison privée (3.8). Mais, dans sa hâte et son imprudence, l'acheteur a aussi accepté de prendre en charge les dettes non spécifiées de la boutique, qui, en fait, se montaient à la somme très considérable de cinq talents : largement de quoi ruiner définitivement l'acheteur, qui était dans l'incapacité de trouver une telle somme. Si l'achat a donc eu lieu dans une maison privée, l'entrevue orageuse entre l'acheteur qui se juge lésé et le vendeur a lieu sur l'agora (3.12). Le vendeur (3.13) se retranche derrière le principe qui veut que tout contrat conclu librement soit contraignant pour ceux qui l'ont conclu. Le plaignant (3.14), au contraire, tente de restreindre le principe aux conventions conclues de bonne foi et veut montrer que l'affaire tombe sous le coup de la loi qui interdisait de tromper sur le marché. En outre (3.15), il invoque en sa faveur une loi qui protège l'acheteur, celle qui impose au vendeur de reprendre un esclave dont il apparaît après acquisition qu'il est porteur d'une maladie cachée par le vendeur, ou du moins qui se révèle après l'achat.

De manière générale, c'est l'agoranome qui était responsable des *symbolaia*, mot qu'on peut traduire par « contrat », de la sorte englobant aussi par exemple les contrats de travail. On peut mesurer l'importance de la question par un décret de Paros de la première moitié du IIe siècle a.C. Ce dernier montre ce qu'était le rôle des agoranomes à l'égard des contrats d'embauche. L'agoranome est loué pour avoir su prévenir les conflits du travail[79] : « Au sujet de ceux qui travaillent pour un salaire et de ceux qui les salarient, il a veillé à ce qu'aucune des deux parties ne soit lésée, contraignant selon les lois les uns à ne pas faire grève mais à se rendre au travail, les autres à payer aux ouvriers le salaire qui leur était dû sans qu'il y ait procès. » Rien n'indique que l'action de l'agoranome ait visé un conflit précis et unique, comme si l'on avait affaire à une sorte de « syndicat des employeurs » face un « syndicat des salariés ». L'éloge de l'agoranome a une portée générale : si un conflit avait lieu, il intervenait avec succès. Le conflit portait manifestement sur des questions de salaire, sans qu'il soit possible de préciser davantage l'objet du litige. Face à un conflit survenant entre employeurs et employés, l'agoranome avait joué le rôle de conciliateur.

De manière générale, dans les cités, la loi interdisait la grève. Mais les employés étaient apparemment prêts à la violer pour faire face à une situation qu'ils trouvaient injuste. Les employeurs, quant à eux, risquaient de voir s'interrompre le chantier escompté. Avec le succès de cette opération de conciliation, le procès est évité, avec tous les retards et difficultés qu'il était susceptible d'occasionner. Le décret de Paros, d'époque hellénistique, trouve de surprenantes correspondances dans la documentation impériale et des parallèles anthropologiques aident à comprendre comment s'opéraient les embauches. À Magnésie du Méandre, sans doute à l'époque d'Hadrien (117-138 p.C.), existait au sud de l'agora un lieu désigné (*topos*) pour les employés maçons (*hyperetai oikodomoi*)[80]. Il s'agit très certainement de l'endroit convenu où les employeurs éventuels venaient négocier avec les maçons (*oikodomoi*) en quête de travail. Dans les villes d'Italie du Sud, jusqu'aux années 1950, les employeurs venaient ainsi trouver la main-d'œuvre dont ils pouvaient avoir besoin, ouvriers agricoles ou autres. Le décret de Paros trouve aussi une correspondance dans une inscription de Milet. On y voit des maçons (*oikodomoi*), rassemblés autour d'un *technitès* (le mot est en partie restitué), c'est-à-dire d'un maître maçon jouant le rôle de chef d'équipe, poser à l'oracle d'Apollon la question de savoir s'ils doivent poursuivre un chantier dans le théâtre de Milet, ou bien s'ils doivent chercher une autre embauche[81]. Il est très probable, en effet, que le décès du chef des travaux (mentionné par le texte) ait été à l'origine de cette interrogation : l'oracle leur répond qu'ils doivent aller jusqu'au bout de leur tâche. Un texte de Sardes du VIe siècle p.C. montre une surprenante cohérence avec le reste du dossier[82] : il s'agit de faire en sorte que les travaux ne soient pas interrompus, ce qui était apparemment une situation très fréquente et dont témoigne précisément le texte de Milet (l'interrogation des maçons, après le décès du chef des travaux, touchait peut-être au fait de savoir s'ils allaient ou non recevoir leur paie). La condition de la poursuite des travaux était que les salaires soient payés. Mais le parallèle avec le décret de Paros va plus loin : ce texte rappelle en effet que la grève, ou l'interruption des travaux, était interdite par la loi. Or, tel est précisément aussi l'objet de l'*homologia* ou *stipulatio* de Sardes : il s'agit d'un engagement solennel de la part des maçons à ne pas quitter leur travail. Une constante de la législation des cités semble donc bien avoir été l'existence de lois réprimant les interruptions de chantier. Manifestement, existait déjà dans le corpus athénien du Ve siècle a.C. une loi qui réprimait la grève. En effet, c'est au nom de cette loi qu'Alcibiade prétendit poursuivre pour interruption de chantier le peintre Agatharchos, qu'en fait il avait séquestré chez lui pour l'obliger à réaliser un chantier et qui avait réussi à s'évader[83].

L'autorité des agoranomes

Comme les autres magistrats, l'agoranome était investi d'une autorité qu'il devait exercer dans le cadre de la loi. Le symbole de cette autorité était le fouet : non qu'il lui soit permis d'infliger des peines par le fouet (au reste, seuls les esclaves pouvaient être punis du fouet). Mais en cas de contestation, si l'ordre devait être maintenu en cas de trouble, le fouet était le symbole et l'instrument de son pouvoir. Les archers scythes, chargés de la police à Athènes, portaient eux aussi le fouet, de même que les mastigophores, au nom explicite, dans un contexte agonistique[84]. La colère de Jésus qui, armé d'un fouet, « chasse les marchands du temple », a toujours fait problème aux théologiens. Elle a bien sûr un sens religieux évident. Mais la scène ne renvoie pas à un acte de violence. L'attitude de Jésus se calque sur celle d'un agoranome, c'est-à-dire du détenteur d'une autorité légitime. Le fouet dans la main de Jésus dans la version de Jean est un indice supplémentaire qui montre que le récit évangélique est fondé sur l'image de l'agoranome[85]. Même si l'agoranome exerçait sa charge dans le cadre de la loi, il lui restait une large marge d'appréciation personnelle. C'était le cas en particulier pour la qualité des produits. De ce fait, il devait être moins rare qu'on ne l'imagine que l'agoranome se comportât de manière arbitraire : le cas (imaginaire) rapporté par Apulée, où un agoranome piétine des poissons qui viennent d'être achetés par un client sous le prétexte qu'ils sont d'un prix trop élevé (alors qu'en fait il ne s'agit pour l'agoranome que d'affirmer gratuitement son autorité) en est une excellente illustration[86].

Les agoranomes avaient un pouvoir de sanction sur toute personne enfreignant les lois relatives à l'agora. Dans la cité imaginaire des *Lois* de Platon (6 764b), les agoranomes pouvaient de leur propre autorité imposer la peine du fouet aux esclaves et aux étrangers. De même, ils pouvaient de leur propre autorité imposer une amende de cent drachmes aux gens du pays, la peine pouvant aller jusqu'à deux cents drachmes s'ils la prononçaient de concert avec les astynomes (chargés du maintien de l'ordre dans la cité). Ces dispositions reflètent les conceptions autoritaires de Platon, et, vraisemblablement aussi, les pratiques juridiques des cités conservatrices. Cependant, dans les cités ayant un régime modéré ou un régime démocratique (qui devint le régime standard à l'époque hellénistique), le pouvoir des agoranomes, comme celui de tous les autres magistrats, était pour l'essentiel limité au rôle d'instruction d'une action judiciaire devant un tribunal. Aristote (*Pol.* 4.14.7) considère (pour le déplorer) que, dans les démocraties, les magistrats ne décident de rien mais se contentent de préparer les décisions : en matière judiciaire, cela signifie qu'ils devaient instruire les procès avant de les faire introduire devant un tribunal compétent, et non pas prononcer eux-mêmes un jugement. Dans le tableau des huit tribunaux qu'il dresse dans la *Politique*, Aristote mentionne en cinquième lieu « une cour chargée des contrats privés ayant de l'importance » (4.16.2). Mais il ajoute en huitième et dernier lieu : « Outre ces cours, il y en a une qui traite des petits contrats, pour des montants de un à cinq drachmes ou un peu plus. Car pour ces affaires aussi il faut qu'il y ait un jugement, mais sans qu'on fasse intervenir un grand nombre de juges » (4.16.4)[87]. Dans le droit des cités, de manière générale, le nombre de juges était fonction de l'importance du litige, lui-même correspondant au montant estimé de la condamnation, déclaré par écrit par le plaignant au moment du dépôt de la plainte[88]. En outre, on doit distinguer le pouvoir des magistrats d'infliger des amendes pour flagrant délit d'infraction de celui qu'ils pouvaient éventuellement conserver de s'ériger eux-mêmes en juges pour des plaintes allant jusqu'à un certain montant d'amende, au-delà duquel ils devraient transmettre l'action à une autre juridiction[89]. Or, sur ce point comme sur tant d'autres, le droit des cités n'était pas partout identique, même si encore une fois on trouve des traits largement communs entre les différentes législations.

À Athènes, agoranomes et sitophylaques (pour le grain) étaient les principaux magistrats concernés par le respect des règles de droit sur l'agora. Cependant, on ne sait pas précisément quel était leur pouvoir juridictionnel, car la *Constitution d'Athènes* (52.1-3) ne détaille pas leur compétence sur ce point. En revanche, un peu plus loin (52.2-3), la même source montre le rôle qui était celui de la magistrature des introducteurs (*eisagôgeis*):

> « On tire également au sort, à raison de deux par tribu, cinq introducteurs (*eisagôgeis*), qui introduisent les actions qui doivent être jugées dans un délai d'un mois. Entrent dans cette catégorie de causes celles qui sont relatives au non-paiement d'une dot ; celles qui concernent le non-paiement de l'intérêt pour un prêt consenti à une drachme [par mois, i.e. un prêt à 12 %] ; celles qui concernent l'emprunt d'un capital de départ pour faire des affaires sur l'agora ; de même les actions pour voies de fait, celles qui concernent un prêt d'amitié, les litiges entre associés, les esclaves, les bêtes de somme, les triérarchies, les affaires de banque. Ils introduisent ces actions et on les juge dans un délai d'un mois. »

On voit que les introducteurs étaient donc en charge de toute une série d'actions relevant d'activités directement liées aux transactions et, de manière directe ou indirecte, aux activités de l'agora. A priori, on peut supposer que les introducteurs devaient introduire toutes les causes devant un tribunal. La *Constitution d'Athènes* poursuit cependant (52.3-53.1-2) :

> « Quant aux receveurs (*apodektai*), ils ont compétence pour les actions introduites par ou contre les fermiers d'impôt, en ayant le pouvoir (*kyrioi*) de trancher jusqu'à dix drachmes, mais, au-delà, ils les introduisent devant un tribunal pour être jugées dans un délai d'un mois. On tire au sort également les quarante, à raison de quatre par tribu, à qui reviennent les autres actions civiles. Ils étaient autrefois au nombre de trente et allaient de dème en dème juger les procès, mais, après l'oligarchie des Trente, leur nombre a été porté à quarante. Ils sont souverains (*autoteleis*) pour juger jusqu'à dix drachmes. Au-delà, ils transmettent l'affaire aux arbitres publics ».

On voit donc dans ce cas des magistrats qui ont eux-mêmes le pouvoir de juger directement d'actions pour un montant allant jusqu'à dix drachmes. Il ne s'agit pas cette fois d'affaires directement liées à l'agora ou aux échanges, encore que les quarante, qui jouaient le rôle de juges de dèmes, aient sans doute dû dans bien des cas avoir à trancher des affaires relatives à transactions marchandes ou financières. Or, l'existence d'une limite à dix drachmes pour le droit de certains magistrats de connaître eux-mêmes directement de certaines affaires a été confirmée par la loi athénienne sur les monnaies de 375/374 a.C. (l. 18-28). En cas de violation de cette loi relative à l'usage des monnaies attiques, les magistrats – sitophylaques pour les marchés au grain d'Athènes et du

Pirée, *syllogeis* du peuple pour le marché d'Athènes et pour l'ensemble de la ville, epimélètes de l'emporion au Pirée – étaient compétents (*kyrioi*) pour connaître des actions (*diagignôskein*) jusqu'à dix drachmes[90]. Au delà, les magistrats devaient demander aux thesmothètes, qui étaient en charge de la justice civile à Athènes, de convoquer un tribunal et de le mettre à la disposition des magistrats pour qu'un procès puisse avoir lieu. La *Constitution d'Athènes* ne mentionne pas de limite juridictionnelle pour les sitophylaques, *syllogeis* du peuple et épimélètes. Mais la loi sur le contrôle des monnaies amène à poser la question de savoir si d'autres magistrats que ceux qu'elle cite nommément ne relevaient pas du même principe juridictionnel : sitophylaques, *syllogeis* du peuple et épimélètes de l'emporion n'étaient-ils compétents jusqu'à dix drachmes que pour les seules infractions relatives aux monnaies ? Ne serait-il pas plus logique de considérer au contraire que c'est parce qu'ils étaient compétents jusqu'à dix drachmes que la loi sur les monnaies a précisé que, pour le cas des monnaies, la même règle devait s'appliquer ? Mais, dans ce cas, qu'en était-il pour les agoranomes ? Ne peut-on supposer une règle identique ? Faute de source, on s'abstiendra de trancher, mais il est clair que la question doit être posée.

Ce sont des procédures similaires qu'on observe ou qu'on devine dans les autres cités. Dans le décret de Paros en l'honneur de l'agoranome Killos, ce dernier (l. 20) est loué pour avoir évité des procès entre employeurs et travailleurs salariés : il y a donc toute chance pour que les agoranomes pariens aient eu pour mission d'introduire devant un tribunal les actions judiciaires qu'ils avaient instruites. La loi délienne sur les bois et charbons (l. 14-31) montre que l'agoranome devait recevoir les plaintes à l'encontre de ceux qui étaient suspects d'avoir contrevenu à la loi et les introduire devant le tribunal des Trente-et-Un dans le mois suivant la dénonciation. En cas de condamnation, il leur revenait de faire exécuter la condamnation dans les dix jours[91]. On soulignera que la même loi paraît fixer un montant unique de condamnation, à cinquante drachmes. Comme il arrive souvent, le montant de la condamnation n'était pas proportionnel au délit, mais forfaitaire. On peut supposer que de telles menaces d'amende forfaitaire de niveau relativement élevé avaient un rôle dissuasif : en l'occurrence, pour nombre de petits revendeurs, la menace d'une condamnation à payer la somme élevée de cinquante drachmes était censée les détourner de la fraude (ce qui correspond parfaitement à l'état d'esprit de cette loi *ad hoc*, votée dans une période de hausse des prix jugée abusive de certaines catégories bien particulières de denrées). En cas de violation des règlements de vente sur le marché comme de ceux qui étaient relatifs à l'approvisionnement en eau ou au fonctionnement des bains (l. 101-102, 105-106, 110-111), le décret relatif à l'organisation de la panégyrie des mystères d'Andania prévoyait la peine du fouet (le nombre de coups de fouet n'étant pas précisé) pour les esclaves et une amende de vingt drachmes pour les hommes libres, en précisant dans les trois cas que le jugement (*krima*) devrait avoir lieu devant les *hieroi*, les commissaires préposés à l'organisation de la fête. Comme dans la loi délienne, on trouve en association montant forfaitaire de la condamnation et introduction de l'action judiciaire par les agoranomes devant un tribunal. Le décret amphictionique sur l'usage des tétradrachmes attiques de la fin du IIe siècle a.C. pourrait passer pour un retour à Platon. Il montre en effet que, dans les cités qui appartenaient à cette confédération religieuse, les « magistrats » (la dénomination est générale, car le nom des magistrats variait d'une cité à l'autre) et les agoranomes avaient pour devoir d'imposer une amende de deux cents drachmes à ceux qui n'utiliseraient pas à son taux officiel le tétradrachme attique. Cependant, malgré son laconisme, la formulation du décret n'oblige pas à considérer que les magistrats aient eu le pouvoir d'imposer cette amende de montant très élevé sans passer par un tribunal[92].

Une exception apparente au principe voulant que les magistrats se soient contentés de l'instruction des procès est constituée par le cas des agoranomes de Mélitaia[93]. Mélitaia et Pèreia étaient deux cités voisines en Achaïe Phtiotide. La seconde était entrée en sympolitie avec la première, tout en conservant une certaine autonomie. À la suite de certains différends entre les deux communautés, la confédération étolienne prononça un arbitrage entre les deux cités (213/212 a.C.). Cet arbitrage prévoyait que les agoranomes de Mélitaia viendraient tous les quatre mois à Pèraia juger les litiges entre Pèraiens, qui leur seraient soumis par les agoranomes locaux (la périodicité de quatre mois étant probablement à relier à la durée de la charge des agoranomes, soit un quadrimestre). Les agoranomes de Mélitaia intervenaient donc à la manière des juges itinérants d'Athènes. Leur connaissance des dossiers agoranomiques devait assurer leur compétence technique pour juger des affaires de l'agora, tandis que leur distance d'avec les affaires de Pèraia devait assurer leur impartialité.

On voit que la compétence des agoranomes de Mélitaia ne constitue pas une vraie exception. Au contraire, on peut poser en principe que, à l'époque classique et hellénistique, lorsque le montant de la condamnation dont étaient passibles les contrevenants était d'un certain niveau, le procès n'était pas jugé par les magistrats mais par un tribunal. Ce dernier jouait un rôle de tiers et le nombre de ses membres (en proportion avec la cause) était censé offrir les meilleures garanties d'impartialité (en empêchant les jeux d'influence et la corruption). Cette volonté de séparer magistrature et exercice de la justice donnait aux justiciables, y compris en principe aux humbles petits marchands ou clients de l'agora, une garantie contre l'arbitraire, du moins aussi longtemps que continua à exister dans le monde civique une égalité formelle entre les hommes libres. Le monde de l'agora était un monde où devait s'exercer la loi de la cité, pour le bénéfice de tous. Les magistrats devaient veiller à ce que les commerçants ne fraudent pas et n'enfreignent pas les règlements de l'agora, ce qui servait les intérêts des acheteurs. S'ils le faisaient et s'ils étaient condamnés, les commerçants risquaient non seulement une amende (ou la peine du fouet s'ils étaient esclaves), mais aussi la confiscation des biens mis en vente. Ces derniers faisaient alors l'objet d'une vente aux enchères organisée par la cité. À Athènes, après le décret de Périclès proscrivant l'importation des produits venant de Mégare, les marchandises dénoncées comme mégariennes étaient sur le champ vendues aux enchères[94]. À Athènes aussi, les commerçants ne respectant pas la loi obligeant à accepter les monnaies vérifiées par les contrôleurs publics devaient le jour même se voir confisquer leurs marchandises[95]. À Érythrai, les commerçants en laine qui ne respectaient pas les prescriptions de vente voyaient leur marchandise vendue aux enchères. À Délos, dans le dernier tiers du IIIe siècle a.C, la loi sur les bois et charbons fait allusion (l. 6) à des marchandises vendues aux enchères publiques – certainement de marchandises saisies pour fraude à l'importation ou pour fraude à la vente sur le marché[96].

Mais la loi assurait aussi la protection des vendeurs contre les acheteurs. Dans ses *Caractères* (*L'effronté*, 9.4) Théophraste montre comment certains clients pouvaient avoir un comportement à la limite de la grivèlerie : « S'il va aux provisions, il rappelle au boucher quelque service qu'il lui a rendu et, posté devant la balance, il y jette de préférence un morceau de viande ou, à défaut, un os pour son bouillon. Si le coup réussit, tant mieux, sinon il se saisit sur l'étal d'un morceau de tripes et se sauve en riant aux éclats. » On comprend pourquoi le même Théophraste, dans son traité *Sur les lois*, soulignait que le rôle des agoranomes était d'empêcher les tromperies non seulement de la part des vendeurs mais aussi de celle des acheteurs[97]. Une scène plaisante imaginée par Aristophane (*Guêpes*, 1388-1414) montre comment une simple boulangère (mais citoyenne : elle donne le nom de son père et de sa mère) pouvait déposer plainte auprès des agoranomes. Un ivrogne (Philocléon) lui avait bousculé son étalage et jeté à terre ses pains (et autres marchandises), le tout pour une valeur totale de deux drachmes et deux oboles, ce qui annonçait un procès pour l'auteur des faits[98]. La justice de la cité démocratique était en principe la même pour tous.

Asymétrie informationnelle et garantie des ventes

Contraintes légales et asymétrie informationnelle

Le principe de l'échange marchand est qu'un bien, doté d'une certaine valeur, doit être échangé contre un bien de valeur équivalente. Ce type d'échange suppose donc l'existence d'une part d'une valeur commune aux biens pour que ces derniers puissent être reconnus propres à être échangés, d'autre part d'un système de mesure de la valeur qui soit reconnu par les partenaires de l'échange. Dans le cadre d'une analyse de l'échange marchand, il suffira ici de retenir, comme le soulignait déjà explicitement Aristote, que c'est le principe d'utilité qui s'applique, utilité mesurée par la monnaie[99].

Même une fois qu'acheteur et vendeur se sont mis d'accord sur la valeur des biens à échanger et sur la manière de la mesurer, il reste à passer à la phase pratique de l'échange. Comment l'acheteur peut-il s'assurer qu'un bien aura effectivement l'utilité attendue ? Comment peut-il savoir s'il sera livré dans la quantité prévue ? Et comment le vendeur peut-il s'assurer qu'il sera payé en proportion de ce qu'il aura livré ? Telles sont quelques-unes des nombreuses incertitudes inhérentes à l'échange marchand. La théorie de l'échange a mobilisé de nombreux économistes contemporains. On a vu que les institutions avaient précisément pour but de limiter l'incertitude inhérente aux transactions en général, et singulièrement à l'échange marchand[100]. Si l'on admet la prémisse qu'il ne peut y avoir d'échange régulier sans institution, alors on doit conclure que le marché n'est pas une forme « naturelle », qui serait en quelque sorte l'état normal ou originaire du fonctionnement des sociétés. Au contraire, le marché est nécessairement le fruit d'une construction sociale. Les institutions qui le gèrent n'ont pas existé de toute éternité : elles ont elles-mêmes une histoire complexe, directement liée aux autres formes de structuration sociale de la société en question.

La théorie de l'échange marchand s'est développée comme un sous-ensemble de la théorie de l'information. Dans le cadre de l'échange marchand, de même que le caractère matériel de l'échange a un coût (celui du transfert physique du bien échangé), la procédure d'échange a elle aussi un coût. Ce coût est fonction de l'acquisition et de la gestion de l'information mise en œuvre dans l'échange. Où se procurer un bien ? À quel prix ? À quelles conditions ? Ces informations constituent les conditions préalables à tout échange. Cependant, avant l'échange, l'information relative aux biens est inégalement répartie. L'asymétrie informationnelle entre les partenaires de l'échange peut être définie comme la différence de qualité et de quantité d'informations dont disposent respectivement le vendeur et l'acheteur potentiel sur le produit offert à la vente. Le premier possède un avantage sur le second : il sait (en principe) ce qu'il vend, mais il peut ne pas vouloir divulguer cette information à son acheteur potentiel. En ce cas, au moment où l'achat est conclu, il y a donc bien une situation d'asymétrie informationnelle entre les deux partenaires dans l'échange.

Le premier auteur à avoir formalisé cette notion est K. Arrow, à propos du rapport entre médecin et patient, avec toutes les conséquences susceptibles d'être tirées en matière de qualité du diagnostic ou de sécurité pour le malade[101]. Mais l'exemple devenu classique d'analyse de la situation d'asymétrie informationnelle est celui proposé par G. Akerlof à propos du marché des voitures d'occasion[102]. Sur ce marché, l'acheteur est totalement dépendant des informations que veut bien lui fournir le vendeur : lui seul connaît l'histoire de la voiture, la manière dont elle a été conduite, l'entretien dont elle a fait l'objet ou les accidents éventuels qu'elle a connus. Or, la tendance veut que le prix du marché des voitures d'occasion soit fondamentalement le même, en fonction de quelques paramètres de base, dont l'âge de la voiture est le plus important. De ce fait, si toutes les voitures se vendent au même prix, le détenteur d'une voiture de bonne qualité, mais ne pouvant prouver que c'est le cas et donc demander un prix élevé, va être tenté de ne pas la vendre. Selon un principe analogue à la loi de Gresham qui veut que la mauvaise monnaie chasse la bonne, les modèles défectueux (en langue américaine populaire, les « citrons », *lemons*) vont donc chasser les véhicules de qualité. De ce fait, le prix moyen des voitures d'occasion va baisser. On a donc un cas de « sélection adverse », où, par lui-même, le marché ne remplit pas naturellement une fonction de correction des imperfections liées à la distribution inégale de l'information entre acheteur et vendeur.[103]

En généralisant ce type de situation, G. Akerlof a montré comment seules des mesures de nature institutionnelle pouvaient permettre de faire baisser l'incertitude liée à des situations d'asymétrie informationnelle[104]. C'est le cas pour la garantie offerte par le vendeur sur le produit acheté sur un laps de temps défini à l'avance, la certification par l'État que le produit répond à une norme donnée, ou encore l'existence d'une marque et de la réputation qui lui est liée. L'exemple du marché des voitures d'occasion montre donc que, si elle n'est pas contrecarrée par des mesures d'ordre institutionnel, l'existence même du marché est menacée par les incertitudes relatives aux situations d'asymétrie informationnelle. On peut montrer que les cités grecques avaient déjà pleinement pris en compte les conséquences potentielles de l'asymétrie informationnelle entre acheteur et vendeur et qu'elles leur avaient donné une réponse appropriée.

L'asymétrie informationnelle sur l'agora et l'action de la cité

Si acheteur et vendeur avaient donc intérêt à recourir à l'agora pour minimiser leurs coûts d'information sur les prix, l'acheteur y trouvait un intérêt supplémentaire : la garantie de la loyauté des échanges. La première garantie apportée par les magistrats de la cité était celle de la propriété du vendeur. Une anecdote du *Perse* de Plaute, qui est une adaptation d'un original grec du IVe siècle a.C., illustre ce cas. À Athènes, le marchand d'esclaves Dordalos se laisse séduire par la perspective d'une affaire supplémentaire. Il achète à très bas prix, mais sans avoir la garantie de témoins qui lui garantissent l'origine de l'esclave, une jeune fille dont on lui assure qu'elle a été enlevée en Arabie, mais qui est en réalité une citoyenne athénienne : comme cela lui est rappelé explicitement par la partie venderesse (v. 589), cette vente se fait donc à ses risques et périls. Une fois le prix payé, il apparaît qu'il a été grugé, mais il ne peut protester sous peine des pires châtiments pour avoir prétendu réduire en esclavage une citoyenne d'Athènes. Le vocabulaire juridique de Plaute est celui de la société romaine (avec en particulier la référence au principe du *mancipium*). Cependant, il est clair que le principe ne pouvait en être différent dans l'Athènes classique, puisque la scène constitue le ressort même de la pièce et ne peut avoir été ajoutée par Plaute. On peut donc considérer avec confiance que, dans l'original grec du *Perse*, la vente ne pouvait être assurée que par la présence de témoins. Une vente qui n'était pas conduite à l'agora (comme on l'a vu, elle était naturellement aussi parfaitement possible et légale) devait donc être entourée de garanties particulières. On peut considérer que, à l'agora, il revenait aux magistrats de veiller à l'origine des produits et d'en garantir la propriété.

Pour ce qui est de la réputation d'un produit d'une origine donnée ou d'une maison de commerce, il suffira de dire ici qu'il s'agissait là déjà de choses courantes et banales dans l'Antiquité (même si, stricto sensu, la notion de marque, liée à l'existence de firmes, n'existait pas encore)[105]. La question de la certification de l'origine d'un produit impliquerait de plus longs développements, qui ne peuvent trouver leur place ici, mais il ne fait pas de doute que la pratique en était déjà courante. Même si l'on peut discuter de la signification du timbrage des amphores, il n'en reste pas moins que la seule forme d'une amphore, d'ordinaire spécifique à chaque cité, faisait qu'il était aisé de déterminer l'origine du contenu (même si cela ne devait pas empêcher les fraudes, sur les conteneurs comme sur les contenus). Le vin de Thasos, de haute qualité, se vendait dans une amphore de petite taille et dont la forme se distinguait de toutes les autres. Pour ce qui est plus généralement de la garantie de la qualité et de la quantité du produit vendu, on a vu que la cité avait mis en place un arsenal de mesures en vue de les garantir.

Parmi ces mesures, il en est une cependant qui illustre encore mieux ce souci de garantie donnée à l'acheteur, dans le cas où l'asymétrie informationnelle spécifique, liée à la nature même du produit vendu, comme dans le cas du marché des voitures d'occasion analysé par G. Akerlof. La tentative de fraude relative à la vente de grain, d'huile ou de vin était susceptible d'être dénoncée sur le champ par l'agoranome, par exemple si le grain ou l'huile, bien qu'avariés, étaient vendus au prix du produit frais, si le vin était mouillé d'eau ou bien si de la « piquette » était vendue au prix d'un grand cru : c'est le sens de l'anecdote rapportée par Apulée déjà mentionnée. Certes, il n'existait pas alors de méthode de mesure « scientifique » de la qualité et l'agoranome devait se fier à son sens de l'observation et à son goût (ainsi en cas de mouillage du vin, car les autres méthodes de contrôle mentionnées par les sources antiques sont soit fantaisistes, soit incertaines)[106]. Il pouvait donc entrer une part d'arbitraire dans les mesures prises par les agoranomes. Ce n'est donc pas pour rien si tant de dédicaces étaient faites par les commerçants à « leurs » agoranomes, louant leur sens de la justice et leur impartialité. Certains agoranomes devaient abuser de leur pouvoir et se laisser aller à des attitudes arbitraires : c'était le risque inhérent au système. Mais l'absence de contrôle, donc de garantie, aurait été encore plus dommageable aux acheteurs, mais aussi, *in fine*, aux vendeurs eux-mêmes.

Un cas où l'asymétrie informationnelle était encore plus forte et correspond directement à la situation décrite par G. Akerlof est celui des ventes de bétail ou d'esclaves. Cyniquement, Caton conseillait pèle mêle de vendre tout ce qui pouvait représenter une moins value pour la propriété : « Que le maître vende vieux bœufs, vieux bétail, vieilles brebis, laine, peaux, vieux chariot, vieux outils, esclave âgé, esclave malade ainsi que, plus généralement, tout le superflu : qu'il le vende[107] ». Plutarque, dans sa *Vie de Caton* (4.4 et 5.1-6), ne cachait pas le dégoût que lui procurait un tel comportement. Il n'en reste pas moins que, si peut-être il n'était pas universel, ce comportement n'en devait pas moins être fréquent, puisque Caton pouvait ouvertement le recommander. Caton ne nous dit pas si le maître devait donner une information fiable sur l'âge réel de son vieux bétail et surtout sur l'état de santé de ses vieux esclaves. Apparemment, il laissait la chose à l'appréciation du vendeur. En d'autres termes, des esclaves malades pouvaient par exemple être mis en vente.

Or, comment l'acheteur pouvait-il savoir si la tête de bétail ou l'esclave ne recelait pas quelque défaut, connu mais volontairement caché, et qui ne se révélerait que plus tard ? La loi accordait sa protection à l'acheteur[108]. Platon, *Lois* (11 916a-c) propose un délai de rédhibition d'un an pour le cas de l'esclave épileptique et de six mois pour les autres maladies. Hypéride (*C. Athènogénès*, 15) souligne lui aussi qu'il est du devoir du vendeur de signaler tout défaut dans le cas de vente d'un esclave, faute de quoi l'ouverture d'une action judiciaire devient légitime. Des textes épigraphiques confirment l'existence de lois de ce type. C'est le cas d'une loi d'Abdère un peu antérieure à 350 a.C., où, bien que le texte soit mutilé, on voit que pour un esclave le délai de rédhibition est d'un an pour le « mal sacré » (l'épilepsie), dix mois pour la dysenterie, trois mois pour d'autres maladies (on ne sait lesquelles)[109]. Il existait aussi des clauses analogues pour bœuf, cheval et mulet, mais le délai de rédhibition est perdu. Une loi de Cnossos du IIIe siècle a.C. précise les conditions de rédhibition pour les bœufs (de trait ou de labour)[110]. Elle prévoit que si l'acheteur veut, de sa propre initiative (donc sans qu'il soupçonne un dol) restituer un bovin, il le peut dans les cinq jours suivant l'achat, à condition de payer un triobole par jour. En revanche, s'il apparaît qu'on lui a vendu un bœuf non dressé – ce qui suppose qu'on lui avait en principe vendu un bœuf tout prêt à l'emploi, qui ne nécessiterait pas de dressage de base, donc aussi plus cher –, il peut le restituer sans payer le triobole journalier prévu dans le cas de rédhibition à la pure initiative de l'acheteur. De manière générale, on considérait donc que si l'acheteur n'avait rien constaté pendant le délai prévu, la vente ne pouvait être remise en cause.

Ainsi, on voit que les cités prenaient pleinement en compte l'incertitude relative à la situation d'échange et veillaient à réduire cette incertitude par des mesures institutionnelles. Grâce aux institutions de la cité et à l'action de ses magistrats, l'acheteur pouvait bénéficier d'une garantie d'information sur les produits offerts au marché. L'asymétrie informationnelle liée au rapport individuel entre acheteur et vendeur était minimisée, car l'acheteur y disposait d'une information certifiée, garantie par l'action institutionnelle de la cité. En outre même, pour certaines transactions pour lesquelles il ne pouvait exister de garantie *ex ante*, la clause de reprise pendant un temps défini par la loi apportait la nécessaire garantie *ex post*. La cité visait ainsi la transparence des transactions. Or, en limitant l'incertitude relative aux achats, elle abaissait leur coût et de la sorte elle activait le volume et la vitesse des transactions, ce qui était doublement bénéficiaire, aux échangistes pour les bénéfices supplémentaires qu'ils pouvaient obtenir, et à la collectivité publique par les rentrées fiscales supplémentaires sur lesquelles elle pouvait compter.

Les politiques de contrôle des prix

Enfin, les autorités de la cité devaient faire en sorte que le marché soit approvisionné et, autant que faire se pouvait, que le prix des denrées offertes à la vente reste abordable pour les clients. Pour parvenir à ce but, plusieurs options s'offraient à eux : tenter de négocier avec les importateurs des prix abordables ou mettre en action des fonds d'intervention pour stabiliser les cours, avant tout pour le grain[111]. La pratique la plus ordinaire consistait cependant à veiller sur les prix.

L'approvisionnement du marché intérieur et le contrôle des prix

Si la cité veillait à la qualité et au respect de la mesure des quantités pour les produits qui étaient vendus sur l'agora, elle veillait en effet également sur les prix. D'une part, elle s'efforçait d'empêcher les prises de bénéfice indues, ce qui, dans le cadre de la cité grecque, correspondait aux prix « conformes à la justice ». De nouveau, il s'agissait là ni plus ni moins d'assurer la loyauté dans les transactions, cette fois en agissant sur les prix. D'autre part, elle tentait de faire en sorte que les prix ne connaissent pas de trop brutales flambées à la hausse. En fait, même si, comme on va le voir, les deux actions étaient intimement liées, la première concernait essentiellement les ventes au détail, tandis que la seconde concernait au premier chef les produits importés (avant tout le grain).

Le contrôle de la cité sur les prix de détail reposait sur le principe que le détaillant ne devait pas prendre une marge indue. C'est ce qui apparaît dans le plaidoyer de Lysias *Contre les marchands de blé* (22.8), de 386/385 a.C. La loi athénienne interdisait en effet aux détaillants de prendre une marge supérieure à une obole, par quoi on doit sans doute entendre une obole par drachme (et non par médimne de grain)[112]. La marge ne pouvait donc dépasser 16,66 % du prix d'achat. Pour l'Égypte ptolémaïque, le *PTeb*, 703, l. 176 (fin du IIIe s. a.C) fait état d'une règle similaire. Parmi les instructions que le diœcète, le surintendant des finances du royaume lagide, donnait aux économes de nome à leur entrée en fonction figurait l'indication suivante : « Veille à ce que les produits offerts ne soient pas vendus à des prix plus élevés que ceux qui sont fixés par ordonnance ; pour ce qui est des produits qui n'ont pas de prix fixé (*hestèkuia timè*), dont il appartient à ceux qui les vendent de les fixer au prix qu'ils veulent, ne veille pas non plus à cela de manière superficielle, mais, après avoir fixé le profit raisonnable sur les marchandises vendues, contrains les [---] à en faire la vente[113]. » L'ordonnance, a priori valable pour tout l'Égypte, distinguait donc les produits dont le prix était fixé par l'autorité de ceux qui n'avaient pas de prix fixé, les prix « libres » (mais qui en réalité étaient des prix encadrés, puisque la « marge raisonnable » était fixée par l'économe du nome).

Pour le détaillant, la fraude consistait donc à majorer ses marges au-delà des limites autorisées, soit d'emblée, soit en faisant un profit sur stock. Ce sont ces pratiques qui sont dénoncées par un orateur anonyme dans le plaidoyer de Lysias *Contre les marchands de grain*. Ces derniers achetaient le grain aux grands commerçants (*emporoi*) étrangers, métèques ou citoyens, qui approvisionnaient la cité en grain importé. Ils étaient censés le revendre en respectant la marge qui leur était imposée par la cité. En termes violents, l'orateur (22.14) les accuse de profiter de toutes les hausses de profits provoquées par les circonstances : selon lui, toute mauvaise nouvelle, toute rumeur leur était bonne pour gonfler leurs prix. Loin de respecter la limite imposée d'une obole par drachme du prix d'achat, ils n'hésitaient pas à faire des profits sur les stocks dont ils disposaient, ce qui était rigoureusement interdit par la loi. La preuve qu'il en était bien ainsi, l'orateur la trouve dans le fait que leurs prix pouvaient être modifiés plusieurs fois par jour (22.14). Outre la limitation de la marge de profit, la loi visait à empêcher la spéculation sur stock (le profit d'arbitrage) en interdisant rigoureusement aux marchands de grain, sous peine de mort, d'acheter plus de cinquante « charges » (*phormoi*) à la fois[114]. La loi délienne sur la vente des bois et charbons punissait les contrevenants d'une amende assez lourde de 50 drachmes[115]. Mais, à Athènes, sur un produit aussi vital pour la population que l'était le grain, la loi prévoyait ni plus ni moins la peine de mort, et c'est effectivement la peine de mort qui est requise par l'accusateur contre les prévenus.

La défense des marchands de grain et l'argumentaire de l'accusation (22.5-6) révèlent cependant en outre la pratique de la négociation des prix du grain. Pour leur défense, les marchands de grain arguent que, les prix du grain importé étant à la hausse, ils ont effectivement dépassé la limite de 50 « charges » qui leur était imposée, mais qu'ils l'ont fait à la demande des magistrats – ce que, naturellement, ces derniers nient formellement. Que les magistrats aient ou non suggéré de dépasser la limite autorisée, il reste qu'on doit poser la question de savoir pourquoi ils auraient pu le faire. La réponse est claire : en achetant une plus grande quantité, les acheteurs étaient susceptibles d'obtenir un meilleur prix. Anytos, l'un des trois magistrats qui avaient la charge de superviser l'activité des marchands de grain, reconnaissait cependant avoir donné un conseil aux marchands de blé. On doit noter qu'Anytos était aussi l'un des principaux hommes politiques de la cité en ce début du IVe siècle. La portée du conseil (22.8) qu'il reconnaissait avoir donné aux marchands de grain n'en a que plus de poids. Pour lutter contre la hausse, Anytos avait suggéré de présenter un front commun face aux importateurs. À la multitude d'acheteurs en concurrence les uns avec les autres, il avait suggéré de substituer virtuellement un acheteur unique, puisque les marchands de grain se seraient préalablement mis d'accord sur un prix. De la sorte, en reversant partiellement le rapport de force en leur faveur, les acheteurs devaient obtenir un prix plus favorable.

La substitution virtuelle d'un acheteur unique à la multitude des acheteurs locaux est à la base de l'institution du « prix officiel » (*kathestèkuia timè*) qui est connue pour Athènes dans le dernier tiers du IVe siècle et dans la première moitié du IIIe siècle. Nos sources montrent que, à cette époque, les magistrats négociaient un « prix officiel » du grain avec les importateurs[116]. Naturellement, ce prix connaissait des variations sensibles en fonction du rapport entre l'offre et la demande. Il ne s'agissait pas pour les magistrats de fixer un prix arbitrairement bas, qui n'aurait eu aucune signification parce qu'il n'aurait pas été respecté ou qui aurait eu pour effet de détourner les importateurs de la place d'Athènes si l'on avait voulu en forcer l'application. Il s'agissait d'un prix négocié avec les importateurs, l'accord de l'un d'entre eux amenant les autres à s'aligner – au moins temporairement – sur ce prix officiel. Le principe est rigoureusement le même que celui qu'on voit à l'œuvre en 386/385, avec le conseil d'Anytos aux marchands de grain de substituer un acheteur unique à la multitude des acteurs. Ce n'est pas la cité qui se portait acquéreur, mais c'est elle qui négociait le prix avec les importateurs. La différence avec 386/385 est qu'à la fin du siècle la pratique de la négociation par un acheteur unique était institutionnalisée par la cité, qui se chargeait elle-même de la négociation.

Cette pratique de la négociation du prix du grain importé par les magistrats eux-mêmes n'était du reste nullement exceptionnelle. Une série de décrets hellénistiques nous montre des agoranomes obtenant des rabais de la part des importateurs de grain. La forme n'en était peut-être pas aussi institutionnalisée que celle du « prix officiel » sur le marché attique (encore faut-il souligner que pour ces cités nous sommes totalement dépourvus des sources littéraires qui fournissent une part importante de la documentation attique sur la question), mais le principe en était le même[117].

L'option des prix fixes

Mais plusieurs inscriptions portent témoignage de ce que les agoranomes, ou la cité, pouvaient effectivement fixer des prix. La documentation est de l'époque hellénistique comme de la haute époque impériale. À Delphes, au IIIe siècle a.C., on trouve une liste de prix de différents poissons et à Akraiphia en Béotie, à la fin du IIIe siècle a.C., une liste de prix de poissons de mer et de lac, inscrite par les agônarques (le nom béotien des agoranomes) sur décision de la cité[118]. À Oinoanda, en Lycie, en 124 p.C., la clause du règlement de la fête des *Dèmostheneia* relative à l'agora de la panégyrie donnait aux trois panégyriarques « le pouvoir d'afficher un tarif des prix des approvisionnements mis en vente », tout en veillant à leur qualité et en ayant soin de leur répartition[119]. Une lettre d'Hadrien à Pergame relative aux banquiers publics fait allusion à « l'estimation qui est faite par les agoranomes des poissons vendus au détail au poids »[120]. Une série d'inscriptions d'Éphèse des IIe et IIIe siècles p.C. montre le souci de fixer le prix du pain, soit lors des fêtes principales (avec les foires qu'elles attiraient), soit sans doute dans des situations de pénurie[121]. Le règlement des Mystères d'Andania enjoignait aux agoranomes de veiller au poids et à la qualité des produits, mais leur interdisait de fixer les prix[122].

Sur l'agora du Pirée, dans les années entre c. 35/34 et 18/17 a.C., fut érigée par l'agoranome Aischylos une ordonnance fixant les prix de la triperie. Quelques années plus tard, la stèle fut renversée et une nouvelle ordonnance fut gravée, où les prix étaient légèrement inférieurs à ceux de la première ordonnance[123]. Les prix de ces produits étaient donc fixes[124].

Texte I

« Sous l'archontat de Pamménès, Aischylos fils d'Aischylos, qui a exercé la charge d'agoranome, a fait la dédicace des "pierres" et du support de balance.

Par ordonnance des gens du lieu, selon la loi :

Porc : deux pieds, 7 ch. ; panse, 1 ob. 7 ch. ; matrice, la mine, 2 ob. 6 ch. ; foie, la mine, au prix de la viande ; mou, la mine, à moitié de ce prix ; os de la tête, au tiers de ce prix ; cervelle, ---.

Chèvre ou mouton : 4 pieds, 4 ch. ; cervelle, 3 ch. ; tête, 1 ob. 3 ch. ; matrice, la mine, --- ; foie, la mine, au prix de la viande ; mamelle, la mine, au prix de la viande ; mou, la mine, à moitié ce de prix.

Bœuf : pied, --- ; foie et rate, la mine, au prix de la viande ; mou, à moitié de ce prix ; cervelle, ---.

La mine de tous les intestins --- et à quart de prix (?) --- »

Texte II

« Porc : deux pieds, [-] ch. ; panse, 1 ob. 4 ch. ; matrice, la mine, 2 ob. 4 ch. ; foie, la mine, au prix de la viande ; mou, la mine, à moitié de ce prix ; os de la tête, au tiers de ce prix ; cervelle, 3 ch.

Chèvre : 4 pieds, 3 ch. ; tête, 1 ob. 2 ch. ; cervelle [---] ; matrice, la mine, 1 ob. 6 ch. ; mamelle, la mine, au prix de la viande ; mou, la mine, à moitié de ce prix.

Bœuf : pied, 1 ob. ; foie et rate, la mine, au prix de la viande ; mou, à moitié de ce prix ; cervelle, 3 ch.

La mine de tous les intestins --- et à quart de prix (?) --- »

On a vu que, dans la *Constitution d'Athènes* (51.1-3), Aristote évoquait la répartition géographique des magistrats chargés de régler le commerce et l'approvisionnement des villes de la cité : « On désigne aussi par le sort des agoranomes, cinq pour le Pirée et cinq pour la ville. » Cette répartition des magistrats est attestée par d'autres sources[125]. On soulignera cependant que, à l'époque du texte comme ultérieurement à l'époque impériale, Athènes ne comptait plus que deux agoranomes, un pour Athènes, un pour le Pirée. Aischylos était donc l'agoranome en charge du Pirée. À proprement parler, ce n'est pas lui qui avait fixé le prix, mais « les gens du lieu », *hoi kyklôi*, entendre : les gens du Pirée, réunis en assemblée ou autre mode de réunion, comme la loi leur en donnait le pouvoir (d'où le rappel « selon la loi »)[126]. Les prix de la triperie à l'agora du Pirée étaient donc fixés par une autorité publique dont l'agoranome n'était que l'exécutant. On songe à la manière dont devait être fixé le prix du grain des îles dans la loi de 374/373, soit par l'assemblée de la cité[127].

On voit donc une série de situations où l'autorité publique était amenée à intervenir pour fixer des prix. On remarque qu'elle le faisait sur des produits sur lesquels elle était en situation de force car d'une part ils étaient le fait d'une production locale, d'autre part ils ne pouvaient être stockés : tel était bien le cas des produits de la triperie et du poisson. Mais, en outre, il s'agissait de produits qui faisaient l'objet d'une consommation populaire. Des augmentations de prix étaient d'autant plus sensibles, car la population la plus pauvre ne disposait pas des moyens lui permettant de faire face à une augmentation des prix. On comprend aussi tout particulièrement le sens des taxations de prix au moment des fêtes. Il en allait exactement de même dans l'Europe moderne, voire au début de l'époque contemporaine. Dans l'Europe moderne, à Saint-Bertrand-de-Comminges comme à Toulouse et dans bien d'autres villes, le poisson était taxé pendant le carême, car c'était le moment où sa consommation était la plus forte[128]. Sous l'Ancien Régime, les corporations, en particulier celle des bouchers, travaillaient sous le régime des prix encadrés. La loi Le Chapelier de 1791 supprimant les corporations réserva cependant à l'autorité publique la faculté de taxer le prix de la viande. En 1855 encore, un projet de taxation du prix de la viande posait le principe suivant : « Tarifez la viande que mange l'ouvrier, et laissez les riches payer les morceaux de choix, comme ils payent le pain de fantaisie[129]. » Tel est aussi le principe qui paraît avoir prévalu sur les marchés de la Grèce des cités.

Sur l'agora, c'est-à-dire, pour l'essentiel (même si l'on pouvait aussi y conclure de gros contrats), dans le monde du petit commerce, la cité procurait aux utilisateurs du marché un univers juridique stable, permettant aux affaires de se dérouler de manière prévisible. En cas de contestation entre acheteur et vendeur ou entre vendeur et magistrat, le jugement d'un tribunal donnait en principe la garantie qu'une procédure contradictoire permettrait à celui qui faisait l'objet d'une dénonciation de défendre ses arguments. Cela ne signifie pas que tout y était parfait, ni que l'arbitraire d'un magistrat y était inconnu. Mais l'agora était définie comme un monde où devait s'exercer la justice. Du moins dans les cités démocratiques, cette dernière était en principe la même pour tous, quel que soit le rang social ou le niveau de fortune des parties prenantes.

Là était la vraie originalité de l'institution. L'édile romain, le sâhib al-sûq ou le muhtasib du monde islamique avaient des fonctions du même ordre que celles de l'agoranome : assurer la police du marché, vérifier les poids et mesures ainsi que la conformité au modèle prévu ou la qualité des produits vendus. Mais les agoranomes grecs, du moins ceux des cités démocratiques, étaient eux-mêmes sous le contrôle de la collectivité. C'est sous la stricte surveillance de cette dernière qu'ils exerçaient leur autorité, dont ils devaient servir les intérêts. Ils faisaient donc véritablement du marché un espace de droit, non le lieu d'exercice de l'arbitraire d'une aristocratie ou d'un pouvoir royal détenant tous les vrais pouvoirs.

On observera enfin que l'intérêt des cités grecques pour la qualité des produits et pour la loyauté des échanges n'est pas la preuve d'une absence de réflexion économique, comme si cette dernière n'était née qu'au moment où, avec les économistes classiques, on a théorisé la distinction entre valeur d'échange et valeur d'usage. Qualité des produits et loyauté des échanges sont en fait les éléments constitutifs fondamentaux de l'échange institutionnalisé. C'est sur la base de cette observation qu'a pu être défini le concept d'anticipation rationnelle. L'information relative à la qualité des produits n'est pas une donnée extérieure à l'échange : elle a une incidence directe sur le jeu des transactions. En faisant de l'agora un espace de droit, les cités contribuaient aussi puissamment à l'essor économique général.

CHAPITRE 2

La monnaie et le crédit

Dans le cadre d'un réseau d'échange restreint à la famille ou au voisinage immédiat, le recours à la monnaie n'est pas indispensable. L'information sur les partenaires est optimale et la réciprocité est garantie par un système de valeurs qui transcende l'échange. On ne quantifie pas de manière stricte les biens et les services que l'on fournit, parce que ceux qu'on est susceptible de recevoir en retour peuvent se révéler infiniment plus importants que ce qu'on a procuré initialement. La réciprocité inhérente à l'échange n'a donc pas à être garantie de manière formelle par une organisation extérieure aux partenaires. De même, on n'a pas besoin d'un intermédiaire qui vienne garantir un échange différé dans le temps.

En négatif, on vient de décrire ce qu'il est classiquement convenu d'appeler les trois fonctions de la monnaie : mesure des valeurs, instrument de réserve et instrument d'échange. En effet, dans une société complexe et tendant à l'anonymat, seul un élément tiers extérieur aux partenaires est susceptible de quantifier biens et services échangés et d'assurer l'indispensable réciprocité de l'échange. Un système de contrôle par un tiers, prenant la forme d'une bureaucratie, est l'une des deux options possible. L'autre consiste à avoir recours à un instrument autonome auquel chacun des partenaires éventuels reconnaîtra la même valeur : c'est ce que l'on désigne sous le nom de monnaie. Un débat classique de l'anthropologie économique porte sur le point de savoir si toute société a ou non connu la monnaie. On peut accepter cette thèse, car même les sociétés antérieures au néolithique présentent des formes de complexité bien plus grandes qu'on ne le pensait autrefois. Mais on doit alors aussitôt la nuancer en différenciant avec soin les formes de service rendues par l'instrument monétaire dans les diverses sociétés.

Dans cette « histoire générale de la monnaie », le monde grec a été l'auteur d'une innovation qui, dans la tradition occidentale, allait pour plus de deux millénaires rester une référence : l'usage comme instrument monétaire d'une rondelle de métal de poids standard, ayant une valeur propre ou une valeur fiduciaire et portant la marque de l'État, lui conférant de la sorte une valeur reconnue par tous. Le moment clé du processus de production de ces rondelles de métal était celui de la frappe. C'est la raison pour laquelle on parle couramment de « monnaie frappée » pour désigner l'instrument monétaire de la Grèce ancienne. Avec la monnaie frappée, le monde grec fut la première société disposant d'un instrument monétaire combinant en un seul élément, et avec une précision et une commodité jusque-là inconnues, les trois fonctions de la monnaie définies précédemment. L'histoire monétaire de la Grèce de la fin de l'archaïsme et de l'époque classique est celle de la généralisation de la monnaie frappée, avec de notables innovations qui la rendirent possible. Celle de l'époque hellénistique en est le l'héritière.

La monnaie (entendre désormais : la monnaie frappée, selon la définition précédente) devint d'un usage constant dans tous les processus économiques. Sur ces bases, on doit alors, pour le monde des cités grecques comme pour toute société développée, poser la question classique de savoir si la monnaie avait un rôle propre dans les échanges. Une question connexe à celle-là est celle de la masse monétaire et de son évolution.

Mais si la monnaie-métal constituait la référence à la fois quotidienne et ultime en manière monétaire, on doit en outre accorder une attention particulière au crédit. Dans un environnement institutionnel stable, la possession d'un instrument monétaire donne potentiellement un droit de tirage sur le présent et sur l'avenir. Mais celui qui ne possède pas cet instrument d'échange peut, sous condition, recevoir lui aussi un droit de tirage immédiat : il bénéficie alors d'un crédit. Mais vu ce qui a été évoqué précédemment sur le rôle de la monnaie frappée de métal précieux en Grèce ancienne, poser la question du crédit revient aussi à poser d'une part celle de l'articulation de ce dernier avec la monnaie métal, d'autre part celle du rôle autonome éventuel qu'il pouvait jouer dans l'économie.

Monnaie et échange dans le monde des cités grecques

Métal précieux et instrument monétaire

L'usage monétaire des métaux précieux n'est pas une spécificité de la société grecque[1]. Dès le IIIe millénaire, on constate qu'en Égypte et dans les royaumes du Proche-Orient l'or, l'argent ou l'électrum commencèrent à jouer le rôle de marchandise privilégiée et de réserve de valeur. Au IIe millénaire et encore davantage dans la première moitié du Ier millénaire, l'argent était utilisé non seulement comme réserve et mesure de valeur, mais aussi comme instrument de paiement. Par leur inaltérabilité, leur divisibilité, leur haute valeur intrinsèque liée à la grande difficulté de ses les procurer, l'or, l'électrum et surtout, au Proche-Orient, l'argent investirent donc le rôle de monnaie. Archéologiques ou textuelles, les sources orientales montrent l'usage courant de l'argent comme instrument monétaire. À cet égard, le monde grec ne fut nullement un précurseur. L'usage des métaux précieux comme instrument monétaire n'y fut introduit qu'avec un retard sensible. Les tablettes mycéniennes du IIe millénaire font apparaître une société de livraison de produits en nature qui, du moins pour ce que l'on peut en percevoir, ne laisse aucune place à une utilisation monétaire des métaux précieux. Le « monde homérique » n'accorde aucun privilège monétaire particulier aux métaux précieux. Il compte en bœufs ou autres objets de valeur et aucun bien ou marchandise ne possède un monopole de fonction monétaire. À l'époque des Âges sombres et à la haute époque archaïque, le bronze et le fer jouèrent certainement un rôle de réserve et de mesure de valeur. C'est ce qu'attestent les offrandes de trépieds de bronze ou de broches de fer dans les sanctuaires à cette époque. Le système de compte des poids et monnaies de l'époque classique et hellénistique en porte encore la trace, puisque l'unité de base en est la drachme (*drachmè* signifiant « poignée ») et le sous-multiple l'obole (*obelos* désignant la broche : une drachme étant une « poignée de six broches »).

Mais la progressive banalisation de la production du bronze et surtout du fer ainsi que les qualités mieux appropriées de l'or et de l'argent à jouer le rôle d'instrument monétaire conduisirent à l'émergence de ces derniers (de facto, en Grèce, essentiellement de l'argent) comme métaux monétaires privilégiés. En acceptant de mêler des prix du Ve et du IVe siècle (ce qui reste plausible en fonction de ce que l'on peut savoir de l'évolution générale des prix sur la période), on peut se faire une idée des rapports de valeur entre les divers métaux à l'époque classique. De la sorte on comprend mieux la notion de « métal précieux ».

Rapport de valeur entre les métaux à l'époque classique (base 1 = plomb)
(rappel pour la place du bronze : il s'agit d'un alliage cuivre-étain)[2]

Métal	Rapport	Valeur au talent	Commentaire
Or	21 201,4	60 000 dr.	Rapport 1:10 après c. 350 a.C., davantage auparavant
Argent	2 120	6 000 dr.	
Étain	82,3	233 dr.	Athènes, Ve siècle
Bronze	21,3	60 dr. 1 1/5 ob.	Travaillé, Athènes milieu IVe siècle
Cuivre	12,4	35 dr. 1 ob.	Athènes, Ve siècle
Fer	4,4	12 dr. 3 ob.	En gros, métal travaillé, Delphes, milieu IVe siècle
Plomb	1	2 dr. 5 ob.	Épidaure

Ce tableau montre pourquoi, à l'époque classique, le fer avait une pure valeur d'usage. Le rapport de prix entre le fer et l'argent, de l'ordre de 1 à 500, en est la traduction concrète. La banalisation du fer est la conséquence de la multiplication des centres de production, tout le monde pouvant désormais avoir accès à ce métal grâce aux échanges entre cités. On se gardera cependant d'établir un rapport direct entre rapports de valeur des métaux entre eux et les chiffres globaux de production des divers métaux. Un bref excursus sur la production de fer ouvre la voie à quelques pistes de réflexion.

Toutes choses égales, le fer ou le bronze restaient certainement produits en quantités modestes eu égard à nos critères. Au demeurant, des *comparanda* de l'Europe moderne permettent de prendre la mesure de ce que pouvait être la production antique. On observe que, au XVIe siècle, l'Angleterre, alors l'un des pays les plus avancés en Europe, ne produisait que quelques milliers de tonnes[3]. Après une période de croissance très soutenue dans la deuxième moitié du XVIe siècle et au début du siècle suivant, elle dépassa les 10 000 tonnes, pour atteindre 18 500 tonnes vers 1620, puis 23 000 tonnes vers 1770, et plus de 100 000 tonnes seulement après 1800, après que les mutations technologiques (fonte au coke) eurent pleinement fait sentir leurs effets. À la production nationale, on doit il est vrai ajouter des importations, variables selon les périodes, mais qui, au XVIIIe siècle, purent dépasser largement la production nationale. Le monde égéen antique disposait d'un certain nombre de gisements de fer[4]. Cependant, pour une grande partie de la Grèce égéenne, un facteur limitatif de la production métallurgique était constitué par la faiblesse de la couverture forestière, donc du carburant disponible. Pour le bassin égéen de l'époque classique ou hellénistique, une production de fer de l'ordre de 1 500 tonnes par an, complétée peut-être par des importations de l'ordre de 500 à 1 000 tonnes par an, paraissent être les chiffres maxima que l'on puisse envisager. À titre de comparaison, on rappellera que le poids de métal de la tour Eiffel est de 7 300 tonnes. À l'époque impériale, un grand site sidérurgique comme celui du bassin supérieur de la Dure, dans la Montagne Noire, avait une production de l'ordre de 250 tonnes par an[5]. Des chiffres de niveau beaucoup plus élevé ont certes été suggérés pour la production annuelle du riche gisement de Populonia en Étrurie (2 000 tonnes par an sur la base de 2 millions de tonnes de scories exploités pendant 400 ans)[6]. Mais si la période d'exploitation fut en réalité plus longue qu'on ne l'a supposé, voire beaucoup plus longue, le chiffre annuel baisserait considérablement. En tout état de cause, la Grèce égéenne ne disposait pas de gisement de fer aussi riche que celui de l'île d'Elbe.

Or, pour le bassin égéen, divers indices conduisent à supposer une production d'argent moyenne de l'ordre de 1 000 à 1 500 talents (26 à 39 tonnes) à l'époque classique, en additionnant la production d'argent du Laurion et celle des mines de Grèce du Nord et de Thrace (il est vraisemblable cependant que ces chiffres ne purent être atteint que pendant de brèves périodes)[7]. Ces chiffres ne fournissent que de grossières approximations. On observera cependant que, sur la base d'une production d'argent annuelle de l'ordre de 1 000 talents en Égée, soit 26 tonnes, et une quantité de fer de l'ordre de 2 600 tonnes (chiffre certainement très optimiste, comme on l'a vu), le rapport de valeur entre l'argent et le fer devrait être seulement de l'ordre de 1 à 100. Or, il paraît avoir été de l'ordre de 1 à 500. Plutôt que de songer à une sous-estimation du chiffre de la production de fer dans les données précédentes (ce serait plutôt l'inverse), il faut plutôt considérer que la demande d'argent était fortement majorée par le caractère spécifique de la demande de monnaie. Toutes nos sources montrent l'importante thésaurisation de métal précieux opérée par les particuliers ou les sanctuaires[8]. En soustrayant systématiquement une partie de la production à la circulation (ce qui n'était pas le cas pour le fer), elle peut avoir contribué à une augmentation de sa valeur.

Ces chiffres, il est à peine besoin de le souligner, ne fournissent que de grossières approximations. De toute façon, les productions d'argent ou de fer durent varier sans cesse, à la hausse ou à la baisse. Mais ces estimations suffisent du moins à expliquer pourquoi le fer n'était plus le métal précieux qu'il avait été quelques siècles plus tôt et pourquoi l'argent (et l'or) jouaient désormais le rôle qui était le leur.

L'essor du monnayage

C'est dès les environs de 600 a.C., dans le creuset de civilisation que représentait l'ensemble formé par les cités grecques côtières et le royaume lydien, que fut mis en place le système de la monnaie frappée. Dans cette première phase, les frappes utilisèrent un métal précieux, l'électrum, un alliage naturel d'or et d'argent trouvé assez abondamment en Lydie. Très vite aussi, le rapport entre les deux métaux fut l'objet de diverses manipulations, qui attestent du caractère hautement élaboré des décisions prises par les autorités monétaires des cités ou de la monarchie lydienne. Dès avant le milieu du siècle cependant, sous le roi lydien Crésus, qui émit des monnaies que nos sources désignent sous le nom de créséides, fut mise en place une frappe séparée de l'or et de l'argent. Le système qui fut ensuite repris par les Perses après leur conquête de l'Asie Mineure occidentale en 545 a.C. Dès lors, les frappes d'électrum n'eurent plus qu'un caractère résiduel. On ne peut citer que de rares exceptions, avant tout celle de la cité de Cyzique, qui maintint un abondant monnayage d'électrum jusque dans la deuxième moitié du IVe siècle a.C. et dont les monnaies s'imposaient dans la zone des Détroits et du Pont-Euxin.

C'est sur la base de ces expériences que les Grecs d'Europe entreprirent eux-mêmes de frapper monnaie. Alors que le roi perse se distinguait par la frappe de monnaies d'or, les dariques (du nom du roi Darius, qui le premier les avaient frappés), et d'argent, les sicles, le seul métal précieux que frappèrent les cités de Grèce d'Europe fut l'argent. Les exceptions à la règle sont rares. Dans l'état actuel de nos connaissances, il semble que le pas n'ait été franchi que dans les années 540 a.C., voire un peu plus tard. La frappe commença à

Égine, à Athènes et à Corinthe. À leur suite, en un mouvement quasi explosif, une série d'autres cités s'engagèrent dans la même voie. Entre 520 et 480 a.C., une multitude de cités se mirent elles aussi à émettre un monnayage d'argent.

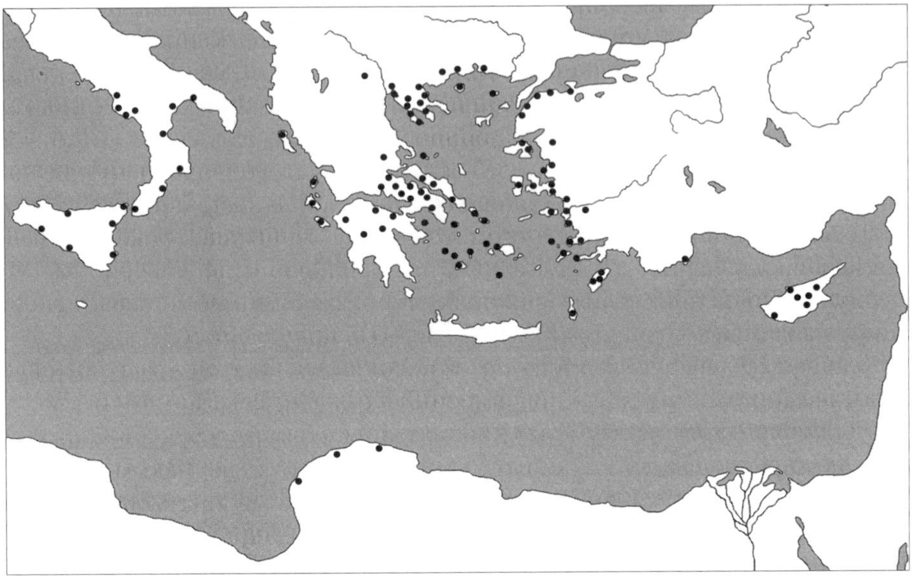

Cités ayant frappé un monnayage d'argent c. 500 a.C. (cf. Kim 2001, 10)

À cette carte, il faudrait encore ajouter le lointain Occident, avec Marseille, et le Pont-Euxin, avec Panticapée. Le cas des monnaies royales perses mise à part, on voit que, dès cette époque, le phénomène du monnayage se confond avec celui de la cité grecque, puisque, du moins à la fin de l'archaïsme et au début de l'époque classique, ni les cités phéniciennes du Levant, ni Carthage, ni les cités étrusques n'eurent alors un monnayage de métal précieux. Les émissions des villes cariennes et lyciennes ne constituent pas une exception. Non seulement ces dernières vivaient en contact étroit avec les Grecs, mais elles étaient aussi des cités, dont le système social n'était probablement pas très différent de celui des Grecs. Lorsque, au IVe siècle a.C., apparaît une épigraphie de ces villes, on voit qu'elles se désignent elles-mêmes comme des *poleis*, des « cités ». Mylasa, Caunos ou Xanthos pouvaient voter des décrets comme l'aurait fait une cité grecque[9].

La monnaie frappée : en avoir ou pas ?

À l'origine et pour de longs siècles, il exista donc une vraie spécificité du monnayage grec. De la sorte, on doit poser la question, non pas de l'origine et de la fonction du monnayage (une question complexe qui ne saurait être traitée dans les limites de cet ouvrage), mais de l'adéquation entre système économique et social d'une part, système monétaire et circulation de la valeur d'autre part.

Pour justifier l'existence du monnayage d'argent, il faut certes d'abord invoquer des raisons techniques : pour frapper une monnaie de métal précieux, il faut à l'évidence disposer de métal. On pourra donc considérer que des peuples comme les Étrusques, les Phéniciens ou leurs cousins puniques, qui ne disposaient pas de mines d'argent sur leur territoire, furent de ce fait découragés d'imiter les Grecs. Il est vrai que, en revanche, les Grecs disposaient de ressources en argent assez abondantes. Cependant, ces ressources étaient fort inégalement réparties. Les mines de Siphnos étaient épuisées dès avant la fin de l'archaïsme, et, à l'époque classique, l'essentiel de la production disponible devait venir des mines du Laurion et du secteur de la Grèce du Nord et de la Thrace (avec en particulier le fameux district du mont Pangée), éventuellement aussi, pour une faible part, de mines situées en Illyrie voire en Ibérie. On remarque que c'est donc par l'échange que l'immense majorité des cités se procuraient le métal dont elles avaient besoin pour frapper, ce qui, au reste, suffit à prouver le lien entre échange et argent-métal. Si le monde de l'Italie étrusque et romaine resta toujours fidèle au bronze, il n'en était pas de même du Proche-Orient, où, depuis la fin du IIe millénaire, l'argent servait de métal monétaire.

Il est donc certain que si disposer d'un stock de métal était une condition nécessaire pour avoir un monnayage, ce n'était en tout cas nullement une condition suffisante. La preuve définitive en est fournie par le royaume achéménide. Au fil des siècles, celui-ci accumula dans ses réserves d'immenses quantités de métal précieux, qui dans la deuxième moitié du IVe siècle atteignirent le total colossal de 180 000 talents (en équivalent argent)[10]. Pourtant, en dehors de frappes destinées à financer des expéditions militaires et, pour l'essentiel, seulement dans la partie occidentale du royaume, là où il était au contact de la Méditerranée grecque, il ne connut pas d'émissions massives de pièces d'or et d'argent. Ces frappes ne représentaient qu'une faible proportion des énormes réserves de métal précieux dont il disposait. Elles n'étaient nullement en mesure d'animer une circulation monétaire interne dans les diverses régions du royaume. Il ne s'agit pas là d'une simple donnée technique. La structure tributaire de l'empire perse, lui-même héritier de la tradition millénaire des royaumes mésopotamiens, était fondée sur un principe radicalement autre que celui d'une circulation de biens entre égaux[11]. L'État prélevait des tributs, sous forme de métal précieux, mais aussi sous forme de corvées ou de livraisons en nature : grain, animaux (chevaux de guerre, bovins ou ovins), de produits comme les bois ou le bitume, etc. Les denrées fournies par l'État, accumulées dans les magasins royaux, étaient ensuite ordinairement servies en nature, sur ordre écrit du roi ou de son administration[12].

Ce système tributaire, si efficace pour réaliser des grands travaux ou pour concentrer de grandes armées, avait depuis longtemps montré sa supériorité sur le système traditionnel des chefferies tribales. Il avait permis aux royaumes orientaux d'étendre leur domination sur des régions toujours plus vastes, jusqu'à ce que l'empire perse finît par recouvrir la totalité des régions allant de l'Inde à l'Égypte incluse et à la mer Égée. Il y a là, au fil du temps et des zones d'extension successives des royaumes – Égypte, puis surtout Assour et Babylone, enfin la Perse – une logique imperturbable qui montre ce qu'était le dynamisme de ce système. Le roi de Perse pouvait légitimement se croire appelé à la domination universelle, jusqu'à ce qu'il trouvât un adversaire qu'il ne parvînt pas à vaincre, d'abord avec les Massagètes[13] et les Scythes[14] – à vrai dire seulement parce qu'ils jouaient sur l'espace et étaient insaisissables –, mais surtout ensuite, seul parmi les peuples sédentaires, avec les Grecs. En Perse, les métaux précieux devenaient le bien privé du Roi. Ces énormes réserves lui permettaient seulement d'asseoir un rapport de force politique incommensurable avec ceux qui auraient pu se révéler d'éventuels rivaux, puisque ses propres réserves financières étaient pour ainsi dire infinies. Son or et son argent étaient donc essentiellement voués à sortir de la circulation. Ils se trouvaient donc stérilisés.

Ainsi, dans le monde perse, l'argent (ou l'or) entrait comme produit du tribut dans le trésor du Roi, mais, pour l'essentiel, il n'en ressortait pas. Il n'était pas mis en circulation, ne servait pas de moyen de communication sociale. Entrées et sorties de l'État d'une part, des particuliers d'autre part, étaient fondamentalement hétérogènes. La marque de l'État n'était pas présente dans les rapports entre particuliers, qui, de fait, conservaient un caractère purement privé. Certes, la forme compartimentée de l'instrument d'échange n'y empêchait pas une fluctuation des prix en fonction des règles du marché[15]. On retiendra que vivre sans monnayage ne signifiait pas « vivre à l'écart de l'économie », ni même « vivre à l'écart de l'économie d'échange ». Les différentes formes de transfert de valeur (petit commerce, grand commerce, tribut au roi et dépenses de ce dernier) n'étaient pas structurellement intégrées[16].

On doit enfin revenir sur trois différences pratiques importantes entre la Grèce classique et hellénistique et le monde oriental. La première est que, sur les marchés du monde oriental, l'argent n'avait pas le monopole du rôle monétaire. Souvent, le poids d'argent servait seulement de mesure des valeurs, et non concrètement d'instrument d'échange. En outre, par exemple à Babylone, la plus grande ville du monde oriental jusqu'à la conquête d'Alexandre, d'autres denrées, comme l'orge ou les dattes, pouvaient servir non seulement comme mesure et réserve de valeur mais aussi comme instrument d'échange. La seconde était que traditionnellement, dans l'ensemble du monde oriental, il fallait toujours peser l'argent pour obtenir la quantité appropriée à un échange donné, puisqu'on ne bénéficiait pas de l'avantage de la pesée préalable qui était celui des monnaies frappées. Dans le monde de l'argent pesé, chaque paiement était susceptible de faire objet de contestation (par exemple sur la qualité du métal), car il avait un caractère purement privé et ne bénéficiait pas de la sanction immanente de l'autorité publique. La troisième différence tenait, en l'absence de la garantie d'État, à la méfiance à l'égard du métal circulant : ainsi, les pièces grecques qui circulaient dans l'empire achéménide étaient fréquemment cisaillées. Il n'y avait aucune raison pour que leurs détenteurs sachent que, dans une lointaine cité grecque, l'État ait garanti la valeur de la pièce. Ainsi, dans le grand trésor d'Asyut (en Moyenne Égypte) des environs dont l'essentiel des monnaies est antérieur à 475 a.C. et qui fut peut-être clos vers 460 a.C., nombre de pièces étaient cisaillées, ce qui montre qu'on n'avait aucune confiance dans la valeur de la pièce, qui était traitée comme un simple morceau de métal[17].

Il existait donc une différence radicale entre le monde achéménide et celui des cités grecques, qui toutes, même les plus grandes, étaient d'une taille ridiculement faible par rapport à l'immense empire perse. C'est en quelque sorte le paradoxe de Marathon. Mais derrière l'image d'Épinal, il y a une réalité : celle d'une société fondée sur des principes radicalement différents de ceux du système tributaire, une société dont Hérodote avait pu résumer le principe dans le propos qu'il attribue à Cyrus[18] : la Grèce des cités était un monde dont l'agora formait le centre. Cette place publique était le lieu de l'échange entre égaux : peu importaient les inégalités de naissance ou de fortune. Ce rapport d'égalité juridique formelle valait pour l'échange économique, parce qu'il était aussi sous-tendu par une égalité formelle au moins théorique des membres du *dèmos*. C'est cette égalité juridique formelle, dont l'égalité politique dans la cité démocratique n'était que la manifestation la plus radicale, qui rendit possible le développement de l'équivalent général que constituait un monnayage de métal précieux.

La *polis* grecque n'était pas une réalité séparée du corps des citoyens, située à un niveau hiérarchiquement supérieur et inaccessible, mais la chose commune des citoyens qui en étaient les membres[19]. Pour ce qui est de l'échange, on pourrait dire qu'il constituait la définition même de la parole politique à l'assemblée (et au théâtre, au moins au ve siècle). En Grèce, les métaux précieux étaient une valeur circulante, comme la parole. S. von Reden a montré que, pour Hérodote, l'échange était le principe structurant de la société[20]. Hérodote jugeait du monde à travers la catégorie de l'échange car il s'agissait d'un trait consubstantiel du système de la *polis*. Dans la société perse, société hiérarchisée avec le roi à son sommet, une circulation hiérarchique de la richesse (prélèvement tributaire ou distribution de rations) laissait peu de place à l'échange égalitaire, car les rapports sociaux y étaient fondamentalement asymétriques. Le roi, maître de la Vérité, avait le monopole de la parole politique, comme il se réservait l'essentiel du métal précieux[21]. On était aux antipodes d'une société fondée sur la communication entre partenaires égaux[22]. De ce système d'échange généralisé, le passage au monnayage d'argent constitua en quelque sorte l'aboutissement et le meilleur outil.

Certes, par le biais des réserves des États et celles des sanctuaires, il existait bien dans le monde des cités grecques une forme de thésaurisation publique qui servait à constituer les indispensables réserves susceptibles d'être émises sous forme de monnayage ou les réserves ultimes, auxquelles on n'avait recours qu'en cas de nécessité absolue[23]. Mais, en quelque sorte, ce processus de thésaurisation était comme intégré à la circulation. En tout cas, une fois émis, le monnayage jouait le rôle d'équivalent général, en cumulant les fonctions de mesure et de réserve des valeurs et celle d'instrument d'échange. Dans le monde des cités grecques, seul avait cours l'argent monnayé de la cité, ou le monnayage étranger auquel la cité reconnaissait cours légal. Ce monopole peut paraître étrange ou même superflu. Pourquoi une quantité d'argent pesé n'aurait-elle pas eu même valeur qu'un poids équivalent en métal monnayé ? Quelle était la différence entre la Grèce des cités, où les échanges s'effectuaient en monnaies d'argent, et les marchés de la Babylonie achéménide (ou séleucide, là où le système de paiement de type grec n'avait pas encore pénétré), où ils s'effectuaient en compte d'argent pesé ?

Le point fondamental est que l'argent monnayé utilisé dans les transactions entre les citoyens était passé au moins une fois – lors de la frappe initiale – entre les mains de l'État, qui y avait apposé sa marque. Au delà de facteurs qui certes ne sont pas négligeables mais qui pour notre propos ne jouent qu'à la marge (privilège du métal monnayé sur l'argent pesé, différence entre poids réel à l'émission et poids théorique, bénéfice de l'État émetteur, frai des monnaies), on peut considérer que le plus important est de relever que l'État donnait sa garantie au monnayage. La qualité et la quantité du métal étaient certifiées par la marque de l'État. Ainsi était assurée la transparence des échanges : d'ordinaire, sauf dans les cas où il fallait refrapper, on comptait les monnaies, on ne les pesait pas[24]. Sans parler de la commodité pratique que procurait le recours à des espèces de poids standard, les échanges interindividuels se trouvaient donc à la fois garantis par l'État et, en même temps, totalement libérés de son intervention.

En Grèce, l'échange marchand n'opérait pas dans un compartiment cloisonné, au côté d'autres modes de transfert des valeurs comme le tribut. Au delà de quelques échanges interindividuels dans un cadre familial ou dans un réseau d'échange de voisinage, il était le principe général et unique de circulation de la valeur. En Grèce en effet, dès le Ve siècle et, en tout cas au IVe siècle, du moins dans les cités maritimes des franges de la mer Égée, les paiements, quelle qu'en soit la nature, étaient effectués en numéraire. À cet égard, la transition entre le monde des paiements en nature et celui des paiements en argent semble le plus souvent s'être située à la fin du VIe siècle et dans la première moitié du Ve siècle. Ainsi, dans le contrat de recrutement par la petite cité de Datalla, en Crète, du secrétaire-archiviste Spensithios, la rétribution spécifiée est en nature[25]. De même, le contrat de recrutement d'un médecin public à Chypre dans les années 470 porte qu'il recevra en paiement une terre[26]. Ultérieurement, dans toutes les cités urbanisées et ouvertes à l'échange, le mode de paiement universel sera en monnaie d'argent. Ainsi, dans les inscriptions du IVe siècle, même la rente du sol, telle qu'elle apparaît dans les nombreux baux de terre que nous possédons, est toujours calculée en argent. Le ressort du système du monnayage de métal précieux est à chercher dans le caractère universel des monnaies d'argent comme moyen de paiement. Elles étaient utilisées pour toutes les entrées-sorties, que ce soient celles de l'État (impôts et taxes d'une part, rémunérations de services ou dépenses d'équipements pour le service de la communauté d'autre part) ou celles des particuliers (acquisitions sur le marché intérieur, à l'*agora*, paiement de la rente du sol ou des salaires, acquisitions sur le marché extérieur, à l'*emporion*). Telle était la clé du système du monnayage des cités grecques[27]. Dans le cadre juridique fondamentalement égalitaire qui était le leur (les avatars individuels de l'histoire des cités, au fil des épisodes tyranniques et des révolutions, n'ayant pas à entrer en ligne de compte ici), l'argent monnayé était la forme symbolique de la circulation de la valeur, qui tout à la fois était la traduction de l'égalité formelle entre des partenaires juridiquement égaux dans l'échange et assurait la cohésion de la communauté civique. La différence d'avec le système tributaire du monde perse apparaît dès lors radicale. Dans la cité grecque, même s'ils restaient toujours à la libre initiative des partenaires, les échanges portaient toujours la marque de l'État par le simple fait de l'usage des monnaies d'argent.

La preuve a contrario du lien entre monnayage d'argent et échange peut être trouvée non seulement avec l'empire achéménide, déjà évoqué, mais aussi à l'intérieur du monde des cités grecques, avec le cas de la cité de Lacédémone. Comme d'autres cités qui avaient conservé un système issu de la société grecque du haut archaïsme (par exemple les cités crétoises), cette cité se caractérisait par son caractère fortement hiérarchisé. Mais elle lui donna des caractéristiques encore plus tranchées. Au sommet de la pyramide sociale, le groupe des citoyens de la cité de Sparte, ou « pairs » (*homoioi*), exploitait une paysannerie dépendante, les hilotes, en lui imposant un taux de prélèvement de la moitié de ses productions. Les citoyens de Sparte ne devaient eux-mêmes exercer aucune activité liée à la production ou à l'échange. La cité de Sparte contrôlait elle-même une série de cités périphériques (dites périèques). La production agricole était donc assurée par les hilotes ou par les périèques, les échanges sans doute essentiellement par les périèques et autres catégories de libres de statut inférieur. Quant aux échanges extérieurs, la cité de Lacédémone ne peut les avoir ignorés totalement, mais elle faisait tout pour en limiter l'importance. Sparte avait la réputation d'être une cité fermée, pratiquant régulièrement les « expulsions d'étrangers », ou *xenelasiai*[28]. La richesse en productions agricoles et en minerai de fer de la Laconie et des régions voisines explique cependant que pour elle, les échanges extérieurs aient eu une importance bien moindre que pour d'autres. Or, cette cité hiérarchisée, inégalitaire et aussi peu ouverte que possible au commerce extérieur n'eut aucun monnayage d'argent avant le deuxième quart du IIIe siècle a.C., presque trois siècles après Athènes[29]. Il n'est évidemment pas question de voir là un hasard : il s'agit au contraire d'une caractéristique fondamentale du système. Au demeurant, on a la preuve que, au début du IVe siècle, alors qu'ils en avaient pourtant les moyens après leur retentissante victoire sur Athènes à l'issue de la guerre du Péloponnèse, les milieux dirigeants spartiates refusèrent consciemment l'introduction d'un monnayage d'argent[30]. Ils affirmaient préférer conserver le vieux système de la monnaie de fer. En fait, il s'agissait avant tout d'empêcher les formes de transparence de circulation de la valeur et de donner la préférence au crédit gagé sur la terre.

La monnaie comme institution

En donnant cours légal à une monnaie, l'État donnait une garantie supplémentaire aux transactions. L'usage d'une monnaie unique et incontestable dans les transactions de l'agora ou de l'emporion évitait les contestations auxquelles aurait pu lui-même donner lieu le commun instrument de mesure des valeurs et instrument d'échange que constituait la monnaie. Mais, pour ce faire, il ne suffisait pas de faire une déclaration de principe. Il fallait aussi prendre les dispositions nécessaires pour en assurer l'application. La répression du faux monnayage – puni de la peine de mort – illustre l'importance qui était attachée à la garantie de la monnaie[31]. Mais il fallait aussi s'assurer que les transactions soient accomplies en utilisant ce monnayage. Tel est déjà certainement le sens d'une loi archaïque d'Érétrie du VIe siècle a.C., même si le texte en est fort mutilé[32]. Une loi d'Olbia du deuxième quart du IVe siècle imposait l'usage exclusif du monnayage d'argent de la cité, tout en laissant libres l'entrée et la sortie du métal monnayé d'autres cités[33]. Dans la plupart des cités qui possédaient un monnayage, les fouilles montrent une large prééminence du monnayage de la cité, ce qui est certes logique, mais laisse aussi supposer des mesures législatives (qui étaient certainement différentes selon les cités) pour en assurer la traduction dans les faits. Ainsi, dans les trésors rhodiens, on ne trouve que des monnaies de Rhodes, tandis que les monnaies de fouilles font apparaître une petite proportion de monnaies de bronze d'autres cités[34].

Parfois, cependant, la définition des monnaies ayant cours légal pouvait faire problème. Ce fut le cas à Athènes dans les premières décennies du IVe siècle a.C. Le monnayage de la cité avait été si abondant au Ve siècle qu'il était devenu une sorte de standard de fait. En conséquence, il avait aussi été imité par une série d'États, le phénomène étant peut-être d'autant plus important après la défaite d'Athènes en 404, qui avait vu les émissions s'interrompre pour quelques années. Ces monnaies ayant une circulation internationale finirent pas revenir sur le marché athénien, mêlées aux « vraies pièces attiques ». La cité dut alors légiférer et le décret qu'elle prit en 375/374 a.C. illustre les modalités du contrôle des pièces[35]. Il existait déjà un vérificateur des pièces, qui officiait dans la ville d'Athènes, sur l'agora. La loi prévoyait qu'il y en aurait désormais un second au Pirée pour vérifier les pièces des armateurs et des grands commerçants. Les pièces contrefaites, par exemple celles qui avaient une âme de bronze et une simple pellicule d'argent en surface, devaient être cisaillées et retirées de la circulation. En revanche, les autres devaient être remises aux utilisateurs, évidemment pour qu'ils puissent en faire libre usage. Dès lors, nul devait plus refuser de les accepter en paiement, sous peine de confiscation de sa marchandise. À travers les dispositions de la loi, on devine les modalités du contrôle. Il ne s'agissait pas d'un contrôle systématique des pièces, par plus à l'agora qu'à l'emporion. Si un vendeur avait des doutes sur les monnaies qui lui étaient offertes en paiement de sa marchandise, il pouvait se rendre avec son client potentiel auprès d'un vérificateur, qui assurait le contrôle de la pièce. Une fois ce contrôle effectué, il ne pouvait plus opposer un refus de vente, sous peine de confiscation de sa marchandise.

La loi athénienne revenait donc de fait à donner cours légal à un certain nombre de monnaies étrangères au type athénien, pourvu qu'elles soient de bon aloi. Au demeurant, on comprend l'attitude de la cité d'Athènes. Si elle n'avait pris aucune mesure, elle aurait miné la confiance en sa propre monnaie et elle aurait même encouragé les trafiquants à venir écouler à Athènes leurs pièces de mauvais métal ou leurs faux. À l'inverse, si elle avait été trop rigoriste, elle aurait aussi miné la confiance en sa propre monnaie, car sans cesse des contestations auraient pu naître sur l'origine des pièces, même si elles avaient été frappées sur un métal de bon aloi, d'autant qu'il aurait été très difficile de les distinguer des pièces authentiques du fait de la médiocre qualité de nombre de pièces authentiquement attiques.

En fonction de leur politique monétaire, les cités donnaient cours légal à telle série, ou le retiraient à tel autre. Une loi de Gortyne du IIIe siècle a.C. donnait cours légal à des oboles de bronze et le retirait aux oboles d'argent, sous peine d'amende contre les contrevenants[36] : il y avait manifestement une méfiance des utilisateurs à l'égard des nouvelles pièces, d'où l'interdiction faite par cette loi d'exiger un agio lors de l'utilisation de pièces de bronze. Il ne s'agissait pas d'une simple clause de style. On sait en effet par exemple que, dans l'Égypte lagide, on prélevait officiellement un agio sur l'usage de la monnaie de bronze. En outre, si une cité souhaitait réévaluer sa monnaie (et tirer un bénéfice de l'opération) un moyen simple consistait à prononcer le retour obligatoire des pièces à la cité. Ces dernières étaient alors frappées d'une contremarque, qui leur donnait une nouvelle valeur et qui était obligatoire pour que ces pièces puissent avoir cours légal dans la cité. Au passage, la cité retenait un certain nombre de pièces (elle rendait à leurs propriétaires moins de pièces contremarquées qu'elle n'avait reçu de pièces vierges de contremarque) et faisait de la sorte un bénéfice.

Au delà des modalités de détail, on retiendra qu'en règle générale si une cité disposait d'un monnayage, ce qui était vrai pour toutes les grandes cités (Sparte mise à part jusqu'au IIIe siècle a.C.), elle lui donnait cours légal sur son territoire. La masse des cités qui n'en disposaient pas, c'est-à-dire la plupart des petites, devaient donner cours légal à des monnaies étrangères. Cependant, presque dès l'origine, on assista aussi à l'internationalisation de certains monnayages qui rendaient la situation plus complexe. Ce fut le cas d'abord avec les « tortues » d'Égine (car ces monnaies portaient à l'avers le type de la tortue) à la fin de l'époque archaïque et au début de l'époque classique, puisque l'on trouve des monnaies de cette cité depuis la Sicile (trésor de Sélinonte) et l'Illyrie (trésor de Hollm) jusqu'à l'Égypte[37]. La diffusion de l'étalon éginétique dans une large zone du sud de l'Égée montre que sur la base de la diffusion des monnaies d'Égine se constitua une véritable zone monétaire. Ce fut ensuite le cas des fameuses « chouettes » d'Athènes (car ces monnaies portaient à l'avers le type de la tête d'Athéna et au revers celui de la chouette). Ce monnayage connut une très vaste diffusion internationale au ve siècle à l'époque de l'empire, d'une part parce que les chouettes furent émises en quantité considérable, d'autre part parce qu'Athènes finit par interdire les autres émissions d'argent au sein de son empire. Après une période de recul, à partir du deuxième quart du ive siècle, puis de nouveau, du fait de la reprise de l'activité des mines du Laurion et du rôle de plaque tournante commerciale joué par le Pirée, ces monnaies connurent une nouvelle phase d'internationalisation.

À l'époque hellénistique, le phénomène d'internationalisation s'accentua encore et prit une forme institutionnelle. Les monnayages royaux macédoniens, les philippes d'or et les alexandres d'or et d'argent, tous sur étalon attique, devinrent les véritables monnaies internationales du monde hellénistique, en particulier les tétradrachmes d'argent au type d'Alexandre, qui portaient à l'avers le type d'Héraclès à la peau de lion qui était en fait une représentation d'Alexandre, au revers Zeus assis en majesté sur son trône. Non seulement ces monnaies furent frappées du vivant d'Alexandre mais, après sa mort en 323 a.C., elles furent frappées en quantités encore plus importantes par les premiers successeurs jusqu'au milieu des années 290. Ces monnaies constituaient donc la véritable monnaie internationale du monde hellénistique. À partir des années 240, un certain nombre de cités du Levant se mirent à frapper ce que l'on désigne comme des « alexandres tardifs ». Des cités côtières d'Asie Mineure méridionale et occidentale frappèrent à leur tour des alexandres, cela jusqu'aux années 160 a.C. Seul un type annexe (par exemple un méandre pour Magnésie du Méandre ou une rose pour Rhodes) permettait de déterminer la provenance de ces monnaies[38]. La frappe des alexandres tardifs, à l'initiative d'une multitude de cités, correspondit au reste certainement à la volonté de compenser l'insuffisance des monnayages royaux. En effet, comme on l'a vu, leur frappe s'était interrompue dès le début du iiie siècle, et, dès le milieu du iiie siècle, leur stock s'était déjà considérablement amoindri, par usure, perte, exportation vers les pays barbares ou même refonte sous forme de vaisselle ou pour frapper d'autres monnayages. Pour le reste, toutes ces monnaies (vieux alexandres royaux ou nouvelles monnaies des cités) se fondaient dans une vaste circulation internationale. Elles constituèrent la grande monnaie internationale du monde hellénistique[39]. Même si un certain nombre d'étalons et monnayages locaux subsistaient encore, il ne fait pas de doute que les échanges internationaux se trouvèrent considérablement facilités par l'existence de ce monnayage d'Alexandre, qui transcendait les frontières traditionnelles des cités. Il existait donc alors une véritable monnaie internationale, sur laquelle tout le monde s'accordait parce qu'elle présentait tous les avantages possibles pour les échanges : même étalon et même type, quel qu'en soit l'émetteur.

Le tableau changea encore à partir des années 160 a.C. Dans la continuité avec leurs frappes d'alexandres, un certain nombre de cités d'Asie Mineure occidentale frappèrent, toujours sur étalon attique et jusque dans les années 140 a.C., des monnaies dites « à la couronne » (parce qu'elles figuraient une couronne au revers). Ces monnaies circulaient ensemble et elles aussi étaient manifestement destinées à alimenter une circulation internationale entre l'Asie Mineure et le Levant. En Grèce d'Europe, sur fond de recul avéré ou de disparition pure et simple de la plupart des frappes monétaires d'argent demeurèrent seules les pièces attiques. À partir de 164/163 selon toute évidence, Athènes inaugura même un nouvel étalon, un peu plus léger que le précédent et portant lui aussi au revers une couronne (d'où le nom de monnayage « stéphanéphore »). Le grand succès de ce monnayage est lié au contrôle exercé par Athènes sur le commerce délien[40]. Mais, à une date qui se situe dans les quinze dernières années du IIe siècle, Athènes réussit en outre à faire voter par l'amphictionie de Delphes, la « confédération religieuse » qui gérait le sanctuaire, un décret qui obligeait « tous les Grecs » à donner cours légal au tétradrachme attique[41]. Par « tous les Grecs », il faut entendre toutes les cités de Grèce continentale au sud de la province de Macédoine (avec en outre sans doute les Cyclades occidentales). Il s'agissait donc là d'une nouvelle phase d'internationalisation de la monnaie attique. De fait et même, pour beaucoup de cités, de droit entre la fin du IIe siècle et la catastrophique guerre contre Rome entre 88 et 86 a.C., les « stéphanéphores » jouèrent le rôle de monnaie internationale depuis la province romaine de Macédoine (où elle jouait le rôle de monnaie de référence) jusqu'à la Crète.

Frappes monétaires et usage de la monnaie

L'attention portée par les cités à l'usage de la monnaie frappée pose la question de l'usage même de ces monnaies. Cette question renvoie à son tour à la question connexe, mais qui ne lui est pas identique, des raisons qui amenaient un État à frapper monnaie, ou pas. Une série de travaux a montré que, paradoxalement, en frappant monnaie, les États n'avaient pas nécessairement le souci d'alimenter une circulation monétaire régulière. Ce qui motivait nombre d'États à frapper monnaie était avant tout le financement de leurs propres dépenses. Le premier poste de dépense des cités était constitué par le financement de la guerre. La démonstration en a été donnée pour le royaume de Mithridate VI du Pont, où le pic des frappes correspond à chaque fois aux guerres menées par ce roi ou à leurs phases de préparation[42]. À tous égards, on a de bonnes raisons de penser qu'il en allait de même pour les cités qui, elles aussi, avaient fréquemment à financer de lourdes dépenses de guerre. Au demeurant, il ne s'agit pas là d'une situation particulière à l'Antiquité : les États de l'Europe moderne et tout autant ceux du monde contemporain montrent les vertigineuses augmentations d'émissions monétaires en période de guerre. Un autre poste important était constitué par les constructions, lors des fondations de villes nouvelles ou après des catastrophes naturelles comme des séismes, qui impliquaient l'ouverture de grands chantiers urbains. Le cas de la cité de Rhodes offre à cet égard un bon exemple du réglage du rythme des émissions sur celui des guerres ou des phases de construction ou de reconstruction[43].

Cependant, si, très logiquement, le surcroît des émissions était lié à des périodes de guerre ou de construction, on ne saurait pourtant considérer que les dépenses de l'État constituaient la « cause » du monnayage. Pour s'en convaincre, il suffit d'observer que les États orientaux antérieurs à l'empire perse avaient toujours financé de considérables dépenses de guerre sans jamais avoir introduit de monnayage. On doit plutôt considérer que les dépenses de l'État étaient la forme principale d'introduction du monnayage dans une circulation que de la sorte elles contribuaient à créer ou à entretenir. Les émissions d'alexandres par Alexandre lui-même ou par ses premiers successeurs, émissions fondées sur le produit du pillage des trésors perses, entrent pleinement dans la catégorie du financement des dépenses de guerre (on doit naturellement y inclure la solde des mercenaires). En même temps, ces émissions massives alimentaient aussitôt une circulation monétaire de très grande ampleur. En outre, si l'on observe le cas de quelques grands monnayages des cités, comme celui d'Athènes à la fin de l'archaïsme ou à l'époque classique, on voit que le facteur-clé des émissions est à chercher dans la monétisation des ressources du produit des mines du Laurion. D'une part, l'État percevait directement de l'argent sur les concessions minières. D'autre part, il pouvait procéder pour les particuliers à la frappe du produit de leur exploitation. Pour les propriétaires de concessions, en effet, il était essentiel de convertir sous forme de pièces l'argent tiré des mines. Autrement dit, pour l'essentiel, le rythme des émissions monétaires obéissait à d'autres contraintes que celui de la volonté d'animer une circulation monétaire. La circulation monétaire était créée par les frappes, car les bénéficiaires des frappes allaient pouvoir utiliser leur produit sur le marché. C'est par cette médiation, où l'on voit clairement que les dépenses de guerre ne peuvent directement être considérées comme « cause » des frappes, qu'il est possible de rendre du compte du lien entre production d'espèces frappées et circulation monétaire.

Pour autant, il n'y a aucun élément qui permette de conclure à un désintérêt pour l'alimentation de la circulation monétaire, car une collectivité ressentait nécessairement de manière immédiate les difficultés d'approvisionnement en métal monnayé. Mais émettre un monnayage de métal précieux avait un coût élevé : celui du rassemblement du métal, celui de la garde du stock constitué, enfin celui de la frappe proprement dite. Sachant que, si elle était de bonne qualité, une monnaie risquait fort d'être exportée sur des marchés extérieurs, on conçoit que, pour solder ses dépenses extérieures, le tout venant des petites cités ait préféré s'en remettre aux grandes monnaies circulant sur les marchés internationaux plutôt que de battre monnaie par elles-mêmes. C'est aussi ce qui explique aussi les nombreuses politiques de « zone monétaire fermée », où l'on jouait sur un change défavorable aux monnaies importées par rapport à la monnaie locale pour retenir les espèces mises en circulation par une cité[44]. Ces politiques de zone monétaire fermée ne sont pas sans évoquer celles qui étaient prônées par les mercantilistes à l'époque moderne, puisque, pour eux, l'intérêt d'un État était d'acquérir le maximum de numéraire[45].

Quant à l'usage des monnaies frappées, il ne doit évidemment faire aucun doute qu'elles servirent toujours comme instrument monétaire. Pour les particuliers qui les détenaient, ces espèces représentaient le moyen le plus commode de conserver leur bien ou d'en acquérir de nouveaux sur le marché. À cet égard, la valeur des pièces de métal précieux fait question. Les espèces les plus précieuses, or surtout (dans un rapport avec l'argent de 13 1/3 : 1 au Ve siècle, 10 : 1 après c. 350 a.C.), et grosses pièces d'argent comme les tétradrachmes, servaient à tous les achats importants : terrains, maisons, biens de luxe. Elles servaient aussi à la solde des mercenaires. Elles constituaient aussi le numéraire du grand commerce. Elles étaient enfin l'instrument privilégié de l'élite des cités, pour toutes les opérations de nature privée ou publique. Comme agrégat, elles représentaient l'essentiel de la valeur des espèces frappées. Faudrait-il en conclure que le monde des échanges quotidiens, celui de l'agora, restait en dehors d'un système monétarisé, comme on l'a cru longtemps ? S'il en était ainsi, on se trouverait donc en contradiction avec le principe énoncé précédemment de l'homogénéité et de l'unité de l'instrument monétaire. En fait, on se rend compte aujourd'hui que, à Athènes comme en Asie Mineure ou en Sicile, dès la fin de l'archaïsme et le début de l'époque classique, nombre de cités émirent non seulement de grosses unités, mais aussi de très petites, allant jusqu'à l'obole ou la fraction d'obole[46]. Le problème posé par ces pièces divisionnaires est qu'elles tombent nécessairement à des poids minuscules, inférieurs à 0,20 g, voire à 0,10 g. Leur diamètre tombe aussi à quelques millimètres. C'est du reste ce qui fait qu'on les a longtemps négligées. D'une part, elles n'intéressaient pas les collectionneurs. D'autre part, tout simplement, on ne savait pas les trouver : l'usage de détecteurs de métaux permet maintenant de les identifier, même au milieu d'une masse de terre.

Ainsi, la monétarisation des échanges quotidiens de l'agora était donc un phénomène qui commença à se mettre en place dès la fin de l'archaïsme et le début de l'époque classique. Cependant, le système ne présentait pas que des avantages. Pour l'utilisateur, le système n'était pas très commode. Les petites espèces d'argent pouvaient être perdues très facilement et elles ne devaient pas toujours être faciles à identifier. Pour la cité, ces frappes de monnaies divisionnaires avaient un coût élevé[47]. La véritable nouveauté vint de l'Occident grec. Un peu après 450 a.C. commença à se mettre en place en Italie du Sud puis en Sicile un système de monnaies divisionnaires de bronze[48]. Elle venaient prendre le relais des pièces d'argent pour les dénominations de faible valeur. Pour quelle raison les cités italiotes eurent-elles cette priorité ? On ne peut s'empêcher de penser que l'absence de mines d'argent en Italie et la tradition du bronze des cités étrusques ou italiotes purent jouer un rôle. Les premières cités à frapper furent Thourioi et Rhégion, et avant la fin du siècle Poseidonia, Vélia, Métaponte, Crotone et Caulonia suivirent cet exemple, de même que les cités de Sicile. D'Occident, le mouvement gagna rapidement l'Égée et, dès avant la fin du ve siècle aussi, un certain nombre de cités commencèrent la frappe du bronze. Ensuite, dans la première moitié du IVe siècle, le monnayage de bronze fut adopté partout et il devint le numéraire usuel des échanges de l'agora. Les pièces de bronze avaient une valeur fiduciaire, car leur valeur en poids de métal restait toujours sensiblement inférieure à leur valeur légale. De ce fait, même si au bout du compte il s'agissait de sommes assez faibles, l'émetteur faisait donc un bénéfice non négligeable à la frappe. En outre, il s'y ajoutait le bénéfice du change sur les monnaies étrangères. De la sorte, introduire et entretenir un monnayage de bronze était à la portée de la plupart des cités, y compris les petites[49]. De fait, on constate qu'à partir du IVe siècle on trouve en masse de ces petites espèces de bronze, en particulier naturellement dans le secteur de l'agora des différentes cités[50].

Dans ce mouvement, non seulement Athènes ne joua pas le rôle de précurseur, mais elle n'introduisit un monnayage de bronze qu'à une date avancée du IVe siècle. Il est bien possible que la préférence pour l'argent, dans une cité qui était assurée de son approvisionnement en métal par les mines du Laurion, ait joué un rôle de frein. Il est possible en outre que l'expérience des monnaies de nécessité de la fin de la guerre du Péloponnèse, qui étaient des pièces de bronze plaquées d'argent (de « vrais faux » en quelque sorte), aient laissé un mauvais souvenir : Aristophane, dans l'*Assemblée des Femmes* (815-822), fait allusion à la démonétisation de ces « mauvais bronzes » au début du IVe siècle.

Monnaie et économie

Un débat classique parmi les économistes est celui de savoir si la monnaie ne constitue qu'un simple « voile des échanges », comme si elle ne jouait qu'un rôle de « sismographe » de l'activité économique, ou bien si elle a par elle-même un impact, positif ou négatif, sur cette activité. Le premier point de vue est celui de M Friedman et de l'École de Chicago, le second celui de la tradition de J. M. Keynes. On doit cependant souligner que les théories de

Friedman et de Keynes s'entendent avant tout comme des conseils pour établir une politique monétaire. Ainsi, le principe de Friedman de la nécessité de maintenir une masse monétaire en proportion du niveau de l'activité économique suppose que le déséquilibre (par exemple par un processus d'inflation ou de déflation) a effectivement un impact négatif sur le niveau d'activité économique. Quant à Keynes souhaitait une augmentation modérée de la masse monétaire, de sorte que joue le principe du multiplicateur d'activité.

L'économie de la Grèce des cités était certes bien loin de la monnaie-crédit du monde contemporain. Cependant, dans les conditions qui étaient celles de la monnaie-marchandise de métal précieux, la question mérite d'être brièvement abordée de savoir si, par elle-même, la monnaie eut ou non un impact sur le développement économique. À cet égard, le meilleur exemple qu'on puisse prendre est celui d'Athènes et, au delà, du système d'échange qui se mit en place autour de cette cité à l'époque classique. Athènes connut en effet un développement fulgurant à la fin de l'époque archaïque et au début de l'époque classique, qui la fit passer du rang de cité certes importante, mais ne jouant nullement le premier rôle, à celui de première cité du monde grec, et cela, sous des formes diverses, pendant près de deux siècles.

Une réponse classique à cette question est qu'Athènes fut la première cité qui, par la réforme de Clisthènes en 508/507 a.C., mit en place un régime égalitaire qui allait rapidement devenir la première démocratie du monde de la Grèce des cités. Mais, outre l'aspect politique, on ne saurait négliger qu'Athènes fut aussi la cité qui disposa du plus important monnayage du monde grec pendant toute cette période. Athènes avait la chance de disposer d'un gisement d'argent, celui du Laurion, au sud de son territoire. Ces mines avaient été exploitées dès l'époque mycénienne. On ne sait que peu de choses sur l'exploitation de l'époque archaïque, mais il est possible qu'il y ait toujours eu une petite activité au Laurion. Avec Égine et Corinthe, Athènes fut l'une des premières cités à émettre un monnayage d'argent, les fameuses Wappenmünzen, ou « monnaies à blason ». En effet, ces monnaies n'avaient pas un type unique, mais une série de types différents (d'où leur nom, car, au XIXe siècle, on pensait qu'elles avaient été émises par de grandes familles qui auraient voulu signer leurs émissions avec leurs armes – cette théorie est en général aujourd'hui abandonnée). La date du début de ces émissions reste incertaine : les années 540 a.C., au plus tôt, ou les années 530 a.C., représentent la date initiale la plus probable. Or, les analyses physiques ont montré que ces monnaies ne furent pas émises avec du métal du Laurion mais avec de l'argent d'une autre provenance (Grèce du Nord ?).

À la fin du siècle, vers 515 a.C. peut-être, fut établi un nouveau monnayage, portant à l'avers la tête d'Athéna et la chouette[51]. Ces types allaient rester presque inchangés jusqu'à l'introduction des stéphanéphores au IIe siècle a.C. Or, d'emblée, ces monnaies furent frappées en utilisant l'argent du Laurion. Il s'agissait là naturellement d'un changement majeur. La tradition rapporte que les Athéniens trouvèrent un nouveau filon d'argent. Particulièrement riche, ce nouveau filon permit un essor rapide de la production monétaire. Pour atteindre ce nouveau filon, il avait fallu creuser profondément et percer une couche particulièrement résistante, avant d'atteindre les couches de galène argentifère d'où était extrait le métal précieux. C'est la production de ce métal qui permit de financer la construction des trières victorieuses à Salamine en 480. Naturellement, l'exploitation n'avait pas commencé immédiatement avant la bataille. Elle était le fruit d'un développement qui avait commencé plus de trois décennies auparavant, au milieu des années 510 a.C[52]. Cette exploitation supposait de la part des Athéniens d'une part des investissements (en esclaves, en installations, en importation de carburant) et d'autre part une prise de risque, car tous les puits de mines ne se révélaient pas également productifs. Il s'agissait donc, à titre collectif de la part de la cité qui vendait les concessions minières temporaires, et à titre individuel de la part des investisseurs, d'une volonté consciente de faire des profits.

Or, si l'on essaie de rendre sous forme chiffrée la traduction de l'essor du Laurion sur les frappes monétaires, on prend la mesure de ce développement. Sur la base de la chronologie des émissions établie par Ch. G. Starr en 1970, on passerait d'une production annuelle moyenne de l'ordre de 11,5 talents par an pour les premières Wappenmünzen, à 19 pour la seconde série, puis à c. 155 talents par an pour les chouettes de la période 510-475 a.C. et à c. 470 talents par an pour celles la période 474-449 a.C[53]. Comme l'a montré Chr. Flament, les présupposés de Starr pour établir sa chronologie sont à revoir. Il faut par exemple remonter la chronologie de certains groupes. En attendant d'autres estimations plus précises, ces chiffres donnent donc une idée de l'essor de la production monétaire représenté par le passage aux chouettes. Avec une chronologie plus resserrée, l'essor devrait être encore plus spectaculaire.

Malgré leur provisoire insuffisance et donc en attendant de nouvelles études, ces chiffres donnent cependant la mesure de ce qu'a été la dynamique d'Athènes à la fin de l'époque archaïque et à l'époque classique. Le grand produit d'exportation d'Athènes était sa monnaie d'argent. Il est donc inexact de considérer qu'Athènes n'avait aucun souci pour sa production. Au contraire, elle veillait jalousement sur sa production d'argent, parce qu'elle savait que cette production constituait le fondement de son dynamisme économique et politique[54].

On peut donc revenir à la question posée initialement de l'impact de la monnaie sur le développement économique. On peut ainsi considérer que, en liaison naturellement avec l'ensemble du système institutionnel des cités et avec le vaste réseau commercial qui se mit alors en place et dont elle constituait le centre, l'essor du monnayage attique constitua l'élément déclencheur d'une dynamique de production et d'échange, donc de croissance économique, pour une vaste zone de la Méditerranée[55].

Le crédit

La Grèce ancienne avait donc créé un système monétaire à la fois souple et cohérent, intégrant tous les aspects de l'échange. Il reste maintenant à déterminer comment opérait le crédit.

Les formes du crédit en Grèce ancienne

Le prêt est une pratique très fréquemment attestée en Grèce. Les sources littéraires et les inscriptions, entre autres de nombreuses bornes hypothécaires (attiques surtout) garantissant des prêts, en apportent la preuve[56]. Quand on avait besoin d'argent, à qui s'adressait-on ? Par comparaison avec la situation qui prévaut aujourd'hui, on pensera spontanément aux banques. Effectivement, outre leurs activités de change et de conservation des dépôts, les banques pratiquaient le prêt, du moins pour des membres de l'élite sociale[57]. Mais il existait également plusieurs autres sources de financement, qui paraissent avoir été bien plus fréquentes pour le commun des emprunteurs.

Pour trouver de l'argent, on s'adressait d'abord à ses proches, à sa famille, à ses amis, pour obtenir d'eux un prêt qui le plus fréquemment était alors un prêt sans intérêt. C'était souvent un *eranos* qui se chargeait de ces prêts. On désignait sous le nom d'*eranos* un groupe de sociabilité qu'on pourrait traduire par « groupe d'amitié »[58]. Les sources montrent la fréquence de ces prêts dans le monde grec, en particulier à Athènes[59]. Pourquoi de telles faveurs ? La solidarité jouait à plein à l'intérieur de la famille, qui était une cellule sociale vivante et très solidaire, et de même à l'intérieur du groupe d'amis. On doit en outre observer que le prêt pose une grave question : celle du remboursement. Dans le cadre d'un réseau familial ou amical, on dispose en principe de la meilleure information possible sur la fiabilité de l'emprunteur. En outre, la solidarité du réseau impose aussi une pression sociale en vue de rembourser la somme prêtée.

On peut cependant se demander quel était l'intérêt de l'emprunteur et en outre celui du bailleur de fonds, puisque, a priori, il s'agissait d'un prêt sans intérêt. Pour ce qui est de l'emprunteur, l'absence d'intérêt représentait évidemment un avantage considérable. La multiplicité des bailleurs de fonds permettait en outre de réunir une somme plus importante. Cette caractéristique n'était pas sans avantage pour le bailleur de fonds, puisqu'elle lui permettait de limiter les risques. En outre, ce dernier pouvait compter sur la solidarité de ce réseau d'amitié s'il se trouvait un jour en avoir besoin. Cela dit, le bailleur de fonds d'un prêt d'amitié pouvait lui aussi prendre des garanties, comme celle d'une hypothèque sur les biens de l'emprunteur. Enfin, en cas de non remboursement, il lui était loisible de requérir en justice contre l'emprunteur, tout comme dans un prêt à intérêt, sachant en outre que le jury serait peu indulgent envers le bénéficiaire d'un prêt d'amitié qui ne le rembourserait pas.

On remarque que ce type de prêt, dénommé tontine, existe toujours de nos jours, en particulier (mais pas seulement) dans des communautés asiatiques installées en Europe. En soi, il n'a rien de spécifique à l'Antiquité. Ce type de prêt procure à ceux qui en bénéficient d'un avantage considérable. Le gain était cependant d'autant plus sensible dans l'Antiquité que le taux d'intérêt ordinaire était de l'ordre de 10 à 12 % l'an.

Au delà de l'eranos, on pouvait éventuellement s'adresser à un sanctuaire, qui pouvait prêter une partie de son encaisse métallique sous forme de prêt à intérêt. C'est ainsi que, au ve siècle, le sanctuaire de la déesse Némésis, à Rhamnonte, dans le nord-ouest de l'Attique, pratiquait le prêt à intérêt. Entre 450 et 440 a.C., nos sources montrent qu'il prêta des sommes de 200 ou 300 drachmes. Sur une période de quatre années, il prêta ainsi entre 8 et 10 talents, ce qui reste une somme non négligeable[60]. Des sommes de 200 ou 300 drachmes n'étaient certes pas très élevées mais représentaient cependant en gros le salaire annuel d'un ouvrier, ce qui reste une somme non négligeable. On pouvait aussi espérer obtenir un prêt de son dème, de sa phratrie, ou autre groupe de sociabilité formalisé[61]. Au demeurant, on ne recevait pas alors des sommes plus importantes que celles reçues des particuliers.

À quelles fins ces prêts étaient-ils consentis ? C'est là un des grands débats qui divisent les historiens. Pour certains, dans la lignée de M. I. Finley, ces prêts étaient exclusivement des prêts de « consommation », destinés à financer des opérations comme le mariage d'une fille, une chorégie ou une triérarchie. On sait en effet qu'on pouvait paradoxalement être assez riche et manquer de liquidités à court terme : d'où le recours au prêt. L'existence de telles motivations est probable. Mais la question est de savoir si ce type de motivation était le seul. Empruntait-on aussi à d'autres fins, par exemple pour acquérir une terre, pour améliorer son exploitation ou son outillage, ou pour acheter des esclaves, pour les faire travailler sur sa terre ou dans une mine ? On a vu précédemment que dans la *Constitution d'Athènes* (52.2-3) Aristote mentionnait parmi les magistratures de la cité celle des « d'introducteurs » (*eisagôgeis*), dont la charge était entre autres d'introduire devant un tribunal les affaires qui concernaient « l'emprunt d'un capital de départ (*aphormè*) pour faire des affaires sur l'agora ». Mais, plus généralement, tout indique qu'il n'existait pas de frontière entre une économie traditionnelle, fondée sur la terre et dominée par une élite seulement soucieuse de son statut, et une économie orientée vers la recherche du profit et, à Athènes, orientée en particulier vers l'activité minière. Au delà du cas d'Athènes, la « faim d'argent » que l'on observe dans la Grèce des cités et la volonté de trouver à tout prix des sources de prêt, par le biais de fondations ou, éventuellement, en mobilisant les réserves des sanctuaires, comme c'était le cas à Délos, montre que le crédit était très largement répandu et constituait un élément clé de l'activité économique[62].

Le prêt maritime

Pour financer des opérations commerciales d'envergure, il fallait avoir recours à d'autres circuits. Cette fois, seule une minorité de gens entreprenants pouvait se lancer dans ce genre d'opérations[63]. Les banques pouvaient intervenir dans ce genre d'opérations. Mais on s'adressait aussi fréquemment à des gens fortunés dont il était notoirement connu qu'ils plaçaient une partie de leurs fonds dans le prêt commercial. Le risque était grand, les sommes en jeu importantes, le taux d'intérêt élevé, justifié par le risque mais aussi par les profits très élevés que l'on pouvait faire sur ce genre d'opérations.

Le plaidoyer du corpus démosthénien du *C. Lacritos* (35.10-14) nous a conservé un contrat commercial conclu à Athènes pour un voyage sur le Bosphore, un de ces voyages commerciaux qui avait une valeur fondamentale pour l'approvisionnement d'Athènes. Ce texte représente une source tout à fait exceptionnelle, longtemps restée unique. Jusqu'à la publication en 1985 d'un papyrus portant un contrat maritime d'époque romaine pour un voyage d'Alexandrie en Inde et retour, le document qui nous a été transmis par le *C. Lacritos* était le seul contrat commercial complet dont nous disposions pour toute l'Antiquité[64]. Non que ce genre de document ait été rare : mais, dans la mesure où il s'agissait d'un document privé, un contrat n'avait aucune chance d'être transcrit sur pierre. Or, en dehors de l'Égypte, toutes les archives publiques ou privées des cités grecques ont été perdues. C'est ce qui explique qu'un type de document aussi banal qu'un contrat commercial ne soit connu que par des témoignages si rares. Au demeurant, rien n'indique a priori que le contrat du *C. Lacritos* ait eu un caractère inhabituel ou exceptionnel, bien au contraire. Le *C. Lacritos*, fait partie du corpus démosthénien. L'authenticité de ce plaidoyer a été fort discutée : s'agit-il d'une oeuvre de Démosthène ou non ? La réponse est sans doute négative, mais ce point n'est d'aucune importance pour l'étude de la forme du contrat, puisqu'il n'a pas été rédigé par Démosthène mais par les parties en présence. En revanche, la question de la date est plus importante. Mais là aussi l'incertitude demeure : années 340 a.C. ou un peu plus tard ? Quoi qu'il en soit, on est à une époque où le commerce est très actif à Athènes et où cette place joue le rôle de plaque tournante des échanges. Le bailleur de fonds, Chrysippos, intente un procès au négociant Phormiôn et à ses associés, qu'il accuse de ne pas avoir respecté les clauses du contrat commercial qui les liait

> « Androklès du dème de Sphettos et Nausikratès de Karystos ont prêté à Artémôn et à Apollodore, de Phasélis, 3 000 drachmes d'argent pour un voyage d'Athènes à Mendè où Skionà, et de là au Bosphore, puis, s'il leur plaît, jusqu'au Borysthène en longeant la côte à gauche, avec retour à Athènes. L'intérêt est de 225 pour 1 000 et, s'ils ne reprennent la mer qu'après le lever d'Arcture pour aller du Pont à Hièron, 800 pour 1 000. Le prêt est garanti par 3 000 amphores de vin de Mendè, à charger à Mendè ou Skionè, sur le navire à vingt rames commandé par Hyblèsios, le dit gage réservé franc et quitte de toute dette présente ou à venir. Les marchandises achetées

au Pont avec le produit de la vente seront ramenées à Athènes sur le même navire. Si elles arrivent à bon port à Athènes, les emprunteurs payeront aux prêteurs le capital et les intérêts dans le délai de vingt jours après leur arrivée, sans autre déduction que celle du jet qui aura eu lieu d'un commun accord entre les passagers et celle de rançon payée à l'ennemi, toute autre perte étant à leur charge. Le gage réservé sera tenu à la disposition des créanciers franc de tout autre droit de saisie, jusqu'à ce que le capital et les intérêts aient été acquittés conformément au contrat. Si le paiement n'est pas fait en temps convenu, les créanciers auront le droit d'hypothéquer le gage réservé et de le vendre au cours. Si le prix est insuffisant pour remplir les créanciers de la somme qu'ils doivent recevoir aux termes du contrat, leur droit de saisie s'étendra à tous autres biens d'Artémôn et d'Apollodore, terrestres et maritimes, en quelque lieu qu'ils se trouvent, comme s'il y avait eu condamnation en justice et terme échu, le dit droit appartenant solidairement aux créanciers. Que s'ils ne vont pas jusqu'au bout de leur voyage, ils feront relâche dix jours dans l'Hellespont au moment de la canicule et débarqueront les marchandises en lieu où il n'y ait pas de représailles à exercer pour les Athéniens ; ils retourneront de là à Athènes et acquitteront les intérêts inscrits au contrat l'année précédente. En cas de naufrage du navire sur lequel la cargaison sera transportée, si on réussit à sauver des marchandises qui sont affectées au prêt, la partie sauve appartiendra aux créanciers par indivis. À l'égard de tous ces points, la présente convention déroge à toute règle contraire.

Témoins : Phormiôn, du dème du Pirée, Kèphisodotos de Béotie, Hèliodôros, du dème de Pithos.

Témoignage : Archénomidès, fils d'Archédamas, du dème d'Anagyronte, témoigne qu'un contrat a été déposé chez lui par Androklès, du dème de Sphettos, Nausikratès de Karystos, Artémôn et Apollodôros de Phasélis, et qu'il est encore dépositaire de cet acte.

Lis aussi le témoignage des assistants.

Témoignage : Théodotos, isotèle, Charinos, fils d'Épicharès, du dème de Leukonoè, Phormiôn, fils de Ktèsiphôn, du déme du Pirée, Kèphisodotos Béotien, Hèliodôros, du dème de Pithos, témoignent qu'ils étaient présents lorsqu'Androklès a prêté à Apollodôros et à Artémôn 3 000 drachmes d'argent, et qu'à leur connaissance l'acte a été déposé chez Archénomidès, du dème d'Anagyronte. » (traduction L. Gernet CUF, modifiée)

Bien que, pour la Grèce des cités, ce document soit un *unicum*, ce que l'on peut en savoir par d'autres sources laisse penser qu'un contrat de ce type était banal dans l'Athènes du IVe siècle. On remarque tout d'abord qu'il s'agit d'un contrat écrit, et non pas d'une convention purement orale. Certes, le rôle des procédures orales reste important dans le droit athénien. Au reste, il faut des témoins, cités au tribunal par les plaideurs après l'énoncé du contrat, pour que le contrat cité en référence puisse être considéré comme valide.

L'objet du contrat lui-même est un prêt, en l'occurrence de 3 000 drachmes d'argent, pour un voyage commercial dont, dans ses grands traits, l'itinéraire et le calendrier sont fixés par avance. L'emprunteur n'est donc pas libre d'utiliser cet argent comme il l'entend, mais seulement de la manière dont le contrat le stipule. En l'occurrence, pour ce qui est de l'itinéraire, il s'agit d'un voyage vers le Bosphore Cimmérien, avec retour obligatoire à Athènes. Pour des raisons évidentes, ce type de contrat de voyage aller-retour (*amphoteroplous*) paraît avoir été particulièrement fréquent : les bailleurs de fonds avaient ainsi les meilleures chances de retrouver le capital prêté. Cependant, d'autres types de contrats avec un aller simple existaient aussi. Le voyage doit avoir lieu à la belle saison, avant le lever de la constellation d'Arcture (en automne). Dans le cas où le voyage serait plus long (et plus dangereux, car entrepris au début de la mauvaise saison), le taux d'intérêt serait plus élevé.

Le taux d'intérêt était de 22,5 % en cas de voyage à la belle saison, de 30 % en cas de voyage plus long. Il s'agit là d'un taux d'intérêt courant à l'époque. Pour les voyages avec une seule traversée (*heteroplous*), le taux d'intérêt était plus bas (10-12 %). Le contrat prévoyait aussi le cas de jet, c'est-à-dire le cas où le capitaine devait jeter par-dessus bord tout ou partie de la cargaison pour sauver le navire. On voit que dans ce cas, les bailleurs de fonds étaient solidaires de la perte et ne pouvaient réclamer l'argent correspondant. Il en allait de même en cas de rançon payée à l'ennemi. Il en allait de même encore implicitement en cas de naufrage, avec toutefois une clause qui prévoyait que les bailleurs de fonds seraient prioritaires sur la vente des biens qui auraient pu être sauvés. On retrouve ces dispositions dans le droit de l'époque hellénistique, et au-delà dans le droit romain, le droit byzantin, jusqu'au droit contemporain. Dans tous les autres cas, en revanche, la responsabilité des preneurs (emprunteurs) devait être entière et s'étendre sur tous les biens des emprunteurs.

Pour ce qui est de la clause hypothécaire, elle peut paraître curieuse : en effet, le bien qui sert à gager le prêt n'est autre qu'une cargaison d'amphores vinaires qui doit être achetée au cours du voyage, non un bien immobilier déjà entre les mains des emprunteurs et leur propriété. Pourtant, comme le montrent de nombreux autres témoignages, entre autres les bornes hypothécaires qui sont si nombreuses à Athènes au IVᵉ siècle, la pratique de l'hypothèque obéissait dans cette cité à des règles qui nous sont familières : par exemple, un emprunteur hypothéquait sa terre ou sa maison pour gager un prêt. S'il n'en allait pas ainsi dans ce contrat maritime, c'est d'abord parce que des étrangers ou des métèques ne disposaient pas (sauf privilège spécial) de propriétés immobilières à Athènes, de sorte que, dans leur cas, les pratiques ordinaires de l'hypothèque n'étaient pas applicables : d'où la procédure du « gage réservé » (*hypothèkè*) que constituait la marchandise à acquérir, qui était la seule possible. En cas de manquement, ce « gage réservé » devait servir de source de revenu pour dédommager le bailleur de fonds[65]. Le prêt était de 3 000 drachmes (légèrement supérieur à ce que l'on pense être la moyenne du montant des prêts maritimes au IVᵉ siècle), l'hypothèque de 3 000 amphores : il y a là un lien évident (si, par hypothèse, une amphore valait deux drachmes, la valeur de l'hypothèque était au double de celle du montant prêté).

Le contrat distinguait les commerçants, les *emporoi*, et les « armateurs » ou plutôt simplement des propriétaires de navires, *nauklèroi*. Il arrive que le *nauklèros* soit aussi *emporos*, mais bien souvent aussi les deux activités sont distinctes. Ici, les commerçants Artémôn et Apollodôros sont soigneusement distingués du patron du navire qui les transportera, Hyblèsios.

Les partenaires du contrat étaient d'origines diverses. Les bailleurs de fonds, Androklès du dème de Sphettos et Nausikratès de Karystos étaient l'un un Athénien, l'autre un étranger de la cité voisine de Karystos, dont l'histoire était très liée à celle d'Athènes. Les preneurs du contrat étaient deux étrangers, Artémôn et Apollodôros, de Phasélis. On remarque qu'on trouve la même diversité parmi les témoins enregistrés dans le contrat : deux Athéniens, Phormiôn, du dème du Pirée, et Héliodôros, du dème de Pithos, et un étranger béotien, Kèphisodotos, tandis que deux autres témoins étaient présents, Théodotos, un isotèle, c'est-à-dire un étranger assimilé aux citoyens du point de vue fiscal, et Charinos, un citoyen du dème de Leukonoè. Le plus frappant est qu'aucune différence n'est faite entre eux : dans les affaires, la nationalité n'entrait pas en ligne de compte. On ne doit pas oublier que c'est précisément dans les années 340 qu'Athènes mit en place le système des *dikai emporikai*, qui établissait un système juridique particulier aux affaires commerciales dans lequel la nationalité des parties n'entrait pas en ligne de compte[66].

La question clé est de savoir pourquoi des Phasélitains venaient de la sorte passer contrat à Athènes pour un voyage au Bosphore et retour. La réponse est simple : Athènes était une cité riche, elle importait massivement du grain pour les besoins de sa population. L'origine des acteurs de ce commerce importait peu : seul comptait le fait qu'il y avait une place à prendre et des profits à faire pour des commerçants originaires d'autres cités. Athènes était aussi une cité où l'on pouvait trouver facilement de l'argent à emprunter. C'était une cité où le capital était abondant. On voit ici qu'il était entre les mains d'un Athénien et d'un étranger, sans doute un métèque installé à Athènes. Pour les bailleurs de fonds, le prêt représentait un placement intéressant. En peu de temps (trois à quatre mois si tout allait bien), il pouvait rapporter un profit de 22,5 à 30 %, quand les prêts ordinaires avaient des taux annuels de c. 10 %. En revanche, c'était aussi un placement plus risqué (et c'est ce qui justifie l'intérêt plus élevé) : la preuve en est ici la situation des plaideurs qui ne peuvent pas récupérer leur mise de fonds.

Pour l'emprunteur, le taux était certes élevé. Mais ce type de contrat maritime présentait un avantage considérable. En cas de naufrage, la somme empruntée n'avait pas à être remboursée. On peut donc considérer que, outre le profit correspondant au risque pris par le bailleur de fonds, le taux élevé se justifiait de part et d'autre entre autres par la prime d'assurance qui était ainsi souscrite. En outre, sur la base des profits qui pouvaient être faits sur ce genre d'opérations, un tel emprunt permettait de faire jouer à plein un effet de levier, et donc de maximiser les gains par rapport au capital investi[67].

En même temps, le contrat donne sans doute un excellent aperçu des acteurs du commerce et des grandes routes commerciales dans le monde grec du IVe siècle. Ainsi les Phasélitains paraissent avoir été parmi les plus actifs (sinon les plus actifs) des commerçants étrangers opérant à Athènes, cela dès le ve siècle. Ce n'est pas un hasard si la plus ancienne convention judiciaire conclue par Athènes, vers 460 a.C., l'avait été précisément avec la cité de Phasélis[68]. À Athènes, si l'on en croit le plaideur, la réputation des Phasélitains n'était pas excellente, tout simplement sans doute en raison de la place qu'ils occupaient dans les échanges. Phasélis était par elle-même une cité d'importance assez moyenne, mais ses commerçants parcouraient les mers dans toutes les directions, gagnant leur vie ou leur fortune dans ce rôle d'intermédiaires. Les Phasélitains profitaient donc au mieux des possibilités financières de la place d'Athènes.

Ainsi, un système monétaire original, celui de la monnaie frappée, et des institutions de crédit à la fois souples et solidement garanties par la loi donnaient au monde des cités grecques un instrument financier stable et performant. Il s'agissait là encore d'un puissant stimulant au développement des échanges et à la vie économique en général.

CHAPITRE 3

Cités, taxes et échanges

Les taxes sur les échanges représentaient pour les États antiques l'une de leurs principales sources de revenus. Notre documentation fait que ce sont souvent des documents d'exemption fiscale qui font mention de taxes et l'on doit donc leur accorder une attention particulière. Pour les commerçants, la recherche de privilèges pour échapper aux taxes était en tout cas un souci constant. La mer étant la voie de communication la plus rapide et la moins coûteuse, il était indispensable d'y avoir accès. Les cités qui étaient situées sur le littoral bénéficiaient d'une rente de situation qu'elles ne se privaient pas d'exploiter. Au contraire, celles qui étaient situées à l'intérieur des terres faisaient tout pour échapper à cet enclavement, au besoin en essayant de s'ouvrir un passage vers la mer.

Le contrôle sur les échanges extérieurs

Contrôle sur les échanges et taxes douanières

Les cités grecques étaient à la fois des communautés vivantes et en même temps de véritables États exerçant leurs prérogatives de souveraineté sur leur territoire et sur les eaux qui en étaient proches, à l'entrée comme à la sortie. Si les citoyens pouvaient importer et exporter ce qu'ils souhaitaient, ils devaient néanmoins respecter les lois qui encadraient ce droit et pouvaient le limiter. Quant aux étrangers, le territoire des cités n'était nullement un espace ouvert, auquel ils auraient pu de droit avoir accès.

Le contrôle à l'entrée sur le territoire était de règle et, partout, le principe qui s'exerçait était le même. L'accès des étrangers au territoire d'une cité, non seulement pour un séjour prolongé, mais même pour une simple visite de quelques jours, comme c'était le cas pour les commerçants, ne pouvait se faire sans l'accord de la cité. Sur ce principe de base, il existait une large variété d'attitudes. Le contrôle s'exerçait à la fois sur les personnes et sur les biens. Les cités conservatrices, telle Sparte, restreignaient autant qu'elles le pouvaient l'accès à leur territoire, quand même elles ne l'interdisaient pas. Selon Thucydide (1.144.2), Périclès pouvait ainsi ironiser sur l'attitude des Lacédémoniens : ces derniers enjoignaient aux Athéniens d'abroger le décret prohibant l'accès des Mégariens au marché d'Athènes et des cités alliées, quand eux-mêmes expulsaient de leur territoire les ressortissants d'Athènes ou des autres cités de l'empire. Dans beaucoup de cités, comme Athènes ou les cités commerçantes en général, l'accès des étrangers était une simple formalité (qui n'empêchait pas un contrôle). Mais si, pour une raison ou pour une autre, la cité décidait de restreindre l'accès des étrangers, ou de telle catégorie d'étrangers, elle pouvait le faire sans autre forme de procès. Trois raisons présidaient à ces contrôles : d'abord, la volonté de maintenir la communauté civique, qui amenait à vérifier l'identité des arrivants pour ensuite, s'ils étaient étrangers, les installer dans un statut particulier, distinct de celui des citoyens ; ensuite, la nécessité de faire face à tous les nombreux problèmes d'insécurité qui pouvaient être liés à la présence d'étrangers, susceptibles d'aider des ennemis à envahir la cité ; enfin l'intérêt financier, car les taxes sur les échanges étaient souvent la première ressource d'une cité. Or, on possède de nombreux documents émanant de cités les plus diverses et accordant un « droit d'importer et d'exporter » (*eisagôgè kai exagôgè*), souvent en combinaison avec une exemption fiscale (*ateleia*) qui, au demeurant, s'agissant des privilèges d'ordre économique ou financier, peut fréquemment aussi apparaître seule. C'est par l'intermédiaire de la question des privilèges accordés à certains étrangers, ou à certaines catégories d'étrangers, qu'on peut aussi du même coup rendre compte des modalités juridiques présidant aux échanges extérieurs.

Deux textes relatifs à la traversée du territoire d'une cité montrent de manière irréfutable que, pour les hommes comme pour les biens, l'entrée et la sortie du territoire d'une cité n'étaient pas libres. Dans une scène satirique des *Oiseaux* (187-193), Aristophane imagine l'établissement d'un péage sur les biens en transit. Il prête en effet à Pisthétairos l'idée de donner aux oiseaux le conseil suivant :

> « L'air, vous le savez comme nous, est au milieu entre le ciel et la terre. De même que, si nous voulons nous rendre à Pythô, nous devons demander une autorisation de passage (*diodos*) aux Béotiens, de même lorsque les hommes feront des sacrifices aux dieux, si ces derniers ne vous acquittent pas un droit (*phoros*), en tant que souverains d'un État où ils sont étrangers et maîtres de votre espace, vous n'accorderez pas le passage à la fumée des os. »

Ainsi, si les Athéniens devaient demander une autorisation de passage aux Béotiens pour se rendre à Delphes (Pythô), de même les dieux seraient dans l'obligation de solliciter une autorisation de passage pour la fumée montant vers eux depuis la terre et, naturellement, ils seraient dans l'obligation de payer une taxe. L'accès au territoire d'une autre cité n'était donc pas de droit, sauf pour les citoyens. Pour entrer dans une cité, il fallait en faire la demande (*aitèsis*), pour soi-même et pour les biens qu'on transportait avec soi. Beaucoup plus tardif, le témoignage de Dion Chrysostome, pourtant du Ier siècle p.C., montre une situation tout à fait semblable[1]. Dion se faisait l'avocat de la concorde, à l'intérieur des cités et entre les cités, ainsi entre les deux cités voisines et rivales de Nicomédie et Nicée. Or, la mésentente entre cités pouvait naître de différends liés au transit des personnes et des biens. C'est ainsi (38.32) qu'il se trouva amené à évoquer le cas de cités enclavées à l'intérieur des terres. À l'époque impériale encore, la situation littorale de Nicomédie, en Bithynie, lui procurait une véritable rente de situation à l'égard des cités de son hinterland, qui, elles, souhaitaient accéder à la mer[2]. On comprend que Dion Chrysostome ait conseillé aux gens de Nicomédie, qui se trouvaient en situation favorable sur le littoral, d'adopter une attitude ouverte à l'égard des gens de l'intérieur : de la sorte (c'est l'éternel esprit agonistique des Grecs de l'Antiquité), ils pourraient surpasser dans l'opinion publique hellénique leurs éternels rivaux de Nicée :

> « Il vous est possible d'être envers les cités les auteurs de bienfaits plus nombreux et plus grands que (les gens de Nicée), avant tout et surtout grâce à la mer, par laquelle précisément toutes les denrées sont transportées et auxquelles les cités ont accès soit grâce à un privilège (il faut que ce soit la cité qui l'accorde, à titre public, et certains citoyens, à titre privé), soit par la contrebande, soit par le biais de demandes sans cesse renouvelées. Quant à vous, vous ne repoussez jamais les demandes qui vous sont faites. Mais, en soi, la nécessité d'avoir à présenter une demande est chose pesante. Si vous concédez à ces peuples, de qui émanent chaque jour des demandes pour des produits qui sont pour eux de première nécessité, de recevoir toutes ces denrées, n'est-il pas vraisemblable que vous paraîtrez à leurs yeux être de plus grands bienfaiteurs ? Et, en même temps, vous accroîtrez la concorde, qui s'étendra partout. »

Le souhait de Dion Chrysostome n'était pas utopique. Plusieurs documents montrent qu'effectivement entrée et sortie des denrées pouvaient faire l'objet d'une convention globale entre deux cités, ce qui évitait les demandes individuelles présentées à chaque fois. C'est le cas avec les accords entre Milet et Sardes (droit réciproque d'entrée et de sortie pour les personnes et les biens) ou la convention entre Magnésie du Méandre et Phocée (droit d'importation et d'exportation pour les Phocéens à Magnésie), de la fin du IVe siècle a.C. ou éventuellement du début du siècle suivant[3]. Une série de conventions bilatérales crétoises d'époque hellénistique montre que ce genre de concessions globales n'était pas rare[4]. On rejoint donc exactement les recommandations que, encore au début de l'époque impériale, Dion Chrysostome jugeait utiles de formuler, tant les tracasseries administratives et le coût financier des taxes d'échange devaient empoisonner les relations entre les cités.

Contrôles et privilèges

En règle générale cependant, c'est-à-dire en l'absence de telles conventions bilatérales, la demande d'admission que devaient formuler les étrangers à l'entrée d'une cité était l'occasion d'un contrôle d'identité et d'une première vérification de la nature des biens transportés. L'obtention des autorisations d'entrée et de sortie s'accompagnait vraisemblablement du paiement d'une petite taxe forfaitaire, qu'on doit bien distinguer des taxes douanières ou des taxes de passage (s'il s'agissait de marchandise en transit), perçues *ad valorem* et d'un montant substantiel. De fait, de nombreux décrets votés pour des étrangers révèlent, à titre de privilège, l'octroi à ces derniers, par les cités les plus diverses, d'un « droit d'arrivée » (*aphixis*, *eisaphixis*) ou d'un « droit d'entrée et de sortie du port » (*eisplous kai ekplous*) éventuellement lié à un « droit d'importation et d'exportation » et à une « exemption fiscale ». En outre, dans un certain nombre de cas, ces droits apparaissent liés à un privilège d'exemption de la taxe douanière. L'octroi d'un droit d'entrée ou d'un droit d'importation et exportation s'accompagnait aussi de la part de la cité qui l'octroyait d'une garantie de sécurité, exprimée dans une clause d'inviolabilité et de neutralité (*asylei kai aspondei*) ou de sûreté (*asphaleia*), qui paraît avoir eu une importance particulière. De la sorte, la cité s'engageait à mettre l'étranger privilégié à l'abri des pratiques de « droit de saisie » (*sylân*) qui pouvaient s'appliquer à tous les biens d'étrangers de passage, mais aussi de toute violence injustifiée[5]. Des attentats sur la personne de ressortissants étrangers pouvaient effectivement se produire, comme le montre le cas de la condamnation à mort par Éphèse exigée contre des habitants de Sardes qui s'en étaient pris à des envoyés religieux (théores) éphésiens dans cette cité[6]. La clause de sûreté n'était donc pas un vain mot.

Un décret de Cos pour un Tyrien, datable au IVe ou au IIIe siècle a.C., constitue un bon exemple des privilèges que pouvait consentir une cité[7] :

> « Il a plu au conseil et au peuple. Diagoras fils de Kleuchios a fait la proposition ; étant donné que Thèrôn, fils de Boudastratos, de Tyr, se montre homme de bien à l'égard du peuple de Cos et, en toute circonstance, ne cesse de rendre des services à tous les Coéens, plaise au conseil de faire son éloge et qu'il soit proxène de la cité de Cos, ainsi que ses descendants ; qu'ils aient le droit d'entrée et de sortie du port en temps de paix et en temps de guerre avec privilège d'inviolabilité et de neutralité, pour eux et pour leurs biens ; que les pôlètes mettent en adjudication (la stèle), y fassent inscrire le titre d'hôte public (*proxenia*) et qu'ils la placent dans le sanctuaire des Douze Dieux. »

En ce cas, on voit la cité conférer une série de privilèges à cet étranger, mais pas d'exemption fiscale. Ces exemptions se rencontrent cependant aussi de manière fréquente. On en trouvera un exemple dans un décret de Stratos d'Acarnanie des environs de 400 a.C.[8].

> « Il a plu à la cité des Stratiens de conférer à Lysias fils de Kallias, de Mégare, ainsi qu'à Aristiôn fils de Lysias et à Kallippos fils de Lysias, le titre d'hôte public, la

pronomia et la *propraxia*, à eux et à leurs descendants. Garants : Prottos, Bresôn, Teisandros, en outre l'exemption fiscale (*ateleia*). Était président du conseil Spintharos, fils de Sitylos, de Phoitias.[9] »

Ces deux documents posent d'emblée une question essentielle. On peut admettre que des privilèges comme le droit d'importer ou d'exporter et une exemption fiscale (*de facto*, une exemption douanière le plus souvent, mais qui cependant dans certains cas doit s'entendre dans un sens plus large) aient été conférés à des étrangers. Mais, dans ce cas, qu'en était-il des citoyens ? Quels étaient leurs droits ? Peut-on admettre qu'ils n'aient pas eux-mêmes été titulaires de ces droits et que, en quelque sorte, ils se soient systématiquement désavantagés eux-mêmes par rapport aux étrangers ? Il serait bien curieux qu'il en soit allé ainsi, alors que, comme on l'a souligné, de très nombreux décrets, provenant de toutes les régions du monde grec et couvrant aussi bien l'époque classique que l'époque hellénistique confèrent des droits de cet ordre.

À propos du cas des inscriptions d'Érétrie, on doit à D. Knœpfler d'avoir apporté des réponses décisives, en montrant que ces divers privilèges avaient en fait pour but de rapprocher les étrangers des citoyens[10]. Si certains décrets d'Érétrie évoquent en effet seulement l'exemption fiscale, d'autres ajoutent la précision « comme les autres Érétriens »[11]. Des décrets d'Ilion d'époque hellénistique indiquent que des étrangers privilégiés seraient bénéficiaires de l'exemption fiscale « dont jouissent les citoyens » ou « dont jouissent les Iliens »[12]. Deux décrets delphiens du IIIe siècle accordent à des étrangers métèques une exemption « de toutes les taxes dont sont exemptés les autres citoyens »[13]. Les droits accordés aux étrangers privilégiés définissent donc *ipso facto* les droits du citoyen. Ordinairement, les privilèges d'exportation et d'importation ou les privilèges d'exemption douanière concernaient exclusivement les citoyens. Dans le cadre des lois de la cité, qui pouvaient éventuellement proscrire telle ou telle importation ou exportation, les membres de la communauté civique pouvaient donc de droit importer et exporter comme ils l'entendaient, sans avoir à faire une demande spécifique ou à payer un droit particulier à cet effet, alors que, a priori, les étrangers y étaient astreints : c'est ce qui justifie les taxes de passage évoquées précédemment. Des décrets d'Iasos du IVe siècle a.C. confirment qu'en conférant tel ou tel privilège à un étranger on lui donnait ce qui était d'ordinaire les droits du citoyen[14]. On lit ainsi[15] :

« À [---] fils d'Artaos, de Chalkètôr, qui est bienfaiteur des Iasiens, les Iasiens ont conféré l'inviolabilité, une place d'honneur, l'égalité fiscale (*isoteleia*) comme l'Iasien, ainsi que le droit d'importer et d'exporter en temps de guerre et en temps de paix, comme l'Iasien. »

Certains décrets d'Athènes et en tout cas des décrets hellénistiques béotiens où « égalité fiscale » et « exemption fiscale » semblent figurer de manière alternative vont aussi dans le sens d'un rapprochement de ces étrangers privilégiés d'avec les citoyens[16]. Ces privilèges relatifs aux échanges extérieurs ou aux taxes doivent être rapprochés des autres privilèges qu'ils étaient éventuellement susceptibles d'obtenir, comme le droit de posséder une terre et une maison (*enktèsis*), qui était par excellence le privilège du citoyen, ou des privilèges judiciaires dont, de même, les citoyens étaient les seuls à jouir. Les citoyens possédaient le droit d'entrée et de sortie du port ou celui d'importer et d'exporter sans avoir besoin de demander une autorisation particulière : on a vu que c'était là un élément constitutif de la liberté du citoyen, dans le respect des lois bien entendu. On voit pourquoi, d'emblée, les autorités locales devaient reconnaître l'identité du passager arrivant dans la cité ou la quittant, pour déterminer s'il s'était citoyen ou étranger, et aussi quel était son port d'attache et le contrat commercial dans le cadre duquel s'effectuait son voyage, car d'emblée ses droits n'étaient pas les mêmes. Avec en outre la nécessité de contrôler l'entrée des esclaves sur le territoire (parce qu'ils étaient des biens frappés d'une taxe spécifique) comme celle de leur sortie (pour que leurs exportateurs paient la taxe afférente à l'exportation et pour empêcher la fuite des esclaves hors du territoire), on voit que le contrôle de la mobilité des hommes était consubstantiel de la souveraineté de la cité en matière économique (ce qui ne veut pas dire qu'il en ait été la seule dimension, comme on l'a vu plus haut).

Quant à la franchise de taxe d'importation ou d'exportation, les décrets sont d'ordinaire fort laconiques sur ce point, si bien qu'il n'est pas aisé de déterminer la nature de l'exemption consentie. Cependant, en attendant le résultat d'études plus poussées sur la question, rien n'oblige à considérer que, d'ordinaire, il se soit agi de privilèges de nature commerciale. Dans la plupart des cités, en effet, les citoyens semblent bien avoir payé les taxes douanières, soit en particulier la fameuse taxe du cinquantième (*pentekostè*), tout comme les étrangers. En revanche, les citoyens avaient le privilège d'importer et exporter en franchise une certaine quantité de biens à leur usage personnel et à celui de leur maison. Plusieurs décrets précisent en effet que ces privilèges concernaient exclusivement l'usage personnel du bénéficiaire, « pour son usage », ou « pour sa maison » (*es ton idion oikon*). Un privilège d'exemption conféré par le roi Cassandre de Macédoine et affiché à Kassandreia vers 306-298 a.C. constitue un bon exemple de ces limitations[17] :

> « Sous Kydias, au mois d'Athènaiôn, le roi Cassandre a concédé à Chairéphanès fils d'Aischylos, du groupe des Hippotadai, une exemption sur tous les biens, à lui et à ses descendants, à l'importation et à l'exportation, à l'achat et à la vente, sauf de ceux qui sont destinés au grand commerce. »

En Crète, dans la deuxième moitié du IIe siècle a.C., la convention entre Latô et Olonte prévoit « qu'il y ait un droit d'exportation pour le Latien à la sortie d'Olonte, et pour l'Olontien à Latô, par terre en franchise, par mer en payant les droits conformes aux lois des cités respectives, en prêtant serment qu'il s'agit d'un usage personnel »[18]. La clause sur le serment est intéressante en ce qu'elle montre que la délimitation entre usage personnel et usage commercial n'était pas toujours aisée. D'ordinaire, cependant, on peut penser que le volume ou la valeur des biens que l'on pouvait importer et exporter en franchise « à titre personnel » devait être défini dans les lois des cités pour une période et pour un montant déterminés. De la sorte, on devait éviter toute contestation.

Si la plupart des décrets d'exemption fiscale que nous possédons concernent des cas d'exemption à usage personnel, et non à usage commercial, il existe cependant des cas où l'exemption fiscale avait une plus grande portée : ainsi dans ce décret d'Ilion des environs de 300 a.C.[19]

> « À Teisandros, Aischinès, Charops et Nikasidikos, fils d'Aristoxénos, de Ténédos, hôtes publics et bienfaiteurs, eux et leurs descendants, les Iliens ont conféré une exemption fiscale complète et quiconque achète de leur part ou leur vend quelque chose, qu'il soit exempt de taxe ; si quelqu'un exige d'eux une taxe [i.e. contrairement à ce décret], qu'il en rende dix fois autant aux proxènes ; qu'ils aient aussi le privilège d'inviolabilité, en temps de paix et en temps de guerre, et le droit de posséder une terre et des maisons partout où ils le souhaitent en franchise ; qu'ils soient aussi Iliens et qu'ils s'inscrivent dans une tribu, s'ils le souhaitent ; et s'ils subissent un dommage de la part d'un étranger, qu'il soit permis d'exercer un droit de saisie en prenant pour base le territoire d'Ilion et que la communauté des Iliens y concoure ; qu'on les invite à occuper aux Panathénées une place d'honneur en proclamant leur nom et celui de leur père, eux et leurs descendants ; qu'ils aient aussi la nourriture au prytanée ; quiconque tentera d'abroger l'une quelconque de ces dispositions, qu'il soit maudit. »

Les clauses de ce décret orientent donc du côté de privilèges fiscaux à valeur commerciale, mais qui restaient exceptionnels, à la mesure de l'exceptionnalité des services rendus à Ilion par les frères ténédiens. De fait, les gens d'Ilion se trouvaient donc fiscalement désavantagés par rapport à eux, sachant néanmoins qu'ils pouvaient aussi devenir citoyens et donc se trouver privilégiés parmi les privilégiés, et non des étrangers en meilleure posture fiscale que des citoyens.

Mais qu'en était-il lorsque des avantages fiscaux étaient consentis non plus à titre individuel, mais, à titre collectif, à des catégories entières d'étrangers ? Outre les privilèges consentis à titre individuel et à portée limitée à l'usage personnel du bénéficiaire, l'existence de privilèges fiscaux à titre commercial est en effet indubitable. Ainsi, à Délos, la loi sur les bois et charbons prévoit l'existence d'une catégorie d'exemptés (*ateleis*)[20]. Cette catégorie d'exemptés était suffisamment vaste non seulement pour que le décret la mentionne, mais en outre prenne soin de préciser que, en dehors de leur exemption fiscale, ces exemptés devaient suivre toutes les règles afférentes au trafic du bois et du charbon. En outre, certains États pouvaient accorder des exemptions collectives de nature commerciale à de grandes catégories de négociants. Ainsi, les archontes du Bosphore avaient accordé des conditions particulièrement avantageuses aux commerçants qui iraient livrer du grain à Athènes, puisqu'ils y bénéficiaient d'une exemption totale de droits de douane (*ateleia*), un privilège dont la valeur est soulignée par Démosthène en 354 a.C.[21] On sait que, à la même époque, d'autres catégories d'étrangers pouvaient jouir d'avantages similaires, bien que pas aussi importants : ainsi, ceux qui faisaient le commerce vers Mytilène jouissaient d'une exemption partielle[22]. Ces exemptions qui n'étaient plus ponctuelles mais bénéficiaient à des catégories entières de négociants amènent à poser la question de l'inégalité ainsi introduite avec les gens du cru. S'ils n'avaient bénéficié d'aucun avantage, les Bosporans souhaitant eux-mêmes exporter des denrées ne se seraient-ils pas trouvés étrangement désavantagés par rapport aux commerçants (pour la plupart étrangers) emportant le grain vers Athènes, ou même vers d'autres destinations comme Mytilène ? Or, il se trouve que précisément la situation fiscale des gens du Bosphore était particulière.

Diodore, qui fait d'Eumèlos un roi modèle, indique que ce dernier, archonte du Bosphore entre 310/309 et 304/303, rétablit l'exemption fiscale (*ateleia*) dont jouissaient les habitants de la cité de Panticapée sous ses prédécesseurs et les exempta d'*eisphora*, c'est-à-dire d'impôt direct sur la fortune[23]. On doit poser la question du contenu de cette exemption : se limitait-elle à l'exemption d'impôt direct ? Ou bien, comme y invite le texte de Diodore, ne doit-on pas considérer que l'exemption d'*eisphora* n'était qu'un aspect – certes le plus significatif – de la politique d'exemption fiscale des archontes du Bosphore. Et en ce cas cette exemption ne s'étendait-elle pas aux taxes douanières ? Les décrets d'exemption accordés à des étrangers par les Spartokides apportent une information complémentaire[24] :

Leukôn Ier (389/8-349/8) :

« Leukôn, fils de Satyros et ses fils ont conféré à Apoll[---], fils de [---]noménès, d'Apollonia (?), l'exemption fiscale sur tous ses biens, à lui, à ses descendants et à tous les leurs, sur la totalité du territoire du Bosphore et qu'ils aient le droit de posséder des propriétés foncières et le droit d'entrée et de sortie par mer, en temps de guerre et en temps de paix, avec privilège d'inviolabilité et de neutralité... »

Pairisadès (344/3-311/0) :

« Pairisadès et ses fils ont conféré à Hèphaistios fils d'Hippokratès de Krômna, la citoyenneté, l'exemption fiscale sur tous ses biens sur la totalité du territoire du Bosphore... »

Eumèlos (310/9-305/4) :

« Eumèlos et ses fils ont conféré à [---] fils de [---]kratès la citoyenneté, le titre d'hôte public, l'exemption fiscale sur tous ses biens... »

On voit que ces textes confirment les informations données par Diodore. S'agissant du premier décret, pour un citoyen d'Apollonia peut-être, on voit que dans la mesure où cet étranger reçoit le privilège de posséder des propriétés foncières, l'exemption fiscale inclut vraisemblablement une exemption de taxe foncière. Cependant, cet étranger était susceptible d'importer ou exporter des denrées, comme le montrent les privilèges qui suivent. Comme d'ordinaire, l'exemption fiscale peut donc parfaitement avoir concerné aussi les droits à l'importation et à l'exportation, le point restant à définir étant celui de savoir si l'exemption s'appliquait exclusivement aux biens à usage personnel ou s'étendait aussi aux denrées transportées à titre commercial. Les prédécesseurs d'Eumélos, puis Eumélos lui-même, avaient jugé qu'ils pouvaient se passer des droits de douane sur les importations et exportations à destination d'Athènes, et, en direction d'une cité comme Mytilène (et d'autres cités peut-être aussi), lever des montants de taxe inférieurs au montant de la taxe habituelle[25]. En ce cas, il est clair qu'ils devaient bien pouvoir se passer du montant (en volume beaucoup plus modeste) des droits de douane susceptibles d'être payés par les Panticapéens et autres gens du Bosphore. De fait, on a toutes les raisons de penser que c'étaient pour l'essentiel des commerçants non-bosporans qui assuraient le commerce en direction d'Athènes et de Mytilène : dès lors, quand la catégorie d'exemptés devenait si vaste, et même si la plupart d'entre eux n'étaient pas tournés vers le commerce extérieur, il aurait été particulièrement choquant pour les Panticapéens, chez eux, d'avoir à acquitter des droits dont de nombreux commerçants étrangers étaient exemptés.

Quant à la zone d'extension des privilèges, Diodore ne mentionne que Panticapée, capitale du Bosphore. De manière directe, le texte de Diodore ne permet donc pas de déterminer si des exemptions fiscales similaires avaient été consenties aux autres villes du royaume (en particulier à Théodosia, l'autre grande place d'exportation). On observe cependant que le premier décret mentionné plus haut, celui pour un citoyen d'Apollonia peut-être, concerne l'ensemble du royaume. Si tel est le cas, il paraît vraisemblable qu'il en allait de même pour des privilèges consentis collectivement par les souverains du Bosphore à l'intérieur de leur royaume. Si, dans son récit, Diodore ne mentionne que Panticapée, c'est parce que c'est aux habitants de la capitale qu'il eut affaire lors de la phase délicate d'établissement de son pouvoir, ce qui ne signifie pas que les habitants des autres cités aient été exclus du bénéfice de ces concessions. On peut donc considérer comme probable que, au IVe siècle et du moins dans les périodes de prospérité, les gens du Bosphore n'aient pas eu à payer de taxes douanières sur les importations et exportations à usage commercial, de même qu'ils n'avaient pas à payer d'impôt foncier. La phase d'interruption de l'exemption doit avoir été justifiée par les difficultés financières temporaires liées à la guerre féroce que se livrèrent Satyros, frère aîné d'Eumèlos, et Eumèlos lui-même à la mort de leur père Pairisadès et aux campagnes contre les barbares qui accompagnèrent ce conflit.

On peut donc soupçonner que les exemptions douanières à titre commercial consenties soit à titre collectif à de larges catégories d'étrangers, soit à titre individuel pourvu qu'elles l'aient été en nombre très élevé, pourraient avoir eu comme contrepartie nécessaire l'exemption de taxe douanière pour les citoyens. Pour ce qui est des exemptions individuelles de privilèges fiscaux, le plaidoyer prononcé par Démosthène contre Leptinès, qui avait proposé de les supprimer, montre qu'elles pouvaient tout de même représenter un réel enjeu économique. C'est ce qui explique qu'en cas de difficulté financière, à Athènes en 355 comme dans une modeste cité carienne comme Pladasa à la fin du IVe siècle, des voix aient pu s'élever pour les supprimer[26]. Au passage, on voit que les exemptions accordées par Athènes aux dynastes du Bosphore et certainement aussi aux Bosporans en général avaient une valeur commerciale. Venant à Athènes avec deux navires chargés de blé au milieu des années 390 a.C., le fils du notable bosporan Sôpaios (qui était directement lié à la famille régnante) ne devait probablement pas y payer de taxe douanière[27]. Certes, de facto, le nombre de Bosporans venant à Athènes avec une cargaison devait être très limité. Il reste que l'enjeu du débat entre Leptinès et Démosthène, qui comprenait donc entre autres l'exemption de taxes au bénéfice des rois du Bosphore, était un peu plus important que ne le laisse entendre Démosthène, qui le ramène à des privilèges purement honorifiques. Des exemptions commerciales individuelles pouvaient donc finalement avoir un réel impact économique. À Athènes, rien n'indique que ces exemptions aient été nombreuses ou aient représenté un montant important : c'est la raison pour laquelle Démosthène jugeait absurde de les supprimer, car la cité n'avait presque rien à gagner mais beaucoup à perdre en cas de rétorsion des dynastes du Bosphore. En revanche, lorsque des exemptions de nature commerciale étaient consenties en nombre à des non-citoyens, on ne voit pas comment des citoyens auraient pu à ce point se désavantager eux-mêmes par rapport à ces étrangers. On notera que, outre le cas de Panticapée et du Bosphore évoqué précédemment, les citoyens de plusieurs cités importantes de l'époque classique (ainsi Athènes) s'exemptaient eux-mêmes d'impôt direct.

Dans cette perspective, le cas de Délos indépendante, où l'on a la preuve de l'existence d'une catégorie d'exemptés (*ateleis*) à valeur commerciale, fait question. De fait, dans cette cité, les décrets d'exemption individuelle sont nombreux. Sur une période d'un siècle et demi, on connaît 508 décrets honorifiques ; dans 467 cas, le personnage honoré recevait la proxénie, presque toujours le droit de posséder une terre (*enktèsis*) et l'accès au conseil et au peuple (*prosodos*), souvent l'exemption fiscale (*ateleia*) et une place d'honneur (*proedria*). Souvent aussi, le privilège fiscal précisait : « exemption complète » (*ateleia pantôn* – même si l'on sait que l'expression devait sans doute recouvrir des réalités diverses)[28]. Dès lors, quand on sait combien les Déliens étaient prompts à tirer parti des finances du sanctuaire de Délos et combien ils pouvaient parfois s'affranchir de scrupules dans sa gestion, on est logiquement amené à poser la question de la signification exemptions douanières. Il paraît donc logique d'envisager que les Déliens se soient eux-mêmes exemptés de taxe douanière, pour ne pas se trouver ridiculement désavantagés par rapport aux étrangers qui fréquentaient leur port et qui bénéficiaient d'une exemption à valeur commerciale. Il est vrai que le formulaire qui conférait les privilèges était stéréotypé : artistes ou envoyés des rois recevaient les mêmes privilèges que les bénéficiaires dont l'activité n'est pas précisée ou de ceux dont on peut parfois affirmer la vocation d'homme d'affaire ou de banquier[29]. Pour eux, le privilège avait bien un sens concret, non purement honorifique : s'ils repartaient de Délos par exemple avec des tapis ou autres objets de luxe, ils n'auraient pas à payer de taxe. Pour nombre d'exemptés, l'intérêt du privilège devait s'arrêter là. Mais que des gens n'exerçant pas d'activité marchande aient bénéficié des mêmes privilèges que des commerçants ou hommes d'affaires professionnels ne change pas le fond du problème. Au reste, il n'existait pas de « frontière professionnelle » et rien n'empêchait l'un quelconque de ces personnages de se transformer occasionnellement en homme d'affaires, car c'était un bon moyen de financer un voyage et en outre de faire des profits. Le philosophe stoïcien Zénon de Kition avait aussi une immense fortune grâce au prêt à intérêt[30]. Il est vrai que, comme dans d'autres cités, les décrets de Délos ne permettent pas d'ordinaire de déterminer si l'exemption était limitée aux biens à usage personnel ou avait une extension plus vaste, couvrant aussi les échanges commerciaux. Cependant, un détail du formulaire d'un décret délien va dans le sens de l'hypothèse d'une exemption de type commercial en faveur des Déliens. Le décret en faveur du commerçant Dionysios de Byzance, qui avait vendu 500 médimnes de froment à bon prix à la cité, mentionne tous les privilèges habituels dans les décrets déliens[31]. Mais, en lieu et place de l'habituelle exemption fiscale (*ateleia*), Dionysios reçoit l'égalité fiscale (*isoteleia*)[32] : en conférant à ce dernier l'égalité fiscale avec les Déliens, on devait lui attribuer aussi entre autres l'exemption de taxe douanière dont bénéficiaient ces derniers, selon un processus analogue à celui qui, ailleurs aussi, faisait que l'attribution d'une exemption douanière (mais à usage personnel dans ce cas) était en fait l'équivalent d'une égalité fiscale[33]. L'existence, prouvée par la loi sur les bois et charbons, d'une catégorie d'exemptés de taxe douanière de nature commerciale laisse penser que, à Délos, les privilèges « d'exemption fiscale », valaient non seulement pour une exemption de taxe douanière sur les biens à leur usage personnel, mais aussi sur les biens à usage commercial. En ce cas, on doit considérer que les Déliens s'exemptaient eux-mêmes de taxes douanières sur les biens à usage commercial, de même que très probablement les archontes du Bosphore exemptaient les citoyens des cités de leurs territoires de taxes douanières à usage commercial. On relèvera pour finir que, au début du IIe siècle, le formulaire des décrets déliens évolue[34]. Il n'y est plus fait mention d'exemption fiscale, ce qu'il faut interpréter soit comme un changement de politique fiscale et une restriction d'une politique désormais jugée trop généreuse, soit comme une simplification de formule sans conséquence sur le contenu réel des privilèges, les proxènes honorés devant bénéficier de tous les privilèges dont bénéficiaient auparavant les autres proxènes.

On voit en tout cas les conséquences que cette nouvelle analyse des exemptions de taxe douanières à Délos peut avoir sur la *crux* que représente la question de la taxe douanière du cinquantième, notoirement faible par rapport à ce que l'on peut soupçonner avoir été le rôle d'emporion régional de Délos, même avant 166[35]. Certes, la majorité des commerçants fréquentant le port devait payer la taxe : cependant, si les Déliens eux-mêmes et une catégorie nombreuse de commerçants ayant reçu un privilège individuel étaient exemptés, une part non négligeable des rentrées qu'aurait pu rapporter la *pentekostè* manquait à l'appel. En outre, on tient là aussi une nouvelle piste d'analyse de la politique des Déliens de l'époque de l'indépendance. La cité n'avait certainement pas pour but premier de maximiser les rentrées douanières. Les Déliens distribuaient assez largement les exemptions douanières en faveur des étrangers, tout en s'exemptant aussi eux-mêmes de ces droits de douane. Cette politique devait attirer les commerçants étrangers, ce qui leur permettait de faire de vrais bénéfices, indirectement par la facilité à s'approvisionner eux-mêmes à bon compte grâce au rôle d'emporion régional de leur part, et directement par les bénéfices financiers considérables suscités par la présence de l'emporion. Si notre analyse est juste, l'insistance de la loi délienne sur les bois et charbons à souligner que les exemptés (*ateleis*) devaient eux aussi se soumettre aux règles empêchant la spéculation avait donc une signification particulièrement importante, puisqu'elle englobait à la fois des étrangers ayant reçu un privilège individuel, mais aussi tous les Déliens.

Enfin, on voit qu'on doit examiner sous un autre angle la fameuse *ateleia* mentionnée par Polybe (30.31.10), c'est-à-dire l'exemption fiscale accordée par Rome à Délos devenue colonie athénienne à partir de cette date (qui fait dire d'ordinaire qu'après 166 l'île était devenue un port franc). La mesure pourrait donc n'avoir été qu'une généralisation, une extension à tous les commerçants fréquentant cet emporion des larges privilèges fiscaux qui existaient déjà auparavant, ceux que les Déliens s'étaient octroyés à eux-mêmes, comme, à titre individuel, ceux qu'ils avaient également consentis à un nombre élevé d'étrangers. Si Délos « colonie athénienne » connut un tel succès après 166 a.C., elle le devait d'abord à son statut d'exemption fiscale. Échapper aux taxes représentait donc bien un véritable avantage aux yeux des commerçants.

La mer, les taxes et le marché

Taxes, droit de passage et « course à la mer »

Les documents douaniers que nous possédons révèlent la minutie avec laquelle les taxes sur les échanges étaient établies. Le papyrus douanier de 475 a.C., qui donne le récapitulatif des navires grecs (dans la pratique : exclusivement phasélitains) et phéniciens dans un port égyptien constitue un aperçu précieux de ce commerce et montre la variété des produits reçus et exportés, encore qu'il soit certainement très loin d'épuiser le tableau de la variété des biens échangés[36]. Il correspond en effet à une période de guerre, où, parmi les commerçants grecs, seuls les Phasélitains, étaient admis dans les ports de l'empire, car leur cité était restée fidèle aux Achéménides. En effet, les navires phéniciens étaient frappés d'une dîme en nature (une taxe *ad valorem* de 10 %), de sorte qu'on a le détail des produits importés. Le système de taxation des navires venus de Phasélis était différent. Il présente tout d'abord une lourde taxe en or et en argent, puis une taxe (bien moins importante) en vin, huile, bois et céramique. À l'époque hellénistique, un papyrus de Péluse de 259 a.C. détaille les montants de taxe qui étaient imposés, et leur niveau élevé (moitié, tiers ou quart de la valeur, en fonction des produits, avec diverses petites taxes additionnelles)[37].

De fait, les coûts du transport maritime étant bien moindres que ceux du transport terrestre, avoir un accès direct à la mer représentait un avantage considérable. La règle valait aussi bien pour les particuliers que pour les cités, grâce aux droits de douane qu'elles pouvaient prélever sur les échanges à l'embarquement ou au débarquement des denrées. De fait, il est aisé de vérifier que, de l'époque archaïque à l'époque impériale, les cités les plus développées, les plus prospères et les plus dynamiques, furent toujours celles qui étaient sur le littoral ou toutes proches de la côte. Même au plan local, c'est cet attrait pour la mer et les échanges par mer qui explique la descente vers la « mer corruptrice », selon la belle formule de P. Horden et N. Purcell. À partir de l'époque classique et a fortiori à l'époque hellénistique, on observe en effet une série de déplacements de site de l'intérieur vers le littoral. Dès le début du ve siècle, Athènes se dote d'un port maritime, le Pirée, et si, après les guerres médiques, le site de la ville même d'Athènes n'est pas transféré au Pirée, la seconde agglomération prend d'emblée un essor remarquable, au point que les sources peuvent faire allusion aux « villes » de l'Attique, par quoi il faut entendre Athènes et Le Pirée[38]. La fondation de la ville de Rhodes en 408-407, à l'extrémité nord de l'île homonyme, plaçait cette cité directement sur l'axe de circulation privilégié qui longeait la côte d'Asie. L'inégal développement des cités de Lesbos est également fort significatif. Des sept cités originelles, ce sont Mytilène et Méthymna, celles qui étaient situées sur la côte et en outre sur le chenal de navigation qui longeait la côte d'Asie, qui l'emportèrent sur les autres[39]. Même en Crète, région pourtant particulièrement conservatrice, le phénomène de descente vers la mer commence dès l'époque hellénistique[40]. Au début du iie siècle a.C., la petite Pidasa, proche de Milet, souhaitait être reliée à la mer par une route carrossable pour exporter ses productions[41].

Du coup, l'accès à la mer lui-même pouvait être source de conflit. Si, vers la fin du ive siècle ou au début du iiie siècle a.C., dans le secteur du golfe Céramique, une cité intérieure comme Pisyè mit la main sur la cité côtière de Pladasa, ou sur une partie de Pladasa, c'est bien évidemment parce que de cette manière elle avait accès à un port, qui devait lui permettre d'éviter d'avoir à payer des taxes de passage. Il est vrai que le mouvement vers la mer fut sans lendemain car, à peine parvenue au golfe Céramique, la cité fut à son tour absorbée par Rhodes[42]. Dans la même région, mais au IIe siècle a.C. cette fois, il est possible que la grande cité intérieure de Stratonicée ait tenté d'absorber la ville côtière de Kéramos par sympolitie. En ce cas, cette tentative d'absorption relèverait de la même arrière-pensée : celle de se donner un accès à mer[43]. Une fois encore, certainement à cause de l'influence de Rhodes, le mouvement fut sans lendemain. Les exemples pourraient être multipliés.

Avec les taxes sur les produits de la terre, et sans doute parfois même davantage qu'elles, les taxes sur les échanges étaient une « source de revenus » (*poros*) privilégiée des cités. Le fait mérite d'être justifié. De nos jours, avec des modalités diverses selon les pays, les taxes sur la valeur ajoutée et sur les profits constituent l'essentiel des revenus des États. Ces dernières sont établies sur la base des comptabilités d'entreprise, qui sont présentées aux autorités publiques et qui font foi. Ce système est caractéristique d'une économie de type capitaliste fondée sur une logique de crédit, où tous les éléments de la vie de l'entreprise font l'objet d'une comptabilité à la fois exhaustive et uniforme. Rien de tel n'existait dans l'Antiquité, puisque la vie des entreprises n'était pas fondée sur le crédit. Les comptabilités pouvaient parfois faire foi dans des contestations judiciaires, comme on peut le voir dans certaines affaires bancaires du IVe siècle a.C. et aussi plus tard à l'époque impériale[44]. En revanche, elles ne pouvaient servir comme base de taxe. Les taxes sur les produits de la terre étaient établies sur la base des déclarations des assujettis à l'impôt ou, de manière directe, par les collecteurs d'impôt sur les aires de battage du grain, dans les celliers pour le vin, ou encore en fonction du nombre de têtes d'animaux ou du nombre de ruches. Le profit commercial ne pouvant être imposé par l'examen des comptabilités privées, le système le plus simple pour taxer l'activité économique « invisible » était la perception de taxes commerciales : taxes de l'agora pour le commerce de détail et, surtout, droits de douane à l'entrée et à la sortie du territoire[45]. Au poste de douane, rien n'échappait à l'œil des contrôleurs, pour peu qu'ils soient vigilants et qu'ils ne soient pas corrompus.

À la fin du Ve siècle, probablement en 413 a.C. Athènes remplaça même le tribut par une taxe de 5 % sur les échanges[46]. L'importance relative des droits de douane variait en fonction de la richesse des territoires. Exilé d'Athènes à la fin des années 360, l'exilé politique athénien Kallistratos réorganisa les finances du royaume de Macédoine (sans doute sous Philippe II), ce qui permit de doubler le montant des revenus des taxes portuaires, qui passèrent de 20 à 40 talents[47]. Dans son plaidoyer *C. Aristocratès* (23.110), Démosthène pouvait plaider que les revenus de la Chersonèse de Thrace (par quoi il faut entendre les revenus sur la terre) ne se montaient qu'à 30 talents, tandis que ceux que le roi Odryse Kersobleptès pouvait tirer des ports de commerce (*emporia*) de la côte se montaient à plus de 200 talents L'opposition est une construction rhétorique, car la Chersonèse est un territoire minuscule, tandis que les *emporia* – dont l'identité n'est pas précisée – n'étaient autres que des cités grecques[48]. Il n'empêche que les chiffres qu'il indique montrent l'importance des droits de douane dans les revenus des États. Pour faire face à ses difficultés financières après sa défaite contre Rome, le roi de Macédoine Philippe V n'eut pas recours à une imposition exceptionnelle. Il préféra augmenter les recettes tirées des droits de douane, des baux de location de la terre royale et des mines[49]. L'État rhodien tirait un million de drachmes (près de 167 talents) des droits de douane de son port, avant que la création du port franc de Délos en 166 ne fît tomber leur montant à 150 000 (25 talents)[50]. Il est vrai qu'avant 166 il tirait aussi à titre de tribut 120 talents de Stratonicée et autant de Caunos, mais cette dernière cité était un port dont une partie des revenus venait de taxes sur les échanges avec l'arrière-pays[51]. Le royaume de Pergame (puis la province romaine d'Asie) dont l'organisation fiscale était calquée sur celle des Attalides, entourait l'Asie Mineure occidentale d'une longue chaîne de postes de douane : on en connaît la liste grâce au *monumentum Ephesenum*, la réglementation relative à la taxe de la province[52]. A contrario, être exempté des droits de douane représentait donc un avantage considérable. Lorsque Rome commença à mettre la main sur l'Orient, on voit que dans son traité avec Ambracie de 187 a.C d'emblée elle imposa l'exemption de droits de douane pour les Romains et les Latins. Vu ce qu'est ensuite l'attitude « conquérante » des Romains et Italiens en Orient, il est logique de penser que la mesure fut partout appliquée de la même manière[53]. Si ce fut le cas, cette « concurrence faussée » représentait alors un avantage comparatif significatif pour l'activité des Romains et des Italiens. On comprendrait mieux aussi les jalousies que ce privilège devait susciter et l'on comprend mieux de la sorte, avec en outre les exactions des publicains, pourquoi il y eut une telle explosion de haine contre les Romains et Italiens installés en Asie Mineure lors de la crise de 88 a.C.

La scène plaisante où Pisthétairos envisageait de faire payer aux dieux un droit de passage sur la fumée n'était pas une pure invention : c'était le réflexe ordinaire de toute puissance étatique de lever des taxes sur les échanges. On a vu que lui-même la mettait en parallèle avec le droit de passage que les Béotiens exigeaient des Athéniens se rendant à Delphes. La levée de droit de passages sur les hommes ou marchandises en transit à travers un territoire n'était pas seulement le fait des grandes cités. Elle trouve un intéressant parallèle dans un document du IIe siècle a.C. qui émane des confins septentrionaux de la Thessalie. Deux cités, Kondaia (à l'ouest de Gonnoi, sur la rive gauche du Pénée) et une autre anonyme, peut-être plutôt Gyrton (de localisation encore inconnue) que Gonnoi, avaient un litige frontalier. La procédure de jugement du conflit fit appel à une série de témoignages, dont celui d'un berger d'une tierce cité, Askyris (dans les montagnes au nord de Kondaia)[54] :

> « Témoignage de Ladikos, fils d'Harmodios, d'Askyris, en faveur des Kondaiens ; je connais ce territoire, que j'ai en personne fait visiter aux juges depuis le sommet du Nyseion en descendant le versant regardant du côté de chez nous jusqu'à la gorge que les Kondaiens ont montrée aux juges et j'ai toujours entendu dire à nos anciens que nous étions frontaliers avec les Kondaiens en ce lieu, et moi-même, pour faire paître mes troupeaux dans ce territoire depuis longtemps, je sais que les Kondaiens y font respecter la levée d'un droit de passage (*paragôgion*). »

La gorge évoquée par le berger d'Askyris était un lieu de passage obligé. Elle marquait aussi la frontière du territoire de Kondaia. C'est donc là que cette cité avait installé un bureau de douane pour lever un droit sur les marchandises entrant ou sortant du territoire. Ces bureaux de douane installés dans les points de passage obligés, gorges, ponts, embouchures des fleuves, ports aussi naturellement, ont marqué le paysage méditerranéen jusqu'à une époque toute récente[55].

Or, dans la mesure où l'accès au marché international, à cette « autoroute du commerce » que constituait l'espace maritime, était un besoin vital, les cités côtières pouvaient exploiter au maximum leur rente de situation. En termes économiques, on se trouve là de manière caractéristique en situation de « concurrence imparfaite ». La notion de « rente de situation », où l'on fait payer aux autres un droit d'usage d'un médium collectif, est la version active de celle de « passager clandestin », où l'on bénéficie gratuitement des services payés par les autres. Les cités exploitaient donc leur position littorale en établissant des droits de douane sur les marchandises entrant ou sortant de leur territoire, mais aussi sur ceux qui y étaient en transit. Tel était au reste le sens de la recommandation de Dion Chrysostome aux Nicomédiens. Il leur recommandait de proposer aux gens de l'arrière-pays des solutions avantageuses et de leur éviter les humiliations permanentes que d'autres ne se privaient pas d'infliger aux cités de leur hinterland. Dion était lui-même originaire de la cité voisine de Pruse. Or, cette cité était en butte à la cité maritime d'Apamée, qui jouait donc de sa rente de situation pour faire subir toutes les tracasseries possibles aux gens de Pruse[56]. Trois autres cas suffiront à illustrer l'importance de l'accès à la mer.

Relatant les origines de la guerre du Péloponnèse, Thucydide (1.120.2) rapporte que devant l'assemblée des alliés péloponnésiens, les Corinthiens avaient souligné que toutes les cités étaient concernées par la guerre avec Athènes, non pas seulement les cités maritimes, mais aussi les cités de l'intérieur des terres. Ils insistaient en effet sur la menace que représentait l'impérialisme athénien pour toutes les cités, et pas seulement les cités maritimes, qui, quant à elles, connaissaient déjà fort bien les pratiques des Athéniens. Les Corinthiens mettaient donc en garde les gens de l'intérieur du Péloponnèse : « Ils doivent savoir que, s'ils ne prennent pas la défense des gens du bas pays, il leur sera plus difficile d'écouler leurs produits frais et, inversement, de recevoir en échange ce que la mer fournit au continent ». Il n'est pas si sûr qu'il ait existé cette heureuse solidarité entre gens de la côte et gens de l'hinterland, mais le propos des Corinthiens reste intéressant. On a songé à juste titre aux Arcadiens[57]. Mais on doit aussi certainement évoquer les gens de Phlionte, si proches de Corinthe, qui eux aussi étaient dépendants de l'extérieur. Pour ce qui est des « produits frais » auxquels fait allusion Thucydide, on doit songer que Phlionte était une cité produisant du grain et du vin[58]. Mais, semble-t-il, elle était particulièrement fameuse pour ses légumes, qui étaient exportés au loin au même titre que le vin de Thasos[59]. Pour les Corinthiens, la leçon était claire : si les Péloponnésiens de l'intérieur laissaient les gens du bas pays succomber devant les Athéniens, ils seraient inéluctablement à leur tour victimes de leurs exigences exorbitantes. Le second exemple est constitué par Kymè d'Éolide. Le cas de cette cité présente un trait remarquable qui montre comment les finances des cités côtières devaient être largement enrichies par les droits de passage. À Kymè d'Éolide, une inscription de l'époque de Philetairos le marque de manière indubitable : c'est sur le grain en transit (*diagôgimos sitos*) que devait être pris l'argent nécessaire au financement de boucliers dont la cité avait un besoin urgent[60]. Ce sont ces droits de passage sur des produits indispensables qui devaient provoquer la colère des cités de l'hinterland, comme le soulignait Dion Chrysostome.

Sur son territoire, une cité était cependant dans son droit si elle levait des droits de passage. Il n'en allait pas de même s'il s'agissait de droits levés dans un chenal maritime. Vers 220 a.C., les Byzantins décidèrent de lever des droits de passage (*diagôgia*) sur les navires franchissant le Bosphore, d'abord à l'entrée dans le Pont, puis même à la sortie, ce qui renchérissait considérablement le coût des échanges maritimes et lésait les commerçants[61]. Lever des droits de passage sur les eaux d'un chenal maritime n'était pas dans la norme admise, ce qui explique que, sous la pression des Rhodiens appelés à l'aide par les marchands, les Byzantins aient vite dû renoncer à cette exigence[62].

« *Tax and trade* » ? Ou « *tricks or treats* » ?

La question économique de fond est celle de savoir si la multitude des taxes de passage et des autres droits de transit avaient un impact sur le niveau d'activité économique, et, si oui, de déterminer si cet impact était négatif ou positif. D'un côté, il est clair que la multitude des taxes était très gênante pour le grand développement du commerce terrestre. Tout d'abord, celui-ci était déjà la victime de coûts de transport prohibitifs pour les pondéreux. En subissant le poids des droits de transit successifs pour atteindre la mer, il est clair que les cités enclavées loin à l'intérieur des terres étaient affectées d'un handicap considérable par rapport à celles qui étaient situées le long du littoral. Une fiscalité excessive décourageait les échanges. D'un autre côté, selon le modèle « tax and trade » imaginé par K. Hopkins, on peut considérer que les taxes pouvaient paradoxalement avoir un effet bénéfique sur la production, en forçant ceux qui étaient imposés à produire davantage, qu'ils le veuillent ou non[63]. Cela dit, on doit reste lucide sur ce modèle : si, au final, les revenus des taxes n'étaient pas employés de manière utile, l'impact économique global ne pouvait qu'être négatif.

Accéder à la mer pouvait avoir un sens pour les cités qui étaient proches de la mer. Pour celles qui en étaient plus lointaines, il ne pouvait en être question. À Caunos, à l'époque d'Hadrien, la fondation de généreux bienfaiteurs, Mènophanès et Menestratos, permit aux commerçants d'échapper partiellement aux droits frappant les marchandises en transit montre à quel point on pouvait être conscient du problème[64]. Certes, comme l'avait bien vu Louis Robert, Caunos était avant tout une cité tournée vers la mer. Au demeurant, le corpus d'inscriptions publiées par Chr. Marek démontre le caractère maritime écrasant des relations extérieures de Caunos. En même temps, les sources littéraires nous montrent des relations non négligeables avec la lointaine Kibyra, certainement par la vallée de l'Indos. Au fil des siècles, la volonté de Caunos de contrôler Kalynda correspondait certainement à une volonté de fermer la vallée de l'Indos et de s'assurer que tous les débouchés de la haute vallée de l'Indos soient totalement sous le contrôle de la cité. Le conflit avec Rhodes en 164, rapporté par Polybe, n'avait pas d'autre objet[65]. Mais si, au fil du transport, chaque cité qui voyait passer des produits en transit sur son territoire levait des droits de douane, il est clair qu'une telle procédure rendait le commerce par voie de terre particulièrement onéreux : non seulement le coût de base du transport était beaucoup plus élevé que par voie de mer, mais, en outre, la multiplication des taxes augmentait d'autant le coût du produit à l'arrivée.

La manière dont Chr. Marek reconstruit le grand document de taxe de Caunos et l'intègre avec le fameux document de Myra le montre aussi à merveille. On résume ici trop rapidement ses principales conclusions, qui seront fondamentales pour l'histoire des taxes non seulement sous l'empire, mais aussi pour les époques antérieures. Tout d'abord, le document de Caunos est de l'époque d'Hadrien, c'est-à-dire de la même époque qu'un document similaire de Myra. À cette époque, Caunos était partie intégrante de la Ligue lycienne. Le document de Myra et le document de Caunos sont donc justiciables de la même logique. Il s'agit donc dans les deux cas d'un document réglant la levée du *portorium*, la *tessarakostè* n'étant autre chose que la *quadragesima* que l'on trouve dans les autres provinces de l'empire, c'est-à-dire une taxe de 2,5 %. Mais, dans la Ligue lycienne, la levée de cet impôt avait été concédée à la Ligue elle-même. Le système était donc fondamentalement différent de celui qui prévalait en Asie. En Lycie, une loi douanière unique (*dèmosionikos nomos*) réglait le système des taxes d'import-export. En revanche, c'étaient les cités qui étaient chargées du prélèvement. Le principe était que les cités recevaient les taxes à l'importation et que la Ligue se réservait toutes les taxes à l'exportation. Toute réexportation d'un produit non vendu sur place, à Caunos, qu'il s'agisse d'un produit venu de la mer ou de la terre était donc susceptible d'être frappé deux fois : à l'importation et à l'exportation (au total donc une taxe de 5 %). Il n'existait donc pas d'union douanière lycienne comme on l'avait supposé : les transferts d'une cité à l'autre étaient sujets à la taxe comme dans n'importe quelle autre cité. À Caunos, cependant, grâce à la fondation de Mènophanès et de Menostratos qui compensait le manque à gagner par la cité, une série d'importations étaient exemptées de taxe douanière. De même, grâce à cette fondation, les produits importés par voie de mer et non vendus pouvaient être réexportés dans un délai de vingt jours, pourvu que les déclarations adéquates aient été faites. Il en allait de même pour les réexportations des produits entrés par voie de terre, qui devaient être réexportées libres de taxes dans un délai de trente jours. On voit que ce système ne valait à Caunos que grâce à la fondation de Mènophanès et Menestratos et qu'il n'avait pas cours ailleurs. Pour l'exemption pendant les panégyries, on songe naturellement aux exemptions similaires à Cyzique[66]. Il est dommage que la mutilation de l'inscription de Xanthos du IVe siècle a.C. (époque de Pixodaros), qui mentionne les privilèges de Xanthos, Tlos, Pinara, Kandaÿda (et qui mentionne aussi Caunos) à propos d'une *dekatè emporias*, une taxe commerciale de 10 %, nous empêche de comprendre totalement l'objet du privilège (exemption ? ou attribution d'une taxe ?)[67]. Mais à toutes les époques la question des taxes, et des privilèges, est donc centrale pour analyser les formes du commerce.

Dans le système qu'on vient de décrire, à supposer que les cités n'aient pas eu de généreux bienfaiteurs comme Mènophanès et Menestratos, ou qu'elles n'aient pas eu d'elles-mêmes la générosité que Dion voulait prêter à Nicomédie, après le passage sur le territoire de cinq cités différentes et sauf négociation de privilège particulier, le coût du produit se trouvait augmenté de 25 % (et encore faut-il supposer que la taxe portait sur la valeur de base du produit et non pas sur l'augmentation progressive du coût au passage d'une cité à l'autre).

L'information économique et la sécurité des échanges

Circulation de l'information et incertitude des décisions économiques

Pour les commerçants, bénéficier d'une exemption fiscale constituait donc un avantage précieux. Mais être informé des conditions économiques qui prévalaient dans les ports où ils étaient susceptibles de se rendre ne l'était pas moins. L'information économique (sur les quantités disponibles, sur les prix), ou pouvant avoir une influence sur les décisions des acteurs (sur l'état de la situation politique intérieure des cités ou sur les tensions internationales) était multiforme. Il s'agissait d'abord de sources informelles, le fameux bouche à oreille. En ce sens tous les voyageurs, certes au premier chef les commerçants qui circulaient beaucoup, mais aussi toutes les catégories sociales appelées à se déplacer pouvaient diffuser des informations : ambassadeurs, commissaires au grain envoyés à l'étranger, artisans se déplaçant d'un chantier à l'autre, mais encore théores en visite dans des sanctuaires ou artistes venant pour assurer la célébration d'une fête. À des titres divers, tous ces voyageurs avaient eux-mêmes besoin de toutes sortes d'informations en fonction du type de voyage qu'ils accomplissaient et ils pouvaient donc à leur tour être des vecteurs d'informations. Ainsi, un Syracusain, donc « neutre », qui se trouvait en Phénicie et à qui il advint d'être le témoin d'une vaste mobilisation de la flotte phénicienne au service de la Perse, se hâta de se rendre dans le Péloponnèse pour informer ses amis lacédémoniens, qui étaient en guerre avec le Grand Roi, de l'imminence de la menace[68]. Les commerçants étaient cependant les premiers intéressés par l'information relative aux quantités et aux prix. C'est ainsi que, dans l'*Économique* (20.27-28), Xénophon présente l'information relative aux quantités et aux prix :

> « C'est ainsi que ces commerçants ont un amour si éperdu pour le grain que, où ils apprennent qu'il y en a beaucoup, c'est là qu'ils se rendent en traversant l'Égée, le Pont-Euxin et la mer de Sicile. Ensuite, après en avoir chargé autant qu'ils le peuvent, ils lui font franchir la mer et cela en l'embarquant dans le navire sur lequel ils prennent eux-mêmes la mer. Et quand ils ont besoin d'argent, ils ne le déchargent pas au hasard n'importe où, mais ils l'apportent et le livrent là où ils apprennent que le cours du grain est le plus élevé et où les gens en font le plus de cas. »

À l'achat comme à la vente, l'information est donc le moteur du déplacement. En ce cas, l'information économique était aussi un bien que l'on pouvait garder pour soi. Il en est ainsi du réseau d'informateurs qu'avait monté Cléomène de Naucratis. En 332, Alexandre le nomma gouverneur d'Égypte – une province riche en blé. Au début des années 320, il monta un réseau d'informateurs en mer Égée, qui lui permettait de diriger le blé là où il était le plus cher[69]. Avec un exemple évidemment emprunté aux maîtres rhodiens de son auteur, et sans doute avant tout à Panaitios, Cicéron dans son traité *Des devoirs* (3.12.15) évoquait le cas de conscience du marchand : un commerçant apporte du blé d'Alexandrie à Rhodes à un moment où, dans cette cité, le prix du blé est très élevé à cause d'une disette ; il rencontre en route des navires chargés de blé se dirigeant vers Rhodes ; arrivant le premier à Rhodes, va-t-il exposer la vérité aux Rhodiens, ou bien se taire et vendre son blé le plus cher possible ? Cicéron rapporte les opinions divergentes de maîtres stoïciens : Diogène de Babylone jugeait qu'il fallait s'en tenir à la loi et que, en l'occurrence, il n'était pas illégitime de prendre le profit qui s'offrait, quand son disciple Antipater jugeait immoral de ne pas révéler l'information. Après une longue discussion, Cicéron finissait par citer un autre philosophe stoïcien, Hékatôn de Rhodes, qui soulignait que s'enrichir était en soi utile à sa famille et à sa cité, et par conclure implicitement que, finalement, d'obligation de révéler l'information il n'y avait point.

Hiéron (« Lieu sacré », « Sanctuaire »), à l'entrée du Pont-Euxin, au nord de Byzance, sur la côte asiatique, était le lieu où les navires marchands se concentraient avant d'entrer ou de sortir du Pont[70]. C'est ce qu'indique explicitement Ménippos de Pergame, un auteur du Ier siècle a.C., qui identifie ce sanctuaire comme étant dédié à Apollon Ourios et qui précise[71] : « Ce fort est le point de départ des navigateurs qui font la route du Pont ». La place apparaît comme un point de repère dans les itinéraires de navigation, comme dans le Ps-Skylax, 67 et 92, mais aussi dans les contrats comme celui du *C. Lacritos* du Ps.-Démosthène (35.10). La preuve en est que c'est là que Philippe II put saisir par surprise la flotte chargée de grain à destination d'Athènes[72]. Mais Hiéron servait aussi clairement de plaque tournante de l'information économique. Vu que des navigateurs de toutes origines et de toutes provenances, entrant dans le Pont ou en sortant, se rencontraient à cet endroit, Hiéron servait de lieu de circulation informelle de l'information sur les prix, les conditions d'échange ou l'insécurité politique. Or, si comme on le voit dans le *C. Lacritos* les contrats de navigation pouvaient donner des indications sur le trajet de navigation envisagé et la date du voyage, on observe aussi qu'ils laissaient une assez large marge d'appréciation, de sorte que les navigateurs, capitaines de navires (*nauklèroi*) et marchands (*emporoi*), pouvaient adapter leur voyage en fonction des circonstances. Les informations glanées en un lieu comme Hiéron jouaient certainement un rôle essentiel dans les décisions que devaient prendre les acteurs.

Mais, en outre, Hiéron servait de lieu de communication de l'information institutionnelle. C'est là qu'on a retrouvé, gravée sur une stèle, une loi d'Olbia du Borysthène, au nord-ouest du Pont-Euxin[73]. Cette loi, qui date des environs de 370-360 a.C., informait les marchands des conditions de l'importation des monnaies, des modalités d'achat et vente et du change à Olbia. Ces conditions étaient très favorables puisque, s'agissant de l'or et de l'argent monnayé, importation et exportation en étaient libres, de même que le change, pourvu qu'il se passe sur la pierre de l'*ekklèsiastikon*, le lieu de réunion de l'assemblée. Seul le cours du cyzicène, la grande monnaie d'electrum en usage dans la région, était fixé par la loi. Ainsi, tous les commerçants entrant dans le Pont étaient par avance informés des conditions qui prévalaient à Olbia, et ils pouvaient faire leurs choix en conséquence. En publiant cette loi à Hiéron, les Olbiopolites affichaient aussi une volonté de transparence de l'information.

Or, ce n'est pas seulement la loi d'Olbia qui était affichée là mais par exemple aussi, gravés sur pierre, les décrets relatifs aux privilèges reçus par les Athéniens des dynastes du Bosphore, et ceux qu'ils leur avaient accordés en retour en remerciement. Ce point apparaît clairement dans le plaidoyer *C. Leptinès*, 20.35-37, de Démosthène, de 354 a.C. : « Car vous ne devriez pas croire que les stèles qui sont dressées là soient autre chose que les contrats des privilèges que vous avez reçus ou que vous avez donnés. » En supprimant les privilèges fiscaux accordés aux rois du Bosphore, les Athéniens se couvriraient de honte face à toute « l'opinion publique internationale » et Hiéron, lieu d'affichage des stèles, serait la caisse de résonance de leur infamie : les stèles des dynastes du Bosphore témoigneraient a contrario de la vilenie des Athéniens. Au-delà du contexte particulier du *C. Lacritos*, on comprend pourquoi, pour les deux partenaires, il était intéressant que leurs concessions réciproques soient affichées à Hiéron. Il s'agissait en effet d'une incitation pour les navigateurs et marchands à venir assurer les contrats de transport à destination d'Athènes, puisque l'exemption fiscale leur était garantie. Réciproquement aussi, quelques navigateurs Bosporans pouvaient aussi avoir intérêt à venir à Athènes bénéficier de conditions symétriques en leur faveur[74]. La stèle de l'emporion de Thrace intérieure, de peu postérieure à 359 a.C., et qui énumérait les privilèges garantis par Kotys et l'un de ses successeurs aux commerçants grecs en Thrace était exactement de même nature[75].

La sécurité des échanges internationaux

La sécurité est le premier facteur de développement économique, puisqu'elle assure un cadre dans lequel on peut faire une prévision rationnelle. Ce principe vaut tout particulièrement pour les échanges internationaux.

La cité était un « État de droit » et elle devait donc se charger d'assurer la sécurité des biens et des personnes sur son territoire, y compris des commerçants étrangers. En tout état de cause, même si des violences étaient commises par des particuliers, c'était la cité qui en était tenue pour responsable et c'était elle qui devait veiller à ce qu'il en soit fait réparation. C'était le cas ainsi pour les actions de violence caractérisée sur des étrangers. En ce cas, la cité devait apporter réparation. C'est ainsi que les Dolopes de l'île de Skyros, condamnés par le tribunal des amphictions de Delphes parce que certains d'entre eux s'en étaient pris à des marchands thessaliens qui avaient fait escale chez eux, exigèrent des contrevenants le remboursement des dommages[76]. Une inscription d'Éphèse de la fin du IVe ou du début du IIIe siècle montre que les Éphésiens avaient exigé, et obtenu, la condamnation à mort de quarante-six ressortissants de Sardes qui s'en étaient pris à une délégation religieuse éphésienne sur le territoire de Sardes[77]. Le caractère exorbitant de la peine s'explique par le caractère religieux de l'attentat. Cependant, on peut penser que, pour des actes de nature civile, les procédures étaient du même ordre, sans qu'on ait recours à des sanctions aussi extrêmes. Le Ps.-Aristote (85), révèle que la sécurité sur une « route internationale » pouvait faire l'objet d'une sorte de pacte commun liant les habitants : « De l'Italie part une route qui va jusqu'en Celtique, au pays des Celto-Ligures et des Ibères une route que l'on dénomme "voie Héracléenne". Si un Grec ou un étranger la parcourt, les habitants de la région veillent à ce qu'ils ne subissent pas de dommage. La pénalité éventuelle doit être versée par ceux chez qui le dommage a été subi. » En Crète orientale, le traité entre Latô et Olonte de 109/8-108/7 a.C. prévoyait des pénalités très lourdes, mais sous forme d'amendes, pour ceux qui s'en pourraient s'en prendre à la sécurité sur les routes[78] : « Que les routes utilisées par les étrangers soient sacrées ; si quelqu'un commet une action illégale sur ces routes, il devra payer six fois le montant de l'amende s'il perd le procès ». De même, les rois thraces, Kotys et au moins l'un de ses successeurs, garantissaient que les commerçants gagnant l'emporion de Thrace intérieure ne paieraient les taxes qu'une seule fois, ce qui revenait à leur garantir qu'ils ne subiraient pas d'exactions sous formes de droits de passage intempestifs en cours de route[79].

La « sacralisation des routes », ainsi que le montant exceptionnellement élevé de l'amende devait par avance décourager de s'en prendre aux commerçants de passage sur les itinéraires qu'ils fréquentaient, c'est-à-dire sur les grandes voies menant aux villes et aux ports. Dans une région comme la Crète où, même à une date tardive, la piraterie restait à l'honneur et où la violence continuait à rester endémique, même entre cités voisines, cette législation visait donc à contenir le brigandage contre les commerçants.

Mais il fallait assurer aussi la sécurité extérieure contre les pirates. Un décret de Téos de la deuxième moitié du IIIe siècle montre le coût exorbitant que pouvait avoir une attaque de pirates[80]. La ville avait dû être prise. Les pirates avaient en outre pris en otage des habitants. Pour se libérer, et pour libérer ces otages, Téos dut exiger que tous les habitants, citoyens et étrangers, versent leur or et leur argent monnayé (semble-t-il), leur vaisselle précieuse, jusqu'aux vêtements de pourpre et aux galons d'or des robes des femmes, pour se racheter. Le tout faisait en principe l'objet d'un prêt à la cité au taux de 10 %. Bref, les pirates saisissaient toutes les valeurs aisément transportables. Outre son coût humain éventuel, une attaque de pirates avait donc un coût financier exorbitant.

La lutte contre les pirates et la sécurité des mers était donc une condition préalable à des échanges commerciaux réguliers. À l'époque classique, ce fut le rôle d'Athènes de jouer ce rôle de gardien de la sécurité des mers. Dès le lendemain des guerres médiques, Cimon entreprit une campagne contre Skyros, cette île située au débouché du canal d'Eubée, sur la route commerciale menant à la Thrace et au Pont. Il n'était pas possible de laisser les commerçants sous une pareille menace. La campagne de Cimon fit directement suite à l'affaire de l'attaque contre des marchands thessaliens et du jugement des amphictions contre Skyros[81]. Pendant toute la durée de son empire du Ve siècle, Athènes assura la police des mers en Égée. Partant d'Athènes ou d'autres bases navales en Égée, se déplaçant un partout, les navires athéniens assurèrent manifestement des décennies de tranquillité en mer Égée. Le tribut que versaient les cités, modique pour la plupart d'entre elles, était en quelque sorte le prix à payer pour la sécurité. Selon les estimations de Chr. Flament, l'essentiel du tribut servait au paiement de la flotte de guerre. À une drachme par homme et par jour, l'entretien d'une flotte de 35 trières comptant chacune 200 hommes pendant dix mois représentait 350 talents. Si l'on y ajoute les frais de construction des navires, de leur entretien, on voit qu'on est pas loin des « 460 talents » du tribut d'avant 431. Sans doute la plupart du temps n'y avait-il pas autant de navires mobilisés sur une période aussi longue. Mais à d'autres moments les mobilisations étaient plus importantes. Le tribut faisait vivre de nombreux Athéniens (et étrangers) ramant sur les trières, mais en tant que tel il n'enrichissait pas la cité d'Athènes. En d'autres termes, verser le tribut à Athènes n'était pas très cher payer pour avoir sa sécurité assurée sans avoir d'effort à faire. Même si, comme tout tribut versé à une puissance étrangère, son paiement devait paraître insupportable, il représentait sans doute une contribution bien plus faible que ce qu'elles auraient eu à payer, l'eussent-elles pu, pour entretenir une flotte suffisante pour assurer cette sécurité. Bien des gens devaient en avoir pleinement conscience et il est vraisemblable que c'est la raison pour laquelle Athènes comptait effectivement bien des partisans dans les cités de l'empire.

Avec la chute d'Athènes en 404 s'ouvrit une période de grande instabilité. Désormais, même si Athènes retrouva assez vite un rôle important en Égée, elle n'avait plus les moyens de contrôler les mers comme elle le faisait au siècle précédent. Si les Athéniens lançaient des expéditions navales, c'était d'abord et avant tout pour protéger leurs propres routes navales, et les retombées pour les autres cités n'étaient en quelque sorte qu'un effet secondaire. À partir du milieu du siècle, Athènes eut ainsi à lutter contre la piraterie tyrrhénienne, exercée par les cités italiques de la côte du sud de Rome jusqu'à la Campanie, et que les Grecs désignaient uniformément sous le nom de « Tyrrhéniens », c'est-à-dire originellement « Étrusques ». C'était explicitement pour défendre leurs routes d'approvisionnement que les Athéniens menaient des expéditions contre eux et envisagèrent même de fonder un poste de relais quelque part à l'ouest du Péloponnèse pour mener efficacement des campagnes contre eux[82]. L'un des moyens d'assurer la sûreté des navires marchands contre une insécurité grandissante était de les faire escorter. On voit à plusieurs reprises au IVe siècle naviguer en convoi escorté par une flotte athénienne. C'était le cas en particulier pour les navires venant du Pont, la route du blé vitale pour Athènes[83].

Dans sa défense des stratèges athéniens qui, par manque d'argent, devaient lever des contributions sur les cités pour entretenir leurs troupes, dans son discours de 341 a.C. *Sur les affaires de Chersonèse* (8.25), Démosthène explicite l'intérêt de cette politique même pour les cités qui devaient payer des contributions : « Les stratèges qui n'ont qu'un ou deux navires lèvent une contribution faible ; ceux qui en ont davantage font payer davantage. Mais, qu'elle soit modique ou importante, ceux qui versent cette somme ne la paient pas pour rien, ils ne sont pas si fous. En achetant pour les marchands qui font voile depuis leurs ports le droit de ne pas subir de dommages, de ne pas être l'objet de saisies, de voir leurs propres navires escortés : ils disent qu'ils versent des "libéralités", voilà le nom de ces "exactions" (qu'on prête à nos stratèges). » Quand Démosthène a auparavant (8.24) pris comme exemple de cités versant ces contributions Chios et Érythrées, donc des cités au premier chef intéressées par les échanges extérieurs, on mesure pleinement le sens de ce propos. Au côté des navires qui devaient se rendre à Athènes ou chez ses alliés et qui furent saisis à Hiéron, à l'entrée du Bosphore, en 340, se trouvaient aussi des navires devant se rendre dans des cités non-belligérantes, une cinquantaine sans doute[84]. Cependant, même si elle eut à subir les effets de la nouvelle domination macédonienne, la flotte athénienne resta considérable et redoutable jusqu'à l'irrémédiable défaite d'Amorgos, en 322, qui bien plus que Chéronée sonna le glas de la puissance athénienne.

À l'époque hellénistique, dès avant le siège qu'elle dut subir de la part de Démétrios Poliorcète, le relais fut pris par Rhodes. C'est dans le contexte de ces luttes contre les Tyrrhéniens (bien attestées par des inscriptions rhodiennes de cette période) et de leurs suites diplomatiques que vraisemblablement Rhodes noua ses premiers contacts avec Rome, comme l'indique expressément Polybe[85]. Il est possible que le versement de 5 000 drachmes que les Déliens firent en 298 « pour la sauvegarde contre les Tyrrhéniens » ait été destiné à contribuer à payer une flotte (rhodienne ?) pour lutter contre ces pirates ou en tout cas à financer une opération de cette nature[86]. Puis, ce fut successivement au tour des Étoliens au cours du IIIe siècle, des Crétois à la fin du IIIe siècle et au IIe siècle, enfin des Ciliciens à la fin du IIe et au début du Ier siècle, de représenter la menace principale. Les Rhodiens ne purent jamais exercer une police des mers aussi efficace que celle qui avait pu être exercée par les Athéniens au Ve siècle, qui disposaient d'une flotte beaucoup plus considérable (jusqu'à 200 unités s'il le fallait) et d'un véritable empire[87]. Sauf lors de la mobilisation exceptionnelle de la guerre antiochique, la flotte rhodienne comptait ordinairement une trentaine d'unités seulement. Mais les Rhodiens disposaient de navires légers et rapides bien adaptés à la lutte contre les pirates et leur expérience de marins en faisait de redoutables adversaires[88].

Enfin, si une puissance nuisait à la liberté des communications maritime, ils n'hésitaient pas à intervenir. Ce fut ainsi le cas vers 220, lorsque Byzance, pressée par les exactions des Celtes, décida de lever un péage sur le Bosphore, d'abord à l'entrée dans le Pont, puis même à la sortie, ce qui renchérissait considérablement le coût des échanges maritimes et lésait les commerçants. Polybe signale alors que les gens de mer « vinrent trouver les Rhodiens, qui avaient la maîtrise des mers », pour leur demander d'intervenir. Ce furent les Rhodiens qui prirent la tête d'une petite expédition maritime (dix au total, six rhodiens et quatre alliés) qui finalement obligea les Byzantins à lever leur blocus[89].

On comprend donc aisément que leur facilité de perception faisait des taxes sur le commerce, et en particulier sur le commerce maritime, l'une des ressources privilégiées des cités grecques. En même temps, la comparaison avec le monde médiéval et avec le monde moderne montre, par exemple avec la situation qui prévalait aux Pays-Bas à l'époque moderne, montre que ces taxes pouvaient aussi constituer un frein au développement des échanges, donc un frein économique tout court. Ce n'est pas un hasard si une place comme Délos connut un tel essor à l'époque hellénistique tardive : l'absence de taxe y contribua certainement pour une large part. On doit cependant aussi souligner que le poids des taxes était en partie compensé par la transparence de l'information institutionnelle et par la sécurité des mers.

Chapitre 4

L'emporion et les marchés

La cité formait un ensemble clos, délimité, ce qui ne veut pas dire un espace fermé à tout échange extérieur. L'emporion était précisément la structure institutionnelle qui permettait la communication avec les espaces extérieurs en lui donnant un cadre juridique. Mais la cité ne se contentait pas d'un rôle passif dans l'échange. Non seulement elle était susceptible d'intervenir directement dans la négociation des prix à l'emporion, mais en outre elle pouvait se faire elle-même acheteuse, devenant donc à son tour un acteur du marché. De la sorte, la cité pesait sur les prix. Il s'agissait bien sûr d'abord d'une politique d'approvisionnement du marché intérieur, mais la cité ne veillait pas moins sur ses exportations, qui étaient nécessaires à la vie de la cité dans son ensemble. Enfin, elle n'hésitait pas à intervenir directement dans l'échange, en constituant des fonds d'intervention, en particulier pour le grain.

L'emporion

On doit prendre comme point de départ une double définition de l'emporion. Dans une acception large, l'emporion était un « port de commerce », ou « le quartier du port », donc de fait aussi le « quartier des affaires ». Mais, dans l'espace d'une cité, l'emporion était aussi et d'abord un espace juridique particulier, géographiquement délimité au sein de la ville, marqué par des bornes[1]. Ainsi, au Pirée, on a retrouvé une borne portant l'inscription « borne de l'emporion et de la rue »[2]. Le plaideur du *C. Lacritos* (Ps-Démosthène, 35.28) évoque les « limites de l'emporion », en dehors desquelles il n'était pas légal de commercer et il accuse son adversaire d'avoir débarqué sa cargaison au « port des voleurs », pour ne pas avoir à respecter ses obligations et pouvoir frauder à l'aise.

La signification de l'épisode peut être illustrée par un épisode du roman de *Chairéas et Callirhoè* (1.11.4-2.1.9) de Chariton d'Aphrodisias, qui raconte la rocambolesque histoire d'amour des deux héros, située dans un Vᵉ siècle de convention. L'œuvre a été écrite au IIᵉ siècle de notre ère. Cependant, les scènes évoquées reproduisent des réalités juridiques de base inchangées depuis l'époque classique. La belle Callirhoé a été enlevée à Syracuse par un brigand du nom de Théron, qui l'emmène non pas à Athènes – où, nous dit-on, les contrôles sont trop stricts – mais à Milet. Là, il monte une affaire lui permettant de vendre sa proie dans les meilleures conditions. Il ne mouille pas dans le port de la cité, mais dans un mouillage en dehors de la ville, pour éviter les douaniers prétend-il auprès des clients qu'il va rencontrer – et qui donc n'y trouvent rien à redire. Théron se fait passer pour Sybarite (une provenance vraisemblable, puisqu'il venait d'Occident). Il appâte son client en prenant un talent d'argent d'arrhes et en promettant de le rencontrer ensuite à l'agora pour conclure le contrat. En fait, il s'enfuit aussitôt, en laissant tout de même Callirhoé sur le rivage. Quant à l'acheteur, il se trouve ainsi doublement lésé : pour avoir versé un talent d'arrhes pour rien et pour se trouver détenteur d'un bien entré en fraude sur le territoire et pour lequel il ne peut fournir de titre d'achat légal.

À travers cet épisode, on voit d'emblée a contrario les contraintes, mais aussi les avantages de l'emporion. Il s'agissait d'un espace de transparence dans les transactions. Il était sous le contrôle de la législation d'une cité et l'on était susceptible d'y payer des taxes, en particulier des taxes douanières. En revanche, on y bénéficiait d'une garantie juridique sur les transactions qu'on y opérait.

Le contrôle de la cité sur les échanges extérieurs

L'espace de l'emporion relevait en effet d'une législation spécifique, dont l'exercice s'incarnait dans des magistrats spécialisés, souvent désignés, du moins dans les grandes cités commerçantes, comme « épimélètes de l'emporion » : ainsi à Athènes, Délos, Milet, Rhodes ou Amphipolis. On voit de la sorte un total parallèle avec l'agora, qui, elle aussi était un espace délimité par des bornes, relevant d'une législation propre (le *nomos agoranomikos*) et sous le contrôle de magistrats spécifiques (les agoranomes). Tandis que pour l'échange de biens, l'agora était vouée au commerce de détail, l'emporion l'était au commerce de gros. C'était là que les commerçants de toute nationalité se retrouvaient pour rencontrer des acheteurs en gros d'une cité (citoyens ou métèques résidents, peu importait) ou bien leurs collègues commerçants. Un emporion était en effet le poumon d'une cité, le lieu lui permettant de solder ses échanges extérieurs, mais il s'agissait aussi d'un espace permettant de négocier la réexpédition de marchandises.

À cet égard, on doit souligner que l'un des points clés de la juridiction de l'emporion paraît avoir été la question du débarquement des denrées. On doit pour analyser ce point présenter les conditions de séjour d'un navire dans un port. Lorsqu'un navire y restait à quai, son propriétaire devait payer des taxes de port, correspondant sans doute à l'espace qu'il occupait (donc à son tonnage) et fonction de sa durée de séjour. Ces taxes ne sont pas très bien connues, mais leur existence est certaine. Ainsi, à Délos, au IIIe siècle a.C., existaient quatre taxes de cette nature : *limèn* (« port », un droit de mouillage certainement), *stropheia* (un droit peut-être perçu à la sortie du port), *holkos* (vraisemblablement un droit de hâlage), *airesia* (peut-être un droit de déchargement)[3]. Au port du Sounion, au Ve siècle, était levée une taxe de sept oboles par millier de talents de charge du navire[4]. On a vu qu'on pouvait supposer que des taxes dont le montant était fonction du tonnage du navire pourraient avoir été à l'origine du règlement du port de Thasos, qui réglait l'usage des différents bassins du port en fonction du tonnage des navires[5]. Le montant de ces taxes paraît avoir été peu élevé (ce qui ne veut pas dire négligeable, si le navire restait dans le port plusieurs semaines).

Mais des montants incomparablement plus élevés étaient perçus au titre de taxe douanière. En général, il s'agissait d'une taxe d'un cinquantième (*pentekostè*), perçue à l'entrée comme à la sortie des marchandises. Cela signifie-t-il que la taxe frappait la cargaison dès qu'un navire entrait au port ? En fait, c'était seulement lorsque la marchandise était débarquée (ou avant qu'elle ne soit embarquée) que la taxe était perçue. Un règlement de Kyparissia (en Messénie, datable au IVe ou au IIIe siècle) en apporte la preuve[6] :

> « Quiconque importera des marchandises sur le territoire de Kyparissia devra, après les avoir débarquées, en remettre au pentécostologue une déclaration écrite et acquitter le cinquantième (*pentekostè*) avant de rien porter à la ville, ni vendre, sous peine de payer dix fois le droit.
>
> Quiconque exportera par mer remettra aux pentécostologues une déclaration par écrit, acquittera le cinquantième, et chargera ensuite, après avoir appelé le pentécostologue. Il lui est interdit de charger auparavant ; en cas de contravention, il paiera dix fois le droit, conformément au règlement général.
>
> En cas de sous-estimation (dans la déclaration), le pentécostologue fera la confiscation pour le montant de la somme qu'il réclame, conformément au règlement général. »

Dans le port d'une cité grecque, les magistrats de police pouvaient monter à bord du navire pour vérifier sa cargaison (par exemple vérifier si le navire ne transportait pas des hommes ou des armes susceptibles de servir dans un coup de main contre la ville). Mais ce contrôle ne signifiait pas la levée d'une taxe douanière. Il revenait aux pentécostologues, ou percepteurs de la taxe du cinquantième, de recueillir l'estimation des marchandises au moment de leur débarquement ou de leur embarquement : c'était là le moment clé dans les procédures de traitement des marchandises à l'emporion. Tant qu'une marchandise n'était pas débarquée, elle était susceptible de quitter de nouveau le port, sans que la cité ait eu à prélever une taxe douanière. Une fois débarquée, elle devait en revanche immédiatement faire l'objet d'une déclaration et son propriétaire devait payer la taxe afférente.

On ne possède pas, du côté grec, de représentation figurée montrant le chargement ou le déchargement d'un navire. En revanche, du côté romain, reliefs et mosaïques aident à se représenter ces scènes d'embarquement et de débarquement : ainsi, sur le relief des *Tabularii* du port de Trajan, à Ostie, de la fin du IIe ou du début du IIIe siècle p.C., on voit des portefaix (l'équivalent de nos dockers) décharger d'un navire une cargaison d'amphores, tandis que, sur le quai, un contrôleur note scrupuleusement les marchandises débarquées. Sur une fresque de même époque représentant un navire en train de charger du grain, l'Isis Geminiana, on voit un contrôleur (?) portant vraisemblablement une liasse de baguettes, pouvant servir à comptabiliser les allers et venues des portefaix (qui eux-mêmes seraient ensuite payés à la quantité débarquée)[7]. Ces baguettes doivent avoir été des baguettes de taille, où des encoches faites dans le bois permettaient de compter les étapes d'un processus. L'usage de ces baguettes de taille dans les systèmes de comptabilité et de contrôle de l'époque médiévale, en particulier un trousseau de baguettes de taille représenté dans une scène d'affaire commerciale sur un vitrail de la cathédrale de Tournai, nous paraît confirmer cette hypothèse[8]. Étant donné les correspondances étroites entre les pratiques du monde de la Méditerranée occidentale et celles de la Méditerranée orientale, il se pourrait que le monde grec ait connu un système identique, ou du moins analogue. En tout état de cause, le contrôleur devait donc vérifier la quantité de marchandise embarquée ou débarquée, mais il devait aussi en vérifier la qualité. S'agissant d'amphores, par exemple, le prix déclaré pouvait en effet varier considérablement en fonction de la qualité du vin[9]. Les pentécostologues ou les magistrats du port ne pouvaient vérifier le détail de toutes les cargaisons. C'est ce que montre un épisode raconté par Énée le Tacticien. On voit à cette occasion qu'après avoir été déclarées et, en principe, contrôlées, les caisses de marchandises portaient le sceau du contrôleur. Pourtant, malgré ces contrôles, des armes cachées au milieu de diverses marchandises purent être introduites dans une cité[10]. Il est donc clair que les contrôles exhaustifs ne concernaient qu'une partie des cargaisons. En contrepartie, les pénalités étaient lourdes en cas de fausse déclaration aux douaniers, comme le montre la loi de Kyparissia.

Le deigma

Dans la pratique courante des affaires, dès lors qu'on dépasse *stricto sensu* la vente au détail, on doit avoir recours à un système de vente sur échantillon. Dans sa *Vie de Démosthène* (23.6), Plutarque rapporte comment Démosthène montrait qu'en livrant à la Macédoine les chefs du parti qui lui était opposé on vendrait ainsi l'ensemble du peuple. C'est alors la pratique de la vente sur échantillon (*deigma*) qui lui vient à l'esprit : « Nous voyons les marchands, lorsqu'ils présentent à la ronde un échantillon dans une jatte, vendre de grandes quantités grâce à quelques grains de froment. » De manière indirecte, le *Cyclope* d'Euripide fait allusion à une situation d'échantillonnage, même si le mot n'est pas prononcé : Ulysse veut acheter du pain et faute d'or propose à Silène du vin qu'il a dans les flancs de son navire. Dans un premier temps, il lui offre donc un *geuma*, une dégustation, et Silène ajoute cette formule : « C'est juste, car dégustation appelle achat[11]. »

D'autres textes prouvent qu'autour de la pratique de la vente sur échantillon se construisait une véritable institution. Ils montrent en outre que, par extension, le mot *deigma* désignait le lieu où, à l'emporion, on pratiquait le système de la vente sur échantillon. Il en est ainsi du principe formulé par Énée le Tacticien de placer sous surveillance les armes importées qu'on pouvait trouver à l'agora ou dans les boutiques de la ville, sauf celles du *deigma*[12]. Le lexicographe Pollux, citant Hypéride, évoque de la sorte[13] : « Les secteurs du port, le *deigma*, la jetée, l'*emporion*, et comme le dit Hypéride, le quai de chargement, où l'on charge les cargaisons, de même le *deigma* tire son nom de la fourniture d'échantillons de marchandises (*agôgima*) aux acheteurs, selon Hypéride dans les livres *Au sujet de la salaison* ». Cette notice pourrait laisser croire que le *deigma* était distinct de l'emporion. Mais la notice d'Harpokration dissipe l'ambiguïté[14] : « *Deigma*, principalement ce qu'on montre de chacun des produits vendus, de même que lieu de ce nom dans l'*emporion* d'Athènes où l'on apportait les échantillons. C'est en effet l'habitude à Athènes de désigner les lieux d'après ce qu'ils renferment. Démosthène dans *Sur la contribution triérarchique* et Lysias. »

Par extension, le *deigma* était donc le lieu où se traitaient les affaires. Pour Athènes, Xénophon nous apprend que le *deigma* fut victime du raid du Spartiate Teleutias sur le Pirée en 388 a.C. et « qu'un certain nombre des assaillants se jetèrent sur le *deigma*, se saisirent d'un certain nombre d'armateurs et commerçants et les emmenèrent de force sur leurs navires »[15]. Dans le plaidoyer *C. Lacritos*, comme dans d'autres sources, le *deigma* apparaît comme le lieu où se traitaient normalement les affaires[16]. On discute de savoir si le *deigma* était effectivement un bâtiment particulier ou non : pour les uns, un simple lieu ouvert ou une agora, en fonction de la désignation du *deigma* comme *topos* par certaines sources antiques, de sorte que le *deigma* d'Athènes n'aurait été sans doute que cette agora dont Pausanias nous indique qu'elle était près du port[17] ; pour d'autres, véritable bâtiment, portique construit dans le but spécifique d'accueillir les commerçants et hommes d'affaires[18]. Cependant, une inscription du Ier siècle p.C. fait allusion au « *deigma* construit par Magnus » : Magnus serait Pompée le Grand, qui aurait reconstruit le *deigma* après les destructions de Sylla[19]. Une inscription de l'époque d'Hadrien ordonnant le transfert du marché aux poissons à Éleusis devait être affichée devant le *deigma*, vraisemblablement là où elle a été trouvée[20].

Au reste, le système du *deigma* n'est pas seulement connu à Athènes. Certes, l'existence d'un *deigma* à Délos reste incertaine. L'institution n'y est pas attestée par les sources littéraires ou épigraphiques. R. Vallois avait proposé cette fonction de *deigma* pour une petite *stoa*, que l'on voit aujourd'hui situé en arrière du portique de Philippe (construit ultérieurement) et parallèlement à lui[21]. Jusqu'à la construction du portique de Philippe à la fin du IIIe siècle, ce portique avait en effet un accès direct au port[22]. Cependant, à Olbia du Pont, une inscription d'époque hellénistique fait mention d'un portail du *deigma*[23]. À Rhodes, le *deigma* est mentionné par Diodore dans le contexte de l'inondation de 316 a.C. et l'on apprend à cette occasion que tout le secteur du *deigma* et du *Dionysion*, le sanctuaire de Dionysos, fut envahi par l'eau[24] : comme le montre au reste le récit de Polybe, le *deigma* touchait donc au port. De même, ce dernier signale que, après le tremblement de terre de c. 229-226, Hiéron II de Syracuse fit dresser « dans » ou « sur le *deigma* » une statue du peuple de Rhodes couronné par le peuple syracusain[25]. Les mentions d'Olbia et de Rhodes, confortées par ce que l'on devine pour le Pirée, laissent penser que le *deigma* était un secteur bien précis de l'emporion, mais doté d'un bâtiment de type portique pour accueillir les transactions[26].

Comment peut-on se représenter le fonctionnement du système de la vente par échantillon ? En un schéma de type libéral, on a jusqu'ici imaginé que le marchand gardait sa cargaison « dans les cales du bateau jusqu'à la conclusion de la vente, qui pouvait se faire par enchère » : ce n'est qu'une fois la vente conclue que le commerçant aurait débarqué ses produits, fait la déclaration et payé la taxe du cinquantième[27]. Ainsi conçu, le système aurait donc offert aux commerçants des possibilités de négociation très étendues. Or, ce que l'on peut savoir de la législation des cités montre au contraire que ces dernières n'entendaient nullement leur laisser une telle liberté. On voit par exemple que, pour le grain, quantité et prix devaient être déclarés par l'importateur avant qu'il puisse avoir accès au marché au grain (*sitikon emporion*)[28]. C'est après cette déclaration et le débarquement des quantités correspondantes qu'avait lieu la négociation avec les détaillants. C'est alors que devait se faire la vente sur échantillon. Toute notre documentation montre que le débarquement des denrées était la clé du contrôle sur les quantités et les prix, la cité obligeant le marchand à débarquer et à déclarer son prix avant la négociation : c'est le cas en particulier avec la loi délienne sur le commerce du bois et du charbon[29]. L'image du *deigma* comme une sorte de bourse des valeurs, où les prix auraient varié de jour en jour, voire d'heure en heure, par une négociation entre importateurs et détaillants ne correspond pas aux pratiques très contraignantes des cités à l'égard du commerce extérieur[30]. On voit par exemple que l'un des enjeux principaux de l'inscription douanière de Caunos du début du IIe siècle p.C. est la gestion des invendus, des produits débarqués qui n'avaient pas trouvé acquéreur : c'est grâce aux fonds de généreux bienfaiteurs que les marchands pourraient ne pas payer la taxe de réembarquement de leurs denrées[31].

Cependant, jusqu'à aujourd'hui, on a toujours pris en considération le système du *deigma* dans le cadre du commerce d'importation. Or, on doit aussi le mettre en relation avec le commerce d'exportation. On observe en effet, que les cités tenaient à contrôler leurs échanges extérieurs, allant jusqu'à limiter le point de contact avec l'étranger à un seul port, les autres étant réservés aux trafics locaux[32]. Le royaume du Bosphore n'avait qu'un seul *emporion*, Panticapée, jusqu'à ce que la conquête de Théodosia permît d'ouvrir un autre *emporion* dans ce port[33]. Qu'en était-il précisément des cités vastes, qui disposaient de ports locaux ? Ce point pose le problème du rapport entre l'*emporion* et les productions du territoire. N'était-il qu'un cadre commode où les commerçants venaient s'approvisionner de préférence à ce qu'ils pouvaient trouver dans des petits ports locaux, étant entendu qu'ils pouvaient néanmoins venir commercer librement dans ces derniers ? Ou bien, au contraire, passer par l'*emporion* de la cité était-il pour eux une obligation ? Au bout du compte, n'y avait-il qu'un seul port ouvert au commerce extérieur dans une cité comme Athènes, Rhodes ou même Thasos ? On prendra en considération le cas de Rhodes, dont, au-delà de l'île, le territoire civique s'étendait sur une série de régions extérieures (îles et territoire continental). Si l'on adopte l'hypothèse de la fermeture des ports locaux aux acheteurs étrangers, on doit imaginer que, chaque année, plusieurs dizaines de milliers d'amphores et autres conteneurs en provenance du territoire insulaire, mais aussi de la Chersonèse, des îles de Chalkè, Carpathos, et même Nisyros et Télos, devaient transiter par Rhodes avant de pouvoir être exportés. Or, on sait qu'un tel transport (par mer nécessairement) aurait été synonyme de perte de temps et d'argent, car le chargement des navires était une tâche délicate et devait avoir un coût non négligeable. Mais, dans le cas contraire, si l'on pouvait accéder directement aux ports locaux, quel aurait été l'intérêt pour les commerçants de fréquenter l'*emporion* ?

Lorsqu'Isocrate veut présenter à ses auditeurs un échantillon des discours qu'il a écrits, il précise : « Les lire tous en entier, je ne le pourrais pas, car le temps qui nous est accordé est bref ; mais, comme pour les fruits d'une récolte, je m'efforcerai de vous présenter un échantillon (*deigma*) de chacun »[34]. Le propos d'Isocrate est intéressant non seulement en ce qu'il définit la notion d'échantillon, mais aussi parce qu'il établit un parallèle avec des échantillons de *karpos*, de « fruits de la terre ». Le terme désigne couramment la récolte d'un terroir. Les *agôgima* de Pollux évoqués précédemment sont des « marchandises », pas des *eisagôgima*, des « produits importés » (ni au reste des *exagôgima*, des « produits exportés »). Si l'on se tourne vers une documentation un peu plus tardive, on voit aussi que dans l'Égypte lagide on envoyait des échantillons de récolte depuis les nomes vers la capitale[35]. Il y avait même un magistrat spécialisé, un *deigmatokatagôgos,* chargé d'accompagner et de surveiller le transfert de ces échantillons à Alexandrie[36]. Les papyrus de Zénon, au milieu du IIIe siècle a.C., montrent en outre que, dans l'usage privé, il était courant d'acheter à distance, sur la base de petits échantillons scellés qui circulaient séparément des marchandises. L'acheteur payait des arrhes et le complément à la livraison[37]. On a donc tout lieu de penser que le rôle du *deigma*, au moins autant que celui de présenter des échantillons de produits importés, était aussi d'offrir aux commerçants de toute provenance, locaux ou étrangers, le plus large éventail des productions du pays, de sorte que le choix des acheteurs soit le plus rapide et le meilleur possible. C'est en ce sens que l'on peut affirmer que le *deigma* était vraiment la plaque tournante des échanges d'une cité. Sans quoi, il faudrait supposer qu'un commerçant étranger voulant s'approvisionner en vin ou en miel rhodien devait faire le tour des petits ports du territoire pour trouver le produit qui l'intéressait. Pour Thasos, la problématique est la même et il paraît difficile de concevoir une centralisation des amphores à vin dans le port de Thasos[38]. En ce sens, le *deigma* était bien le cœur de l'emporion, le lieu où se traitaient les affaires les plus importantes, et l'on peut admettre qu'à Rhodes comme à Athènes à l'époque classique on y trouvait une foule de courtiers, de changeurs, de banquiers et d'intermédiaires divers.

Il y a donc bien des chances pour que passer par le *deigma* et par l'*emporion* ait été non pas seulement une facilité offerte à des commerçants venus de loin et qui ne voulaient pas perdre du temps à fréquenter les petits ports locaux pour y trouver la cargaison qu'ils désiraient, mais aussi une obligation légale. Pour le moment, on ne peut malheureusement fournir de document qui permette de prouver définitivement cette théorie. Elle semble du moins présenter un schéma vraisemblable, en fonction des contraintes exercées par les cités sur le commerce qui nous sont connues par ailleurs. Tout d'abord, il paraît exclu que les commerçants étrangers aient pu librement avoir accès à tous les mouillages d'une cité : en effet, si tel avait été le cas, aucun contrôle effectif du commerce extérieur n'aurait été possible, donc aucune taxe n'aurait pu être levée sur les échanges. On doit plutôt suggérer que la fonction principale du *deigma* était de permettre la conclusion des contrats dans les meilleures conditions. Ensuite, la livraison effective devait se faire dans un certain nombre de ports relais, dûment contrôlés eux aussi, mais où l'on n'avait plus qu'à effectuer l'embarquement des denrées sur présentation de documents en règle et à régler le solde du prix des marchandises[39].

Si l'hypothèse est juste, on peut alors considérer que le *deigma* était l'institution clé des échanges non seulement à l'importation mais aussi à l'exportation. L'homogénéisation des prix, à l'emporion comme à l'agora, paraît avoir été un souci majeur des cités. Le *deigma* devait permettre de la rendre effective, alors qu'elle aurait été impossible à atteindre si les marchands avaient pu négocier de manière séparée dans les ports locaux avec les producteurs individuels. En même temps, le chargement dans les ports locaux de cargaisons négociées à l'emporion central de la cité gardait au système toute la souplesse indispensable et limitait les coûts de transaction, puisque l'on n'avait pas à embarquer puis débarquer deux fois la marchandise.

Les règles de l'emporion

Dans les cités où les magistrats veillant au commerce distinguaient clairement commerce extérieur et commerce intérieur (dans nombre de cas en effet c'étaient les agoranomes qui veillaient aussi bien à l'agora qu'à l'emporion), c'étaient donc des épimélètes (commissaires) qui avaient la charge de faire régner l'ordre sur l'emporion. Aristote (*Constitution d'Athènes*, 51.4) décrit ainsi la charge que les Athéniens confiaient au collège des épimélètes de l'emporion : « Ils tirent au sort dix épimélètes de l'emporion. Il leur est enjoint de surveiller les marchés et de contraindre les commerçants à transporter à la ville les deux tiers du grain qui est importé par mer au marché au grain (*sitikon emporion*). » La surveillance des marchés va de soi. On peut imaginer qu'il revenait à ces magistrats de veiller à ce que des rixes n'éclatent pas entre marins ou que des contestations entre commerçants ne dégénèrent pas en actes de violence. Mais leur rôle comprenait nombre d'autres facettes. L'une d'entre elles apparaît dans la loi sur les monnaies de 375/374[40]. Ils devaient installer au Pirée, près de la stèle de Poseidon, l'esclave public chargé de vérifier les monnaies pour les armateurs et commerçants, et ils étaient chargés de recevoir les plaintes à ce sujet.

Le rôle des magistrats de l'emporion, comme de ceux de l'agora, était donc d'assurer la transparence des transactions et c'est la raison pour laquelle l'emporion pouvait être défini comme un espace *nomimon*, légal. C'est le sens du conseil d'Isocrate (*Nicoclès* II, .22), celui « d'offrir à tous les étrangers une cité où ils soient en sécurité et un cadre légal pour les contrats » (*pros ta symbolaia nomimon*)[41]. Sur l'emporion comme sur l'agora, le pouvoir des lois de la cité était matérialisé par les stèles où étaient affichés les textes des lois commerciales : ainsi, la loi attique sur le contrôle des monnaies de 375/374 devait être affichée non seulement sur l'agora d'Athènes (c'est l'exemplaire qu'on a retrouvé, comme on y a aussi retrouvé la loi sur le grain des îles) mais aussi au Pirée, « près de la stèle de Poseidon ». L'ordre voulu par la cité s'exprimait aussi par l'existence de secteurs spécialisés par produit. De même qu'on trouvait sur les agoras des cités des secteurs distincts par type de produit ou que, sur le port, étaient aménagés des bassins ou des secteurs spécifiques, par type de bâtiment ou par provenance, de même, à l'emporion, il pouvait exister des secteurs propres à un type de denrée, comme le montre le texte d'Aristote[42]. Ainsi, au Pirée, un secteur était réservé au grain, et de même existait manifestement un secteur réservé au commerce du bois et du charbon sur l'emporion de Délos[43]. Cette séparation des activités devait être du ressort des épimélètes de l'emporion.

Chaque emporion avait ses règles de fonctionnement propres, en fonction des besoins et des objectifs de la cité. À Athènes, le circuit de commercialisation du grain était séparé de celui des autres denrées. De la vente en gros à la vente au détail, il était sous le contrôle de magistrats spécialisés, les sitophylaques[44]. Les sitophylaques supervisaient donc l'activité du *sitikon emporion*. Selon Aristote, comme on l'a vu, il revenait aux épimélètes de l'emporion de contraindre les importateurs de grain à faire en sorte que les deux tiers du grain importé dans la cité soient transportés, manifestement aux frais de l'importateur, jusqu'à l'agora de la « ville ». Cette clause ne signifie pas, comme on l'a cru longtemps, que le troisième tiers ait pu être réexporté. Il s'agissait au contraire de faire en sorte que deux tiers des importations soient transportés à l'agora de la ville même d'Athènes, le troisième tiers restant disponible pour l'agora du Pirée[45]. Le coût du transport terrestre entre le Pirée et l'agora d'Athènes, sur une distance d'environ sept à huit kilomètres, était supporté par les importateurs, ce qui était un moyen de faire une pression à la baisse sur le prix final, en rognant sur la marge bénéficiaire des importateurs. Les épimélètes avaient donc des fonctions de véritable régulation interne des approvisionnements, non un rôle purement passif à l'égard des arrivages de grain.

Aristote indique donc que la loi obligeait les importateurs à transporter leur grain jusqu'aux deux agoras d'Athènes et du Pirée. Cependant, cela ne signifie pas que la négociation entre importateurs et grossistes athéniens ait eu lieu à l'entrée des agoras. Cette négociation avait lieu à l'emporion, très exactement au marché au grain (*sitikon emporion*)[46]. Sinon, quelle aurait été la fonction de ce marché ? N'aurait-il été qu'un simple lieu de passage du grain ? Ce n'est pas pour rien que la loi attique de 375/374 précise que les sitophylaques devaient enregistrer les plaintes concernant les monnaies dans le secteur de leur ressort, ce qui prouve qu'il s'agissait bien d'un lieu où étaient conclues des transactions financières[47]. On voit aussi qu'il est donc certain que les sitophylaques s'occupaient bien à la fois des ventes de grain et de farine à l'emporion et à l'agora[48]. C'est la raison pour laquelle on comprend qu'ils disposaient de registres sur les quantités importées de l'étranger, comme le souligne le *C. Leptinès* (20.32) de Démosthène : ils étaient bien évidemment présents à l'emporion et c'étaient eux qui supervisaient l'activité du *sitikon emporion*. Une fois le grain acheté à l'emporion, et donc à un prix unique – c'était tout l'objectif de la cité –, restait la question de la livraison. Après la négociation d'achat, la loi athénienne obligeait les importateurs (*emporoi*) à supporter le coût de livraison jusqu'à l'entrée des agoras. On remarque que la question de la livraison et de son coût est encore de nos jours une question clé du droit commercial maritime. On distingue en effet aujourd'hui le prix « FOB » (Free on Board), ne comprenant pas transport, taxes et frais d'assurances, du prix « CIF » (Cost, Insurance and Freight), qui inclut ces trois éléments.

À Athènes, une fois la vente assurée, l'enjeu était de faire supporter le coût de transport par les importateurs. Au marché au grain, les importateurs devaient donc trouver une série d'acheteurs, puisque chacun d'entre eux ne pouvait acheter plus de 50 « charges » (*phormoi*), comme le souligne Lysias (*C. les marchands de grain*, 22.5-6)[49]. Il fallait donc que les deux tiers du grain vendu aille à des détaillants opérant sur l'agora de la ville, et un tiers à des détaillants opérant sur l'agora du Pirée. C'est seulement au marché au grain que l'importateur allait pouvoir rencontrer ces nombreux acheteurs différents. La répartition des quantités entre Athènes et le Pirée suppose aussi que, avant d'avoir accès au marché au grain, l'importateur devait déclarer quelle quantité il allait mettre à la vente. Cela suppose aussi du même coup que cette quantité ait été débarquée et que la taxe afférente ait été payée : le système veillait à empêcher le marchand de spéculer en vendant petit à petit son grain et en le débarquant progressivement en fonction des acheteurs et des prix qu'il aurait trouvés. Il fallait qu'il acceptât de faire en une fois aux sitophylaques la déclaration de la quantité qu'il allait vendre et du prix qu'il allait demander. On voit que la négociation de base avait donc lieu avec les sitophylaques, non avec les acheteurs individuels, dont la multiplicité empêchait au demeurant qu'ils aient pu auparavant prendre contact avec l'importateur pour négocier un prix (et a fortiori une quantité, puisque, par acheteur, un maximum peu élevé était fixé par la loi pour empêcher tout accaparement). En assurant ainsi cette répartition par masses entre les deux agoras, en forçant les ventes à des détaillants de deux villes, la cité évitait que la plus grande partie du grain ne s'accumulât sur l'agora la plus proche, au Pirée. Sinon, en effet, quelle qu'ait été la législation prohibant les achats en masse (chaque détaillant ne pouvant acheter plus de cinquante *phormoi*), il y aurait eu inévitablement un processus de revente pour alimenter l'agora d'Athènes, donc des profits d'intermédiaires entre l'importateur et le détaillant. Or, tout comme la loi délienne sur la vente du bois et du charbon, c'est exactement ce que la loi athénienne se donnait pour but de prévenir (toutefois sans aller jusqu'à l'exigence de la loi délienne de suppression de tout intermédiaire, puisque c'était alors l'importateur qui devait lui-même être détaillant[50]). En outre, le système assurait globalement l'unicité du prix entre les deux grandes agoras de la cité, ce qui était aussi un moyen de rendre inutiles des processus de revente et de spéculation, même par des particuliers cette fois.

On comprend donc aussi pourquoi c'étaient les mêmes magistrats, les sitophylaques, qui de bout en bout contrôlaient le circuit du grain, pour éviter qu'en cours de route le prix de la denrée ne soit modifié à la hausse après son débarquement. La marge du détaillant était tolérée mais un maximum lui était fixé par la cité[51]. Au-delà du cas athénien, on comprend donc pourquoi une série de décrets d'autres cités remercie des importateurs de s'être laissés persuader par les magistrats locaux de vendre à un prix plus bas que le cours qui prévalait jusque-là. Il revenait en effet à ces magistrats d'enregistrer le prix des denrées au moment de leur débarquement. Le prix de base des denrées était d'abord négocié avec les magistrats, non directement avec les acheteurs locaux, même si naturellement, une fois qu'il avait abordé dans un port et avant de débarquer sa cargaison, un marchand ne manquait pas de s'informer auprès des commerçants locaux des prix auxquels il serait susceptible de vendre. Toutefois, si l'on examine le plaidoyer *Contre les marchands de grain* de Lysias (22.8), qui date de 386 a.C., on voit que les acheteurs athéniens pouvaient manifestement négocier le prix avec les importateurs. Le plaideur rappelle en effet que, sur le conseil des magistrats, les acheteurs de grain athéniens (*sitopôlai*) s'étaient entendus pour constituer un cartel d'achat contre les importateurs. Or, la loi leur interdisait toute coalition. De manière apparemment paradoxale, la cité interdisait donc aux acheteurs athéniens ce qu'elle organisait elle-même, c'est-à-dire la constitution d'un front uni de la cité face aux importateurs. Mais, surtout, le plaidoyer de Lysias suppose donc qu'une négociation restait possible entre importateurs et acheteurs athéniens. Quel était l'espace de négociation qui demeurait, si les importateurs avaient dû déclarer un prix à l'importation (et payer la taxe afférente) ? On doit considérer que les importateurs étaient autorisés à baisser leurs prix face aux acheteurs : d'où l'intérêt de ces derniers à se coaliser pour faire pression à la baisse. Cependant, ils ne pouvaient baisser leurs prix dans une proportion importante, puisqu'ils avaient payé une taxe correspondant à un montant éventuellement plus élevé. La véritable négociation avec les marchands ne portait donc que sur des ajustements de prix. Pour d'autres raisons, c'est une telle baisse que la loi délienne interdisait formellement, ce qui montre que le problème pouvait se poser (mais on comprend bien le sens de la législation délienne, car l'importateur était contraint par la loi d'être lui-même détaillant)[52].

Une autre règle importante qui prévalait sur l'emporion d'Athènes était la contrainte qui pesait sur ceux qui pratiquaient le prêt maritime. Une loi d'Athènes, qui nous est connue par trois sources différentes mais avant tout par le plaidoyer (*C. Lacritos*, 35.50-51), régulait en effet sévèrement ces prêts[53]. Le plaideur avait fait un prêt à des marchands de Phasélis, représentés ici par Lacritos, frère de l'emprunteur et son héritier. Le prêt prévoyait un voyage aller-retour jusqu'au Pont, et, même si le contrat ne l'indique pas expressément, le navire devait y embarquer du grain. Or, la cargaison prévue n'était jamais parvenue au Pirée : en ce cas, les soupçons auraient pu se tourner vers le bailleur de fonds, qui dut donc plaider sa bonne foi devant le tribunal athénien :

> « Ce n'est pas seulement en ces matières, juges, que je me trouve lésé par ce Lacritos. Mais, outre le fait de perdre mon argent, j'aurais de son fait été précipité dans les plus grands dangers, si je n'avais eu le contrat écrit conclu avec ces gens-là, qui témoigne de ce que j'ai fourni de l'argent pour un voyage vers le Pont avec retour à Athènes. Vous savez en effet, juges, combien la loi est sévère, si un Athénien transporte du grain ailleurs qu'à Athènes ou prête de l'argent pour un voyage en direction d'un autre port (emporion) que celui d'Athènes, combien les peines à ce sujet sont lourdes et dures. Mais lis-leur la loi, afin qu'ils en soient informés de manière plus précise. – Loi - Il est illégal pour tout Athénien ou métèque résidant à Athènes, ni à ceux dont ils sont les maîtres, de prêter de l'argent pour un navire qui n'aurait pas pour destination d'importer du grain à Athènes, et les autres denrées spécifiquement mentionnées. Quiconque prêtera en contravention avec ces dispositions sera l'objet d'une procédure d'accusation par devant les épimélètes du port, selon les mêmes dispositions que celles qui sont relatives au navire et au grain, et ne pourra intenter une action en justice pour de l'argent prêté pour de l'argent pour un voyage qui n'aurait pas Athènes pour destination, et qu'en ce cas aucun magistrat n'instruise un procès. »

La loi athénienne prévoyait donc qu'il était illégal à Athènes, sous peine d'encourir la mort, de prêter pour une autre destination qu'Athènes et pour une liste limitée de marchandises, en tête de laquelle figurait le grain. On a toute raison de penser que, dans cette liste, figurait aussi l'huile, d'autres produits alimentaires de base, et sans doute aussi d'autres denrées qui pouvaient être considérées comme stratégiques, comme métaux, toiles ou cordages. Il est clair qu'il s'agissait là d'une logique d'approvisionnement, qui visait à servir les intérêts d'une communauté. La cité était pleinement un agent économique, non pas extérieur aux opérations marchandes, mais aussi acteur et orientant à son profit les règles d'échange. De même qu'une cité se réservait l'usage de sa terre, interdisant aux étrangers d'acheter des biens immobiliers sur son territoire, de même elle se réservait l'usage de son capital, veillant à ce qu'il ne soit utilisé qu'à son profit.

Ainsi, à Thasos, il était interdit aux « navires thasiens d'importer du vin étranger dans les eaux comprises entre l'Athos et la Pachéiè », une vaste zone du nord de la mer Égée[54]. Le but principal devait en être de protéger le vin thasien contre les importations de vin d'autres provenances. En effet, les pénalités contre ces importateurs étaient les mêmes que celles qui frappaient ceux qui, en une fraude caractérisée, pratiquaient le mouillage du vin. On peut légitimement supposer qu'il s'agissait de garantir aux clients potentiels qu'ils achetaient du vin authentiquement thasien, c'est-à-dire du vin de qualité. On constate que l'époque de la loi (fin v^e-début ive siècle) est aussi celle du début du timbrage des amphores de Thasos, qui pourrait avoir correspondu à une volonté d'authentifier les amphores comme ayant une origine thasienne[55]. Cependant, en interdisant aux « navires thasiens » d'importer du vin étranger, on peut se demander si la loi ne laissait pas une énorme brèche dont pouvaient profiter les commerçants étrangers : mais rien ne dit que les navires étrangers possédaient le « droit d'importation » de vin étranger. En tout cas, le volume des importations d'amphores non-thasiennes à Thasos est infime, comme le montrent les amphores trouvées dans l'île. Au reste, si l'on examine la loi thasienne sous un autre angle, on voit aussi qu'elle revenait à contraindre les commerçants de l'île à réserver leur activité à l'exportation du vin local et à importer d'autres denrées, comme du grain. La loi orientait donc fortement l'activité de ces marchands.

La juridiction commerciale

Les principes de la justice des cités

Il n'y a pas de transaction sans procès et c'est le propre de bonnes institutions d'assurer une justice équitable, chose d'autant plus délicate en matière internationale que les parties en conflit peuvent appartenir à des communautés très diverses et géographiquement très éloignées, éventuellement n'ayant pas d'affinité particulière entre elles. Le propos d'Isocrate évoqué précédemment n'avait pas d'autre sens : la cité devait faire en sorte que les litiges sur les transactions puissent trouver une issue légale. Il est vrai qu'il ne semble pas que toutes les cités grecques aient été capables d'assurer cette sécurité à la fois matérielle et juridique des transactions. Le tableau qu'Hérakleidès donne de la justice à Thèbes de Béotie au IIIe siècle a.C. n'est guère édifiant. Cette cité paraît davantage ressembler à une caverne de voleurs qu'à une cité où l'on a souci de la justice[56] :

> « Les Thébains sont insolents, violents et orgueilleux. Ils ont un comportement violent et sans ménagement que ce soit avec l'étranger ou avec leur concitoyen, et ils n'ont aucun égard pour le droit. Dans les conflits relatifs aux engagements contractuels (*synallagmata*), ils ne s'opposent pas par la parole, mais ils ont recours à la violence, celle des insultes et coups de poing, transposant dans la joute judiciaire les comportements violents les uns à l'égard des autres qui sont ceux des athlètes dans les concours gymniques. C'est la raison pour laquelle, chez eux, il faut au moins trente ans pour voir juger une affaire. Celui qui fait référence à cette situation devant le peuple et qui ne quitte pas sans délai la Béotie, mais y reste un temps très court est guetté de nuit par ceux qui ne veulent pas que le procès ait lieu et trouve une mort violente. En effet, chez eux, on a recours au meurtre pour le premier prétexte venu. »

Tels les Lestrygons de l'*Odyssée*, les Béotiens ne faisaient pas bon accueil à l'étranger. Leurs tribunaux faisaient traîner les procès d'affaires et, pour s'imposer, ceux qui étaient cités en justice ne reculaient pas devant la violence, allant même jusqu'à l'élimination physique de leur adversaire pour être sûr d'éviter le procès. Le tableau est d'autant moins rassurant que Polybe (20.6.1) dresse un tableau similaire de la justice béotienne au début du IIe siècle a.C. Il décrit une interruption complète du déroulement des procès pendant un quart de siècle, les magistrats eux-mêmes trouvant toujours un prétexte pour empêcher leur déroulement.

La forme ancienne du droit international dans le monde des cités consistait à exercer un droit de représailles (*sylân*)[57]. Le principe en était simple. Si l'on s'estimait lésé par un étranger qu'on ne pouvait pas ou plus atteindre parce qu'il avait quitté le territoire de la cité, on était susceptible de tenir chacun de ses concitoyens pour responsable du dommage qu'on avait soi-même subi. Dans le monde des cités à partir de la fin de l'archaïsme en tout cas, on n'exerçait pas soi-même ce droit de sa propre initiative. On le faisait reconnaître officiellement par sa propre cité. Ensuite, il devenait légitime de pratiquer des saisies sur tous les biens voyageant pour le compte de la cité adverse. La procédure, qui remonte à l'époque homérique, reste toujours en usage par la suite. On en voit l'importance encore dans le contrat du *C. Lacritos*, où il est explicitement prévu que le navire partant d'Athènes pour un voyage aller-retour vers le Pont ne devra pas faire escale dans un port où sera susceptible de s'exercer un droit de représailles sur les Athéniens. Au IVe siècle aussi, la cité de Cyrène dut racheter à une série de particuliers appartenant à des cités du nord du Péloponnèse, avec en outre Athènes, Delphes et Mélos, les droits de représailles que ces dernières étaient susceptibles d'exercer. Elle versa pour cela des sommes d'argent considérables, pour le montant de 159 talents. On peut se demander comment il se fait que Cyrène en soit arrivée à cette situation. S'agissait-il de racheter des emprunts effectués pour des motifs politiques, comme le pense A. Laronde[58] ? On remarque que la carte des cités qui sont dédommagées recoupe fortement celle des cités péloponnésiennes importatrices de grain (Athènes et nord du Péloponnèse), telle qu'elle nous est connue par la « stèle des céréales » des années 320[59]. On voit aussi que l'un des personnages dédommagés par la cité de Cyrène est un « droguiste » : aurait-il été en affaires avec Cyrène pour acheter du silphion[60] ? Ce n'est là qu'une supposition, pas une certitude. En tout cas, l'épisode illustre la volonté des Cyrénéens de libérer leurs routes d'échange de cette épée de Damoclès qui, sinon, n'aurait pas manqué de peser sur eux en permanence.

Une des questions fondamentales des échanges internationaux était leur mode de règlement financier. Fallait-il avoir recours aux autorités civiques pour garantir les paiements ? Selon le traité entre Latô et Olonte[61], « le Latien à l'Olontien à Olonte, de même que l'Olontien au Latien à Latô, doit acheter, vendre, prêter et emprunter et conclure toute autre affaire en passant par le registre des dettes conformément aux lois en vigueur dans chacune des cités. » Ce texte constitue le meilleur parallèle aux fameux traités réglant les échanges entre Rome et Carthage. On sait que, selon Polybe, trois traités avaient été conclus, l'un en 508/507 a.C. (selon la chronologie traditionnelle), soit la première année de la République, le second probablement en 348, et le troisième à l'occasion de la guerre contre Pyrrhos, en 279[62]. Il prévoyait en particulier que, à Carthage, les échanges réciproques devaient se faire en passant par l'intermédiaire d'un héraut. Le premier traité stipulait en effet[63] :

> « Pour ceux qui viendront faire du commerce, qu'aucune transaction ne soit conclue hors la présence d'un héraut ou d'un secrétaire. Pour ce qui est des marchandises qui auront été achetées en présence de ces derniers, que s'applique la garantie publique pour le vendeur, pour ce qui est acheté en Libye ou en Sardaigne. Si un Romain se rend dans la partie de la Sicile que gouvernent les Carthaginois, que tous les rapports avec les Romains se fassent sur la base de l'égalité ».

La garantie publique (en latin, la *fides publica*) était offerte aux partenaires commerciaux. Il faut considérer que le héraut conservait un registre des opérations qui étaient faites. S'il y avait conflit entre les parties, ces archives lui permettaient éventuellement d'attester la bonne foi de l'une des deux parties. Il s'agissait donc là d'offrir une garantie juridique aux échanges internationaux, mais, de la sorte aussi, de leur procurer la stabilité juridique dont ils avaient besoin. On voit donc qu'on ne saurait opposer en soi une pratique juridique grecque à une pratique romaine, puisque des cités grecques comme les cités crétoises ont pu mettre en place des procédures à la fois juridiques et commerciales tout à fait semblables à celle que l'on connaît en Méditerranée occidentale avec le traité entre Rome et Carthage. La différence tient sans doute avant tout au grand développement de la monnaie d'argent, qui, avec la souplesse qu'elle apportait, incita très tôt les cités grecques à explorer d'autres formes de garantie juridique des échanges[64].

Une forme plus élaborée du droit était celle des conventions judiciaires (*symbolai*, *symbola*). Ces conventions avaient pour but d'assurer le droit des personnes dans l'autre cité[65]. Avec des formes et des modalités diverses, elles avaient souvent d'abord pour but de mettre leurs bénéficiaires à l'abri de l'exercice du droit de représailles. Elles pouvaient aussi, entre autres, régler la manière dont les procès devaient se dérouler en cas de conflit judiciaire. L'une des plus anciennes qui nous soient parvenues est la convention entre Athènes et Phasélis, conclue probablement dans les années 460 a.C., qui nous est connue par une inscription trouvée à Athènes[66] :

> « Il a plu au conseil et au peuple ; la tribu Akamantis exerçait la prytanie ; [-]nasippos était secrétaire, Né[---]dès était épistate, Léôn a fait la proposition : que le décret pour les Phasélitains soit enregistré dans les archives ; si un contrat est conclu [à Athènes], les procès ont lieu à Athènes devant le polémarque comme pour les Chiotes, et nulle part ailleurs ; en ce qui concerne les autres procès qui ont lieu en vertu des conventions, que les procès se déroulent conformément aux conventions conclues avec les Phasélitains ; ---- si un autre magistrat accepte d'ouvrir une procédure contre un Phasélitain, s'il le condamne, que la condamnation soit sans valeur juridique ; si quelqu'un contrevient aux dispositions de ce décret, qu'il verse dix mille drachmes au trésor d'Athéna ; que le secrétaire du conseil transcrive ce décret sur une stèle de pierre et qu'il la fasse placer sur l'acropole aux frais des Phasélitains. »

Même si son interprétation soulève encore bien des questions, l'accord entre Athènes et Phasélis est un bon exemple de convention judiciaire conclue entre cités. Tout d'abord, on doit souligner que ce document ne constitue pas le texte principal de la convention. Manifestement en effet, l'allusion à des conventions déjà conclues entre Athènes et Phasélis montre qu'il ne s'agit que d'un additif, apportant pourtant certainement des compléments de valeur très importante, au moins aux yeux d'une des parties contractantes[67]. Les deux partenaires n'étaient pas des cités de second ordre. Athènes était évidemment à l'époque classique le plus grand marché du monde méditerranéen, celui qui attirait tous les commerçants souhaitant écouler rapidement une cargaison importante et en en tirant un bon prix. À l'instar d'Égine, Phasélis était une de ces cités où le commerce était une activité vitale. Elle vivait du commerce international. Dès la première moitié du VIe siècle, Phasélis eut un destin de cité commerçante de premier plan, puisqu'elle fut l'une des cités fondatrices de l'Hellénion de Naucratis, en Égypte[68]. À l'époque classique comme à l'époque hellénistique, les commerçants phasélitains apparaissent sur tous les marchés et ils font des opérations commerciales bien loin de leur cité. On les retrouve très actifs sur la place d'Athènes à l'époque classique comme sur celle de Rhodes à l'époque hellénistique. Le contexte est celui de l'empire d'Athènes et l'on a longtemps voulu considérer que les clauses correspondaient d'une manière ou d'une autre à une forme d'impérialisme juridique de la part d'Athènes. En réalité, rien ne permet de soutenir ce point de vue. En revanche, il est clair que les avantages consentis par Athènes offraient aux Phasélitains une excellente compensation à la perte de leurs marchés orientaux. En effet, jusqu'à la campagne de l'Eurymédon, Phasélis était la seule cité grecque qui soit restée fidèle à la Perse. La campagne de l'Eurymédon l'avait obligée à rejoindre l'empire d'Athènes et les amis chiotes de Phasélis avaient joué un rôle clé dans ce ralliement. Il fallait donc donner aux Phasélitains une compensation pour leur entrée dans l'empire[69]. Une première convention judiciaire, dont les détails nous échappent, avait été conclue auparavant. Cette convention fut précisée par un autre document, qui est celui que nous possédons.

On voit que le point clé est que, pour un contrat conclu à Athènes, les procès seront instruits à Athènes par le polémarque. D'ordinaire, il semble en effet que les conflits relatifs aux étrangers aient été jugés par des magistrats du port comme les *nautodikai*, « juges des affaires maritimes », dont les compétences restent en fait mal définies, ou les épimélètes de l'emporion[70]. En ce cas, tout reposait sur la décision d'un seul magistrat. Il n'y avait pas d'instruction contradictoire et le risque de partialité était élevé. Au contraire, l'accès au tribunal de la cité ouvrait la possibilité d'une véritable instruction et donnait la garantie d'un jugement rendu par un jury nombreux et a priori impartial (car non susceptible de recevoir des pots de vin). À Athènes, le polémarque était, entre autres, chargé de l'instruction des procès relatifs aux métèques, aux étrangers résidents. En leur accordant l'accès au polémarque, on donnait aux Chiotes (puis également aux Phasélitains) l'accès au tribunal de la cité, comme s'ils étaient des métèques. On voit cependant que cette clause ne valait pas de manière générale pour tous les Phasélitains mais pour les contrats conclus à Athènes et impliquant au moins un Phasélitain. Il s'agit donc clairement d'un accord à portée économique, bien adapté au rôle commercial joué par les Phasélitains. La convention n'est pas bilatérale, même pas dans la forme : on ne se soucie pas des commerçants athéniens qui seraient « de passage à Phasélis ». L'enjeu est clairement de faire en sorte de faciliter les affaires des Phasélitains à Athènes. Au demeurant, c'était aussi l'intérêt bien compris des Athéniens, puisque, par leur dynamisme et leur activité, les Phasélitains apportaient une forte contribution à la vie de l'*emporion* et, plus largement, à l'alimentation de la cité. Une garantie contre l'arbitraire était accordée aux Phasélitains, puisqu'aucun autre magistrat que le polémarque ne devait instruire un procès relatif à un contrat conclu à Athènes[71].

Les conventions judiciaires entre cités ont d'ordinaire un caractère général, mais les questions relatives aux litiges d'ordre commercial et financier y trouvent facilement leur place parmi les autres clauses. Il en est ainsi de la convention entre Milet et sa cité fille Olbia du Pont, conclue dans les dernières décennies du IVe siècle[72]. Elle s'inscrit dans le contexte spécifique des relations traditionnelles entre les deux cités : Milet était en effet la métropole d'Olbia. Il s'agit d'un véritable traité d'« isopolitie » : un Olbiopolite s'installant à Milet pouvait aussitôt devenir citoyen de Milet et réciproquement. Quant à celui qui ne faisait que séjourner temporairement dans l'autre cité, il bénéficiait de l'exemption fiscale (*ateleia*), très probablement à entendre comme l'exemption fiscale ordinaire dont bénéficie le citoyen dans sa cité (c'est-à-dire une exemption portant sur les biens à son usage personnel)[73]. Mais, l. 14-17, la loi prévoit aussi que « si un Milésien est détenteur d'un contrat (*symbolaion*) conclu à Olbia, dans un délai de cinq jours il aura accès, comme demandeur et comme défendeur, au tribunal du peuple ». On voit que le point décisif est celui du lieu de conclusion du contrat, qui permet ou non de donner recevabilité à une plainte.

Il est vrai que, comme dans celle conclue entre Athènes et Phasélis, dans la convention entre Olbia et Milet le mot *symbolaion* est ordinairement traduit par « conflit d'affaires », qui paraît pouvoir entraîner l'ouverture d'une procédure judiciaire. Même si ce sens est parfois attesté, le sens le plus fréquent et ordinaire est celui de « contrat ». En outre, les plaidoyers attiques montrent sans aucune ambiguïté que la formule *symbolaion gignetai* renvoie à la conclusion d'un contrat »[74]. Le droit des cités ne prenait pas pour base la banale constatation d'un état de fait, comme si le procès avait nécessairement lieu là où éclatait le supposé « conflit judiciaire ». Bien au contraire, le premier critère susceptible de donner droit à l'ouverture d'un procès était la place où le contrat avait été conclu. On touche là un principe fondamental du droit des cités grecques, voire du droit de Rome : le procès avait lieu non pas « là où éclatait l'affaire », mais là où avait été conclu le contrat (*actio sequitur forum contractus*, et non pas *actio sequitur forum rei*)[75]. Ainsi, un *symbolaion Athènèsi* est un contrat conclu à Athènes, qui devait être jugé à Athènes. En règle générale, c'est seulement sur la place où avait été conclu un contrat que les magistrats pouvaient recevoir une plainte. Ainsi, dans le *Trapézitique* d'Isocrate (17.52), Satyros, dynaste du Bosphore, refuse-t-il de se prononcer sur la recevabilité de la plainte relative au contrat, parce que le contrat a été conclu à Athènes[76]. Dans le *C. Zénothémis* (32.9), les magistrats de Céphallénie refusent d'instruire une plainte parce que le navire fait un voyage aller-retour à Athènes. Lorsque Denys d'Halicarnasse indique que Rome avait conclu une convention avec les Latins prévoyant que le procès aurait lieu chez ceux où *to symbolaion ginètai*, il faut comprendre qu'il s'agit de ceux chez qui le contrat a été conclu[77]. Au demeurant, il n'y a là rien de surprenant : pour départager les parties, les juges devaient s'appuyer sur une base légale : elle leur était fournie par le contrat. De l'époque archaïque à la fin de l'époque classique, la valeur du contrat, quelle que soit sa forme (écrite ou orale), était garantie par les témoins qui pouvaient attester sa validité : ainsi, dans le code de Gortyne, vers 450 a.C., pour un contrat à l'exportation les juges se prononçaient en fonction du rapport des témoins, dont le nombre variait suivant l'importance de la cause[78]. Plus tard, le contrat écrit (*syngraphè*) devint de rigueur, même si, en parallèle, sa validité ne pouvait toujours être garantie que par des témoins[79]. À l'époque hellénistique, le développement du système des archives publiques du type de celles qu'on voit fonctionner à Paros vint certainement encore renforcer la valeur du contrat écrit[80]. Mais, dans tous les cas, il était donc nécessaire et indispensable de disposer des éléments du contrat pour pouvoir fonder un jugement. Le droit à ouvrir une procédure judiciaire sur le lieu où le contrat avait été conclu était donc un principe dominant du droit international, tel qu'il s'était peu à peu constitué depuis l'époque archaïque et tel que, en tout cas, on le voit fonctionner de la manière la plus claire à l'époque classique et au début de l'époque hellénistique[81].

Les « procès relevant du grand commerce »

Cependant, du moins à Athènes, un autre principe pouvait donner lieu à l'ouverture d'une procédure judiciaire dans le cadre des « procès relevant du grand commerce » (*dikai emporikai*)[82]. Cette nouvelle catégorie de procès semble s'être constituée officiellement à partir de 350 a.C. Plusieurs sources évoquent pour Athènes le système des « procès relevant du grand commerce ». Aristote, dans sa *Constitution d'Athènes* (59.5) n'y fait qu'une brève allusion. Mais le plaidoyer *C. Zénothémis* (32.1) du Ps.-Démosthène signale : « La loi ouvre les actions du grand commerce aux armateurs et commerçants pour des contrats (*symbolaia*) conclus de ou pour la place d'Athènes, et pour celles qui ont la forme d'un contrat écrit (*syngraphè*) ». Ce point déjà a suffi à faire débat. Faut-il considérer le (second) « et » comme un moyen de distinguer deux catégories de causes relevant de cette procédure ? Ou bien faut-il considérer qu'il s'agissait de deux conditions à remplir pour qu'on puisse admettre que la cause relevait bien des « procès relevant du grand commerce ». En fait, on voit assez vite que si tout contrat écrit avait pu donner lieu à un procès de cette nature, c'était pratiquement la totalité des procès d'affaires, y compris les plus humbles et ceux qui n'avaient rien à voir avec le grand commerce, qui serait entrée dans cette catégorie. Du coup, la spécificité et l'intérêt de cette procédure auraient totalement disparu[83]. Seule la seconde interprétation peut donc être retenue.

Le *C. Apatourios* (33.23) de Démosthène précise aussi que « le dépôt pour les commerçants est mensuel (du mois) de Boèdromiôn (au mois) de Mounichiôn, afin qu'ils puissent sans délai obtenir justice et reprendre la mer. » En d'autres termes, les procès commerciaux devaient avoir lieu en hiver, plus ou moins entre septembre et avril. Depuis l'argumentation du grand juriste italien U. E. Paoli, on s'est pourtant d'ordinaire aujourd'hui rallié à la thèse inverse, en supposant que l'été était la saison la plus propice pour ce genre de procès, dans la mesure où c'était celle où les commerçants pouvaient se déplacer, celle aussi où ils pouvaient avoir besoin d'une justice immédiate[84]. Cependant, comme l'a montré Ed. E. Cohen, cette thèse qui violente le texte de Démosthène est aussi peu réaliste[85] : c'est après la saison de navigation, lorsque, en principe tous les navires (ou la plupart d'entre eux) sont au port que l'on peut tirer le bilan de la campagne. Ainsi, par exemple, comment pourrait-on envisager que le procès intenté à Lacritos ait dû avoir lieu en été, alors que le contrat maritime prévoyait une possibilité de navigation jusqu'à l'automne inclus[86] ? En été, marins et marchands étaient occupés à parcourir les mers : c'est en hiver qu'ils avaient du temps pour les éventuels procès et que toute la communauté des marchands, citoyens ou métèques comme les défendeurs du *C. Lacritos,* se rassemblait dans les ports. On doit donc s'en tenir au texte de Démosthène et ne pas remettre en cause le principe du caractère hivernal des « procès relevant du grand commerce ».

Enfin, c'est un troisième texte, celui du lexicographe Pollux (8.6), qui souligne une autre spécificité de ces procès déjà évoquée dans le passage cité du *C. Zénothémis* : « Les actions judiciaires relatives au commerce sont mensuelles (*emmènoi*) ». Sur ce point encore, un débat s'est élevé entre les tenants de la thèse d'une ouverture mensuelle des procès et ceux que considèrent que la clause signifie que ces procès devaient être jugés dans un délai d'un mois. La lettre de ces textes oblige à admettre que l'ouverture des procès avait lieu chaque mois. Cependant, en même temps, l'indication selon laquelle le système permettait un règlement rapide des procès présuppose aussi un avantage que la simple ouverture mensuelle des procès ne garantissait pas : les procès auraient pu traîner en longueur. Si chaque mois s'ouvrait un nouveau cycle de procès, on peut supposer que la série précédente se trouvait alors close, en sorte que la clause d'ouverture mensuelle des procès se conçoit en même temps très bien comme une clause impliquant que les jugements devaient être rendus dans un délai d'un mois[87].

La nouveauté des « procès relevant du grand commerce » était d'accorder aux commerçants étrangers, résidents ou non résidents, la même justice (*i.e.* le privilège d'accès aux tribunaux de la cité) qu'aux citoyens athéniens, et cela que leur cité ait ou non conclu une convention spécifique avec Athènes. En d'autres termes, sur le segment bien précis du commerce maritime et vu ses contraintes, les privilèges de la citoyenneté s'effaçaient au profit d'une conception du droit qui, dans le cadre de certaines limites bien définies, ne prenait en compte que le type d'activité et non le statut. Les *dikai emporikai* n'abolissaient donc pas l'intérêt des conventions, y compris des conventions judiciaires bilatérales entre cités, tout simplement parce qu'elles avaient une portée bien plus vaste que les litiges proprement commerciaux. Dans les conditions prévues, celles du contrat écrit et des clauses spécifiques sur lesquelles on doit encore revenir, quelle que soit sa nationalité ou sa résidence on pouvait obtenir une justice rapide et impartiale devant les tribunaux athéniens.

Reste cependant la toute première condition donnant droit à l'ouverture du procès commercial : il fallait soit que le contrat ait été conclu à Athènes – c'était la clause communément admise – soit qu'il ait été conclu à destination d'Athènes. Là résidait peut-être la nouveauté du système des *dikai emporikai*, même si elle ne faisait qu'officialiser des pratiques anciennes. Même si un contrat avait été conclu ailleurs qu'à Athènes, l'ouverture d'un procès restait possible pourvu que le contrat commercial ait nommément désigné la cité comme terme du voyage. On voit que, en rendant possible l'ouverture de procès de cette nature, Athènes ouvrait ainsi la possibilité de contestation, puisque le lieu du procès n'était plus défini *ipso facto* par le lieu de conclusion du contrat, mais qu'il pouvait l'être concurremment dans deux cités différentes. Si Athènes agissait de la sorte, c'est parce qu'elle savait pouvoir le faire. Des commerçants (ou bailleurs de fonds) acteurs d'un voyage commercial dont le terme était Athènes pouvaient par commodité souhaiter y trouver un tribunal et c'est là aussi que d'éventuelles saisies sur cargaison pouvaient être effectuées. En outre, surtout, le caractère de plaque tournante du commerce international qu'occupait Athènes au IVe siècle la rendait de toute façon incontournable. Enfin, la bonne réputation de ses tribunaux comme celle de sa monnaie devait inspirer confiance et rendre possible l'application d'un principe qui pouvait paraître empiéter sur la souveraineté traditionnelle des cités.

Ce n'est donc pas céder aux sirènes de l'évolutionnisme ni à une sorte de « fatalisme institutionnaliste » que de considérer que, au fil du temps, les institutions du commerce international s'étaient façonnées pour tenir compte de l'intérêt réciproque des uns et des autres. De la sorte, en dehors de sa cité, on n'était pas dans une jungle mais dans un univers où des principes juridiques communs étaient reconnus et acceptés. Une des particularités du système reste cependant que les nouvelles règles n'éliminaient pas les anciennes – les conventions internationales, les procès sur la base du lieu du contrat ou les « procès commerciaux ». S'il en était ainsi, c'est tout simplement parce qu'un univers comptant plus de sept cents partenaires, comme l'était le monde des cités de l'époque classique, ne pouvait marcher au même pas et être régi universellement par les mêmes lois. Certaines cités étaient économiquement plus avancées que d'autres. Il existait des affinités traditionnelles entre certaines cités, des rivalités tout aussi traditionnelles opposaient certaines autres. Le jeu des intérêts pouvait aussi varier. Mais cet univers juridique complexe connaissait néanmoins des principes juridiques communs, qui expliquent que des échanges commerciaux aussi intenses aient pu se développer dans la Grèce des cités. Le tableau apocalyptique qu'Hèrakleidès et Polybe donnent de la justice en Béotie ne prend sens que parce qu'il avait valeur d'exception, et non de règle.

L'approvisionnement du marché et les prix

Les cités ne restaient pas passives devant les variations de prix. Naturellement, c'était au premier chef sur les prix des produits importés qu'elles devaient veiller, car des hausses excessives étaient susceptibles de conduire à de graves troubles sociaux. La cité était un État de type particulier. La collectivité était à la fois sujet et objet et les citoyens y exerçaient eux-mêmes la souveraineté[88]. Il n'est donc pas étonnant que, de même qu'ils étaient intéressés à la vente de leurs produits à l'extérieur ou qu'ils veillaient à ce qu'une cité concurrente ne se développe pas à leur porte, ils aient eu un souci particulier des prix auxquels ils payaient leurs denrées de base[89].

La politique de contrôle des prix

On a souligné combien l'instabilité climatique et politique était de règle dans l'univers de la Grèce des cités. De la sorte, il pouvait arriver qu'une année la récolte de grain ou d'huile sur laquelle on comptait fût cruellement déficitaire. Ou bien c'était le partenaire habituel qui à son tour faisait défaut. En outre, il pouvait se faire que les deux partenaires usuels soient frappés en même temps, pour des raisons totalement indépendantes les unes des autres. La conséquence économique directe de ces événements était le risque d'évolution chaotique des prix : très bas une année où tout allait bien pour tout le monde, insupportablement haut l'année suivante si tout allait mal. L'effort des dirigeants des cités consistait à tenter de limiter ces évolutions erratiques.

À l'emporion, les magistrats des cités, ainsi ceux d'Éphèse c. 300 a.C., pouvaient intervenir pour persuader les marchands étrangers de vendre à un prix plus bas.

> « Il a plu au conseil et au peuple. Diôn, fils de Diopeithès a fait la proposition : étant donné qu'Agathoklès, fils d'Hagèmôn, Rhodien, alors qu'il importait dans notre cité quatorze mille hektès de froment et trouvait le grain vendu à l'agora plus de six drachmes, s'est laissé convaincre par l'agoranome de rendre service à notre peuple en vendant son grain en totalité à un prix meilleur marché que celui qui était vendu à l'agora, plaise au conseil et au peuple d'accorder à Agathoklès la citoyenneté égale et entière à lui et à ses descendants ; que les essènes l'installent par tirage au sort dans une tribu et une chiliastye, et que les néopes fassent pour lui l'enregistrement de (ces privilèges) dans le sanctuaire d'Artémis, là où ils inscrivent les autres titres de citoyenneté, afin que tous sachent que le peuple veille à remercier ceux qui lui accordent des bienfaits. Ont été tirées au sort la tribu Bembinès, la chiliastye Aigôteos. »

On voit que la cité n'hésitait pas à accorder d'importants privilèges au commerçant étranger qui acceptait de la sorte de rabaisser ses prix. Ici, la cité d'Éphèse lui accorde la récompense la plus élevée possible, puisqu'il reçoit la citoyenneté éphésienne. L'importance du privilège était à la mesure du cadeau fait par Agathoklès, importateur de 14 000 hektès de froment, l'équivalent de 2 330 médimnes, soit la cargaison d'un navire de tonnage moyen (si l'on accepte un standard à 3 000 talents)[90]. Si, comme il est probable, Agathoklès ne venait pas résider à Éphèse, le privilège devait rester purement honorifique. En revanche, on peut penser que désormais, en tant que citoyen éphésien, Agathoklès bénéficierait du privilège d'exemption fiscale personnelle qui accompagnait ce statut[91]. En tout cas, ces avantages entrent dans la série des privilèges honorifiques que Xénophon proposait d'accorder aux commerçants étrangers : place d'honneur au théâtre, invitation de la cité et autres marques d'honneur[92]. Un point important est que le grain vendu est destiné au « peuple », c'est-à-dire au marché libre et c'est donc sur ce marché que les magistrats interviennent pour faire baisser les prix. En acceptant de vendre son grain en dessous du cours qui était établi à l'agora d'Éphèse, et surtout en important une quantité aussi importante, Agathoklès faisait ainsi pression sur les prix et forçait du même coup à la baisse les cours de l'agora.

Ce système d'intervention des magistrats pour faire baisser les prix était très fréquent et des décrets de nombreuses autres cités en portent témoignage. Tout d'abord, on peut montrer que, dans une cité, à un moment donné, il n'y avait pas pluralité des prix mais qu'au contraire un seul prix était en vigueur. Dans le dialogue plaisant avec le Mégarien dans les *Acharniens* d'Aristophane (v. 758-759), Dikèopolis s'enquiert auprès de ce dernier des prix du grain dans sa cité : « Sinon, quoi de neuf à Mégare ? À combien y achète-t-on le grain ? » – et le Mégarien de répondre : « Chez nous, il est très estimé, autant que les dieux ». Naturellement il s'agit d'un jeu de mot qui signifie que les prix sont vertigineusement élevés, en conséquence du blocus exercé par Athènes. À Athènes, on possède une série de témoignages littéraires et épigraphiques qui montrent que l'institutionnalisation des prix allait jusqu'à la fixation d'un « prix officiel » (*kathestèkuia timè*). Ce prix était le prix de référence du marché[93]. Il n'était donc pas fixe, ce qui n'aurait eu aucun sens puisque, au bout du compte, c'était la loi de l'offre et de la demande qui déterminait le niveau des prix. Il variait en fonction des arrivages. Mais le rôle des magistrats était de faire en sorte qu'il reste à un niveau modéré en persuadant les importateurs (surtout les gros importateurs) de vendre à un prix en dessous du cours du marché pour permettre une baisse du « prix officiel », qui servait de référence pour l'ensemble des achats. Fondamentalement, le but était d'éviter les hausses et les baisses en dents de scie, source d'anxiété et de trouble. Hausses et baisses devaient de la sorte intervenir par paliers successifs. Surtout, à Athènes comme à Éphèse ou ailleurs, les interventions des magistrats avaient pour but de se substituer aux achats des grossistes qui, en concurrence les uns avec les autres, finiraient par acheter le grain à un prix supérieur par ce simple effet de la concurrence entre eux. À Athènes, en 386/385 a.C., les grossistes en grain se défendaient de l'accusation de collusion dans leurs transactions avec les marchands importateurs en soulignant qu'il s'agissait là pour eux d'un moyen de faire baisser les prix (et en outre d'une méthode qui leur avait été conseillée par le magistrat et homme politique Anytos)[94]. En se substituant aux acheteurs individuels dans la négociation avec les importateurs pour établir le prix de référence, les magistrats faisaient baisser les prix : en termes économiques, on désigne sous le nom de monopsone le marché où il n'existe qu'un seul acheteur. Le monopsone permet indubitablement d'abaisser les prix, mais au détriment de la quantité globale qui est échangée[95].

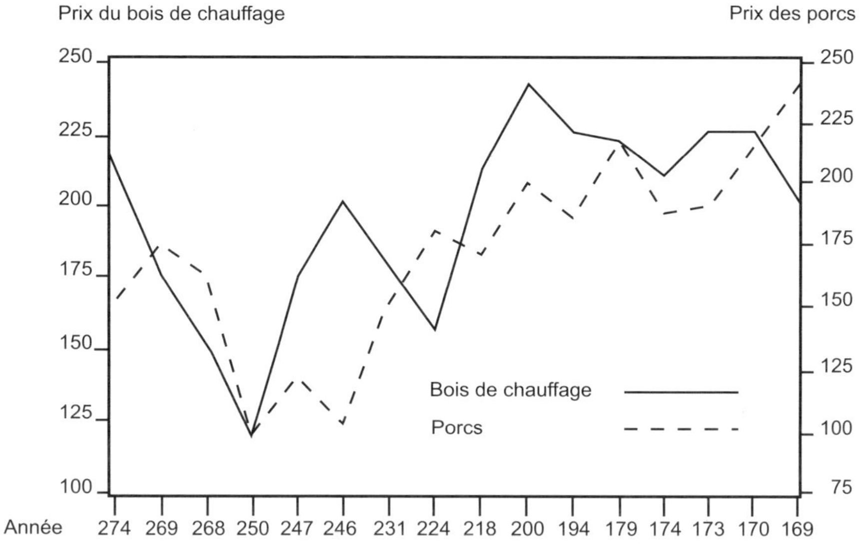

Prix indexés du bois et des porcs à Délos, 274-169 av. J.-C.
(d'après Reger 1994, fig 5.4, p. 179)

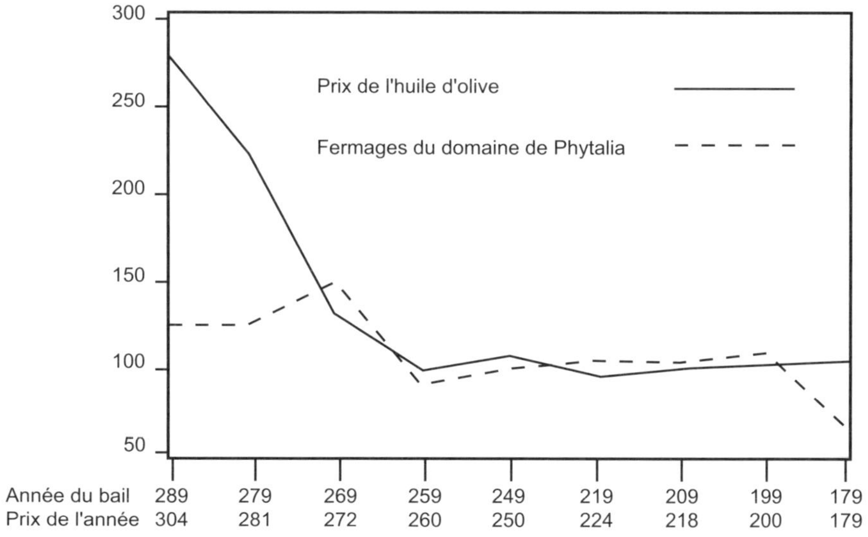

Prix de l'huile d'olive et des fermages du domaine de Phytalia, 290-179 av. J.-C.
(d'après Reger 1994, fig. 6.7, p. 208)

Les cités avaient donc le souci d'intervenir sur les prix des denrées. Si nécessaire, elles pouvaient décider d'une loi permettant d'intervenir dans ce sens. Tel est le cas à Délos dans le dernier tiers du IIIe siècle. On trouve là en effet la meilleure illustration de la réaction que pouvait avoir une cité à un processus de hausse des prix. En l'occurrence, la hausse concernait les prix des bois et charbons. On constate en effet dans la deuxième moitié du IIIe siècle une hausse accélérée des prix de ces denrées, telle qu'on peut l'observer sur le graphique de l'évolution des prix à Délos dans cette période.

D'aucuns avaient supposé que, à la différence des villes médiévales qui tenaient des mercuriales, les cités antiques étaient incapables de se faire une idée des évolutions de prix des produits offerts sur leurs marchés[96]. Or, on sait au contraire que la plupart des cités, du moins à l'époque hellénistique, tenaient soigneusement leurs archives et qu'elles disposaient donc de l'information de base à ce sujet. En outre, dans une cité comme Délos, l'intérêt général (représenté en l'occurrence par l'intérêt du dieu des Déliens, puisque c'est le sanctuaire d'Apollon qui était acheteur) rejoignait celui des particuliers. On a vu que le bois et le charbon de bois avaient une valeur élevée. C'étaient des denrées indispensables pour l'alimentation et le chauffage de la population. Mais on ne doit pas oublier qu'il existait dans l'île une activité artisanale non négligeable. Pline (*NH*, 34.1.4) souligne que les bronzes de Délos étaient réputés. On devait donc produire dans l'île statuettes, vases, et même statues, qui pouvaient aisément trouver acquéreur dans la clientèle locale ou de passage. Dans une habitation du quartier du théâtre, on a mis au jour des scories de bronze[97]. Les fermes de la campagne (à Délos ou à Rhénée) avaient elles aussi besoin de combustible, y compris pour une petite production céramique[98]. La production des parfums avait elle aussi recours à des processus de chauffage[99]. Surtout, en dehors du quartier du théâtre, une habitation du Quartier du Stade, présente un long fourneau à quatre foyers qui communiquent entre eux, avec une ouverture permettant d'activer le tirage. On a songé à un atelier où l'on faisait bouillir des « mixtures tinctoriales », puis suggéré la piste (à vrai dire moins probable) d'un restaurant populaire[100]. Quoi qu'il en soit de cette installation qui devait être grosse consommatrice d'énergie, l'artisanat de la pourpre et de la teinture exigeait lui aussi de l'énergie[101]. Certes, le sommet de cette activité est certainement postérieur à 166. En outre, on aurait aimé pouvoir mieux dater les traces archéologiques de l'activité artisanale. Mais on ne négligera pas non plus que des ateliers voués aux mêmes activités ont pu se succéder sur le même site. Quoi qu'il en soit, dès la deuxième moitié du IIIe siècle a.C., on note une augmentation sensible de l'activité délienne, qui justifie la tension sur les prix du bois et du charbon, comme celle que l'on observe sur les prix du porc. L'évolution des prix du bois contraste avec celle du grain et de l'huile, dont les prix restent tendanciellement stables après la forte baisse du début du IIIe siècle[102].

C'est à coup sûr pour réagir face à cette hausse et pour tenter de la contrer que les Déliens décidèrent d'imposer une loi spécifique sur le commerce du bois et du charbon de bois. Le texte n'est pas daté mais, de manière indépendante, on peut le dater par la paléographie de la deuxième moitié du IIIe siècle, vraisemblablement plutôt des années 235-200 a.C. Il est donc sinon formellement prouvé du moins très tentant de penser que l'inscription date des années 220, au moment de la forte hausse des prix des produits incriminés. Elle nous est intégralement connue et offre un excellent témoignage de ce que pouvait être la réaction d'une cité grecque face à une crise spécifique[103].

> « (1) Il est interdit de vendre du charbon, des rondins et du bois sans utiliser les poids publics destinés au bois. (2) Il est interdit de vendre à Délos ce qu'on y a acheté. (3) Il est interdit de vendre aucune des marchandises se trouvant sur le bateau après en avoir fait l'achat à Délos et après avoir fait la déclaration (d'exportation) à son nom. (4) Il est interdit de vendre, après en avoir été déclaré acquéreur (sans les emporter immédiatement), des marchandises vendues aux enchères publiques, ainsi que du bois, des rondins et du charbon pour le compte d'un tiers. (5) Qu'il ne soit permis qu'aux importateurs en personne de vendre et qu'il ne leur soit pas permis de vendre à un prix supérieur à celui qu'ils ont déclaré par écrit aux percepteurs de la taxe du cinquantième, ni à un prix inférieur. (6) Que les importateurs fassent également une déclaration écrite aux agoranomes, avant la vente, du prix qu'ils auront déclaré aux percepteurs de la taxe du cinquantième.
>
> Quiconque vend sans respecter ces prescriptions sera soumis à une amende de cinquante drachmes, et tout citoyen a le droit de la dénoncer aux agoranomes. Que les agoranomes défèrent ces dénonciations devant les Trente-et-un dans le cours du mois où elles ont été faites. Que le dénonciateur consigne le salaire du tribunal. Si l'accusé est condamné, qu'il rembourse ce salaire à celui qui en aura fait la consignation et lui verse les deux tiers de l'amende prescrite, et le dernier tiers au trésor public, et que les agoranomes le fassent payer dans les dix jours suivant la condamnation, sans pouvoir être poursuivis de ce fait. S'ils n'en ont pas la possibilité, qu'ils s'excusent par serment et livrent l'accusé et ses biens au dénonciateur, et qu'après avoir inscrit la condamnation sur le tableau où ils consignent les autres écritures, ils la transmettent au conseil dans les archives publiques.
>
> (7) Que les bénéficiaires d'une exemption de taxe douanière (*ateleis*) qui importent du bois, des rondins ou du charbon, marchandises qui doivent être vendues au moyen des poids publics, fassent, avant la vente, une déclaration aux agoranomes du prix auquel ils vont vendre, et qu'il ne soit pas permis de vendre à un prix supérieur ni à un prix inférieur à celui qu'ils ont déclaré. Si certains ne se conforment pas à ces prescriptions, que les agoranomes ne leur remettent ni les balances, ni les mesures servant au bois, et que, comme droit de location de l'emplacement où ils auront déposé leurs bois, rondins et charbon, ils payent à la cité une drachme par jour jusqu'à ce qu'ils enlèvent leurs marchandises, et que les agoranomes les fassent payer, sans pouvoir être poursuivis de ce fait. » (Traduction *NChoixDélos*, sauf pour celle des clauses 2 et 3, reprise d'après Bresson 2006c)

Les causes profondes de cette hausse des prix des bois et charbontenaient sans doute à la « surchauffe » de l'économie locale, dans un environnement régional qui ne répondait pas assez vite à la hausse de la demande délienne[104].

Les Déliens n'avaient pas de moyen réel d'intervenir au plan de la production du bois et du charbon, puisque de toute façon ces produits étaient entièrement importés. En revanche, ils pouvaient intervenir sur ce qui était de leur ressort, soit les circuits commerciaux. Dans le principe, dans le même sens que celui de la législation sur le grain à Athènes, le but de la loi était de raccourcir les circuits commerciaux. La loi interdisait la revente de ce qu'on avait acheté à Délos (clause 2). De la sorte, elle interdisait la vente par des intermédiaires, et donc les profits de ces derniers, qui ne pouvaient que renchérir le coût final. Pour fermer toute possibilité de tourner cette loi, elle interdisait la vente après rembarquement puis débarquement immédiat (ce qui effectivement aurait été un moyen de tourner la loi). Le spéculateur souhaitant faire un profit d'arbitrage pouvait en effet être prêt à payer deux fois la taxe du cinquantième, à l'exportation puis à la réimportation immédiate. En effet, le tableau des variations mensuelles des prix du bois entre 272 ou 271 et 170 a.C. montre que, selon les années, le prix pouvait être relativement stable, comme en 179 (le prix reste stable pendant dix mois), ou connaître de fréquentes variations à la hausse et à la baisse, comme en 250 (où il ne reste qu'une seule fois stable deux mois de suite)[105]. Les variations peuvent être modestes (de l'ordre de 2 %) ou très importantes (jusqu'à 38 %). Face à une hausse dépassant 20 % ou 30 %, il pouvait être tentant de faire des profits sur stock. Les 4 % perdus en payant les taxes ne pesaient pas lourd face à la perspective de gain. C'est cette manœuvre que la loi interdisait explicitement, de même qu'elle interdisait aussi de revendre même les marchandises vendues aux enchères[106].

On observe aussi que la loi prévoyait une double déclaration des prix, au débarquement aux douaniers (pentécostologues) et à la vente à l'agora aux agoranomes (pour les produits qui ne seraient pas réexportés). Naturellement, sous peine d'amende, les deux déclarations devaient être identiques. Ce qui paraît au premier abord le plus curieux est que non seulement le prix de la deuxième déclaration ne devait pas être supérieur à celui de la première, mais qu'en outre il ne devait pas lui être inférieur. Fondamentalement, il ne s'agissait pas d'un souci fiscal : la cité y aurait certes perdu sur la taxe, mais tous les acheteurs, y compris le sanctuaire et la cité, auraient été bénéficiaires car la baisse du prix de vente final aurait permis de largement compenser le manque à gagner sur la taxe. Il s'agissait au contraire d'éviter les comportements de spéculation, l'importateur déclarant d'abord un prix aussi haut que possible, quitte ensuite à rabattre pour vendre sur l'agora si ses prétentions se révélaient trop hautes.

Enfin, la loi ne souffrait pas d'exception et même ceux qui étaient exemptés de taxe devaient se soumettre aux mêmes exigences que les autres, sous peine de confiscation. On a vu que cette catégorie des exemptés avait toute chance d'englober non seulement les étrangers privilégiés, mais aussi les citoyens déliens, ce qui en faisait une catégorie suffisamment vaste pour mériter une attention spéciale.

La loi montre une remarquable connaissance des comportements de marché. Elle anticipe sur tous les comportements spéculatifs pour tenter de maîtriser la hausse des prix. Elle essaie de fermer toutes les issues de la spéculation. Permit-elle réellement de contrer la hausse des prix ? C'est un point difficile à établir. De toute façon, les origines profondes de la hausse étaient extérieures à Délos et la cité ne pouvait donc qu'intervenir à la marge. Mais la loi permit cependant certainement une limitation de la hausse par suppression des profits d'arbitrage. Elle est une excellente illustration de ce que l'on entendait dans l'Antiquité par la recherche du « juste prix ».

Tout montre donc qu'on a affaire à une volonté de tenir les prix et il en allait du bois et du charbon comme du grain ou de l'huile. Pour demeurer dans le domaine insulaire proche de Délos, on peut songer au décret de Paros pour Killos, fils de Dèmètrios qui, en tant qu'agoranome, a veillé « à ce que le peuple vive dans la prospérité et l'abondance, en consommant des pains et des farines au meilleur prix et de la meilleure qualité »[107]. On trouve des formules similaires par exemple dans les décrets pour les agoranomes d'Astypalée[108]. C'est aussi le souci de tenir les prix qu'on trouve déjà dans une inscription d'Andros pour le bienfaiteur athénien Antidotos[109]. Les exemples ne manquent donc pas dans les Cyclades. À Délos même, un décret de la cité pour un commerçant byzantin montre que les Déliens avaient eux aussi le souci de dépenser le moins d'argent possible pour se procurer du grain[110]. C'est pourquoi, a priori, on ne voit pas pourquoi il en aurait été différemment pour le charbon et le bois.

Au passage, une formule d'Aristote et les deux décrets d'Astypalée montrent exactement dans quel état d'esprit une cité pouvait prendre des mesures du type de celles de la loi délienne sur le charbon et le bois. De la sorte aussi, par antinomie de sens, on peut donner une définition de ce qu'Aristote entendait par ce que l'on désigne habituellement sous l'appellation de « juste prix ». Dans la *Constitution d'Athènes* (51.3), il indique que la charge des sitophylaques athéniens était de veiller « à ce que le grain brut sur l'agora soit vendu de manière équitable » formule semblable à ce que l'on trouve dans les deux décrets d'Astypalée précités, où l'agoranome est remercié pour avoir veillé aux affaires de l'agora, de sorte que « les denrées y soient vendues au meilleur prix et de la manière la plus équitable » (*hôs euônotata kai dikaiotata*). Qu'est-ce donc que le « juste prix », ou plus exactement le « prix équitable », établi « selon la justice » ? Les décrets montrent que la notion est distincte de celle de « bon marché » (et même de « prix normal »), même si les deux notions marchent souvent de pair : il s'agit en fait d'un prix qui a été établi sans que le vendeur ait pu prendre un profit d'arbitrage. Le profit indu, c'est celui qui correspond non pas à une action effective mais à une pure prise de bénéfice sans service supplémentaire entre le moment où un prix a été d'abord enregistré et le moment de la vente effective au consommateur final. Au contraire, un autre conditionnement ou, surtout, un transfert de denrées justifient parfaitement le profit. Si la saison est avancée, donc dangereuse, ou si la guerre est partout, il est normal qu'un commerçant qui prend le risque de prendre la mer vende ses produits à un tarif particulièrement élevé : même si les consommateurs jugent le prix trop cher par rapport à leurs moyens, la hausse pourra alors se justifier, elle ne sera pas considérée comme « inéquitable ». Andocide pouvait se flatter d'avoir pris le risque de prendre la mer pour des voyages commerciaux pendant la mauvaise saison, ce qui lui avait permis un bénéfice important mais légitime, tout en rendant service à la cité[111]. En revanche, la hausse de la valeur d'un stock par rapport à une augmentation des prix au jour le jour était considérée comme « inéquitable », « injuste ».

Fonds d'achat de grain et réglementation des ventes

Vu l'instabilité des conditions d'approvisionnement, il était en effet logique que les cités tentent de se prémunir contre les variations de l'offre. Dans toutes les sociétés traditionnelles, du moins là où l'on était étroitement dépendant de la production de son propre territoire, le rythme d'évolution annuel des prix était fonction de la date de la récolte. En règle générale, les prix chutent après la récolte, d'autant plus si elle est abondante. Ensuite, ils augmentent lentement pendant l'année, mais se tendent dans la période de la « soudure », avant l'arrivée de la récolte suivante, car les stocks de l'année précédente sont épuisés. Pour peu que les perspectives de la récolte suivante soient médiocres, les prix grimpent alors en flèche. Seules les villes où existe un marché international du grain échappent partiellement à un rythme strictement saisonnier. C'était le cas à Amsterdam à l'époque moderne. Mais, semble-t-il, c'était aussi le cas à Délos au IIIe siècle a.C., parce que cette ville dépendait en quasi-totalité des réseaux d'échanges extérieurs et que les prix n'y subissaient pas seulement la contrainte saisonnière[112].

Pour faire face à cette instabilité chronique et aux risques de rupture des approvisionnements, les États devenaient directement des acteurs du marché. Mais ils pouvaient aussi intervenir de manière encore plus directe en achetant eux-mêmes du grain. Ainsi, nombre de villes de l'Europe médiévale et moderne eurent recours à un système de greniers publics. Elles achetaient sur le marché au moment où les cours étaient bas, et elles gardaient le grain en réserve pour peser sur les cours durant l'année et pour assurer l'alimentation de la ville au moment de la soudure, même si ce système d'économie n'avait pas que des avantages[113].

Pour la Grèce ancienne, on a vu comment les magistrats tentaient de peser directement sur les cours à l'importation[114]. Une inscription d'Ôrôpos du début du IIe siècle a.C. montre un achat effectué directement par la cité, pour une revente qu'elle effectuerait ensuite elle-même[115].

« Agathoklès était magistrat de la communauté béotienne, Théokydès prêtre d'Amphiaraos, au mois d'Homolôïos, décret de proxénie : Kittos fils d'Aristôn a fait la proposition, attendu que Dionysios fils d'Aristôn et Hèliodôros fils de Mousaios montrent leur dévouement en faisant entrer du grain à la demande des polémarques et le cèdent à la cité à un prix convenable, afin que la cité montre qu'elle rend à de tels gens les remerciements appropriés, plaise au conseil et au peuple que Dionysios fils d'Aristôn, Tyrien, et Hèliodôros fils de Mousaios, Sidonien, soient proxènes et bienfaiteurs de la ville d'Ôrôpos, qu'ils aient le droit d'y posséder terres et maison, jouissance de l'égalité devant l'impôt, certitude de ne pas être saisis et de pouvoir bénéficier de la sécurité personnelle sur terre et sur mer, en temps de paix et en temps de guerre. »

On retrouve toujours la même logique de pression sur les marchands pour qu'ils cèdent leur cargaison au meilleur prix, mais, cette fois, à la différence du décret éphésien pour le Rhodien Agathoklès, la cité achète directement du grain, destiné à constituer un fonds d'intervention. Il pouvait arriver aussi que la cité soit amenée pour son propre compte à faire des achats d'huile directement à des marchands étrangers : c'est le cas dans une inscription d'Athènes du début du IIe siècle[116]. L'huile était en effet indispensable aux exercices du gymnase. Ce sont cependant les achats de grain pour les fonds d'intervention qui devaient être les plus fréquents.

De la sorte, si les cités n'hésitaient pas à intervenir sur les prix, elles pouvaient aussi intervenir directement dans l'échange. Sous des formes analogues (mais pas strictement identiques) à ce qui prévaudrait dans l'Europe médiévale et moderne, il existait en Grèce ancienne des greniers publics alimentés par du grain appartenant en propre à la cité. Il ne semble pas que, d'ordinaire, on ait pratiqué des réquisitions de récolte : on n'y avait recours que dans des circonstances exceptionnelles, comme on le voit avec le cas de Clazomènes, ou dans celui de famines extrêmes[117]. Les cités usaient d'ordinaire d'un système plus souple, et financièrement plus avantageux, celui du fonds réservé au financement des achats de grain, souvent désigné comme *sitonikon*. La cité chargeait des achats de grain public des commissaires portant le nom « d'acheteurs de grain », ou *sitônai*. Pour certaines cités, il s'agissait manifestement de constituer un fonds de sécurité permettant des interventions rapides en cas de disette brutale, pour d'autres il semble qu'il se soit agi d'un système de régulation pérenne[118]. Il semble aussi que la tendance de l'époque hellénistique ait été du côté de la généralisation des fonds permanents. En tout cas, on connaît de tels fonds un peu partout dans le monde grec, depuis l'Occident – Thourioi en Italie et Tauroménion en Sicile – jusqu'aux îles et à l'Asie Mineure – Délos, Samos, Téos et Lébédos, Milet, Iasos – et, non moins, en Grèce propre – Delphes, Thespies, ou Coronée, mais sans oublier Athènes, car l'existence d'un tel fonds d'achat est formellement prouvée par les documents mentionnant l'existence d'achat public de grain ou la fonction de *sitônès*, ou « acheteur de grain ».

Au moins dès la fin de l'époque classique Athènes avait en effet un fonds de gestion du grain. Démosthène fit un don d'un talent « pour l'achat de grain »[119]. En 328/327, le riche marchand Hérakleidès de Salamine avait fait don d'un talent d'argent dans le même but[120]. Le *C. Phormion* (34.39) des années 320 fait allusion au don par d'autres riches commerçants, Chrysippos et de son frère, de la somme d'un talent « pour l'achat de grain au nom du peuple », ce qui est une claire indication en faveur de l'existence d'un fonds destiné à constituer une réserve de grain avec du grain acheté à Athènes, sur l'emporion. La fonction de *sitônès* est attestée à Athènes au IVe siècle puisque Démosthène lui-même occupa cette fonction en 338/337[121]. Une série de sources de la haute époque hellénistique confirme l'existence à cette époque d'un fonds sur le grain dans cette cité[122]. La fonction de *sitônès* n'impliquait pas en soi un déplacement à l'extérieur de la cité. Les *sitônai* pouvaient approvisionner le grenier public avec du grain acquis sur le marché local s'il était suffisamment alimenté. Ainsi, à l'époque hellénistique, les *sitônai* de Délos, élus annuellement pour gérer un fonds public de grain, n'avaient pas à voyager à l'étranger : ils achetaient leur grain sur place, sur l'emporion de Délos[123]. En revanche, si la situation se tendait, les *sitônai* ne devaient pas hésiter à tenter leur chance sur les places de commerce extérieures[124].

La gestion de ces fonds pouvait varier : soit l'argent servait directement à l'achat du grain, le produit de la vente étant ensuite restitué au fonds ; soit il était placé et c'était seulement l'intérêt des prêts qui servait aux achats de grain (c'était, en principe, un moyen de préserver le capital). Il fallait cependant une mise de fonds initiale. Elle pouvait être le fait de généreux donateurs, comme on l'a vu pour Athènes. Elle pouvait aussi être le fait d'un roi, susceptible de faire un don en argent ou en nature (une certaine quantité de grain, dont le produit de la vente servirait à constituer un fonds d'achat) : c'est le cas à Delphes avec Eumène II de Pergame qui, à la demande des Delphiens, fit un don de trois talents et demi pour le fonds de grain de la cité, ou à Délos, qui reçut du grain du roi numide Massinissa[125]. Elle pouvait aussi provenir de la caisse d'un sanctuaire, comme à Délos. Elle pouvait correspondre à un prélèvement sur les fonds ordinaires de la cité, comme c'est le cas à Téos-Lébédos, la nouvelle cité issue du synœcisme forcé imposé par Antigone recevant l'autorisation de prélever 1 400 statères d'or (l'équivalent de 28 000 drachmes d'argent) pour alimenter son fonds sur le grain. Elle pouvait encore correspondre à un emprunt, sous forme classique ou sous forme de souscription publique remboursable[126]. On pouvait enfin avoir recours au système de la souscription publique (sous forme de prêt, comme on vient de le voir, mais aussi sous forme de don), qui, par l'effort d'un nombre élevé de donateurs, permettait d'obtenir le même résultat[127].

Enfin, pour se procurer du grain, certaines cités disposaient de rentrées spécifiques par le biais de taxes en nature. C'était le cas de la cité insulaire de Samos au IIIe siècle a.C., dont on sait qu'elle procédait à des distributions gratuites grâce à une taxe d'un vingtième perçue sur le territoire continental d'Anaia. En fait, ces distributions gratuites étaient couplées à un système financier sophistiqué qui permettait aussi de valoriser ce grain[128]. C'était le cas aussi à Athènes au IVe siècle, qui imposait à ses possessions insulaires extérieures, Imbros, Lemnos et Skyros, une taxe en nature d'un douzième. Le grain était ensuite vendu à un prix fixé par l'assemblée du peuple[129].

Le cas de la cité de Thespies, en Béotie, présente à cet égard un bon exemple de la diversité des sources de financement d'un fonds sur le grain. Il existait vers 220-210 a.C. un système de deux fonds d'achat de grain. Le premier, dont la dotation avait été alimentée par une libéralité royale, était géré par deux *sitônai* et un trésorier. Le second, avec de même deux *sitônai* et un trésorier, gérait un fonds sacré. Trois *sitopôlai* ou « vendeurs de grain », assistés d'un trésorier, étaient donc chargés de la vente au public des grains achetés par les *sitônai*[130]. Dans ce cas, il est donc remarquable que les désignations de *sitônès*, acheteur de grain, et de *sitopôlès*, vendeur de grain, correspondent exactement à la fonction. Au début du IIe siècle semble-t-il, un troisième fonds fut ajouté (ou remplaça les précédents si leurs fonds étaient épuisés ?)[131] : il était alimenté par une souscription publique, les souscripteurs payant les uns cinquante, les autres cent drachmes. À Délos, on peut suivre l'évolution du système sur près d'un siècle et demi, depuis la fin du IVe siècle. On voit qu'au milieu du IIIe siècle le sanctuaire pouvait prêter des sommes à la cité pour acheter du grain. Plus tard existait un fonds autonome, distinct de la caisse sacrée et de la caisse publique[132].

La question qui demeure est celle de la capacité de ces fonds à intervenir de manière significative dans l'alimentation de la population. Une cité comme Délos disposait d'un fonds richement doté (environ 55 000 drachmes en 192 et 179) pour une population faible (sans doute 1 200 citoyens). Selon les calculs de L. Migeotte, si les trois quarts de la somme avaient été utilisés pour acquérir de l'orge, on aurait pu nourrir 1 200 citoyens pendant les trois quarts de l'année[133]. Il s'agit là d'une proportion considérable, même si l'on ne doit pas oublier les familles des citoyens, les esclaves et les étrangers résidents. Mais Délos représente certainement une véritable exception. Elle était elle-même un centre redistributeur de grain et, en tant que tel, sauf circonstances vraiment exceptionnelles, ne risquait pas de manquer. La modestie de la quantité de grain vendue à prix favorable et sur la demande de la cité par le négociant Dionysios de Byzance (soit 500 médimnes) vers 250 a.C. ne reflète pas la situation d'une cité toujours au bord de la disette, mais au contraire la volonté des Déliens, dans ce domaine-là comme dans tous les autres, d'utiliser au mieux toutes les possibilités de profit qui leur étaient offertes[134]. Dans les autres cités, il ne semble pas que le « grain public » (*sitos dèmosios*) ait pu servir à autre chose que de peser sur les cours ou à permettre d'apporter des compléments, la très grande majorité de l'alimentation de la population restant dépendante du marché privé. De toute façon, ce grain n'était pas distribué gratuitement mais vendu. Comme c'est la cité qui fixait le prix de vente, on aurait pu s'attendre à ce que pour faire pression sur les prix elle vendît à un prix très inférieur au cours du marché libre. Mais – c'était un point décisif – les contraintes de coût qui pesaient sur l'acquisition du grain faisaient que, au mieux, elle pouvait vendre à prix coûtant le grain acheté à des commerçants fréquentant le port de la cité ou celui qui avait été rapporté des marchés extérieurs par les commissaires envoyés à l'étranger. Si la cité avait vendu très largement en dessous du prix de revient, elle aurait aussi asséché les revenus du fonds et compromis l'avenir.

Dès lors, il faut aussi imaginer les tensions sociales qui pouvaient présider aux mesures de ventes faisant intervenir la collectivité. C'est encore Tite-Live (2.34.7-8) qui fournit la meilleure information sur les tensions sociales entourant les approvisionnements. À Rome, en 491 a.C., la question du prix du grain fut une véritable pomme de discorde entre la plèbe et le sénat :

> « Puis, sous le consulat de M. Minucius et d'A. Sempronius [491], une grande quantité de grain arriva de Sicile et il fut discuté au sénat du prix auquel on le fournirait à la plèbe. Beaucoup songeaient que le moment était venu de faire pression sur la plèbe et de récupérer "les droits qui avaient été extorqués aux sénateurs par sécession et par violence". »

On voit aussi par Tite-Live (4.12.6-11) que, si l'approvisionnement était insuffisant, il fallait trouver des solutions alternatives et réglementer le marché intérieur. En 440 a.C., une nouvelle famine frappa Rome et il fallut aller jusqu'à prendre des mesures de réquisition draconiennes :

> « Suit cette tranquillité de la situation politique une année, celle où Proculus Geganius Macerinus et L. Menenius Lanatus furent consuls, qui fut marquée par toutes sortes de désastres et de dangers : des séditions, la famine, et il s'en fallut de peu que le joug de royauté ne fût accepté du fait de l'attrait des largesses qui étaient faites. Ne manqua que la guerre étrangère et si par là la situation s'était encore aggravée, l'aide de tous les dieux aurait à peine suffi à résister. Les maux commencèrent par la famine, soit que l'année ait été mauvaise pour les récoltes, soit que l'attrait des réunions publiques et de la ville ait mené à déserter la culture des champs : on rapporte les deux versions. Les sénateurs accusaient la paresse de la plèbe, et la plèbe les fraudes ou les négligences des consuls. Finalement, ils déterminèrent la plèbe, sans opposition du sénat, à nommer L. Minucius commissaire aux approvisionnements, qui se révéla plus heureux dans la sauvegarde de la liberté que dans la gestion de sa tâche, bien que finalement une baisse du prix des approvisionnements ait fini par lui valoir reconnaissance et gloire, au reste pas imméritées. Après avoir envoyé une multitude de commissions d'achat par terre et par mer chez les peuples d'alentour, en vain si ce n'est une petite quantité de grain venue d'Étrurie, sans influence sur l'approvisionnement, il se tourna vers l'administration de la disette. Il obligea à déclarer son grain et à vendre ce qui allait au-delà d'un mois de consommation, diminua la nourriture journalière des esclaves, cita en justice et offrit à la colère du peuple les marchands de grain. Mais cette attitude inquisitoriale impitoyable approfondissait la disette plus qu'elle ne l'allégeait, de sorte que nombreux dans la plèbe, tout espoir perdu, plutôt que de traîner leur vie dans la souffrance, se couvrirent la tête et se précipitèrent dans le Tibre. »

En cas de disette, lorsque les approvisionnements n'arrivaient pas, il fallait donc prendre des mesures de réquisition. En 92 ou 93 p.C., soit plus de cinq siècles après la famine de Rome, du fait d'un hiver très rigoureux une famine frappa la ville d'Antioche de Pisidie[135]. Le gouverneur de Cappadoce-Galatie, Antistius Rusticus, exerçait son autorité sur une très vaste province, à laquelle était entre autres rattachée la colonie romaine d'Antioche de Pisidie. C'est sur la demande des autorités locales que, manifestement à la fin du printemps, sans doute au mois de juin, il prit un édit qui visait à réglementer la vente de grain :

> « Lucius Antistius Rusticus, légat propréteur de l'empereur César Domitien Auguste Germanicus, proclame :
>
> - Attendu que les duovirs (1) et les décurions (2) de la très splendide colonie d'Antioche m'ont écrit qu'à la suite de la rigueur de l'hiver le prix du grain avait bondi, et qu'ils m'ont demandé de faire en sorte que la plèbe ait une quantité suffisante à acheter,
>
> - Qu'il en soit pour le bien : que tous ceux qui sont colons ou résidents dans la colonie d'Antioche déclarent aux duovirs de la colonie d'Antioche, dans un délai de trente jours à partir de la promulgation de cet édit, la quantité de grain que chacun détient et en quel lieu, et de ce grain la quantité qu'il déduit pour la semence et la nourriture de sa famille pour l'année, et qu'il mette tout le reste de ce grain à la disposition des acheteurs de la colonie d'Antioche. Je fixe le jour de la vente le premier jour des prochaines calendes d'août. Quiconque désobéira sache que tout ce qu'il aura accaparé en contravention à mon édit sera confisqué, les dénonciateurs en recevant en récompense une part d'un huitième ;
>
> - Comme on m'assure qu'avant cette longue rigueur hivernale le prix du blé était dans la colonie de huit ou neuf as le modius et qu'il serait très injuste que la famine de ses concitoyens profite à quiconque, j'interdis de vendre le blé à un prix supérieur à un denier le modius. »

On voit que, en un étroit parallèle entre autres avec les mesures prises à Rome en 440 a.C. ou à Selymbria vers 360 a.C., Antistius Rusticus impose une réquisition du grain, sur la base d'une déclaration faite par les producteurs[136]. Ensuite, lorsque chaque famille aura gardé la semence de la récolte prochaine et la nourriture de sa famille pour une année, la ville achètera un jour donné – le premier jour des calendes d'août –, en une vente forcée, tout le grain disponible. Ce seront les « acheteurs » de la colonie d'Antioche qui achèteront le grain au jour dit. La ville d'Antioche, colonie romaine, constituait un îlot de langue latine au milieu d'un océan hellénophone. Il ne saurait faire aucun doute que dans la pratique, dès cette époque, la ville était bilingue. Toute la population qui n'avait pas rang de colons, soit les « résidents » (*incolae*) dont une bonne part devait être formée des anciens citoyens d'Antioche, parlait le grec. Ces « acheteurs » (en latin *emptores*) étaient donc l'exact équivalent grec des *sitônai*, qui, comme on l'a vu, étaient exactement des « acheteurs de grain ». Certes, le mot *emptor* désigne d'ordinaire des acheteurs privés[137]. Mais, comme le montre le commentaire de Tite-

Live sur la famine de 440 a.C., la pratique de la réquisition faisait aussi partie de la tradition romaine. Moyennant quoi, naturellement, ce grain accumulé dans les greniers publics serait progressivement vendu au fil de l'année. Il s'agit là d'un cas de remplacement total, par les autorités de la ville, d'un système de vente libre par un système de vente organisée par la collectivité. On peut poser la question des capacités d'achat et de stockage des autorités de la colonie. Une objection à l'interprétation présentée ici pourrait être que la colonie d'Antioche n'aurait pas disposé de réserves financières pour acheter en une seule fois le grain offert. Mais, en fait, rien n'oblige à penser que la colonie ait payé le grain au comptant : il se peut qu'elle ait fait comme Clazomènes et n'ait payé le prix aux vendeurs qu'une fois la vente finale réalisée, ce qui supposait que les propriétaires fassent crédit à la communauté, du moins d'une partie de la somme. Quant au prix maximum mentionné à la fin de l'édit, il s'agissait peut-être du prix qui devait prévaloir jusqu'au premier jour des calendes d'août, c'est-à-dire jusqu'au moment où les ventes publiques prendraient le relais des ventes privées. Mais, en tout état de cause, il s'agissait de fixer le prix maximum du grain réquisitionné : le jour de la réquisition du grain, les producteurs ne peuvaient escompter recevoir de la colonie d'Antioche un prix supérieur à un denier le modius (l'équivalent de 6 drachmes attiques le médimne). Il était normalement vendu à huit ou neuf as. Puisque le denier valait seize as, le prix maximum était donc fixé au double du prix standard, ce qui déjà devait aux producteurs un revenu leur permettant de limiter le manque à gagner représenté par l'insuffisance du grain à livrer.

On doit poser la question de la fréquence possible de pareilles mesures de réquisition. Tout d'abord, il ne faudrait pas opposer artificiellement une « tradition romaine », plus contraignante et allant fréquemment jusqu'à la réquisition totale, à une « tradition grecque ». Il vaut mieux considérer qu'on a affaire à toute une palette de mesures, depuis le simple « fonds d'assurance » qu'une cité normalement à l'aise prenait néanmoins pour assurer le confort de ses habitants (comme Délos au IIIe siècle), en passant par les mesures permanentes de cités dont le déficit d'approvisionnement était chronique (ainsi Téos), jusqu'aux mesures extraordinaires de cités qui devaient faire face à une crise d'envergure exceptionnelle. L'ampleur d'une crise, la taille de la communauté, les potentialités encore ouvertes par le marché extérieur et, non moins, les rapports de force sociaux internes décidaient des mesures prises. Rome n'y recourut en 440 a.C. que lorsque toutes les possibilités d'importation se révélèrent vaines. Dans le cas d'Antioche de Pisidie en 92 ou 93 p.C., on doit relever que, vu sa localisation loin à l'intérieur des terres, la cité ne pouvait pas compter sur des importations pour satisfaire la demande intérieure : c'est la raison pour laquelle elle dut totalement substituer au marché libre une forme de vente publique du grain local préalablement réquisitionné[138]. De telles mesures de réquisition étaient-elles vraiment efficaces ? Si l'on en croit Tite-Live pour la famine de 441 a.C, ce n'était pas le cas puisque, dans leur désespoir, les plus pauvres se donnaient la mort en se jetant dans le Tibre. Les parallèles historiques montrent aisément que la réquisition aboutit immanquablement à la dissimulation des récoltes et à la chute des quantités réellement offertes sur le marché. C'est peut-être ce qui se produisit aussi à Antioche de Pisidie.

Ainsi, les cités avaient mis en place de puissants moyens d'intervention sur les marchés. L'emporion, ses magistrats et sa législation spécifique en constituaient le cadre de base. Les cités n'hésitaient pas à tenter d'encadrer les fluctuations de prix du marché extérieur. Certes, elles n'en maîtrisaient pas les données de base. En revanche, autant qu'elles le pouvaient, elles essayaient d'empêcher ce qu'on désigne aujourd'hui comme « profits d'arbitrage », ces profits indus qui irritaient tant les masses et qui pouvaient provoquer leur colère[139]. Pour empêcher les marchands de profiter de la concurrence entre acheteurs, la cité n'hésitait pas à se substituer aux acheteurs pour établir une situation de monopsone. Au demeurant, tout montre une excellente connaissance des mécanismes de marché par les autorités des cités. Enfin, pour réduire les effets des tensions du marché extérieur, les cités n'hésitaient pas à se faire acheteuses et à constituer des fonds d'intervention susceptibles de peser sur les prix du marché intérieur. Confrontées aux réseaux du commerce international dont elles étaient elles-mêmes un maillon, les cités n'avaient donc nullement une attitude passive à l'égard du marché.

Chapitre 5

Les réseaux du commerce international

S'il ne fait nul doute que les cités grecques recoururent de manière importante aux échanges extérieurs, encore faut-il déterminer leur mode d'inscription dans les processus d'échange. Agissaient-elles sous la contrainte des contingences naturelles, pour compenser des carences structurelles ou conjoncturelles ? En ce cas, la description que l'on peut faire des différences de productions entre zones géographiques et des flux commerciaux afférents ne saurait à proprement parler relever d'une division internationale du travail, mais seulement d'un commerce de nécessité soumis aux seules contraintes du milieu. Ou bien, au-delà des contraintes naturelles dues au milieu, le commerce entre cités procédait-il également de choix de production et d'échanges réfléchis et organisés pour tirer parti des avantages naturels ? Si tel était le cas, les avantages naturels n'auraient pas été une contrainte écrasante, mais au contraire de simples moyens au service de politiques d'échange élaborées. En ce cas, on pourrait considérer qu'il existait en Grèce une véritable division internationale du travail. C'est la seconde option qui est la bonne, ce qu'on démontrera en abordant tout d'abord directement cette notion, puis en analysant la forme particulière des flux et réseaux d'échanges de l'univers de la Grèce des cités.

Commerce et division internationale du travail

Les conceptions antiques

Aucun théoricien de l'Antiquité ne paraît avoir envisagé qu'une cité puisse se passer du commerce extérieur. L'auteur inconnu de la *Constitution des Athéniens* (2.11-13), qui fut rédigée vers 420 a.C. et que la tradition a faussement attribué à Xénophon, montre l'importance pour les Athéniens de la maîtrise de la mer. Il souligne en effet l'inégale distribution des richesses naturelles.

« La richesse, ils sont les seuls parmi les Grecs et les Barbares à pouvoir la posséder. Car si une cité est riche en bois propres à la construction navale, où les vendra-t-elle si elle n'obtient l'accord de la puissance qui domine la mer ? Et si une cité est riche en fer ou en cuivre ou en lin, où les vendra-t-elle si elle n'obtient l'accord de la puissance qui domine la mer ? C'est pourtant avec ces matériaux que je construis mes vaisseaux de guerre, l'un me fournissant le bois, l'autre le bronze, l'autre le lin, l'autre encore la cire. En outre, nos ennemis ne pourront plus transporter leurs denrées à l'étranger, ou bien ils ne pourront employer la voie maritime. Mais moi, sans rien faire, je me procure tous ces produits de la terre grâce à la mer, tandis qu'aucune cité ne possède deux de ces produits. Car, dans la même cité, il n'y a pas à la fois le bois et le lin, mais là où il y a abondance de lin, le pays est plat et sans arbre. De même, il n'y a pas à la fois du bronze et du fer dans la même cité, ni deux ou trois autres de ces productions dans la même cité, mais il y a un produit ici et un autre là. »

On retrouve la même idée chez Isocrate (*Panégyrique*, 4.42), qui l'exprime clairement : « Il n'y a pas de peuple qui ait un territoire qui puisse être autosuffisant, chacun étant soit en déficit pour certaines productions, soit en excès pour d'autres. » De la constatation que les richesses naturelles étaient inégalement distribuées découlait l'idée que le commerce extérieur devait permettre de compenser cette inégalité naturelle : d'où aussi l'idée très répandue que le commerce avait pour but l'exportation des surplus et l'importation des manques. C'est ainsi que, dans un développement sur les origines de la monnaie de la *Politique* (1.9.6-7), Aristote pouvait introduire cette remarque : « Quand l'aide étrangère devint plus importante par l'importation de ce dont on manquait et l'exportation de ce qu'on avait en surplus, l'usage de la monnaie s'introduisit comme une nécessité. » Dans la même veine, lorsqu'il rapporte les avantages pour les Byzantins que représente la situation de leur ville, située sur le Bosphore, Polybe (4.38.9) souligne que de la sorte « ils peuvent exporter la totalité de l'excédent de leur production et, pour ce qui leur manque, ils peuvent l'importer directement et avantageusement, sans difficulté et sans risque. »

Un tel raisonnement est caractéristique de sociétés où, dans la mesure où les conditions écologiques et les techniques de production ne permettaient pas d'assurer un niveau de production dépassant de manière régulière les besoins de la population, la logique de la sécurité l'emportait sur toute autre. Entendue de manière stricte, elle signifie que le commerce extérieur des cités grecques n'aurait eu pour but que de ramener à l'équilibre les surplus ou les déficits liés aux conditions naturelles. De fait, on peut dans une première phase de l'analyse avoir le sentiment que, pour l'essentiel, c'est bien cette logique qui prévalait. D'une part, il existait une division internationale du travail qui en premier lieu était fonction de la présence de ressources qui n'existaient que dans certaines régions, ou de potentialités naturelles qui rendaient telle production plus avantageuse. D'autre part, des politiques d'encadrement ou de contrainte sur les échanges étaient établies en fonction des impératifs de sécurité des approvisionnements[1].

Pour ce qui est de l'inégalité de distribution des ressources naturelles, il est aisé de trouver des exemples. Le cuivre, l'étain, le marbre et même le fer n'étaient pas également distribués. Pour ce qui est des denrées agricoles, les régions plus arrosées, aux sols plus riches, avaient des rendements en froment, ou même en orge, largement supérieurs à ceux de la Grèce sèche des îles et du pourtour égéen. En revanche, ces dernières étaient susceptibles de produire du vin, de l'huile d'olive, des figues ou du miel de qualité bien supérieure à celle des zones plus humides, sachant que les régions d'altitude et surtout les régions les plus froides du nord du Pont-Euxin ne le permettaient pas, ou seulement de manière plus difficile (on songe aux vignobles de Chersonèse du Pont, avec leurs accumulations de pierres pour préserver les ceps de vigne du gel[2]).

Dans un univers où les techniques étaient encore relativement pauvres en capital et où la production restait largement dépendante du milieu, les avantages naturels et leur inégale répartition constituaient donc un facteur essentiel du commerce international. Si l'on prend en compte tant les considérations des auteurs anciens que la répartition des avantages naturels, on pourrait donc considérer avec la plupart des penseurs antiques que, en tant que tel, le commerce international ne jouait qu'un simple rôle d'égalisation des opportunités entre régions. En d'autres termes, au-delà d'une stricte logique d'approvisionnement, le commerce extérieur n'aurait pas joué de rôle créateur de richesse dans le développement économique.

Au reste, ce type d'analyse n'est pas l'apanage des penseurs antiques. Les mercantilistes ne voyaient pas les choses autrement. Leurs thèses, qui ont été dominantes dans l'Europe du début de l'âge moderne, sont en effet sur ce point fort proches de celles des anciens. La manière dont Antoine de Montchrestien envisage le commerce extérieur est ainsi très significative. Dans son *Traicté de l'œconomie politique* de 1615, il considère que l'essence du commerce réside dans « le transport des choses qui nous abondent et l'apport de celles qui nous manquent »[3]. Il note que, du moins jusqu'à un certain point, il est logique que l'Angleterre exporte vers la France le plomb qui lui faisait défaut et, réciproquement, que la France lui vende son vin[4]. Or, il est remarquable, que du moins pour les passages en question, Montchrestien ne cite aucun auteur ancien à l'appui de son propos : il semble tirer cette remarque de son propre jugement, à moins qu'il n'ait repris une réflexion qui avait communément cours son temps. Le parallèle, qui sur ce point est donc sans contamination, entre les observations de Montchrestien et celles des penseurs antiques n'en est que plus intéressant. On est là en quelque sorte au premier niveau d'une pensée économique, qui suggère néanmoins que, malgré le changement d'échelle intervenu, les conditions structurelles présidant aux échanges extérieurs dans le monde de la Grèce des cités et dans celui des États territoriaux de l'Europe moderne présentaient nombre de traits communs.

Questionnements antiques

Ainsi, dans l'Antiquité comme à l'aube de l'époque moderne, la théorie de l'importation des manques et de l'exportation des surplus constituait indéniablement un trait de base de l'idéologie des échanges internationaux et elle guidait les politiques des cités. Si l'on devait rendre compte du commerce international exclusivement en ces termes, on serait contraint d'admettre que n'était importé non seulement aucun bien dont la production était localement assurée en quantité suffisante, mais même aucun bien dont la production était susceptible de l'être. La théorie de l'échange « manque contre surplus » a en effet comme présupposé que chacun des deux partenaires exploite au maximum ses potentialités naturelles. Une autre caractéristique de cette théorie est d'analyser les échanges sous l'angle d'un point de vue discret, ponctuel, en prenant comme référence les échanges en un moment donné du temps.

Les caractéristiques fondamentales de l'économie de l'Antiquité, en particulier une productivité de niveau modeste et presque stable sur une période temporelle de l'ordre de quelques dizaines d'années (qui n'empêchait pas de lentes augmentations de productivité, devenant significatives sur le long terme), faisaient qu'effectivement chaque cité tendait à exploiter au maximum ses possibilités naturelles pour être un acteur du commerce international. La règle de base des échanges internationaux a toujours été l'exportation de denrées représentant en valeur un montant équivalent à celui des importations. Au reste, la notion de balance commerciale fait en quelque sorte tellement partie intégrante de la théorie de l'échange « manque contre surplus » que, d'ordinaire, elle restait implicite chez les auteurs anciens. En relevant que les biens exportés payaient les importations, Platon ne fit donc qu'expliciter ce présupposé[5]. Les rapports de force du monde antique apparaissaient d'ordinaire de manière directe, non amortie ou différée, comme c'est le cas de nos jours avec l'évolution des taux de change[6] : si une cité souffrait d'un manque de grain et si elle n'avait pas à offrir en échange des biens exportables ou des métaux précieux de valeur équivalente, ses habitants devaient affronter la dure nécessité de la famine. Comme le disait Plutarque dans sa *Vie de Solon* (22.1), « ceux qui vont sur mer n'ont pas l'habitude d'importer à ceux qui n'ont rien à offrir en échange »[7]. L'emprunt ne pouvait être qu'un expédient temporaire, qui lui aussi trouvait vite ses limites[8].

Pourtant, dès l'Antiquité, certains théoriciens ont clairement perçu une forme d'insuffisance de ces analyses en termes de « manque » et de « surplus ». L'évolution du destin d'une cité, en termes de fluctuations démographiques mais aussi de richesse, supposait une évolution correspondante des données du commerce extérieur. Aristote signalait que l'augmentation du volume des échanges avait conduit à l'introduction de la monnaie. Il admettait donc que manque et surplus n'avaient pas de caractère absolu mais constituaient des données susceptibles d'évolution dans le temps. Si l'on considère par exemple un « manque de denrées alimentaires », on pourra certes observer que, alors que tout le terroir agricole était occupé et compte tenu des techniques existantes, l'agriculture d'une cité donnée était incapable de nourrir sa population. Mais l'effectif d'une population n'est pas un résultat mécanique. Il est la résultante d'un processus social complexe. La croissance de la population obéit certes en partie à des facteurs endogènes, liés au système d'organisation de la parenté : quels qu'aient été les comportements individuels ou collectifs à l'égard des enfants, y compris les plus extrêmes, il devait fréquemment arriver qu'en l'espace de quelques décennies une cité se retrouvât avec un surcroît de bouches à nourrir. Une série de théoriciens antiques ont été sensibles à ces modifications du niveau de la population. Même s'ils ont exprimé leur point de vue en termes normatifs (une population ne devrait pas augmenter au-delà du raisonnable), ils ont donc été sensibles à ces évolutions[9]. La manière dont les cités pouvaient affronter l'existence d'un certain pourcentage de pauvres et d'indigents était manifestement fort variable : mesures de répression ou départs forcés, ou bien au contraire encouragement au développement d'une activité artisanale (donc acceptation d'un niveau de population plus élevé, pourvu que les plus pauvres pourvoient à leur subsistance par le travail). Certes, il existait une limite absolue au développement démographique, limite constituée par la quantité de denrées alimentaires disponibles, mais la manière dont une société civique prenait en compte les couches les plus pauvres de la population aboutissait aussi à des niveaux de population potentiellement fort différents. Des analyses purement quantitatives ne sauraient rendre compte de la complexité des processus.

On relèvera enfin que, dans leur condamnation répétée des dépenses de luxe, donc des importations de produits de luxe, considérées comme inutiles et au contraire comme une déplorable cause de sorties d'argent de la cité, les auteurs anciens mettaient aussi le doigt sur le caractère social et relatif des besoins. Pour les couches populaires, c'étaient les produits alimentaires de base qui représentaient le principal poste de dépense, quand la demande des couches aisées se dirigeait vers les vins fins, les tissus précieux, les bijoux ou les objets de luxe en général. Dans cette mesure aussi, manque et surplus étaient donc pleinement relatifs.

C'est dans cette perspective que l'observation de Platon dans la *République* (2.11 369b-370e), selon laquelle les surplus n'existent que parce qu'on les a volontairement produits pour satisfaire les besoins en importations devient fondamentale :

> « – Mais, dis-je, il serait presque impossible de fonder cette cité en un endroit où elle n'aurait besoin de rien importer. – C'est impossible en effet. – Elle aura donc encore besoin d'autres personnes pour lui apporter d'une autre cité ce qui lui manque. – Elle en aura besoin. – Et si l'intermédiaire part les mains vides, sans rien apporter de ce dont manquent ces cités où il va chercher ce dont ont besoin ses propres concitoyens, il reviendra les mains vides, n'est-ce pas ? – Il me semble. – Il faut donc non seulement produire des denrées en quantité appropriée au pays, mais encore, en nature et en quantité, celles dont manquent les partenaires ? – Il le faut, en effet – Il faut donc augmenter dans notre cité le nombre des laboureurs et des artisans. – En effet, il faut l'augmenter. »

Pour Platon, les surplus n'ont donc rien de naturel. Ils sont le produit d'une volonté consciente du nécessaire équilibre entre importations et exportations. On trouve là les éléments d'une autre logique du commerce extérieur, qu'il faut maintenant approfondir dans la perspective des théories contemporaines.

Théorie du commerce international

En matière de théorie du commerce international, la rupture intervient dans la deuxième moitié du XVIIIe siècle. On la doit à Adam Smith et, surtout, à David Ricardo[10]. Pour Smith, le progrès économique supposait une spécialisation des activités[11]. Selon son célèbre exemple de la fabrique d'aiguilles, dix ouvriers voués exclusivement à cette tâche pouvaient produire 48 000 pièces par jour. Par là, le coût unitaire de l'aiguille (et donc son prix à la vente) pouvait en être considérablement abaissé. Au plan international, de même, Smith défendait l'idée d'une spécialisation des productions par pays en fonction de leurs avantages naturels, qui serait source d'une augmentation générale de la productivité. Adam Smith raisonnait en en termes « d'avantages absolus » : chaque pays se spécialisait sur la production dans laquelle il avait une productivité supérieure à celle de l'autre. David Ricardo prolongea les réflexions d'Adam Smith, mais il introduisit dans la théorie du commerce extérieur une notion nouvelle, celle d'avantage comparatif. Dans son traité *Des principes de l'économie politique et de l'impôt*, il montra qu'un pays a intérêt à se spécialiser sur celle de ses productions où la productivité est la plus élevée[12]. On suppose que le seul facteur de production qui compte soit le travail et que les coûts de transaction (en particulier les coûts de transport) soient nuls. Ricardo donna la démonstration de ce que même si un pays a une productivité plus faible dans tous les domaines, il a intérêt à échanger. L'exemple classique qu'il donne est celui des relations commerciales entre deux pays, l'Angleterre et le Portugal, qui sont susceptibles d'échanger leurs deux productions, le drap et le vin. On pose par hypothèse que l'Angleterre a une productivité plus faible dans les deux secteurs, puisqu'il lui faut 100 heures de travail pour produire une unité de drap et 120 pour le vin. Quant au Portugal, les chiffres sont respectivement de 90 et 80. Les 390 heures travaillées au total produiront donc deux unités de drap et deux de vin. Or, si les deux pays se spécialisent sur ce qu'ils savent faire comparativement mieux, l'Angleterre pourra produire 2 unités de drap en 200 heures et le Portugal deux unités de vin en 160 heures, soit un total de 360 heures pour les deux productions : les trente heures gagnées pourront être consacrées à produire davantage ou à produire d'autres denrées.

La théorie des avantages comparatifs (quand Adam Smith prenait donc seulement en considération les avantages absolus) permet de montrer comment l'échange international n'est pas un jeu à somme nulle, comme le pensaient les mercantilistes, mais un jeu à somme positive. La division internationale du

Production avant spécialisation (heures travaillées)	Drap	Vin	Total
Portugal	90	80	170
Angleterre	100	120	220
Total	190	200	390

Production après spécialisation (heures travaillées)	Drap	Vin	Total
Portugal	0	160	160
Angleterre	200	0	200
Total	200	160	360

travail qu'autorisent les échanges internationaux permet d'augmenter la production globale, pour le plus grand bénéfice de tous. La théorie des avantages comparatifs montre que le commerce est profitable dans tous les cas, y compris lorsque, comme c'est le cas de l'Angleterre dans l'exemple de Ricardo, le pays a une productivité plus faible pour tous les produits qu'il est susceptible d'offrir[13].

Il est vrai que la théorie ricardienne suppose une situation de concurrence pure et parfaite, qui n'est jamais réalisée. Elle fait abstraction des rapports de force entre États ou des problèmes sociaux qui peuvent apparaître. Elle a comme présupposé, au reste explicite chez Ricardo, la stabilité du capital dans le pays d'origine (comme on le sait, de nos jours remise en cause par le processus de mobilité du capital). La réduction à un échange à deux partenaires est naturellement un modèle abstrait, assumé comme tel par Ricardo, qui soulignait que la réalité des échanges internationaux était bien plus complexe. La théorie des avantages comparatifs de Ricardo a donné lieu à maintes nouvelles analyses et variantes. Il reste que, depuis qu'elle a été proposée, elle n'a jamais pu être sérieusement contredite et qu'elle constitue un puissant outil d'analyse des échanges internationaux. Les concepts ricardiens ont été réélaborés pour les échanges internationaux contemporains dans le cadre du modèle dit de « Heckscher, Ohlin et Samuelson » (ou « modèle HOS »), trois économistes qui se sont efforcés de montrer comment le rapport capital-travail dans la production d'un bien affectait le taux de productivité de ce bien et donc la spécialisation par pays. Une forte intensité de capital donne à certains pays un avantage dans la production de biens de technologie élaborée : le capital est abondant et peu cher, la main-d'œuvre rare et chère. Le principe vaut en sens opposé pour des pays où le capital est rare et cher, mais la main-d'œuvre abondante et bon marché[14].

Division internationale du travail et gains de productivité

A priori, on est là bien loin du monde de la Grèce ancienne. Doit-on considérer que les échanges internationaux n'avaient effectivement d'autre conséquence que de mettre à disposition des produits dont on n'aurait pas disposé et à exporter ses surplus ? Doit-on considérer qu'ils ne constituaient qu'un jeu à somme nulle ? Cette présentation des choses serait tout à fait insuffisante. Bien que l'économie de la Grèce des cités ait été une économie où la terre restait le principal facteur de production et où les avantages absolus jouaient un rôle primordial, on peut montrer que les thèses ricardiennes permettent de donner un éclairage inédit sur le rôle des échanges internationaux dans le monde de la Grèce des cités.

Que nous apporte le regard de la théorie économique contemporaine ? Si, comme on l'a vu, l'analyse économique la plus fréquente dans l'Antiquité (et l'idéologie dominante qui en découlait) restait focalisée sur l'importation des surplus et l'exportation des manques, peut-on raisonnablement essayer d'appliquer un cadre théorique contemporain sur une réalité antique sans prêter le flanc à la critique de vouloir plaquer une réalité contemporaine sur une économie antique dont on sait pourtant pertinemment qu'elle était différente de la nôtre ? À cela, on peut apporter plusieurs réponses.

Tout d'abord, ce n'est pas parce qu'un instrument d'analyse n'existe pas à une époque donnée qu'on doit se priver de l'utiliser : autant vaudrait renoncer à toute étude scientifique. C'est donc par l'analyse économique qu'on peut rendre compte d'un certain nombre de phénomènes constatés en Grèce antique et qui ne sauraient trouver une explication avec les seuls outils théoriques connus à l'époque. Pour autant, on ne devra pas négliger la question de la forme prise par le discours sur le commerce extérieur dans la Grèce des cités. Ensuite, comme on l'a vu également, l'idéologie dominante de l'époque n'empêcha pas certains penseurs d'aller plus loin dans leur réflexion. Il est ainsi remarquable que Platon ait introduit le temps comme l'une des variables de son analyse du commerce extérieur. Car c'est exactement ce que fit bien plus tard Ricardo avec sa théorie des avantages comparatifs : l'augmentation de production des deux partenaires, qui est une résultante des gains de productivité, ne peut être mesurée qu'après un certain laps de temps. C'est, entre autres, cette dimension temporelle qu'on doit prendre en compte dans l'analyse du commerce extérieur de la Grèce des cités, et ce même si l'idéologie dominante de l'époque ne le faisait pas.

La réalité était que non seulement les cités du monde grec égéen de l'époque classique et hellénistique vivaient de l'échange, mais que leur essor ne put avoir lieu que grâce au développement parallèle d'une série de régions périphériques. Le développement du « cœur du monde grec » (le monde égéen) à la fin de l'archaïsme et à l'époque classique ne fut rendu possible que par les importations massives de denrées brutes venues de la périphérie. De même, le développement de la périphérie ne fut rendu possible que par la demande sans cesse croissante venue de l'Égée. L'offre de l'un augmenta progressivement en fonction de la demande de l'autre et réciproquement. La notion statique de surplus et de manque est impuissante à décrire cette dynamique. C'est au cours du VIe siècle que le processus se mit en marche à grande échelle et s'installa[15]. Les grandes routes commerciales ainsi que les principaux mécanismes d'échanges se dessinaient nettement dès la fin de l'archaïsme.

Mais on doit encore aller plus loin et, comme y invitent les thèses de Ricardo, supprimer la frontière conceptuelle entre avantages absolus et avantages comparatifs. Non que la notion d'avantage absolu n'ait pas de réalité, puisqu'elle est au fondement de la différence de productivité entre zones. Mais il suffit de considérer que l'avantage absolu n'est qu'une modalité de l'avantage comparatif. En d'autres termes, il est indifférent que les partenaires aient librement décidé de se spécialiser ou qu'ils y aient été contraints par la nécessité, ou que, au point de départ, ils aient été dans une situation de productivité de type « avantage absolu » ou de type « avantage comparatif ». Ce qui compte est finalement que les fortes différences de productivité entre régions qu'on peut observer dans la Grèce des cités et l'unification de ces différentes régions par le marché international conduisaient à des gains de productivité particulièrement élevés[16].

Concrètement, cela signifie que si les cités du monde égéen avaient dû produire tout le grain qui leur était nécessaire pour des niveaux de population aussi élevés que ceux qui étaient les leurs, elles auraient dû mettre en culture toutes les terres disponibles, y compris les moins fertiles, pour une productivité marginale en décroissance rapide. Il est clair du reste que, de toute façon, elles n'auraient jamais pu atteindre le niveau qui était le leur à l'époque classique par leurs seules productions, et c'est là un point décisif dans l'histoire économique de ces régions. Mais, au plan des gains de productivité, il importe peu que, sans les importations, elles n'aient pas été susceptibles d'atteindre ces niveaux de production. Bien au contraire, le différentiel de productivité représentait un avantage d'autant plus considérable. Ces cités bénéficiaient d'importations de céréales ou autres denrées produites avec une productivité bien plus élevée que celle qui prévalait chez elles. Ces denrées leur parvenaient comparativement à bas prix. De la sorte, les cités du monde égéen bénéficiaient de gains de main-d'œuvre considérables, qu'elles étaient susceptibles d'utiliser en se spécialisant sur d'autres productions, où elles pouvaient à leur tour atteindre un niveau de productivité maximal.

C'est par cette vaste division internationale et les gains de productivité qui lui étaient liés que le monde grec put atteindre le niveau de développement qui fut le sien à l'époque classique. Si, par souci de sécurité, toutes les cités tâchaient d'atteindre un niveau minimal de production de grain, chacune d'entre elles se spécialisait néanmoins dans un nombre limité de productions où elle tâchait d'atteindre une qualité qui lui permettrait d'établir une réputation incontestable. Selon la logique de Ricardo, le commerce international de la Grèce des cités, qui mettait en relation le monde égéen avec des régions allant de l'Égypte et de Cyrène au Pont-Euxin et Chypre à la Sicile ou l'ensemble de l'Occident méditerranéen, peut être défini comme un système de production répartie. C'est en ce sens que, paradoxalement, malgré la distance géographique et le fractionnement en une multitude de cités susceptibles d'autoriser ou d'interdire importations et exportations, l'ensemble des territoires concernés constituait pour les produits concernés un seul et même marché, sous la forme de l'interconnexion entre diverses zones de marché. Cela ne signifie pas que l'ensemble de la production des cités concernées était disponible pour le marché (intérieur et, a fortiori, extérieur) ou que les prix y aient été les mêmes partout, bien au contraire, puisque c'étaient les différentiels de prix qui généraient les courants commerciaux entre zones. En revanche, cela veut dire que ces territoires vivaient en étroite interdépendance économique, qu'ils s'étaient développés l'un grâce à l'autre. La preuve *a contrario* en est fournie par la situation qui suit l'abaissement d'Athènes à l'aube de l'époque hellénistique. La chute d'Athènes eut de graves conséquences non seulement pour les régions les plus proches d'Athènes mais aussi pour le Pont-Euxin, et pas seulement parce que cette zone connut alors une nouvelle et grave pression des tribus barbares sur son sol.

Centre et périphérie

On peut donc dire que le monde de la fin de l'archaïsme et de l'époque classique fonctionna sur un rapport centre-périphérie, le centre étant constitué avant tout par les cités de la zone égéenne, la périphérie par les zones définies précédemment. En revanche, le monde de l'époque hellénistique devint multipolaire, le monde de l'ouest de l'Égée n'étant plus alors qu'un des centres de développement, et avec un niveau sensiblement en retrait par rapport à l'époque précédente. À partir de la fin du IIe siècle et au Ier siècle a.C., un nouveau centre se mit en place en Occident, qui fit au mieux des cités égéennes et des autres régions du bassin oriental de la Méditerranée des zones de relais vers Rome et l'Italie. À cette période, les grandes propriétés nouvellement mises en place en Italie, en Sicile et en Afrique étaient alimentées par les masses d'esclaves en provenance des différentes régions de l'empire de Rome, en particulier ceux qui avaient transité par Délos.

Le modèle centre-périphérie de la fin de l'archaïsme et de l'époque classique pose la question des termes de l'échange entre les deux zones. Il apparaît clairement que, pour une grande part, la périphérie fournissait des produits bruts, du grain, des peaux, du bois, des esclaves, tandis que le centre fournissait la périphérie en produits plus élaborés. Il faut entendre par là des produits artisanaux, comme des tissus et des vêtements (ordinaires ou de luxe), des tapis, des tentures, des céramiques, des armes, des vases précieux, des éléments d'outillage, des meubles, des produits de cordonnerie, mais aussi naturellement des vins de qualité ou de l'huile, ou encore des livres, des instruments de musique, des parfums, avec les petits vases à parfums en verre qui les accompagnent, des fards, des miroirs et même des statues de bronze, le tout exporté dans toutes les directions en fonction de la demande locale[17]. Les épaves attestent que ces biens étaient effectivement transportés par mer sur les marchés lointains[18]. Produits de l'artisanat et de l'agriculture ou « œuvres d'art », ils exigeaient une main-d'œuvre experte et tributaire d'une longue tradition de savoir faire technique : ainsi dans la production céramique, où la qualité technique et esthétique des produits attiques fit prime pendant trois siècles, entre la première moitié du VIe siècle et la fin du IVe siècle. Selon la production, la main-d'œuvre employée pouvait soit être en nombre réduit, soit très nombreuse. Dans la première catégorie entrait par exemple la production des parfums, une activité qui avait une production faible en volume, mais qui avait une grande valeur unitaire. Ce n'est pas un hasard si un grand centre de redistribution comme Délos tardo-hellénistique fut un lieu de production de parfums : la commercialisation au meilleur prix en était assurée. Dans les vignobles en revanche, les effectifs employés étaient très nombreux. En outre, relativement aux conditions de production qui prévalaient, ces productions avaient la particularité d'exiger un lourd investissement en capital.

Or, on constate que ce sont les régions centrales, celles qui bénéficiaient de la plus forte accumulation de capital, qui pouvaient investir dans les productions évoquées précédemment. Il s'agissait de produits de prix élevé à l'unité de volume. Les marges à la vente sur les vins de qualité étaient considérables, comme on l'a vu précédemment[19]. Il pouvait en aller de même des textiles de prix et, plus généralement, de tous les produits d'agrément et de luxe qui pouvaient être exportés par les grandes villes égéennes[20]. La valeur élevée des produits exportés par le centre permettait d'acheter à bon compte les produits bruts, singulièrement les céréales, qui étaient nécessaires à la nourriture de la population de cités que leurs terres n'auraient de toute façon jamais pu nourrir[21].

On se gardera cependant de voir là un schéma où le centre exploiterait une périphérie toujours plus pauvre. Dans le cas de la Grèce de la fin de l'archaïsme et de l'époque classique, lors des phases d'expansion c'est bien d'un modèle « gagnant-gagnant » qu'il s'agit, car l'essor de la périphérie ne laisse aucun doute sur les profits qui étaient faits. Il est donc logique en revanche que le retournement de conjoncture du début de l'époque hellénistique ait aussi été marqué par de graves difficultés dans certaines régions périphériques comme le Pont-Euxin, même si certains facteurs endogènes, comme la pression de nouvelles tribus barbares, purent également jouer[22]. En même temps, on doit aussi poser la question de la nature de cette « périphérie », qui, pour l'essentiel, était composée de cités ou principautés appartenant à la communauté hellénique. Ces dernières avaient elles-mêmes leur « périphérie » et c'est là que pouvait s'opérer une véritable exploitation, en particulier par l'achat d'esclaves auprès des tribus ou royaumes barbares avec lesquels elles étaient en contact.

On devrait aussi se garder de voir dans les notions de « centre » ou « de périphérie » des ensembles monolithiques, comme si la « périphérie » n'expédiait vers le « centre » que des produits bruts pour recevoir des produits élaborés, et réciproquement. Les qualifications de centre et de périphérie désignent plutôt deux pôles principaux d'échanges avec deux dominantes dans les productions, mais sans exclusivité, en fonction des opportunités mais aussi des savoir-faire locaux, sans négliger qu'une bonne partie de la « périphérie » correspondait soit à des peuples d'ancienne culture, comme l'Égypte ou la Phénicie, soit à des cités grecques coloniales. Ainsi, l'Égypte du Ve siècle était bien un pays qui, pour l'essentiel, fournissait aux cités égéennes des produits bruts, comme le grain et le natron, mais elle leur procurait aussi des toiles de lin, des cordages, du papyrus, tous produits qu'on peut faire entrer dans la catégorie des produits ouvrés et de valeur. Quant à ses importations, elles consistaient en vin, huile, céramique, laine, fer, bronze, cuivre, étain, bois, dont les uns peuvent être considérés comme des matières premières, les autres comme des produits de luxe[23].

En outre, à l'intérieur de chaque zone existaient des réseaux complexes et entre les deux pôles pouvaient aussi exister une multitude de zones intermédiaires qui profitaient de l'établissement de ces courants d'échanges pour prospérer à leur tour. On a donc affaire à un seul système, qui n'empêche pas des autonomies régionales et des changements de configuration globale, comme le passage d'un monde centré sur l'Égée à un monde multi-centré à l'époque hellénistique, avant le retour à un monde centré sur Rome et l'Italie à la fin de l'époque hellénistique et au début de l'époque impériale.

Enfin, certes sur un fond d'échanges entre partenaires jouissant d'avantages absolus, on doit aussi observer des échanges internationaux qui ne sauraient entrer dans ce cadre. Un traditionnel dicton britannique voulait qu'on n'apportât pas de charbon à Newcastle. Or, on importait du vin à Athènes, qui en était productrice. Il est vrai qu'il s'agissait de vins de qualité, qu'on ne produisait pas en Attique. Mais on voit alors qu'on doit dépasser la simple constatation d'importations ou d'exportations sur la base d'échange de produits différents pour tenir compte de phénomènes plus complexes. La question appelle une double réponse.

Elle tient tout d'abord à la structure de la consommation, elle-même fonction de la structure sociale des formes de distribution de la richesse. Comme agrégat, le « manque » d'une cité peut être défini comme sa demande extérieure globale. Cependant, selon les niveaux sociaux, le manque n'avait pas la même signification : en valeur, la demande des couches populaires portait essentiellement sur les produits de première nécessité, celle des élites sur les produits de luxe, inabordables aux plus pauvres. La définition des besoins n'est donc pas une donnée absolue. Le modèle politique tendanciellement égalitaire des sociétés grecques n'empêchait pas une forte inégalité de revenus. Les aristocraties de l'époque archaïque, les élites de la fortune de l'époque classique et surtout de l'époque hellénistique disposaient de revenus qui leur donnaient accès à des formes de consommation inconnues de la masse. Cette différenciation sociale structurait à son tour les importations pour tous les produits qu'on ne pouvait pas trouver dans sa cité. Le personnage du vaniteux brocardé par Théophraste était par excellence un importateur de produits exotiques, rares et précieux, qui signaient son appartenance à l'élite, de la fortune sinon du goût[24].

Il reste qu'au-delà d'importations de curiosités exotiques (même si elles étaient de prix élevé), des importations de masse en provenance de producteurs lointains pour des produits qu'on produisait déjà sur place posent des problèmes d'une autre envergure. Un cas patent est fourni, au IIe et au Ier siècle a.C., par les exportations d'huile ou de vin d'Italie, de Sicile ou d'Afrique, expédiés en grande quantité vers l'Orient méditerranéen, ainsi en Égée à Délos et à Éphèse[25]. Au Levant, Maresa/Maresha absorba une quantité impressionnante d'amphores d'Italie et d'Afrique. Or, aussi bien les Cyclades ou l'Asie Mineure que les côtes du Levant ou l'Idumée (Maresha) étaient a priori des régions productrices de vin ou d'huile. Il faut que, au point d'arrivée, il y ait eu des consommateurs pour acheter librement ces produits, dont l'acquisition n'était évidemment pas obligatoire et dont rien n'indique qu'ils n'aient été consommés que par une seule clientèle italienne émigrée. La présence de grands marchés urbains, dans le cas de Délos ou d'Éphèse, peut avoir justifié des importations, qui s'ajoutaient aux productions locales ou régionales. Mais il faut néanmoins que, malgré les coûts de transport, le produit rendu à destination ait pu être concurrentiel avec les productions locales, voire être livré à un prix inférieur. À Maresha et dans la région en effet, l'abandon ou la transformation des huileries pose la question de la justification de leur abandon, précisément à cette période. On doit considérer que les grandes fermes esclavagistes du sud de l'Italie, de Sicile et d'Afrique tardo-républicaines produisaient du vin et de l'huile à un prix inférieur à celui des fermes plus traditionnelles de l'Égée ou du Levant. On ne doit certes pas en tirer une règle générale, mais il paraît inévitable de considérer qu'une fois encore c'étaient des prix à la production plus bas qui justifiaient les échanges à longue distance. Cette fois, cependant, il ne s'agissait pas d'avantages naturels, comme c'était le cas pour les échanges « vin contre grain » entre l'Égée et le Bosphore à l'époque classique. La différence de coût à la production entre les deux zones était liée à deux facteurs. Elle tenait d'abord à une organisation différente des structures de production, car les grands domaines viticoles ou oléicoles d'Italie, de Sicile ou d'Afrique permettaient des économies d'échelles. En second lieu, elle tenait aussi naturellement aux conditions de surexploitation d'une main-d'œuvre servile dont en outre, dans cette période, la surabondance assurait un prix d'achat particulièrement bas. Enfin, elle correspondait à un réaménagement global des réseaux d'échange en direction de Rome et de l'Italie, créant de la sorte un flux d'échange dont profitait l'exportation de ces produits.

Les flux d'échanges

Consommation, production et prix

La logique des surplus et des manques a comme présupposé que des productions d'une origine unique étaient directement transportées vers un lieu où elles feraient l'objet d'une consommation intégrale. Il ne fait pas de doute que ce schéma correspondait à une proportion considérable, même sans aucun doute majoritaire, des échanges commerciaux. C'était elle qui présidait aux échanges de denrées alimentaires et qui prévalait ainsi dans les échanges entre le Pont-Euxin et les cités de mer Égée, en premier lieu Athènes, grosse importatrice de grain. Le plaideur du *C. Lacritos* (35.35), à la fin des années 320 a.C., accusait ses adversaires de ne pas avoir respecté un contrat qui les obligeait à revenir à Athènes avec une cargaison achetée dans le Pont. Ces derniers prétendaient que leur navire avait fait naufrage alors qu'ils étaient en train de revenir vers Athènes entre autres avec une cargaison de vin. Le plaideur veut montrer l'absurdité de cette affirmation :

> « Voici l'impudence de ces gens. Vous, membres de jury, songez en vous-mêmes si vous connaissez en quelque façon, ou si vous avez entendu parler de gens qui aient fait une importation de vin depuis le Pont à titre commercial, en particulier de vin de Cos. Tout au contraire, le vin est importé dans le Pont depuis les régions de chez nous, de Péparéthos, de Cos, de Thasos, de Mendè, et de toute une série d'autres cités ; autres sont les denrées importées ici depuis le Pont. »

À l'époque hellénistique, les termes de l'échange étaient restés les mêmes, mais les incertitudes politiques et économiques générales avaient fait du Pont-Euxin une zone moins sûre pour les importations de grain, comme l'indique Polybe (4.38.4-5) :

> « Pour les besoins indispensables de l'existence, il est sans conteste que les régions du Pont nous fournissent, à la fois en très grande quantité et avec la meilleure qualité, du bétail et l'essentiel de nos fournitures d'esclaves ; pour le superflu, ils nous approvisionnent en miel, cire et salaisons. De leur côté, ils reçoivent de nos régions nos surplus d'huile et des vins de toutes sortes. Pour ce qui est du grain, les rapports peuvent s'inverser : tantôt, en cas de bonne récolte, ils sont fournisseurs, tantôt ils sont importateurs de grain venant de chez nous. »

Toute la série des produits mentionnés correspond à des produits bruts, ou faisant l'objet d'une transformation simple effectuée sur le lieu de production, comme dans le cas des salaisons. On a donc là un schéma qui correspond à la logique des « surplus » et des « manques », selon le schéma évoqué précédemment.

Mais cette logique d'échanges de produits bruts destinés à une consommation immédiate n'épuise pas la diversité et la complexité des réseaux d'échanges. On doit aussi prendre en compte que les échanges intervenaient dans la constitution de zones de production intégrée, reposant sur l'importation de produits de base avant une réimportation, éventuellement lointaine. La plupart des productions artisanales devaient avoir recours à des matériaux importés. Faisant l'objet d'une transformation dans des ateliers spécialisés, les produits finis pouvaient alors être réexportés dans toutes les directions. Ainsi, même la production de céramique fine pouvait exiger des produits importés : en Attique, les peintres sur vase utilisaient de l'ocre à la belle couleur orangée, dont la meilleure était importée de l'île de Kéos.

Un cas intéressant est fourni par la fabrication des parfums. La parfumerie était certes une production de luxe et qui employait peu de personnel, mais elle pouvait rapporter des profits élevés. Les femmes (pas seulement les hétaïres), mais aussi les hommes faisaient un emploi très fréquent des parfums[26]. Les vases à parfums qu'on retrouve en nombre sur les sites classiques et hellénistiques témoignent du goût de la clientèle pour ces produits. En outre, les peintures de vases attiques représentent de manière très fréquente des alabastres (le nom spécifique, en Attique des petits vases à parfum – ils avaient la même forme ovoïde que les lécythes), ce qui montre que leur usage était chose générale au moins dans les classes moyennes et aisées[27]. La production des parfums nécessitait des ingrédients divers. Les uns pouvaient être d'origine locale (huile, fleurs, miel, sel). Mais les autres étaient d'origine plus ou moins lointaine : l'*aspalathos* (une plante encore mal identifiée) venait de Nisyros, de Rhodes et de Syrie ; le styrax de la région de Selgè, dans le sud de la Pisidie ; le *schoinos* et le *kalamos* étaient deux plantes qui poussaient au Liban ; la fleur de *kypros* (qui donne le henné) venait d'Afrique, d'Arabie, de Perse et de l'Inde du Nord-Ouest ; la myrrhe, la cardamome, la cannelle venaient de la zone de l'océan Indien. Le prix du parfum était d'abord fondé sur celui des produits qui entraient dans sa composition. Le simple *myrrhon rhodinon*, parfum le plus commun à base de pétales de roses dans lequel entraient peu de composants exotiques, se vendait 4 drachmes le cotyle à Délos en 269 a.C. et 4,5 drachmes en 250[28]. On possède de la sorte une indication précieuse sur les ordres de prix de ce produit. En revanche, d'autres parfums étaient beaucoup plus chers. Dans la recette du parfum connu sous le nom de *kypros* ou *kyprinon* entraient entre autres, selon Dioscoride, *aspalathos*, *kalamos*, *kypros*, myrrhe, cardamome et cannelle[29]. En outre, c'était un parfum long et difficile à préparer. Le résultat était qu'à Athènes, au milieu du IIIe siècle, selon le philosophe cynique Télès, il se vendait une mine le cotyle, soit 20 à 25 fois plus cher que la « myrrhe de roses » délienne à la même époque[30]. Ainsi, on voit que le prix final était directement fonction de la complexité et de l'ampleur du réseau d'échange qui présidait à la fabrication du produit. Les métaux et des textiles fournissent deux cas qui illustrent la variété et la complexité des logiques d'échange.

Métaux

Même si la livraison de produits finis n'était pas exclue, le trafic des métaux semble le plus souvent avoir reposé sur la base du transport de lingots. Ensuite, les métaux étaient travaillés sur le lieu de livraison.

Cependant, comme le soulignait le Ps-Xénophon, les gisements métallurgiques n'étaient pas distribués de manière régulière dans toutes les régions. De la sorte, pour se procurer du métal, les échanges internationaux étaient absolument nécessaires. Cependant, la distance d'avec les centres de production était variable[31] : maximale pour le cuivre (qui pour l'essentiel venait de Chypre et de l'est de l'Asie Mineure) et l'étain (qui venait des lointaines îles Cassitérides, de l'est de l'Asie Mineure, mais peut-être aussi du Caucase), plus proche pour le fer, car il y avait davantage de gisements de ce métal[32]. En Grèce même, on trouve des gisements de fer en Macédoine, en Chalcidique et à Thasos, dans le Parnon à l'est de la Laconie, dans l'est de la Béotie et en Eubée, dans une série de Cyclades et au-delà jusqu'à Cos et Lesbos, enfin en Crète centrale et occidentale[33]. Nombre de ces gisements firent l'objet d'une exploitation à l'époque antique[34]. Le nord de l'Asie Mineure était aussi producteur de fer. Un *topos* des sources anciennes est que le pays habité par les Chalybes, à l'est d'Amisos et du fleuve Iris, dans l'arrière-pays de Themiskyra, Kotyora et Pharnakeia (Kérasonte), était particulièrement riche de ce métal, mais, au-delà du lieu commun, le géographe Strabon (12.3.15-19) confirme qu'il en allait bien ainsi. Cependant, il existait aussi d'autres mines plus proches des Détroits. C'est ce que montre une allusion d'Apollonios de Rhodes (*Argonautiques*, 2.141, cf. 792-795), confirmée par l'exploitation moderne, qui a redécouvert les traces des mines antiques dans l'arrière-pays d'Héraclée du Pont, entre les deux fleuves Sangarios et Hypios (ce dernier étant environ trente kilomètres à l'est du précédent). On voit de la sorte que la Bithynie était elle aussi productrice et que les deux peuples des Bébryces (à l'ouest, qui furent remplacés par le peuple thrace des Bithyniens) et des Mariandyniens (à l'est), « qui toujours combattaient pour la terre productrice de fer », s'en étaient disputé la propriété aux époques anciennes[35]. Vers l'ouest, l'Étrurie était riche en métaux, en particulier avec le minerai de fer de l'île d'Elbe travaillé à Populonia[36]. Enfin, en Languedoc, le minerai de fer de la Montagne Noire pouvait aussi trouver son chemin vers la Méditerranée et le réseau des cités grecques. Ainsi, pour ce qui est du fer, les cités égéennes disposant de mines (et de charbon de bois en quantité suffisante) pouvaient être autonomes. Les autres, c'est-à-dire la plupart, devaient importer, la distance d'avec les sources d'approvisionnement étant variable, relativement proche s'il s'agissait de centres de production situés en Égée, plus lointaine s'il s'agissait de la mer Noire ou des mines de fer d'Occident.

En fonction de leur valeur unitaire et de leur poids volumique élevé (donc leur faible encombrement dans les cales de navires), le commerce des métaux devait être particulièrement rentable. Le commerce international fut donc l'un des vecteurs de cette relative banalisation du fer.

Textiles

Les diverses opérations nécessaires à la production textile reposaient sur un réseau d'échange permettant de se procurer les produits indispensables, qui pouvaient être de provenances très diverses[37]. Ainsi, pour la laine, les opérations de lavage, apprêt et teinture reposaient sur des produits qui étaient en totalité ou en partie importés[38].

On doit commencer par mentionner les emplois du natron[39]. Ses utilisations artisanales principales étaient dans la fabrication du verre mais surtout dans le traitement des textiles. Pline (*Hist. Nat.*, 31.46) signale qu'il servait dans les teintures, en particulier pour la pourpre, ce qui a été confirmé par l'expérimentation moderne[40]. Mais on ne doit pas négliger les propriétés lavantes du natron. Mélangé à de l'eau, il donne en effet une solution basique (pH > 8) bien adaptée à cette fonction. C'est dans ce rôle, aujourd'hui encore, que le natron est utilisé par l'industrie textile. Or, pour les cités grecques, c'était certainement l'Égypte qui était le principal pourvoyeur de natron.

Dans la phase suivante de la production textile intervenait l'alun[41]. Ainsi, après un premier traitement permettant un lavage intensif, les laines étaient traitées dans un bain à base d'alun, de composés ferreux et éventuellement de vinaigre. Cette opération (le mordançage) permettait ensuite la fixation des teintures sur les fibres de tissu[42]. Les recherches récentes ont permis d'identifier des amphores de l'époque impériale susceptibles de transporter préférentiellement de l'alun : celles des îles Lipari et de l'île de Mélos en particulier. Or, la production des amphores « à alun » lipariennes commença en fait dès le début du Ier siècle a.C.[43] Pour les périodes antérieures, l'information est plus floue. On sait que l'alun était utilisé dans le monde égéen dès le IIe millénaire. Les sources d'époque romaine (littéraires ou archéologiques, ou les deux ensemble) montrent que, pour le bassin oriental de la Méditerranée, on connaissait alors l'alun des Lipari, de Mélos, de Macédoine, de Milet, d'Hiérapolis de Phrygie et du Pont, et il faudrait ajouter à cette liste l'Égypte[44]. Toute la question est de savoir ce qu'il en était effectivement de l'exploitation de ces gisements aux époques précédentes. Diogène Laërce (5.44) attribue à Théophraste la paternité d'un traité *Sur le sel, le natron et l'alun*, malheureusement perdu. Une loi sacrée d'époque hellénistique en provenance de Thèbes du Mycale (au nord de Priène, et donc au nord de Milet) signale que, parmi ses revenus, un prêtre recevra le produit de la taxe sur l'alun, ce qui tendrait à confirmer les témoignages d'époque impériale évoquant l'existence d'alun de Milet[45]. Lors du siège du Pirée, le roi Mithridate fit grand usage d'alun pour ignifuger une machine de siège[46]. Son emploi à l'époque classique et hellénistique (et sans doute auparavant) ne fait donc pas de doute. Dans le cas de Mélos et des Lipari, il est possible qu'on ne l'ait pas transporté en amphores, ce qui suffirait à expliquer la différence avec ce que l'on observe à l'époque suivante.

Restait enfin la matière première, c'est-à-dire la laine et le lin. La laine était produite un peu partout, mais tout particulièrement en Grèce de l'Ouest et en

Asie Mineure. Le lin était une spécialité des régions de plaines humides. Il ne se trouvait donc pas partout, comme le soulignait le Ps-Xénophon[47]. En Grèce même, on en produisait de première qualité à Élis, dans le Péloponnèse[48]. Outre une production dans l'ouest de l'Asie Mineure, on voit par les sources que les principaux pourvoyeurs de lin étaient (avant tout) l'Égypte, mais aussi l'est du Pont-Euxin. Hérodote (2.105) et Pollux (5.26) vantent le lin de Colchide, au pied du Caucase, dans l'actuelle Géorgie. Strabon (11.2.17) souligne que cette région exportait ses toiles de lin. Xénophon (*De la chasse*, 2.4) recommande les filets en lin de Carthage ou du Phase (le fleuve de la Colchide). On voit que, dans la zone pontique aussi, Amastris faisait figurer la fleur de lin sur ses monnaies, ce qui montre que le littoral paphlagonien, tout aussi humide que la Colchide, pratiquait largement la culture de cette plante[49]. Si la laine était souvent transportée brute ou semi-ouvrée (car on a la preuve que l'on pouvait transporter des laines teintes), le lin semble souvent (pas toujours) avoir été exporté déjà tissé – ce qui ne veut pas dire qu'il ne faisait pas l'objet d'un travail ultérieur, en particulier de teinture[50].

Pour le textile, les importations de produits à grande distance étaient donc la règle. À cet égard, le monde grec n'était au reste pas différent de l'Égypte ou de la Babylonie. Le document douanier de 475 montre des importations de laine de Phénicie (et des exportations de natron)[51]. Des documents mésopotamiens des VIIe et VIe siècles attestent d'un commerce d'alun et de natron d'Égypte, de laine teinte en pourpre ainsi que de fibres (laine ou lin)[52]. Il vaut la peine d'essayer de définir le réseau d'approvisionnement de villes connues pour leurs activités textiles dès l'époque classique, ainsi dans le nord du Péloponnèse, Corinthe, Mégare ou Hermionè. Plus tard, à l'époque impériale, le relais sera pris par la colonie romaine de Patras. Dans cette ville, selon Pausanias (7.21.14), les femmes étaient deux fois plus nombreuses que les hommes et elles s'occupaient à travailler un lin de première qualité, produit dans la région voisine d'Élis. La prédominance des femmes ne peut s'expliquer que par la présence d'un artisanat textile développé[53]. Corinthe était, on l'a vu, l'un des principaux centres producteurs de tissus précieux. Les broderies pouvaient être réalisées grâce aux mains expertes des ouvrières de la cité. La laine devait en bonne partie venir non seulement du Péloponnèse mais de Grèce de l'Ouest, ce qui était sans aucun doute l'une des raisons (pas la seule évidemment) pour lesquelles les Corinthiens veillaient jalousement sur leurs routes commerciales occidentales d'où devait leur arriver la laine qui était nécessaire à leurs productions de tissus[54]. La position de Mégare était similaire à celle de Corinthe. Elle aussi possédait deux ports, Pagai sur le golfe de Corinthe et Nisaia sur le golfe Saronique. Même si l'on ne peut préciser la nature de l'activité qui l'y avait amené, le Mégarien Kallias qui, avec ses fils, reçut le titre d'hôte public à Stratos d'Acarnananie vers 400 a.C. témoigne de l'intérêt de sa cité pour la Grèce de l'Ouest[55]. Quant aux commerçants éginètes, le trésor de Hollm, aux confins de l'Illyrie et de la Macédoine, témoigne aussi de leur présence dans la zone[56]. Le prix de la laine variait en fonction de sa qualité, et la provenance devait être un facteur important. Pline l'Ancien (*Hist. Nat.*, 8.190) indique que, de son temps (donc vers le milieu du Ier siècle p.C.), aucune laine (donc même les laines fines d'Italie du Sud ou de Milet) ne dépassait le prix de 100 sesterces la livre (soit l'équivalent de 25 drachmes pour 324 grammes).

Mais la laine devait aussi être teinte pour satisfaire une clientèle aisée et exigeante, et aussi pour s'imposer face à la concurrence sur un marché où la qualité des produits était le critère décisif. À cet égard, Pline montre clairement qu'il existait des modes. Les producteurs devaient sans cesse innover, imposer des produits qui n'étaient pas vendus d'avance, en tout cas au prix escompté[57]. Dans le prix final du tissu vendu, le prix de la teinture entrait pour une grande part. Les teintures antiques étaient pour l'essentiel à base de produits végétaux ou animaux, et non de minéraux. Parmi les produits végétaux, il y avait ainsi entre autres les fleurs de crocus dont on tirait le safran (*krokos*) pour les tons jaunes. Le crocus est une fleur délicate et rare. Il faut 150 000 fleurs pour produire un kilogramme de safran, ce qui donne une idée de ce qu'était inévitablement le prix de ce produit. Dans les *Géorgiques* (1.56), Virgile vante la qualité du crocus que fournissait le mont Tmôle, cette haute montagne de Lydie entre Sardes et la plaine du Caÿstre. Pour les teintures à base de produits animaux, il s'agissait principalement de coquillages marins appelés murex, coquillages utilisés pour fabriquer la pourpre. Le produit tinctorial était extrait d'une minuscule glande de l'animal, qui demandait, pour en être extraite une à une, un temps incompressible. En outre, le prix variait en fonction de la qualité de la teinture et des modes. C'est ainsi que Pline (*Hist. Nat.*, 9.137), citant Cornelius Nepos, signale le prix de quelques teintures à la mode en Italie, dans la deuxième moitié du Ier siècle a.C. : « Du temps de ma jeunesse, la pourpre violette était à la mode, dont on vendait une livre au prix de cent deniers [= 100 drachmes], puis peu de temps après la rouge de Tarente, à laquelle succéda la "double bain" tyrienne, qu'on ne pouvait acquérir même pour 1 000 deniers la livre ». Tout en soulignant les variations de prix en fonction de la productivité des rivages de provenance, Pline lui-même (*Hist. Nat.*, 9.138) prévient néanmoins que de son temps nul ne devrait acquérir de la teinture à base de pourpre « marine » plus de 50 deniers les cent livres, et la teinture à base de buccin plus de 100 deniers pour le même poids. Or, il fallait de grandes quantités de produits tinctoriaux pour procéder à la teinture d'une toile, de laine, de lin ou de soie. Il est vrai que la question est débattue et que certains travaux spécialisés amènent à conclure qu'une seule glande de murex avait un pouvoir considérable et pouvait teindre un gramme de laine (même si d'autres expériences plus récentes amènent à conclure qu'il faudrait plutôt compter sur trois murex par gramme)[58]. En fait, le chiffre devait varier en fonction de la qualité du pigment. Même sur la base minimale d'un murex par gramme, on voit que teindre une tonne de laine exigeait donc au minimum un million de coquillages. Mais la meilleure qualité exigeait, comme l'indiquait Pline, plutôt deux bains (voire trois), soit, pour un tissu de luxe d'un kilogramme, 2 000/3 000, ou 6 000/9 000 coquillages, selon l'estimation que l'on retient.

Selon la teinture, et donc aussi selon la qualité et la couleur choisie, ordinaire ou de luxe, le prix pouvait varier considérablement[59]. Les grandes villes d'artisanat textile devaient donc se procurer des produits tinctoriaux et en importer. Outre les productions de leur propre territoire, Mégare et surtout Corinthe devaient pouvoir compter sur les productions du golfe de Corinthe. Décrivant les villes de Phocide au IIe siècle p.C., Pausanias (10.37.3) signale que dans la petite ville de Boulis, à l'ouest de Delphes, donc en face de Lèchaion, le port occidental de Corinthe, « plus de la moitié des gens du lieu sont des pêcheurs de coquillage dont on fait la teinture de couleur pourpre ». Vu la réputation des textiles corinthiens de l'époque classique, il est bien tentant de considérer que ce qui était valable pour la Corinthe romaine l'avait déjà été pour la Corinthe d'avant le sac de 146[60]. La production de murex devait permettre de se procurer des ressources exportables. C'est ce qui explique que cette ressource ait été exploitée un peu partout, sur les côtes du golfe de Corinthe, du sud du Péloponnèse, de l'Eubée, de la Thessalie, de la Laconie (et de Cythère), dans les îles (ainsi à Délos) ou sur les côtes d'Asie Mineure, comme à Milet ou dans la petite cité d'Aperlai en Lycie, où l'on a retrouvé des restes de centaines de milliers de coquillages, et non moins aussi dans les mondes coloniaux, comme à Tarente et Euhespéridès[61]. Naturellement, dans les centres réputés pour leurs textiles de qualité, comme Milet et Tarente pour les tissus de laine, on devait utiliser préférentiellement une pourpre locale (la pourpre de Tarente était réputée). Euhespéridès produisait du murex et était manifestement aussi un centre de tissage actif, comme le montre le nombre de pesons de métiers à tisser retrouvés sur place. Mais si la production locale de pourpre était insuffisante, il fallait alors certainement importer le colorant.

Si l'on fait un bilan des réseaux d'approvisionnement de la production textile des villes du nord du Péloponnèse et de leur diffusion, on voit qu'il s'agit pour une large part de réseaux à long rayon d'action, le natron venant d'Égypte, l'alun pouvant avoir diverses provenances égéennes ou plus lointaines (Lipari ou Égypte), les produits tinctoriaux pouvant être d'origine régionale (mais pas toujours strictement locale) ou plus lointaine (s'il s'agissait par exemple du safran d'Asie Mineure). La laine elle-même pouvait être de provenance régionale ou plus lointaine (Grèce de l'Ouest, ou même Sicile ou Italie), ou bien les tissus de lin pouvaient être importés de l'ouest du Péloponnèse (de la région d'Élis, qui, très humide, était propice à la culture du lin[62]), du Pont-Euxin, mais surtout d'Égypte, qui en était le principal producteur. Enfin, on doit rappeler que la main-d'œuvre pouvait être composée de femmes libres citoyennes ou métèques de condition modeste, mais aussi d'esclaves importées de marchés lointains. Ces réseaux complexes d'approvisionnement en matières premières et la diffusion éventuellement lointaine de la production montrent que les simples notions de « manques » et de « surplus » en fonction des données naturelles sont insuffisantes à décrire ces productions et ces échanges, qui étaient bien davantage fonction à la fois d'une logique de division technique du travail et d'une logique de capital et de marché (pour écouler les produits). Pour obliger Mégare à se soumettre à son autorité, Périclès fit voter à son encontre peu avant 431 le fameux décret qui, en lui fermant les marchés d'Athènes et de son empire, la condamnait à mort si elle ne se soumettait pas à la volonté athénienne : ce ne fut certes pas la cause, mais bien le *casus belli* de la guerre du Péloponnèse. Ce décret illustre donc parfaitement la dépendance de cette cité à l'égard des marchés extérieurs.

Marchés en réseau et logiques d'échanges

Réseaux marchands et niches

Face à la nécessité absolue de trouver des ressources exportables pour financer les indispensables achats à l'extérieur, ne serait-ce que le grain dont on pouvait avoir besoin en cas de mauvaise récolte même si l'on disposait d'un territoire assez riche pour nourrir sa population en temps ordinaire, toute cité tâchait de tirer tout le parti possible de son environnement, ou se créait de toutes pièces une spécialité si véritablement elle ne disposait d'aucun atout. Si l'on disposait d'une terre riche et favorable à la production de grain, de vin ou d'huile d'olive, ou si l'on disposait de bois, de mines d'argent, de fer ou de cuivre, la spécialisation était une évidence. Il en allait de même si, comme à Paros, Thasos, Prokonnèsos ou Nicomédie (à la fin de l'époque hellénistique et à l'époque impériale), on disposait de marbre qui se vendrait au meilleur prix, à l'instar du fameux marbre du Pentélique à Athènes. Au reste spécialisation ne voulait pas dire exclusivité : riche en grain, en huile et en vin, Cyrène exploitait largement le silphion, une plante à usage médicinal mais aussi employée en cuisine, qu'on ne trouvait que dans son arrière-pays[63]. Pour les autres, il s'agissait d'occuper un créneau aussi spécifique que possible, pour fournir aux marchés extérieurs des denrées qui trouvent facilement preneurs. Théangéla était célèbre pour son miel[64]. Dans les eaux chaudes de l'Égée du Sud, ou, au-delà, pour les cités du sud de l'Asie Mineure, de Grande Grèce, de Sicile, de Cyrénaïque, la production de murex pouvait occuper et nourrir une population nombreuse. Les cités côtières pouvaient exploiter les salines maritimes, comme celles de la zone d'Aliki de Lemnos ou du golfe de Kalloni à Mytilène[65]. Kéos produisait son ocre (*miltos*), qui servait dans la peinture, en particulier des navires de guerre, et qui à ce titre était donc un matériau stratégique. Outre ses productions agricoles, Sinope vendait sa « terre de Sinope », qui procurait un pigment rouge réputé[66]. Kythnos vendait ses fromages jusqu'en Égypte à l'époque hellénistique[67]. Siphnos fournissait son alun et sa « pierre de Siphnos », dont Pline signale qu'on pouvait la tailler et la tourner pour en faire des ustensiles de cuisine, car, chauffée dans l'huile, elle avait la propriété de noircir et de durcir[68]. Mais les spécialités pouvaient aussi être artisanales. Sicyone vendait ses *sikyonia*, une spécialité de chaussures de cuir « sicyoniennes »[69]. Tarente proposait ses *tarantina* et l'île d'Amorgos ses *amorgina*, deux variétés de tissus de laine fine ou de lin fin, de même que Mégare s'était fait une spécialité des *exômides*, ses manteaux de laine bon marché[70]. La liste pourrait être bien plus longue.

Pour qui, décidément, n'avait pas de niche écologique à exploiter ou de spécialité artisanale bien définie, restaient les activités de transport. Ainsi, comme le souligne Aristote (*Politique*, 4.4.21) les Ténédiens, dont l'île située à l'entrée du Bosphore dans une zone ou du fait des régimes des vents la navigation était très difficile, s'étaient faits une spécialité de transbordeurs (*porthmeis*), qui non seulement faisaient passer des denrées d'une rive à l'autre de l'Hellespont, mais certainement aussi réacheminaient des denrées de navigateurs pressés ou qui ne voulaient pas aller eux-mêmes jusque dans le Pont-Euxin[71]. Le périégète Hèrakleidès (IIIe siècle a.C.), donne de la sorte une description imagée de la petite cité béotienne d'Anthédon, située sur le canal d'Eubée. Les gens du pays vivaient eux aussi de ces activités de transbordeurs, avec cependant, en outre, la construction navale, la pêche des poissons et des éponges, la collecte du murex, et pour les plus âgés, la cueillette de l'orseille, un lichen poussant sur les côtes rocheuses et produisant un colorant rouge pouvant être utilisé comme produit tinctorial ou comme produit de beauté[72] :

> « La ville n'est pas de grande taille. Elle est directement située sur le canal d'Eubée. Elle possède une agora entièrement plantée d'arbres, entourée de deux portiques. Elle est propice au vin et au poisson, tandis qu'elle manque de grain, car son territoire est infertile. Ses habitants sont presque tous des pêcheurs, qui gagnent leur vie de leurs hameçons et du poisson, ou encore de la pourpre et des éponges. Lorsqu'ils sont âgés, ils passent leur temps sur le rivage à la cueillette de l'orseille ou dans des baraques de pêcheurs. Rouges de visage, ils sont tous maigres. Ils ont les extrémités des ongles abîmés par le travail de la mer. La plupart s'adonnent à l'activité de transbordeurs ou à la construction navale. Non seulement ils ne travaillent pas la terre, mais ils n'en possèdent pas. Ils disent qu'ils sont les descendants de Glaukos le marin, qui passe pour avoir été un pêcheur. »

Il est fascinant que la description d'Hèrakleidès trouve trait pour trait un parallèle étroit dans la description anthropologique moderne du village de pêcheurs de Trikeri, à l'extrémité de la péninsule de la Magnésie : on retrouve la même orientation exclusive des hommes pour les activités liées à la mer (à Trikéri moderne, ce sont les femmes qui possèdent les terres). Les permanences écologiques dans des conditions technologiques peu différentes justifient des spécialisations identiques. Dans le même sens et surtout, on doit souligner que, selon Éphore cité par Strabon, c'est en raison de la pauvreté de leur île que les Éginètes s'étaient tournés vers le commerce maritime : ils n'en parvinrent pas moins à faire de leur île la principale cité commerçante de la fin de l'archaïsme et du début de l'époque classique et l'une des plus prospères, sinon même la plus riche[73].

Toutefois, comme d'ordinaire il existait des concurrents susceptibles de se retrouver sur le même créneau, il fallait aussi imposer une image de marque du produit, établir une réputation qui permettrait de s'imposer sur les marchés extérieurs. Même les cités riches tenaient à avoir une « spécialité ». Selgè, en Pisidie, qui avait pourtant bien d'autres ressources, se flattait d'être la cité du styrax, une plante dont la résine entrait dans la composition de parfums très puissants, et elle le représenta fréquemment sur ses monnaies d'argent et de bronze de l'époque tardo-hellénistique (IIe-Ier siècles a.C.), avant de reprendre ce thème sur ses monnaies d'époque impériale[74]. Les spécialités pouvaient être régionales, devenant même un nom générique pour des productions ensuite copiées ailleurs, comme les tissus en poils de chèvres de Phrygie, une technique d'abord mise au point en Cilicie, d'où leur nom de « Ciliciens » (cilices). Ces tissus pouvaient s'exporter au loin[75]. Chaque cité essayait donc d'avoir une niche spécifique, lui permettant d'être identifiée sur le marché international et de vendre les produits qui, à leur tour, lui permettraient d'importer les denrées indispensables. Il est donc incontestable qu'il existait des réputations régionales de tel ou tel produit : la réputation du produit faisait son prix. Il est vrai cependant aussi qu'il n'existait pas « d'appellation contrôlée », que tous les *tarantina* ne venaient pas de Tarente, tous les *amorgina* d'Amorgos, et même tout le « fromage de Kythnos » de l'île qui lui avait donné son nom[76]. Cependant, lorsqu'il s'agissait d'importation par un autre État, la provenance de chaque produit était soigneusement relevée. Elle était prouvée à la fois par les documents d'accompagnement du commerçant et du navigateur (reçus de taxe de sortie du port de provenance pour les marchandises, laissez-passer de sortie du port pour les personnes) et par les conteneurs (les amphores révélaient clairement leur origine). Dans la mesure où les montants de taxe étaient fonction de la valeur du produit fondée sur l'origine du produit (et non sur « l'appellation »), il était possible de la sorte de distinguer les produits de qualité originale et les éventuelles mauvaises imitations.

Naturellement, le processus de production restait pour l'essentiel fondé sur des techniques plus intensives en travail qu'en capital, impliquant davantage une extension du nombre de travailleurs que des innovations techniques et des investissements coûteux en capital (introduction de machines)[77]. Le cas est patent dans le textile et les activités annexes, avec le ramassage du murex ou le filage et le tissage de la laine, du lin ou de la soie. Il reste que la possibilité de nourrir les ouvrières du textile – femmes libres travaillant avec leurs filles dans le cadre de l'*oikos* dans les villes et villages, ou femmes esclaves travaillant elles aussi dans le cadre de l'*oikos* ou dans des ateliers urbains – ou les producteurs de murex reposait sur les innovations liées aux nouvelles techniques de broyage du grain et sur les importations de grain de régions à haute productivité[78]. À leur tour, ces dernières justifiaient l'existence de ce travail artisanal, en lui fournissant un débouché.

Les échanges d'Hermionè

La petite cité d'Hermionè, dans le sud de l'Argolide, fournit un excellent exemple de cas où les sources archéologiques rencontrent les sources écrites pour éclairer d'une part le réseau qui approvisionnait la ville, d'autre part l'horizon de diffusion de ses produits[79]. Comme toutes les autres cités grecques, Hermionè exploitait intensivement son terroir agricole. On sait par un arbitrage de juges venus de Milet et de Rhodes que, à l'époque hellénistique, elle disputa à Épidaure un territoire de parcours pour les chèvres, avant que le jugement (de la fin du IIIe siècle ?) ne fît de la zone contestée un territoire commun aux deux cités[80]. Même si elle devait manifestement importer du grain en complément, elle était naturellement elle-même productrice de grain, comme le montre l'analyse de son territoire[81]. C'est ce qui justifie qu'elle ait figuré Déméter Chthonia à l'avers de ses monnaies, dont le type de revers était en outre une couronne d'épis[82]. Elle produisait également de l'huile, car une série d'installations de production ont été découvertes sur le territoire de la cité. Au total, en Argolide du Sud (y compris Halieis, voisine d'Hermionè), ce sont entre 25 et 28 installations de production d'huile qui ont été mises au jour[83]. Bien qu'elle ne se soit jamais transformée en monoculture, il semble bien que, à l'époque classique, l'huile d'olive ait contribué à fournir une quantité appréciable de revenus à l'exportation[84]. Même si l'argile locale semble avoir été de mauvaise qualité, il fallait nécessairement aussi produire des *pithoi* et des amphores. À l'époque tardo-impériale, lorsque l'économie connaît un net renouveau après la dépression de l'époque hellénistique et de la haute époque impériale, on observe le long de la côte la présence d'ateliers produisant des briques, des tuiles et des amphores. Sur un site de production littoral, on a ainsi pu observer une cargaison d'amphores prêtes à embarquer[85]. L'épave d'un navire d'époque classique ou de la haute époque hellénistique transportant une cargaison de tuiles laconiennes a été découverte près de l'îlot de Petrokaravo, proche de Spetsai (l'antique Pityoussa), en face d'Halieis. De la sorte, on peut se demander si vraiment ce navire allait vendre sa marchandise à Halieis comme on l'a pensé[86]. Quoi qu'il en soit de ce cas particulier, l'exportation de tuiles pourrait avoir constitué une ressource supplémentaire d'Hermionè et d'Halieis dès l'époque classique et hellénistique.

En outre, la cité produisait elle-même des teintures, puisqu'on a retrouvé des quantités considérables de coquillages de murex sur la presqu'île au sud de la ville[87]. Une anecdote d'Alciphron (*Lettres*, 3.10) montre la réputation de la pourpre de cette cité. Elle met en scène un parasite et voleur (à Athènes, puisqu'on admet d'ordinaire que les scènes rapportées par Alciphron sont censées s'être passées à Athènes). Introduit dans un banquet pour amuser la galerie, il entend profiter de l'ivresse générale pour partir avec les coupes d'argent. Mais comme, par prudence, on les a mises de côté, il part avec la nappe et assure à un autre parasite : « Regarde comme elle est magnifique, de la fine toile d'Égypte teinte en pourpre d'Hermionè, d'une merveilleuse légèreté et du plus haut prix. Si j'arrive à la vendre sans me faire prendre, je t'invite à faire bombance à l'auberge de Pithakniôn. ». L'anecdote est intéressante en ce qu'elle montre que l'on pouvait importer de loin des textiles, en l'occurrence, chez Alciphron, des toiles fines d'Égypte, pour les teindre et les affiner à Hermionè. Le transport de textiles teints est également prouvé par l'archéologie, puisqu'on en a trouvé dans les épaves phéniciennes du VIIIe siècle a.C. découvertes récemment au large d'Ashkelon[88]. Il n'est guère aventuré non plus de penser qu'Hermionè devait pouvoir aussi importer des textiles de laine de l'intérieur du Péloponnèse pour les affiner et les exporter.

S'agissant justement de teinture d'Hermionè, Plutarque (*Alex.*, 36.1-3) rapporte que lorsqu'Alexandre prit Suse en 331 a.C., il trouva quarante mille talents d'argent monnayé et bien d'autres richesses, entre autres cinq mille talents de « pourpre d'Hermionè ». Amassée là depuis cent quatre-vingt dix ans (soit depuis 521 a.C., date de l'avènement de Darius), cette pourpre serait restée de qualité parfaite car elle aurait été préparée avec du miel et la teinture blanche avec de l'huile d'olive. Le texte pose divers problèmes d'interprétation. Le mot grec *porphyra* peut en effet signifier aussi bien « teinture pourpre » que « tissu de pourpre ». De ce fait, comme en tout cas il ne paraît pas envisageable qu'il se soit agi d'un poids de textile, on considère souvent que Plutarque faisait allusion à une valeur en argent de 5 000 talents de tissu de pourpre[89]. En fait, le grec « 5 000 talents de pourpre » n'autorise pas (du moins directement) une telle traduction et interprétation. En outre, on observera que, en Babylonie, la tablette d'Uruk *YOS* 6, 168, de 550 a.C., a trois entrées de teinture pour un total de 233 mines et 20 sicles, soit c. 117 kilos ou un poids de 4,5 talents attiques[90]. Strabon (15.3.21) souligne que, pour les accumuler à Suse, les rois achéménides exigeaient des peuples tributaires voisins de la mer de l'argent et de ceux du continent « des couleurs (*chrômata*), des drogues, du crin, de la laine » ainsi que toute autre production qui leur était spécifique. Les couleurs, sous forme de pigments, étaient très recherchées et elles pouvaient venir de très loin. Elles devaient servir non à la teinture mais à la peinture, mais le principe reste le même[91]. La documentation hellénistique délienne confirme qu'on vendait la pourpre au poids[92]. On remarquera enfin que Plutarque conclut le passage en ajoutant que les rois de Perse accumulaient aussi de l'eau du Nil et du Danube, pour montrer l'étendue de leur pouvoir : tout cela confirme donc la piste des liquides, donc de la teinture. L'hypothèse d'une exportation directe de teinture à Suse, la plus conforme au texte grec, est donc la seule admissible. Les 5 000 « talents » devaient correspondre à 5 000 amphores, une amphore pouvant parfaitement avoir une capacité de c. 26 litres. La durée de cent quatre-vingt-dix ans ne signifie pas un achat en 521 a.C., mais une accumulation sur une longue période (comme pour les réserves de numéraire), en théorie depuis cette date. Le point important reste de relever que, si l'on en croit cette anecdote, la teinture pourpre d'Hermionè était appréciée et exportée jusqu'à la cour du roi de Perse, certainement pour le plus grand profit des Hermionéens. Toute la teinture accumulée à Suse était-elle effectivement d'Hermionè ? C'est une autre question, qui ne pourra sans doute jamais être tranchée. En revanche, l'indication reste précieuse et montre que, jusque dans la lointaine capitale perse, la réputation de la pourpre d'Hermionè était bien établie.

Ainsi, outre certainement des exportations de tissus teints en pourpre, les Hermionéens pratiquaient aussi des exportations de teinture. Les comptes du sanctuaire de Délos montrent que la pourpre se vendait au poids de l'argent. Deux mines de pourpre se vendaient deux mines d'argent[93]. C'est ce qui peut justifier que, dans l'énumération des trésors de Suse, les 5 000 talents-poids de pourpre, sans doute évalués à 5 000 talents d'argent (ou une somme de cet ordre), aient été comptabilisés dans la liste des trésors, après les 40 000 talents d'argent. Pour Hermionè, l'exploitation de la pourpre était donc une source de revenu importante pour la balance extérieure, qui permettait de nourrir une main-d'œuvre comparativement nombreuse (même si les producteurs eux-mêmes ne devaient pas faire fortune). En fonction des trois trières envoyées à la bataille de Salamine et des 300 hoplites présents à Platées en 479, on a pu estimer la population de la ville entre 5 000 et 7 500 habitants[94]. Les coquillages de murex étant comestibles, la population devait aussi pouvoir y trouver un précieux apport de protéines. On a déjà vu qu'Hermionè manifestait aussi très probablement de l'intérêt pour les pêcheries[95].

On relèvera enfin qu'Hermionè apparaît dans la grande liste des exportations de grain de Cyrène en direction de la Grèce pour un montant de 8 000 médimnes[96]. Il n'y a nulle raison de considérer que les importations aient été exceptionnelles[97]. On peut donc légitimement postuler le schéma d'une petite ville dont le niveau de population – de facto : de population urbaine – dépassait les possibilités de son territoire. Grâce à ses exportations d'huile mais aussi de teintures ou de textiles teints, fabriqués sur place ou acquis auprès d'autres partenaires pour être teints et affinés à Hermionè, comme invite à le penser l'anecdote d'Alciphron, Hermionè pouvait payer ses importations de grain. La modeste mais réelle prospérité d'Hermionè, comme de sa voisine Halieis, est indéniable à cette époque. À Halieis, les dépotoirs (*koprônes*) du IVe siècle révèlent des pourcentages exceptionnellement élevés de céramiques d'importation de provenance attique, argienne et corinthienne : 31,3 % dans une maison, 42,4 % dans une autre[98]. Cela ne signifie pas que par elles-mêmes ces importations aient représenté une valeur particulièrement élevée. Mais elles prouvent que la ville était pleinement raccordée aux réseaux d'échange international. Hermionè eut à cette époque un petit monnayage autonome, émis entre c. 365 et 325 a.C. Il s'agit de séries en argent (trioboles et oboles) et bronze (trichalques, dichalques et chalques), manifestement destinées à alimenter une circulation interne à la cité, même si quelques monnaies d'argent se retrouvent dans un petit nombre de trésors de la région Nord-Ouest du Péloponnèse. Au reste, les autres communautés d'Argolide du Sud souffrirent sévèrement de la récession hellénistique dans le monde égéen, au point de disparaître comme ce fut le cas pour Halieis, dont le territoire fut absorbé par Hermionè. Mais, bien qu'affaiblie, Hermionè parvint néanmoins à se maintenir comme cité indépendante, comme le montrent les témoignages relatifs à son environnement territorial immédiat. Entre 229 et 146, elle émit de nouveau des monnaies d'argent et de bronze de la Confédération Achéenne à l'ethnique d'Hermionè, ce qui témoigne de ce qu'elle avait su maintenir un certain niveau de prospérité[99].

Approvisionnements régionaux et échanges à longue distance

Les coûts de transport, fonction de la valeur unitaire du produit et de la distance, constituent une contrainte qui structure les réseaux d'échanges. L'observation montre que, même aujourd'hui, dans la plupart des cas, l'intensité des relations commerciales est fonction de la distance : les partenaires commerciaux se distribuent sur une pente qui correspond à la distance entre les partenaires[100]. C'était a fortiori le cas dans une économie comme celle de la Grèce ancienne du fait de coûts relatifs de transport bien plus élevés que de nos jours, puisque cette société ne maîtrisait pas les carburants fossiles. À l'unité de volume, il existait des écarts considérables dans la valeur des biens transportés.

Prix comparatifs du m^3 de cargaison
(d'après Gill 1991, 46, modifié pour les valeurs du grain)

Prix/conge	**Huile 17 amph. 0,6 m à 7 conges**	*Prix/conge*	**Huile 14 amph. 0,8 m à 7 conges**	*Prix/conge*	**Vin 17 amph. 0,65 m**	*Prix/conge*	**Vin 14 amph. 0,80 m**	*Prix/médimne*	**Froment**	*Prix/médimne*	**Orge**	*Prix/épaisseur*	**Tuiles corinthiennes**	*Prix par type*	**Vases**
4,6	547	*4,6*	451	*1:2*	238	*1:2*	196	*16*	305	*6*	114	*1:1*	89	*1*	67
3	357	*3*	294	*2:1*	119	*2:1*	98	*6*	114	*5*	95	*1:0,8*	74	*2*	42
1	119	*1*	98	*3:0,4*	50	*3:0,4*	41	*5*	95	*3*	57	*2:1*	44	*3*	28
								2	38	*1*	19	*2:5*	37		

Les prix indiqués (en drachmes) correspondent à des prix observés en Grèce au IVe siècle. Ils doivent naturellement être considérés *cum grano salis*. Mais ils permettent de donner une idée des rapports de prix. Les variations correspondent à des différences de qualité ou mode d'emballage. Pour simplifier la lecture du tableau, les prix en oboles sont ramenés en fractions de drachme : 0,4 dr. = 2,5 oboles.

– Pour le vin, type 1 = vin de Chios à 2 dr. le conge ; type 2 = Thasos à 1 dr. le conge ; type 3 = attique à 2,5 oboles le conge.

– Pour les tuiles, le types correspond à des tuiles de 3 cm d'épaisseur, le type 2 à des tuiles de 6 cm.

– Pour les vases en céramique, type 1 = Hydries à figures rouges à 3 dr. l'unité ; type 2 = lot de vases incluant 6 cratères en cloche ; type 3 = lot de cratère en cloche à figures rouges, lécythe ou amphore de Nola.

Ces chiffres aident à se représenter les rapports de valeur entre les diverses cargaisons, en comparant les prix au mètre cube. On doit cependant observer que les données sont établies d'après les prix à l'arrivée pour les denrées alimentaires ou pour les tuiles, mais que, pour les vases céramiques, il s'agit dans la plupart d'indications de prix portées à Athènes, c'est-à-dire au point de départ (c'est la raison pour laquelle, pour le grain, on donne aussi dans la 4e ligne des prix estimés au point de départ). Quoi qu'il en soit, ces chiffres permettent de comparer la valeur relative des cargaisons. Ils montrent l'intérêt qu'il pouvait y avoir à transporter à distance de l'huile ou du vin, plutôt que des tuiles (et a fortiori des briques, de valeur bien moindre).

Il en découle aussi une « pente » de la distance d'échange qui est inversement proportionnelle à la valeur des biens (et donc au coût du transport). Ainsi, s'agissant des matériaux à bâtir importés à Delphes, à Épidaure, à Éleu-

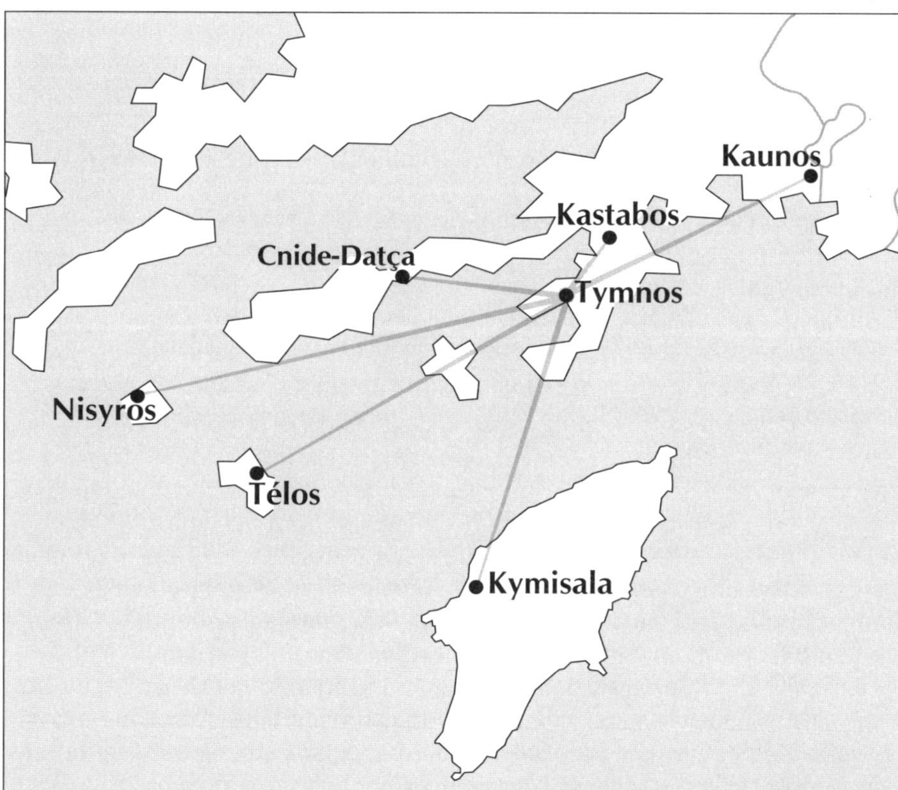

La diffusion des timbres à la marque Tymnia (IIIe siècle a.C.)

sis ou à Délos pour le compte de sanctuaires, on a affaire à des approvisionnements régionaux[101]. On pouvait importer du marbre ou de grandes poutres de cyprès (pour les charpentes) de distances plus lointaines : selon Hermippos, à la fin du ve siècle, « la belle Crète (envoyait à Athènes) du cyprès pour les dieux »[102]. Mais les quantités en jeu étaient faibles et de toute façon le coût unitaire élevé. L'importation de tuiles ou de briques est déjà moins évidente, car, a priori, c'est un produit qu'on était capable de produire à peu près n'importe où. Mais la disposition d'une argile de meilleure qualité, l'accès à des ressources de bois plus abondantes, donc moins chères, enfin un savoir-faire particulier pouvaient faire la différence et justifier des importations. À Délos, les comptes du sanctuaire montrent que briques et tuiles pouvaient être importées des îles voisines[103]. La découverte, dans la zone du golfe Saronique et du sud de l'Argolide, d'au moins une épave de l'époque classique ou de la haute époque hellénistique d'un navire transportant des tuiles laconiennes confirme que ce type de transport était fréquent[104]. Dans un cas privilégié, parce que les tuiles étaient timbrées, on peut même mettre en évidence l'existence d'un véritable réseau régional. Les tuiles portant le timbre *Tymnia*, très vraisemblablement originaires du dème de Tymnos, dans la Pérée rhodienne, furent diffusées dans un environnement régional : on les trouve au sanctuaire chersonésien de Kastabos (au nord de Tymnos) ; vers l'est à Caunos ; vers l'ouest à Cnide (Datça), dans les îles de Nisyros, Télos et Rhodes (dème de Kymisala)[105]. Disponibilité et prix compétitifs, même en y incluant le coût du transport, étaient la clé de ce type de trafics régionaux de produits pondéreux répondant à des besoins spécifiques.

À une distance plus importante, c'est-à-dire si l'on voulait pénétrer dans un autre ensemble régional, il n'était plus rentable de transporter ces matériaux pondéreux dont la valeur était faible à l'unité de volume : leurs prix n'auraient plus été compétitifs par rapport aux productions de la région considérée. On rappellera qu'à Délos, précisément pour des tuiles transportées depuis l'île toute proche de Syros (c. 30 kilomètres), le coût du transport s'ajoute pour 25,5 % au coût de la cargaison[106]. En revanche, les produits dont la valeur unitaire à l'unité de volume était élevée faisaient l'objet de transports à longue distance. Les composants des parfums pouvaient venir de la « mer Rouge » (notre océan Indien). On pouvait aussi sans difficulté transporter du « fromage de Kythnos » jusqu'en Égypte, puisqu'il se vendait 90 drachmes au talent au IIIe siècle a.C.[107] On pouvait naturellement aussi transporter du grain, du bois ou du fer à grande distance, même si leur valeur unitaire était comparativement plus faible, car leur transport restait d'ordinaire justifié pourvu que les cours à destination restent assez élevés. Il est vrai que ce n'était pas toujours le cas. Selon Tite-Live (30.38.5), à la fin de la deuxième guerre punique les arrivages de grain de Sardaigne firent chuter les cours à Rome à un niveau si bas que les marchands laissaient le grain aux capitaines de navires pour payer le prix du transport.

On voit que la notion de « réseau régional » doit être maniée avec circonspection, puisque les distances parcourues par les biens échangés étaient fonction de leur valeur unitaire. Toute cité importatrice d'envergure, que ce soit Athènes à l'époque classique, ou Délos ou Rhodes à l'époque hellénistique, se trouvait au centre de réseaux complexes et la structuration de leurs réseaux d'importation (ou d'exportation) était étroitement dépendante des coûts de transport. Cela ne veut pas dire que ces derniers aient constitué le seul paramètre qui structurât les échanges : les préférences traditionnelles ou les accords politiques et commerciaux constituaient un second facteur de sélection dans le choix des partenaires commerciaux et dans l'établissement de ces réseaux. Mais la règle des coûts s'appliquait néanmoins dans tous les cas.

C'est ce qui explique tout naturellement que chaque bassin géographique de la Méditerranée ait tendu à constituer une zone d'échange particulière : l'extrême-Occident grec autour de Marseille, la Grande-Grèce et la Sicile (chacune de ces deux zones ayant au reste son autonomie au sein de cet ensemble plus vaste), l'Égée, le Pont-Euxin, ou l'ensemble formé par les côtes sud de l'Asie Mineure, Chypre, les côtes du Levant et l'Égypte, dès l'époque classique et a fortiori à l'époque hellénistique. Malgré leur caractère très imparfait de marqueur de la circulation commerciale, les trésors monétaires le démontrent amplement[108]. Dans chacune des zones précitées, ce sont les monnaies des cités de la zone considérée qui sont largement prédominantes. En Occident, les monnaies de Marseille sont assez peu diffusées autour de la cité, mais elles constituent néanmoins de manière écrasante l'essentiel des monnaies circulant dans la zone à toutes les époques. Il en va de même, bien que dans une proportion moindre, pour la zone de la Grande-Grèce et de la Sicile. Ainsi, même un grand trésor mixte comme le trésor de Tarente *IGCH*, 1874, est, pour l'essentiel, composé de monnaies de la zone, avec quelques inclusions de monnaies d'Athènes, de Corinthe et des Cyclades. Le trésor de Sélinonte de la fin de dernière décade du VIe siècle – où sur 165 monnaies, 81 venaient d'Égine, 39 de Corinthe, 1 d'Abdère, le reste provenant d'Italie et de Sicile (dont 35 de Sélinonte, même) – constitue une vraie exception et montre l'importance des grandes cités commerçantes de l'époque[109]. De même, à toutes les époques, l'Égée a constitué une zone où la masse des échanges s'effectuait aussi sur une base de proximité. Dans le Pont-Euxin, une large part du commerce s'effectuait entre cités de la zone : ainsi, la masse des amphores d'Héraclée ou de Sinope était vendue dans le Pont[110]. Quant à la zone de l'Est méditerranéen, il n'en allait pas autrement. De très nombreux témoignages s'étalant de l'époque archaïque à l'époque hellénistique montrent l'existence de cette *koinè* commerciale orientale. Mais le hasard d'un papyrus contenant un fragment de registre d'entrée dans un port d'Égypte (Alexandrie ?) de l'époque impériale (IIe siècle p.C., après 117 p.C.) montre que cette tendance a perduré. Sur douze provenances apparaissent neuf ports de Méditerranée orientale, une mention d'Ostie pour un très gros navire qui allait ensuite rapporter du grain à ce qui était alors la capitale du monde méditerranéen, et deux ports dont l'identité est mal établie[111].

Cependant, cette tendance lourde aux échanges régionaux, fonction des coûts de transport, circonscrite à un bassin géographique limité, n'empêchait évidemment pas les échanges interzones, à longue distance, pour des produits dont, malgré l'addition du coût du transport, le prix rendu à un port d'arrivée dans une autre zone restait attractif. À quelques exceptions près, on ne transportait donc pas des pondéreux de faible valeur à l'unité de volume à très grande distance. Les exceptions tenaient au fait que, parfois, sur un itinéraire aller-retour, un navire devait effectuer l'un des trajets sans pouvoir embarquer de cargaison de valeur. Or, comme le navire devait être lesté pour tenir la mer, on pouvait aussi bien le remplir avec une cargaison sans grande valeur marchande. On songe au cas, cependant bien particulier car il s'agissait de voyages effectués pour le compte de l'État, des navires annonaires de l'époque impériale, qui devaient revenir de Carthage (et autres ports africains) chargés de grain, mais qui, à l'aller, embarquaient des briques. On peut supposer qu'ils le faisaient faute d'autre cargaison d'aller intéressante, encore que l'embarquement de briques spécifiques à la construction de bains et de citernes laisse penser que, tant qu'à transporter des briques, ces dernières n'étaient pas choisies au hasard[112]. Pour ce qui est de l'époque classique et hellénistique, on peut soupçonner que les meules de Nisyros pouvaient être transportées comme ballast de fonds de cale, pour retrouver une valeur de cargaison négociable si l'occasion se présentait de les écouler, car il s'agissait néanmoins de produits recherchés[113]. C'est ce qui explique que des meules d'origine nisyrienne aient pu prendre le chemin de Chypre, comme le montrent les 29 meules du navire de Kyrenia) de la fin du IVe siècle, et même du lointain Occident, comme le montre le navire d'El Sec, du milieu du IVe siècle : cette épave des îles Baléares suggère que le navire qui les transportait, en même temps que des amphores grecques égéennes, gréco-italiques et puniques et des céramiques attiques, était en route pour la péninsule Ibérique[114].

Réseaux et « passagers clandestins »

La logique des surplus et des manques amène à concevoir les échanges internationaux en termes de différence de potentiel entre deux bornes : une cité dispose de vin, l'autre de grain. La différence de potentiel (ou tension) entre elles se manifeste par l'existence d'un courant d'échange réciproque. Ainsi, à l'époque classique, l'Égée envoyait son vin dans le Bosphore et en recevait son grain. Sur cette base, qui en quelque sorte constituait l'ossature du système, se greffait cependant une multitude d'activités qui en profitaient pour en quelque sorte se glisser dans le courant établi. De même, une série de régions ou cités qui se trouvaient sur l'axe de circulation en profitaient pour se développer.

Il en allait ainsi à l'époque classique de toute une série de cités situées sur la route entre Athènes et le Pont, à commencer par celles du canal d'Eubée[115]. Au départ d'Athènes, d'ordinaire, on ne s'aventurait pas dans une traversée directe vers le nord (qui, au demeurant, aurait dû s'effectuer avec des vents contraires). On ne contournait surtout pas l'Eubée, car la côte nord de l'île est très inhospitalière, battue par les vents. Le *Mediterranean Pilot* décourage formellement aux navigateurs de s'aventurer sur cette côte rocheuse et sans abri[116]. Lorsque, à l'été 480, Xerxès tenta une manœuvre hardie pour encercler la flotte grecque, les nombreux navires engagés dans ce périlleux contournement de l'Eubée furent frappés de nuit par une tempête dans les « Creux de l'Eubée » et furent tous perdus, comme le signale Hérodote (8.13). C'est dans ces mêmes « Creux de l'Eubée » que se situe le naufrage du héros de l'*Euboïque* de Dion Chrysostome (7.2)[117]. Reprenant le thème du retour des Achéens dans leur patrie après la prise de Troie, Euripide (*Hélène*, 766-767 et 1126-1131) fait du cap Kaphèreus (au nord de Karystos, sur la côte septentrionale de l'Eubée) un lieu maudit. C'est là que Nauplios, le mythique roi d'Eubée, avait attiré à l'aide d'un fanal les navires revenant de Troie, pour venger son fils Palamède injustement condamné par les Achéens. On peut se demander si la légende ne cachait pas les pratiques de naufrageurs des populations de la côte nord de l'île. De fait, les sites de la côte nord de l'Eubée (Poseidion, Kerinthos, Kymè) sont sans importance. Ils contrastent avec la série de sites du canal d'Eubée, sur l'île ou sur le continent. En Eubée, c'est là que se trouvaient les grands centres civiques d'Histiée, Chalcis, Érétrie, Karystos, qui, chacun, commandaient à une série de sites mineurs. Sur le continent s'égrenait aussi une série de cités et de sites secondaires, de Lamia de Phtiotide au nord à Ôrôpos au sud. Ainsi, en Locride et en Béotie, Halai, Larymna, Anthédon, Aulis ou Délion montrent la densité de cette occupation. Détruite pendant les guerres médiques, Halai fut relevée à partir de la fin du IVe siècle et connut le sommet de sa prospérité à l'époque hellénistique, son développement correspondant sans doute à la montée de la Macédoine, au contrôle que cette dernière exerçait sur l'Eubée et à l'essor correspondant des ports de Démétrias et d'Histiée[118]. Selon toute vraisemblance, Halai avait la même vocation que sa voisine Anthédon, soit des activités de transbordeurs et la pêche[119]. L'attrait d'un axe de navigation, avec les possibilités qu'il offrait, constituait un puissant vecteur de développement. Sur l'axe de circulation qui longeait la côte d'Asie et où de même les navires étaient protégés des grands vents du large, on observe un phénomène en tout point similaire. Ainsi, sur l'île de Lesbos, le différentiel de développement entre les cités situées sur la route maritime et les autres est frappant. Méthymna et Mytilène, sur le chenal longeant la côte d'Asie, devinrent les deux plus importantes cités de l'île. Sur la côte ouest en revanche, Antissa et Érésos demeurèrent des cités secondaires, et les cités du centre de l'île, Arisbè et Pyrrha, périclitèrent totalement[120].

Si l'on examine le cas des rapports entre Athènes et le Bosphore, on peut mettre en évidence les implications de l'établissement d'un courant d'échanges réciproques entre ces deux pôles. La prospérité puis le déclin de Mendè, sur la route maritime entre Athènes et le Bosphore, en est un bon exemple. Le contrat du *C. Lacritos* montre que, au IVe siècle, un navire pouvait partir d'Athènes pratiquement à vide de cargaison. On voit en effet que, avec les 3 000 drachmes qui lui sont prêtées, le commerçant doit aller acheter du vin en Chalcidique, à Mendè ou à Skionè (sur la péninsule de la Pallène), pour prendre ensuite la route du Pont. Athènes payait donc son grain avec son argent : mais, en route, cet argent était transformé en vin[121]. Le développement des vignobles de Grèce du Nord à l'époque classique, ceux des Sporades (Péparéthos, Ikos), de Chalcidique ou de Thasos fut donc sans doute dû en bonne part à ce rôle d'intermédiaire entre Athènes et le Pont[122]. Mendè produisait un vin blanc sec et moelleux très réputé[123]. Les amphores de la cité, de forme triangulaire, étaient bien reconnaissables. Les épaves d'époque classique contenant des amphores de Mendè sont nombreuses. Celle de Porticello sur le détroit de Sicile montre que ces amphores pouvaient aussi prendre la route de l'Occident (on en trouve même une dans l'épave d'El Sec à Majorque), mais on en trouve surtout en Égée[124]. Pour le Ve siècle, l'une des épaves plus spectaculaires est celle d'Alonnesos (l'antique Ikos), qui contenait plus de 3 000 amphores de Mendè, tandis que l'épave de Kyra Panaghia (l'antique Alonnesos) en contenait plus de 1 500[125]. La prospérité de Mendè se lit dans son monnayage d'argent, avec ses belles séries de tétradrachmes du Ve siècle représentant à l'avers un Dionysos au canthare juché sur un âne, au revers un cep de vigne. Toronè, sur la Sithonia, faisait quant à elle figurer sur ses monnaies, selon les dénominations, une amphore ou une œnochoé. Il est clair que, pour ces régions, l'argent athénien et les contrats de navigation sur Athènes d'une part représentaient un apport de capital considérable qui aidait au développement du vignoble, d'autre part assuraient la permanence de l'intérêt des cités pontiques pour leurs productions.

Or, à l'époque hellénistique, on observe une raréfaction des mentions du vin de Mendè, qui semble disparaître de nos sources à partir du IIe siècle a.C. Le témoignage (incertain) d'Alciphron (*Lettres de parasites*, 2) ne signifie nullement que ce vin fît encore prime à l'époque impériale : il s'agit d'une littérature antiquisante qui en fait porte témoignage sur l'époque classique[126]. Ce déclin ne peut s'expliquer seulement par les mésaventures politiques de Mendè. Certes, après avoir été contrainte de se soumettre à Olynthe au début du IVe siècle, en 315 ses habitants furent forcés de se déplacer dans la nouvelle ville de Kassandreia[127]. Cependant, Cassandre aurait voulu maintenir une exportation profitable et c'est la raison pour laquelle, selon Athénée (11 784c), il fit appel au grand sculpteur Lysippe pour créer un nouveau type de conteneur (*keramion*) pour cette cité qui exportait le vin de Mendè. Athénée précise que, à partir du modèle de nombreux types d'amphores, Lysippe créa un modèle original en prenant des traits de chacun d'eux. Cette nouvelle amphore n'est pas encore identifiée. On observe en outre que la cité de Toronè connut elle aussi un recul très marqué à partir de la fin du IVe siècle, comme le montre l'archéologie du site[128]. Si l'on ne doit pas douter qu'en Chalcidique comme dans les Sporades on continua à produire du vin après l'époque classique, le vin de ces régions n'était plus le grand produit d'exportation qu'il avait été jusque-là.

L'explication de cette régression n'est pas à chercher ailleurs que dans l'abaissement d'Athènes et dans la modification des grands itinéraires commerciaux. Le recul commença à la fin du IVe siècle et s'affirma dans les deux premières décennies du IIIe, avec l'asservissement d'Athènes à la puissance macédonienne. L'arrêt de l'exploitation minière du Laurion, qui était le moteur des échanges avec le Pont, en marqua le terme. À l'époque hellénistique, on continua certes à consommer du vin dans le Pont. Mais il s'agissait de plus en plus soit de vin produit localement (comme à Chersonèsos), soit de vin produit dans le Pont (comme, par exemple, du vin de Sinope largement exporté dans les régions pontiques), soit encore de vin importé de mer Égée (mais de Rhodes ou d'autres cités, comme Cos et Cnide). Les exportations de Thasos paraissent avoir mieux résisté, mais, quoi qu'il en soit, pour cette cité aussi la grande époque se termine au milieu du IIIe siècle.[129] De nouveaux circuits marchands, jusque-là secondaires, qui longeaient la côte d'Asie et qui avaient pour pivot Rhodes, se mirent en place. Ils firent oublier les anciens réseaux centrés sur Athènes et menèrent au déclin une série de cités qui n'avaient pas su trouver une autre manière de s'insérer dans les circuits internationaux pour remplacer le « réseau athénien » défaillant.

Sur un courant d'échange, on observe donc une hiérarchie entre les partenaires, avec des éléments qui sont à proprement parler les moteurs du système, tandis que d'autres, tout en y participant pleinement, n'occupent qu'une place hiérarchique seconde, car ils ne constituent pas des partenaires autonomes.

Ce qui vaut pour les partenaires vaut aussi pour les biens échangés. Sur un navire, certains biens constituaient la cargaison principale, d'autres intervenaient comme éléments secondaires. Il s'agit de cargaisons qui n'étaient transportées qu'en profitant de l'existence d'un courant d'échange qui leur était extérieur. D'une certaine manière, ces cargaisons sont assimilables à des « passagers clandestins » (en anglais « free rider »). Le concept économique de « passager clandestin » désigne des personnes ou des groupes qui bénéficient d'un bien public sans payer la part de coût correspondante[130]. On peut considérer avec D. W. J. Gill que la production céramique d'Athènes constitue un cas exemplaire de bien qui se diffusait massivement à l'extérieur non parce qu'il constituait une denrée indispensable, mais parce qu'il profitait de l'établissement d'un courant d'échange[131].

L'exportation des céramiques attiques décorées commença aux VIIIe et VIIe siècles a.C. Mais entre le VIe siècle et la fin du IVe siècle, le phénomène prit une ampleur toute nouvelle. À partir du VIe siècle en effet, avec la mise au point d'une glaçure noire de qualité exceptionnelle, la céramique attique atteignit sa période de maturité technique. Les peintres attiques reprirent d'abord la tradition consistant à figurer les personnages en noir sur fond rouge (technique à figures noires), avant d'inverser la méthode de décor à la fin du VIe siècle (technique à figures rouges). Jusqu'à la fin du IVe siècle, ces vases furent largement exportés dans toutes les directions, depuis l'Occident jusqu'à Chypre et au Levant, depuis le Pont-Euxin jusqu'à Cyrène. Outre la belle céramique décorée, on trouve aussi sur de très nombreux sites une céramique à vernis noir non décorée, qui elle aussi était largement exportée. Le succès de la céramique attique est donc lié à sa qualité technique. Les « concurrents » de Corinthe et d'Asie Mineure furent éliminés dès le milieu ou la deuxième moitié du VIe siècle[132]. S'il y a bien là incontestablement un phénomène de marché, avec un produit qui s'imposa par sa qualité, il n'en reste pas moins que ce n'est sans doute pas là la raison principale de la domination écrasante de la céramique attique. Pour expliquer le succès de ce produit pendant deux siècles et demi, la qualité technique est une condition nécessaire, mais pas suffisante. La condition première du succès paraît avoir reposé sur un autre schéma : celui du souci des commerçants partant d'Athènes ou de passage à Athènes d'embarquer une cargaison pour maximiser la rentabilité de leur voyage. Avant l'essor des mines d'argent du Laurion dans la deuxième moitié du siècle, le premier essor de la diffusion peut s'expliquer par la volonté forcenée des Athéniens d'exporter tout ce qu'ils pouvaient pour payer leurs importations. Mais, comparativement à la période suivante, les quantités étaient encore faibles.

Les arrivées de céramique attique en Étrurie (d'après Gill 1991, 47[133])

Dates	625-600	600-575	575-550	550-525	525-500	500-475	475-450	450-425	425-400
Effectif	1	17	99	443	1 470	983	629	228	41
Pourcent.	0,04	0,68	3,96	17,72	58,8	39,32	25,16	9,12	1,64

Or, de manière écrasante à partir du dernier quart du VIe siècle, le produit d'exportation principal d'Athènes était constitué par l'argent du Laurion. Toutes nos sources convergent pour montrer que c'est avec l'argent extrait au Laurion qu'Athènes payait ses importations de grain[134]. Les arrivées de céramique attique en Étrurie traduisent cet essor d'Athènes, désormais point de passage obligé des navigateurs. Au-delà du cas particulier de l'Étrurie, dès la fin du VIe siècle et pour deux cents ans, l'exportation de céramique suivit le rythme des exportations d'argent. Citoyens ou métèques d'Athènes comme étrangers de passage dans la ville, tous exportaient ou venaient chercher l'argent qui serait ensuite accepté partout. C'était là ce qui procurait l'occasion d'exporter la céramique produite à Athènes (la diminution, puis la chute des exportations de céramique attique en Étrurie dans la deuxième moitié du Ve siècle pourrait relever à la fois d'une conjoncture interne propre à l'Étrurie à cette période et des difficultés d'Athènes à l'époque de la guerre du Péloponnèse – de manière générale, l'Occident importe encore beaucoup de céramique attique au IVe siècle, que ce soit les sites de péninsule Ibérique ou Alalia-Aléria en Corse[135]).

Certes, Athènes avait tout du même un certain nombre de productions de valeur à exporter, comme du marbre, des textiles, du miel, et probablement une longue liste de produits divers, comme des armes et des biens de luxe. Cependant, aucune de ces denrées ne pouvait fournir le gros d'une cargaison pour remplir un navire. Dans le plaisant marchandage entre l'Athénien Dikéopolis et le Béotien des *Acharniens* (989-905) d'Aristophane, c'est la céramique qui apparaît comme la production d'Athènes par excellence :

> « Dikéopolis – Alors, tu dis quels prix ? Ou bien as-tu l'intention d'emporter là-bas en échange une autre marchandise d'ici ?
>
> Le Béotien – Ce qui se trouve à Athènes et que nous n'avons pas en Béotie.
>
> Dikéopolis – Emporte comme achats des anchois du Phalère ou des vases céramiques.
>
> Le Béotien – Des anchois ou des vases ? Mais il y en a là-bas. Je veux ce que nous n'avons pas chez nous et qui se trouve ici par masses.
>
> Dikéopolis – Ah ! je vois : exporte un sycophante, après l'avoir emballé comme une céramique. »

En effet, il est probable que les vases céramiques, qui étaient produits en abondance, pouvaient fournir un volume de cargaison non négligeable et arrivaient en tête – en volume – des biens exportés. Mais le tableau comparatif des valeurs entre différentes cargaisons présenté plus haut montre que, par rapport à l'huile, au vin ou au grain, il s'agissait d'une exportation bien moins intéressante. Encore faut-il ajouter que même si Athènes en produisait de grandes quantités, ces vases ne pouvaient en rien procurer un volume de cargaison comparable à celui d'une cargaison d'huile, de vin, ou même de bois, qui étaient réellement des « produits de masse ». On a donc fondamentalement un schéma où des commerçants trouvaient à Athènes un capital sous forme de prêt, qui pouvait soit servir à acheter d'emblée une cargaison pour un voyage aller, soit être directement exporté pour acheter ailleurs un produit qui trouverait aisément preneur sur un marché extérieur, comme du vin des Sporades ou de Chalcidique. Certes, en tout état de cause, l'exportation d'une cargaison achetée dans un port représentait toujours un bénéfice financier supérieur à la simple exportation d'argent. Mais, dans les *Poroi* (3.1-2), Xénophon souligne que les commerçants qui ne pouvaient trouver une cargaison pouvaient toujours repartir d'Athènes avec de l'argent, lequel partout faisait prime sur les marchés. Le paradoxe d'Athènes était donc qu'elle manquait cruellement de denrées exportables et que seul l'argent lui permettait de trouver la valeur lui permettant de payer ses importations. De la sorte, l'exportation de céramiques ne représentait qu'une occasion de maximiser un voyage et non pas un produit de base justifiant par lui-même un crochet par Athènes. Cela ne veut nullement dire que l'exportation de céramique n'ait pas représenté une source de revenus appréciable pour les commerçants exportateurs. Les prix portés sur les vases, quelques oboles ou au plus de une à trois drachmes, sont d'ordinaire les prix de vente à Athènes. Ils ne nous indiquent rien sur les prix de vente auprès d'une clientèle lointaine, grecque ou barbare, qui pouvait être fascinée par le « monde d'images » offert par la céramique attique, et qui, en tout cas, avait suffisamment de considération pour ces productions pour se faire couramment inhumer avec elle, au côté de bijoux, armes et autres objets de valeur[136]. Au contraire, pour que les commerçants aient pu faire des profits importants, il fallait que les prix à l'achat aient été bas. On retrouve la même logique que pour le grain, et c'est la raison pour laquelle on ne saurait sans précaution (voir le tableau supra) comparer le prix des denrées là où leur prix était élevé (le grain à Athènes) et celui où il était bas (la céramique à Athènes). Il faut comparer le prix du volume unitaire de grain au Bosphore et celui de la céramique à Athènes : en ce cas, on voit que le volume unitaire de céramique au point de départ avait une valeur largement supérieure à celui du grain, de l'orge, mais aussi du froment, au point de départ. C'est la raison pour laquelle, parmi une série d'autres produits ne laissant guère de trace archéologique (sauf exception, comme dans les épaves), il devait toujours être très rentable pour un commerçant d'emporter quelques caisses de céramiques à décor figuré. À la question de savoir si la céramique ne représentait qu'un « space filler », un « bouche trou », un moyen presque non-profitable de boucher un vide dans la cale dans le but de lester le navire, on doit résolument répondre par la négative[137]. On doit substituer à cette vision des choses une analyse en termes de « passager clandestin », qui paraît mieux rendre compte des faits.

En revanche, si l'on raisonne en termes d'agrégat, il est clair que même si, à la plus belle époque, les ateliers céramiques pouvaient employer aux environs de cinq cents personnes (esclaves compris), en valeur leurs produits ne représentaient qu'une faible part des exportations d'Athènes[138]. À cet égard, le bilan du trafic des céramiques attiques peut légitimement être comparé à celui des céramiques fines d'Extrême-Orient importées en Europe à la fin du XVIIIe siècle : ces dernières ne comptaient alors que pour moins de 3 % des ventes de la Compagnie anglaise des Indes Orientales[139]. Lorsque l'étoile d'Athènes pâlit avec les lourdes défaites de la guerre lamiaque, suivie de peu par la mise en place du régime de Démétrios de Phalère et du contrôle direct de la Macédoine sur les destinées de la cité, l'activité des ateliers céramiques cessa brusquement. On voit donc que les exportations de céramique attique ne constituaient pas un objet d'exportation autonome, mais qu'elles étaient dépendantes d'un réseau d'échange, où elles n'intervenaient que comme élément annexe.

À l'époque hellénistique, le type de production change et se complexifie et il existe plusieurs styles régionaux spécifiques. Ainsi, outre la poursuite de la production de petits vases à vernis noir de qualité médiocre, deux types de céramiques à décor méritent une attention particulière. À partir de la fin du IIIe siècle et pendant les deux siècles suivants, on produisit un peu partout des céramiques à relief, mais moulées. On désigne souvent encore cette céramique sous son appellation traditionnelle (moderne) de « bols mégariens », parce que la forme dominante y est le bol et que son lieu de production était censé être Mégare. En fait, tout indique qu'Athènes en fut le premier centre producteur, c. 224-223 a.C. (l'année de la création de la tribu Ptolémaïs en l'honneur de Ptolémée III), à l'imitation des vases métalliques importés d'Alexandrie[140]. Il s'agissait d'une technique qui permettait une production standardisée, procurant des gains de temps et l'emploi d'une main-d'œuvre moins qualifiée[141]. Un autre type important est constitué par les céramiques dites « West Slope », car on en a trouvé un nombre important sur le flanc ouest de l'acropole d'Athènes. Ces céramiques sont elles aussi bien davantage qu'à l'époque précédente des productions de série. Il s'agit pour l'essentiel de vases de petites dimensions, de forme stéréotypée (comme des coupes ou des patères), qui n'ont plus rien à voir avec la variété et l'ambition, voire parfois l'exubérance de l'époque précédente. Le décor est un vernis noir (plus mat que celui des céramiques attiques archaïques et classiques), avec des décors peints très simples, comme des couronnes, des fleurs ou des festons. Ce type de production apparaît dans divers centres de Grèce continentale (dont Athènes) dans le premier quart du IIIe siècle, mais avec aussi d'autres centres de production, comme Pergame, ou celui du « Ivy Platter Workshop », encore non localisé, mais à chercher dans le sud de l'Asie Mineure ou au Levant[142]. Les produits « West Slope » d'Athènes, assez peu nombreux, n'ont été diffusés qu'en Grèce continentale et dans les Cyclades. Cette diffusion limitée contraste fortement avec celle de la céramique à figures noires et à figures rouges de l'époque précédente. Elle est à la mesure du rôle politique et économique restreint d'Athènes pendant toute la première moitié de l'époque hellénistique. La production de Pergame était plus largement diffusée : on la retrouve le long de la côte ouest de l'Asie Mineure, sur les bords de la mer Noire, parfois aussi jusqu'à Chypre, au Levant et à Alexandrie. Cette céramique se glissait donc dans le grand axe de circulation allant du Pont au Levant et à Alexandrie, axe dont les ports de la façade ouest de l'Asie Mineure tiraient leur nouvelle prospérité et qu'on trouve matérialisé aussi par la diffusion des monnaies au type d'Alexandre.

Mais s'agissant de la logique du « passager clandestin », c'est la phénoménale expansion de la céramique campanienne qui fournit le meilleur parallèle à la céramique attique de la fin de l'archaïsme et de l'époque classique[143]. La céramique « campanienne A » était essentiellement produite à Naples. La production était standardisée, avec des formes aisément empilables. Il s'agissait d'une production de masse, effectuée certainement dans le cadre d'ateliers serviles. La production et l'exportation explosèrent après la deuxième guerre punique : ce furent alors des millions de vases qui furent exportés vers la Gaule, l'Espagne ou l'Afrique, remplaçant sur place toutes les productions locales. Il est intéressant de relever que cette céramique exportée à très grande distance est pratiquement inconnue dans l'arrière-pays immédiat de Naples. Les villes de la baie de Naples, en Campanie, formaient le cœur du système commercial du pouvoir romain aux deux derniers siècles de la République (et encore sous le Haut Empire). Naples (qui était toujours une cité grecque) et sa voisine Puteoli (Pouzzoles), la colonie romaine installée sur le site de l'ancien port grec de Dikaiarcheia (elle-même voisine de Cumes), servaient alors de tête de ligne des navires venant de toute la Méditerranée et qui convergeaient vers Rome et l'Italie. C'est la raison pour laquelle on retrouve aussi cette céramique en Égée, ainsi à Délos[144]. À l'instar de la céramique attique quelques siècles plus tôt, le développement de la production de la céramique campanienne A reposait sur l'existence d'un réseau d'échange sur lequel venaient se greffer la production et l'exportation de céramique. En quantité et en valeur, l'essentiel des cargaisons de départ était en fait constitué d'huile ou de vin produits en Campanie. C'est ce qui justifie que d'ordinaire (la règle souffre évidemment de quelques exceptions), dans les épaves, la campanienne A accompagne les amphores gréco-italiques provenant de Campanie, comme dans l'épave du Grand Congloué A, de c. 200-180 a.C. (au large de Marseille), comme les Dressel 1 dans celle, de c. 110-80 a.C., du Grand Congloué B[145]. La céramique attique ne pouvait accompagner un type d'amphore spécifique car Athènes n'exportait pas son vin ou son huile[146]. Pour autant, il ne faudrait pas faire de cette production une activité négligeable. Caton l'Ancien illustre la mentalité de ces propriétaires qui avaient le sens le plus aigu du profit et qui faisaient flèche de tout bois. Pourvu qu'ils puissent profiter d'un courant d'échange préétabli, les promoteurs de cette activité pouvaient en tirer des gains importants.

On doit donc relativiser la valeur des produits de céramique fine, qui n'avaient pas dans l'Antiquité la valeur d'objet d'art qu'on leur prêtait autrefois. Mais on ne saurait nier qu'ils pouvaient procurer des profits à ceux qui en étaient les producteurs ou à ceux qui en assuraient le transit. Sans rentabilité, il est vrai seulement autorisée par l'existence préalable d'un réseau d'échange, il serait incompréhensible que ces activités aient pu se maintenir sur plusieurs siècles, qu'il s'agisse de la céramique attique à décor figuré entre le VIe et le IVe siècle, des céramiques West Slope de l'époque hellénistique ou de la campanienne A de l'époque tardo-républicaine.

Acteurs des échanges et places centrales

La question des acteurs des échanges pose la question de la manière dont était opéré le commerce extérieur d'une cité. On ne devrait pas imaginer une nécessaire continuité entre production et circulation, comme si c'étaient exclusivement les commerçants locaux qui avaient assuré la totalité des exportations de leur propre communauté. Dans certaines cités, le commerce extérieur, importations ou exportations, pouvait être majoritairement entre les mains de ses citoyens ou de ses métèques (étrangers résidents). Dans d'autres, il est probable que l'essentiel, voire la totalité de ce commerce était le fait d'étrangers de passage. À cet égard, on peut admettre que toutes les situations se présentèrent. On a vu que certaines cités se faisaient une spécialité du commerce, soit dans un environnement local, soit pour le commerce à grande échelle et à longue distance. Dans la première catégorie, on rangera les transbordeurs de Ténédos ou d'Anthédon. Dans la seconde, les commerçants originaires de plusieurs grandes cités se distinguèrent par un rôle commercial particulièrement actif. Dans la dernière période de l'archaïsme, on songe à Samos, puis surtout à Égine, dans la même période et au Ve siècle, jusqu'à son élimination comme cité par Athènes en 431, parce que cette dernière la jugeait trop dangereuse pour ses propres intérêts. Chios fut aussi une grande cité d'armateurs, comme le souligne Aristote (*Politique*, 6.4.1), qui fait entrer la cité dans la même catégorie qu'Égine. On pourrait y adjoindre Phasélis, dont à l'époque classique on retrouve les commerçants sur toutes les mers, depuis l'Égypte jusqu'à Athènes ou au Pont-Euxin, et qui continua à jouer un rôle de premier plan à l'époque hellénistique[147]. La différence entre Égine et Phasélis d'une part, Samos et Chios d'autre part, était que les premières n'avaient pas, ou guère, de production spécifique à exporter (même si Phasélis pouvait exporter son bois). Les commerçants originaires de ces cités transportaient des denrées de toute provenance. Samos et Chios, en revanche, étaient des cités productrices, vivant de leurs exportations, et il est possible qu'elles aient délibérément favorisé l'exportation de leurs productions par des commerçants du cru. En 545, les Chiotes avaient vu d'un mauvais œil l'installation de fugitifs phocéens dans les îles Oinoussai (c'est-à-dire à leur porte), car ils pressentaient une vive concurrence de la part de ces redoutables commerçants[148].

La mer était un espace sans limite. Elle offrait des possibilités de grands profits à qui acceptait de prendre le risque, financier et physique, de s'embarquer pour une destination lointaine. Là encore, naturellement, on doit s'attendre à voir jouer la règle de la proximité, le commerce d'une zone donnée étant en majorité effectué par des commerçants de la zone. Mais il était loisible à des gens venus d'horizons plus lointains d'y participer : des Phasélitains ou des gens de Salamine de Chypre pouvaient se retrouver dans le Pont-Euxin, comme cela est bien attesté par les plaidoyers attiques du IVe siècle, et des Marseillais venir jusqu'au Pirée, voir jusqu'à Alexandrie à l'époque hellénistique.

Cependant, on doit souligner qu'en fait la cité d'origine du navigateur importait peu. D'ordinaire, un voyage commercial semble avoir impliqué un prêt pour financer la cargaison et opérer le voyage commercial. Quelle que soit la cité d'origine du navigateur, le point clé était le lieu où le contrat commercial avait été conclu, qui fixait l'identité de la cité pour le bénéfice de laquelle le voyage commercial était opéré[149]. Le type le plus fréquent de contrat commercial semble en effet avoir été celui prévoyant un voyage aller-retour (*amphoteroplous*), qui était censé donner au bailleur de fonds une garantie que son débiteur ne se dérobât point à ses obligations de remboursement.

Le débat a été vif pour déterminer si le mode principal de commerce était une sorte de cabotage à petite distance, assurant de proche en proche la diffusion des produits, ou bien s'il existait des liens directs à grande distance entre des cités ayant entre elles des rapports de vendeur à consommateur. Sur ce point, il est indubitable qu'il existait de grands axes de navigation, avec souvent des échanges sans intermédiaire et à grande distance (ce qui ne signifie pas sans escale), par exemple entre Athènes, le Bosphore, l'Égypte, Cyrène ou le Levant. Cela ne signifie pas que tous les produits arrivant en un point très éloigné de la Méditerranée y soient parvenus de cette manière.

De manière tendancielle (il ne s'agirait pas d'en faire une règle), on peut considérer que plus un produit est loin de sa cité d'origine, plus il a de chance d'avoir fait partie d'une cargaison composite. En outre, dans cette cargaison, la quantité du produit a toute chance d'avoir été inversement proportionnelle à la distance. Concrètement, cela signifie qu'en mer Égée on trouve des cargaisons complètes d'amphores de Mendè, qu'au large d'Apollonia de Cyrénaïque, d'Alexandrie ou de Chypre, on a toute chance de retrouver des cargaisons homogènes, ou quasi homogènes d'amphores rhodiennes. Sur un total de 404 amphores, le navire de Kyrenia transportait 343 amphores de Rhodes, le reste étant originaire de Samos, de Paros, de Crète et du Levant. L'épave Serçe Limanı B (au sud de la Chersonèse de Rhodes), de c. 300-270 a.C., avait une cargaison homogène de 600 amphores du « groupe de Zénon » produites à Cnide-Datça : le navire avait donc fait naufrage tout près de son point de départ[150].

On observe le symétrique en Méditerranée occidentale. On peut, par exemple, trouver des cargaisons presque homogènes d'amphores étrusques, ou mixtes étrusques et puniques à la fin de l'archaïsme, ou plus tard de gréco-italiques et de Dressel 1 (deux types d'amphores d'Italie ou de Sicile) aux IIe et Ier siècles a.C. En revanche, les amphores venues d'Égée apparaissent soit comme éléments très minoritaires dans des cargaisons par ailleurs très homogènes, soit dans des cargaisons très composites. Pour le premier cas, on peut citer l'épave Grand Congloué A, déjà mentionnée, qui outre plus de 400 gréco-italiques transportait une trentaine d'amphores rhodiennes et quelques exemplaires de Cnide, Cos et autres amphores égéennes[151]. Pour le second cas, celui des cargaisons très composites, on peut citer l'épave d'El Sec. Sur 474 amphores retrouvées, on y trouve par ordre d'effectifs décroissants des amphores de Samos (18,4 %), des gréco-italiques (14,7 %), des amphores de type corinthien (11,3 %), de Chios (semble-t-il, 5,2 %), des puniques de Sicile, et quelques exemplaires isolés de Mendè, Thasos, Sinope, Cos, Rhodes (peut-être), un certain nombre d'amphores restant encore mal identifiées[152]. Ce navire a toute chance d'avoir eu un équipage punique. La conclusion logique est de considérer que ces amphores venues de l'Égée, avec en outre la céramique attique et la meule de Nisyros qui les accompagnaient, avaient connu au moins une rupture de charge, en Sicile ou à Carthage. Avant d'être livrés au consommateur final, ces biens pouvaient ainsi passer entre les mains de plusieurs intermédiaires. Ils constituaient de pures valeurs d'échange. Si le producteur pouvait au départ se faire une idée de la direction prise par ses produits, il ignorait tout du consommateur final et, dans la plupart des cas, ce point ne lui importait guère, pourvu que sa production ait trouvé acheteur à bon prix. Les productions artisanales, ainsi entre autres l'artisanat céramique, peuvent cependant avoir présenté un cas un peu différent. De manière plus ou moins précise en fonction de la distance, il paraît raisonnable de considérer que les potiers ont éventuellement pu réagir à une demande spécifique, sur la base des informations qui leur revenaient par l'intermédiaire des commerçants. Les *emporoi* s'approvisionnaient-ils directement dans les ateliers ? Ou bien les producteurs étaient-ils représentés au *deigma* ? Ce point ne peut encore être établi. En tout cas, que les ateliers athéniens aient pu de la sorte orienter leur production (décor ou type de vases) en fonction de *desiderata* d'acheteurs extérieurs, de Grèce propre, du Pont, d'Étrurie ou de Sicile est une hypothèse qui sera toujours difficile à prouver de manière formelle, mais qui est cependant vraisemblable : après tout, pour reprendre la comparaison avec le commerce avec l'Extrême-Orient dans l'Europe classique, des artisans chinois fabriquèrent aussi des porcelaines destinées au marché occidental et sur des modèles fournis par des commerçants occidentaux[153]. Au-delà de commandes spécifiques, peut-être faut-il simplement imaginer que les marchands en partance pour telle ou telle direction sélectionnaient dans la production d'un atelier celle qui leur paraissait la mieux adaptée au marché lointain où ils allaient écouler leur production. Au bout d'un certain laps de temps, les achats successifs des divers *emporoi* orientaient du même coup la production des ateliers, en faveur ou en défaveur de telle forme ou de tel décor, Il est clair en tout cas que ces échanges d'informations économiques n'impliquent cependant pas l'existence de liens directs entre producteurs et consommateurs. Au reste, cette absence de lien direct entre producteurs et consommateurs ne saurait être considérée comme un trait « primitif ». En fait, c'est le commerce caractérisé par un lien direct entre producteur et client (commande sans intermédiaire), où la production relève de l'univers de la « valeur d'usage », qui est le moins élaboré des deux. La rupture du lien entre producteur et consommateur final, l'existence de plusieurs intermédiaires entre producteur et consommateur, est au contraire caractéristique d'une économie dominée par la marchandise, relevant de l'univers de la « valeur d'échange ».

On voit enfin que, s'il pouvait exister des lignes directes entre grands partenaires commerciaux, il n'en existait pas moins des places qui jouaient le rôle d'entrepôts et de centres de redistribution. Ce fut le cas en particulier pour les cités de Sicile, grecques ou puniques, et pour Carthage, qui se trouvaient à la jonction des deux bassins méditerranéens, de sorte que nombre de commerçants venus de l'Égée devaient se contenter d'y transporter leurs denrées, pour s'éviter de s'aventurer plus à l'ouest vers des cités, souvent non-grecques, dont ils n'étaient pas familiers et sur des mers dont ils ne connaissaient pas les dangers.

En Grèce même, et pour d'autres raisons, des cités avaient le rôle de centres de redistribution. Il a déjà été question de Corinthe. Comme le soulignait déjà Thucydide (1.13.5), la ville avait une vocation commerciale comme imposée par la géographie. En effet, elle était au croisement de la route terrestre entre la Grèce centrale et le Péloponnèse et de la route navale entre le golfe de Corinthe et le golfe Saronique : les marchandises arrivant au port occidental de Lechaion pouvaient éventuellement être réexportées en Égée par le port de Kenchreai. Athènes bien sûr fut par excellence un centre où l'on pouvait trouver toutes sortes de denrées (sauf le grain et l'huile, dont l'exportaton était proscrite[154]). Il est probable que ce rôle de centre de redistribution et de centre financier contribua beaucoup à la fortune d'Athènes à l'époque classique : au-delà de la question de leur valeur, la diffusion universelle des céramiques attiques témoigne de ce que le Pirée était à cette époque un point nodal des voyages commerciaux. Ce rôle de réexportation fut partiellement repris par Rhodes à l'époque hellénistique et là aussi, au-delà de leur valeur propre, l'exportation tout aussi universelle des amphores rhodiennes témoigne d'abord de la place prise par cette cité dans les réseaux d'échange.

Le secret du succès économique de la Grèce des cités résidait dans les gains de productivité procurés par une division internationale du travail. Cette dernière avait pour fondement les différentiels de productivité entre régions mises en communication par les échanges commerciaux. Il s'agissait d'abord d'avantages absolus directement liés à des privilèges naturels. Mais la complexité des réseaux d'échange et l'imagination mise à « créer » des productions nouvelles, par l'exploitation du milieu naturel ou bien par la production artisanale et le commerce, permettaient de dépasser la tyrannie des avantages naturels pour produire des réseaux d'échange complexe. Ces derniers étaient structurés autour de grands pôles, mais des « passagers clandestins » profitaient aussi largement du réseau, tout en lui apportant aussi des compléments utiles. Dans cet univers complexe, chaque cité jouait sa partie. Ce sont ces stratégies de l'échange international qu'il faut maintenant mettre en évidence.

CHAPITRE 6

Les stratégies de l'échange international

Si l'on suit Aristote, de même qu'un citoyen ne pouvait, par lui-même, être autosuffisant (*autarkès*) et que, bien au contraire, c'était seulement dans le cadre de la collectivité civique qu'il pouvait espérer atteindre cet idéal, de même une cité ne pouvait espérer par elle-même produire tous les biens qui lui étaient nécessaires[1]. De même que la division du travail était le fondement de la cité, de même les échanges extérieurs étaient inéluctables et étaient destinés à satisfaire les besoins des cités par des échanges réciproques. La cité de Platon ou d'Aristote ne peut donc exister isolément. Elle a comme présupposé l'existence simultanée d'une collectivité de cités avec laquelle elle pourra établir des échanges lui permettant d'atteindre son idéal d'autarcie. Tout comme les échanges intérieurs, les échanges extérieurs devaient respecter l'égalité entre les acteurs du commerce, afin que toutes les cités pratiquant l'échange extérieur puissent y trouver leur compte. Sinon, les différends commerciaux risquaient de s'envenimer et de dégénérer en guerre ouverte.

On pourrait même ajouter que de même que dans le cadre de la collectivité civique une générosité bien comprise était indispensable au maintien de cette collectivité, de même, dans les relations entre cités, il ne fallait pas hésiter à se montrer généreux pour aider d'autres cités en difficulté. Les multiples décrets remerciant d'autres cités pour des bienfaits de toute nature, mais entre autres touchant à des aides de nature directement militaire, financière ou économique, ne sont donc pas que de pure rhétorique. De manière générale, il existait de fait une forme de solidarité entre les cités, chacune d'entre elles pouvant trouver son intérêt dans le maintien de la « société des cités ». Il existait en outre des solidarités de groupe entre des cités entretenant entre elles des relations particulières. En montrant la nécessité de l'échange et de l'égalité dans l'échange, au plan intérieur comme au plan extérieur, Aristote n'a fait que présenter de manière systématique le système institutionnel qui prévalait dans la Grèce des cités. Le détail de l'organisation variait d'une cité à l'autre. Mais, fondamentalement, il obéissait partout aux mêmes principes.

Les règles d'échanges et la distribution des « avantages naturels » (qui, comme on l'a vu, étaient largement une création des divers acteurs) jouaient donc le rôle d'un système de contrainte à l'intérieur duquel pouvaient se construire de véritables stratégies d'échange extérieur. L'objectif est donc ici de rendre compte de la spécificité de ces stratégies d'échange, dont la particularité est que les cités n'y étaient pas seulement des « arbitres » mais qu'elles jouaient un rôle de partenaires. De la sorte se formait un réseau complexe non seulement de « lignes commerciales », mais aussi de stratégies d'échange qu'on examinera de manière détaillée. Ensuite, on analysera le cas spécifique des approvisionnements, car les stratégies des cités se développaient en particulier à l'égard de cette question cruciale pour la survie des populations que constituait le grain. On traitera enfin du cas particulier d'Athènes à l'époque classique. Il s'agit certes d'une cité hors norme et la stratégie d'une cité comme Athènes ne pouvait être celle d'une petite cité. Mais elle pesa d'un poids exceptionnel dans les échanges du monde classique et, de ce fait, elle joua alors un rôle structurant fondamental pour l'ensemble des autres stratégies d'échange.

La logique des échanges

Échange réciproque et échange non-directionnel

Deux logiques institutionnelles (a priori contradictoires mais, *in fine*, plutôt complémentaires) prévalaient sur le marché international. La première, qui avait la faveur d'Aristote et des théoriciens conservateurs, consistait à mettre en place une stratégie d'échanges « surplus contre surplus ». Une cité disposant de surplus de grain passait contrat avec une cité disposant d'excès de vin : de la sorte, par l'échange des « surplus », tout le monde trouvait son compte. Mais cette stratégie avait ses limites : celle du défaut de livraison de la part de l'un des partenaires. Prenons le cas d'une cité exportant ses « surplus » de vin : elle comptait que son partenaire lui fournisse du grain. Mais si, pour une quelconque raison (récolte exceptionnellement mauvaise, guerre) ce fournisseur était défaillant, la cité qui comptait sur lui risquait de se retrouver dans une situation délicate si elle n'avait pas d'autre partenaire. C'est la raison pour laquelle même les cités qui avaient noué de tels accords d'importation et exportation réciproques ne pouvaient compter exclusivement sur ce système pour régler leurs échanges extérieurs. En outre, la complexification des échanges dans un univers de cités comptant un nombre très élevé de partenaires potentiels faisait que de tels accords « exclusifs » ne pouvaient plus constituer l'ordinaire des échanges[2]. Les directions des échanges commerciaux et les décisions qui leur étaient relatives étaient bien trop complexes pour pouvoir être gérées par un système d'accords d'échange « surplus contre surplus ». En revanche, les privilèges fiscaux consentis à titre individuel ou à titre collectif aux ressortissants d'une cité étrangère donnaient un contenu institutionnel à des réseaux d'échange privilégiés, dans l'intérêt réciproque des partenaires. De tels accords de partenariat, qui existaient déjà à l'époque classique, semblent avoir rapidement pris le pas sur les accords « d'échanges de surplus » *stricto sensu*.

Pour le reste, la seconde logique, qui constituait la tendance dominante de l'époque classique et de l'époque hellénistique, fut donc de laisser jouer les partenaires commerciaux. On doit en effet insister sur le fait que la très grande majorité des échanges internationaux dans le monde de la Grèce des cités était réalisée par des acteurs privés, qui agissaient de leur propre initiative. Pour un produit donné, c'était la « main invisible » du marché qui tendait à faire baisser la tension entre les deux bornes du réseau mentionnées précédemment, à égaliser les quantités et les prix entre les deux pôles (ce qui ne veut pas dire qu'au terme d'un cycle d'échange ces prix étaient égaux, mais que leur différence s'était amoindrie). En somme, c'est l'éternel rôle du marchand : acheter là où les prix sont bas, pour revendre là où ils sont hauts. Le principe de laisser l'essentiel des échanges internationaux à l'initiative des marchands valait aussi pour les échanges qui bénéficiaient de conventions cadres, comme c'était le cas des échanges qui prévalaient entre Athènes et le Bosphore. Ainsi, les commerçants qui prenaient la direction d'Athènes bénéficiaient d'un privilège douanier : mais la décision d'accomplir le voyage (en général aller-retour depuis Athènes) était de leur seul ressort. C'était le profit escompté par ces marchands qui les guidait d'un port à l'autre en fonction de l'information dont ils disposaient. Comme on l'a vu, Xénophon (*Économique*, 20.27-28) rappelait justement que les marchands allaient où les guidait le profit. Un bon exemple en est donné par un décret attique du début du IIe siècle a.C.[3]

> « Dieux. Kallimachos fils de Kallimachos, du dème de Paiania, a fait la proposition : Étant donné que [---, de la cité de ----], qui pratique le métier de la mer et qui, autant qu'il le peut, veut contribuer à augmenter les revenus du peuple, dans l'année (de l'archontat) de Timèsianax a débarqué au Pirée du grain et l'a vendu à la cité à bon marché ; dans celle (de l'archontat) d'Hippakos après avoir acheté à [nom de cité ou de pays] mille cinq cents métrètes d'huile pour les importer au Pont et y charger en retour une cargaison de grain à destination du Pirée, comme il séjournait temporairement dans nos villes et qu'il voyait combien était grande la pénurie d'huile du fait de la mauvaise récolte frappant notre territoire, et qu'en outre il voulait par tout moyen en son pouvoir montrer son dévouement envers notre peuple, il s'empressa d'importer dans notre emporion l'huile qu'il avait achetée ; or, alors que l'huile avait été enlevée de l'emporion, les agoranomes l'abordèrent et lui demandèrent de céder son huile à la cité à un prix inférieur à celui qui avait été déclaré par lui... il eut l'audace de leur vendre... »

Ce commerçant qui devait se rendre au Pont avec une cargaison d'huile achetée ailleurs (le nom de l'endroit est perdu – il est possible que ce commerçant soit par exemple venu du Péloponnèse). Il avait fait escale à Athènes, peut-être pour y compléter sa cargaison. En effet, si, par exemple, il avait réservé tout l'espace d'un navire de 3 000 amphores, ses 1 500 métrètes d'huile n'en représentaient que la moitié. Or, lors de son passage à Athènes, il trouva un prix de l'huile exceptionnellement élevé. Est-ce seulement un hasard qu'il soit venu à Athènes ? En tout cas, il décida aussitôt de ne pas poursuivre sa route et de vendre sur place au meilleur prix, puisqu'à Athènes la récolte avait été mauvaise et que le prix était élevé. Il comptait d'abord vendre sur le marché libre, puis il vendit sa cargaison à la cité à la demande des magistrats. Naturellement, ce n'était pas par bonté d'âme que le commerçant agissait ainsi mais avec le sens de ses intérêts bien compris, puisqu'il vendait toute sa cargaison à un cours très élevé et en une seule fois (c'était toujours l'intérêt du marchand de vendre en gros, comme le soulignent les sources anciennes[4]). Il s'économisait aussi la peine d'aller jusque dans le Pont. Il est probable qu'en agissant de la sorte il avait rompu son contrat initial, qui prévoyait sans doute un trajet jusqu'au Pont : mais l'opportunité était trop belle et, du moins, si l'emprunt n'avait pas été fait au départ du Pont, personne ne pouvait y trouver à redire.

Au contraire, les Athéniens des années 320 a.C., frappés par une crise frumentaire, pouvaient être légitimement mécontents qu'un navire ayant un contrat négocié à Athènes pour approvisionner cette ville en grain d'Égypte se soit arrêté à Rhodes sur la route du retour pour y vendre sa cargaison : informé par lettre que les prix à Rhodes étaient plus intéressants sur cette place, les marchands indélicats y avaient vendu leur cargaison, au mépris de leur engagement. On voit de la sorte qu'il pouvait exister un véritable réseau d'informations et que des lettres étaient échangées entre des agents pour donner des informations sur les prix. Notre source est un plaidoyer athénien (Ps.-Démosthène, *C. Dionysodôros*, 56.9-10), où le plaignant accuse explicitement son adversaire d'avoir fait partie d'un réseau de spéculation organisé par Cléomène de Naucratis, qui gouverna l'Égypte au nom d'Alexandre après 332[5]. Les accusations du demandeur pourraient laisser penser qu'il s'agissait d'une pratique exceptionnelle. Cependant, le rôle de l'information sur les prix était si grand qu'on ne voit pas comment cette pratique aurait pu ne pas être courante dans le monde des marchands. Les profits de cet ordre s'apparentent donc à un profit d'arbitrage, soit un profit sans risque effectué par un jeu sur le prix différent du même bien sur deux places différentes. Cela dit, les prix pouvaient varier rapidement. Le temps qu'une lettre soit remise à son destinataire et qu'un transport de denrées ait pu être effectué, il devait aussi arriver que les prix au point d'arrivée soient plus bas que prévu, ce qui entraînait inévitablement une baisse de revenu du commerçant (s'ils étaient plus hauts, il n'avait naturellement qu'à s'en féliciter). En tout cas, l'information économique générale, et en particulier celle qui concernait le mouvement des prix, était donc décisive dans la décision de prendre la direction de tel ou tel port[6].

Les commissaires au grain

A priori, si l'offre globale de grain était suffisante et si les routes d'approvisionnement étaient sûres, l'initiative individuelle des marchands satisfaisait la demande. Même dans les conditions les plus favorables cependant, dans la mesure où les commerçants ne se déplaçaient que s'ils escomptaient faire un profit satisfaisant pour un risque raisonnable, il existait un différentiel entre cités. Une grande cité bien installée sur un réseau d'échange et bien pourvue en argent avait plus de chance de recevoir la visite de commerçants en grain. Une petite cité à l'écart des grandes routes d'échanges, n'intéressait pas les marchands. On peut aisément en imaginer les raisons du désintérêt : quantités trop faibles, surcoût lié à un transport dans une zone éloignée, incertitude sur les données d'un marché offrant de faibles alternatives de vente si la cité « objectif » se révélait avoir des approvisionnements en quantités suffisantes, ou tout simplement manque d'argent. Sans parler des ruptures fréquentes des routes maritimes du fait de l'instabilité politique chronique, une baisse de l'offre globale voyait donc les marchands se tourner d'abord vers les grands marchés, ceux où il était possible de trouver de l'argent ou une cargaison de retour aisément négociable, et négliger les petites cités et à l'écart des grandes routes. Si la baisse était encore plus sévère, cette fois tout le monde était touché et c'était en quelque sorte le sauve-qui-peut général pour essayer à tout prix de trouver du grain.

Quelles que soient les raisons de l'insuffisance du marché, dans le cas où ce n'étaient pas les marchands qui se déplaçaient pour apporter le grain il fallait donc que ce soient les collectivités civiques elles-mêmes qui se chargent d'aller le chercher. On voit clairement qu'il s'agissait là de tenter de corriger une imperfection du marché. Des commissaires au grain désignés par la cité partaient à l'étranger, munis d'une somme d'argent pour négocier des achats de grain. Comme on l'a vu, ces commissaires portaient le nom de *sitônai*, c'est-à-dire « acheteurs de grain »[7]. Dans les mêmes fonctions, il existait aussi à l'époque impériale des *elaiônai*, ou « acheteurs d'huile »[8]. En soi, cependant, la fonction de commissaire au grain n'impliquait pas nécessairement un déplacement à l'étranger. Les commissaires qui, sur place, dans leur cité, achetaient du grain pour le compte de la cité étaient eux aussi des « acheteurs de grain ». Ce n'est que si la situation se tendait et si le grain disponible dans la cité venait à manquer que les « acheteurs de grain » ne devaient pas hésiter à se rendre sur un marché étranger pour y acquérir du grain[9].

En ce cas, petites comme grandes cités devaient avoir recours à des achats effectués directement sur des marchés extérieurs. Il ne s'agissait pas pour ces commissaires d'organiser eux-mêmes le transport du grain, sur des navires de transport qui auraient appartenu à la cité. Il est vrai que, dans le traité des *Poroi* (3.14), Xénophon envisage sur le modèle de la flotte de guerre la création par Athènes d'une flotte de navires marchands qui aurait appartenu à l'État et qui aurait pu être louée à des transporteurs. Mais il ne semble pas que le projet ait eu une suite, ni que d'autres cités aient mis en place des systèmes de cette nature. Le but était soit de se rendre dans un pays producteur, soit dans une place de réexportation (comme Rhodes ou Délos à l'époque hellénistique) pour acheter du grain sur le marché et trouver des transporteurs pour rapporter ce grain dans leur cité d'origine. Il s'agit là d'un cas intéressant où, cette fois sur le marché international, la cité se transformait en acheteur collectif. L'attitude fait pendant à celle que la cité pouvait avoir sur le marché intérieur, en négociant et fixant les prix d'achat avec les commerçants, éventuellement aussi en étant directement acheteuse.

Un épisode qui se situe en 377 a.C. montre de manière concrète dans quelles circonstances même une cité comme Thèbes de Béotie, qui normalement disposait de surplus de grain, pouvait être amenée à envoyer des commissaires au grain sur une place étrangère[10] :

> « Durement frappés par le manque de grain, car, depuis deux années, ils n'avaient pu faire de récolte sur leur territoire, les Thébains dépêchent à Pagasai sur deux trières des hommes à qui ils confient dix talents. Pendant que ces derniers négociaient leur grain, le Lacédémonien Alkétas, qui gardait Oréos, équipa trois trières, en veillant à ce que le secret soit gardé. Lorsque le grain fut en route, Alkétas s'en empare ainsi que des trières et des hommes, au nombre de pas moins de trois cents. Il les retint sur l'acropole, où lui-même avait établi son campement. »

On voit très bien l'enjeu. Thèbes envoie des commissaires au grain munis d'une grosse somme d'argent dans un port du sud de la Thessalie, Pagasai, débouché naturel de la région. La Thessalie était une riche région agricole qui, en temps normal, disposait de surplus importants. La richesse en grain et la capacité exportatrice de la Thessalie sont vantées par Jason de Phères[11]. L'interception de la petite flotte thébaine, pourtant escortée des deux trières thébaines, semble sceller l'échec de la tentative. Pourtant, l'affaire ne s'en termina pas moins fort bien pour les Thébains, qui parvinrent finalement à s'emparer de l'acropole d'Oréos et donc à s'assurer l'accès au grain thessalien.

Quant à des parallèles de *sitônai* d'Eubée à Délos cherchant des fonds pour acheter du grain, on songera en particulier au décret d'Histiée des environs de 220 a.C. en faveur du financier rhodien Athénodôros[12] :

> « Le peuple d'Histiée (en l'honneur d'Athènodôros, fils de Peisagoras).
>
> *(Décret d'Histiée)* Les archontes ont fait la proposition que le conseil introduise devant le peuple le projet de décret suivant : Étant donné qu'Athènodôros, fils de Peisagoras, de Rhodes, ne cesse de se montrer dévoué en faveur de notre peuple et de rendre des services à titre privé à chacun de nos concitoyens qui lui en fait la demande et à titre public à notre cité, qu'il a en tout collaboré avec dévouement avec les commissaires au grain (*sitônai*) envoyés par notre cité à Délos, qu'il a avancé de l'argent sans intérêt et qu'il a fait en sorte que les commissaires au grain puissent au plus vite s'acquitter de leur tâche, en faisant passer le service de la cité devant son intérêt particulier ; afin que tous sachent que le peuple d'Histiée sait honorer ceux qui lui témoignent leurs bienfaits, et que soient plus nombreux ceux qui veulent riva-

liser en faveur de ses intérêts en voyant que ceux qui le méritent reçoivent des honneurs ; plaise au peuple de faire l'éloge d'Athènodôros, fils de Peisagoras, de Rhodes, pour son dévouement envers notre cité et de le couronner d'une couronne de feuillage pour sa valeur et pour son dévouement envers le peuple d'Histiée ; de faire la proclamation de la couronne lors de la procession des Antigoneia, et que l'agonothète veille à assurer cette proclamation ; de lui conférer la citoyenneté à lui et à ses descendants, selon la loi, ainsi que l'accès au conseil et au peuple immédiatement après les affaires sacrées ; d'inscrire ce décret sur une stèle de pierre et d'en faire la dédicace chez nous dans le sanctuaire de Dionysos et à Délos dans le sanctuaire d'Apollon, après avoir fait la demande d'un emplacement à la communauté de Délos ; que le trésorier verse la dépense nécessaire pour la gravure. »

Le point de départ de la rencontre avec Athènodôros est qu'Histiée manquait de grain. En conséquence, la cité dut envoyer des commissaires au blé sur le marché délien pour en acheter. Il reste étrange qu'Histiée ait dû envoyer des *sitônai* à Délos. En effet, la cité était située à l'entrée nord du canal d'Eubée, donc sur l'une des voies maritimes les plus fréquentées par les marchands de grain venant du nord et du Pont-Euxin. Elle était aussi toute proche du grain qui pouvait être exporté des ports du sud de la Thessalie[13]. Du fait de cette position géographique favorable, a priori la cité ne devait pas subir de rupture d'approvisionnement. Il fallut donc des circonstances bien particulières pour que la cité connaisse une telle situation. Faut-il penser que des marchands venant du Pont ne se soient pas arrêtés en cours de route et aient préféré aller dans un centre de redistribution, où ils pouvaient espérer vendre à des prix plus élevés ? Mais, ce faisant, ils auraient pris un risque supplémentaire, alors qu'il leur était plus facile de vendre en gagnant beaucoup de temps, donc aussi d'argent, en vendant sur leur passage à une cité comme Histiée. On peut donc faire l'hypothèse que, si le grain acheté par les Histiéens ne venait pas du Pont-Euxin, c'est tout simplement parce que, cette année-là, la route du grain venant du Pont et passant par le canal d'Eubée était coupée. Cette rupture d'approvisionnement ne correspondrait-elle pas à la guerre entre Rhodes et Byzance de c. 220 a.C. ? Les grandes lignes du conflit sont rapportées par Polybe (3.2.5 et 4.47-52). On sait que, à cette date, Byzance voulut faire payer un droit de passage dans le Bosphore, car elle était elle-même rançonnée par ses voisins barbares. Appelée à l'aide et soutenue par les cités qui avaient des intérêts sur mer, Rhodes dut mener une guerre contre Byzance, essentiellement marquée par un blocus des Détroits, pour obtenir que ce droit de passage soit levé[14]. Or, au même moment, la Grèce centrale connaissait aussi une période très troublée. La Macédoine, qui contrôlait la Thessalie, luttait sur plusieurs fronts : immédiatement après la bataille de Sellasie (222), Antigone Dôsôn dut mener en 221 une campagne contre des envahisseurs illyriens. L'année 220 vit le début des hostilités de la « guerre des alliés », opposant l'Étolie à l'Achaïe et à la Macédoine[15]. Il est donc plus que vraisemblable que la Macédoine gardait alors son grain pour son armée. Enfin, la conjoncture était troublée même en mer Égée : en 220, les Rhodiens durent donner la chasse à Démétrios de Pharos, qui avait lancé une expédition de pillage jusque dans les Cyclades[16]. La coïncidence chronologique entre ces événements et le décret d'Histiée (qui, de manière indépendante, a été daté des années 230-220) rend l'hypothèse d'une datation autour de l'année 220 plausible, même si elle ne peut être considérée comme une certitude[17]. Le fait que le financier qui vient en aide aux Histiéens soit rhodien tient en partie au hasard (il aurait sans doute pu être d'une autre origine). Il n'en reste pas moins que, dans ces années où, malgré la catastrophe du tremblement de terre des années 229-226 a.C., l'ascendant politique mais aussi financier de Rhodes était toujours plus fort, il n'était pas non plus surprenant de voir un homme d'affaires rhodien aider des commissaires au grain à Délos. En tout cas, quelle que soit la date retenue, il y a donc aussi toute chance que le grain acheté à Délos par Histiée ait été d'origine égyptienne (et ait alors transité par Rhodes) ou éventuellement cyrénéenne.

Comme en 377 avec la situation de Thèbes de Béotie, le décret d'Histiée est donc hautement révélateur des circonstances qui pouvaient amener à l'envoi de commissaires au grain sur des marchés extérieurs : pertes de récolte ou rupture des routes d'approvisionnement habituelles. Il se trouve que, s'agissant de la question des approvisionnements et des commissaires au grain, aucune cité grecque ne livre d'informations aussi riche que celles que nous possédons pour la cité de Rome au Ve siècle a.C. On y voit en effet à l'œuvre les tensions sociales qui entourent la question de l'approvisionnement, l'enjeu de l'envoi de commissaires au grain et non moins les difficultés de ces derniers à accomplir leur tâche. Le premier épisode se situe en 492 a.C. (Tite-Live 2.34.1-5).

> « Ensuite, les consuls furent Titus Geganius et Publius Minucius. Cette année-là, alors qu'à l'extérieur tout était tranquille, sans qu'il y ait de guerre à mener, et que, à l'intérieur, il avait été remédié à la discorde civile, un fléau bien plus grand s'abattit sur la cité : d'abord le haut prix des approvisionnements, car les champs étaient restés incultes à cause de la sécession de la plèbe ; ensuite une famine comparable à ce qu'il en est habituellement dans les villes assiégées. On en serait venu à l'anéantissement de la classe servile et de la plèbe si les consuls n'avaient auparavant pris les mesures nécessaires, en envoyant partout des commissaires rechercher du grain, non seulement en Étrurie sur la côte au nord d'Ostie, au sud par mer chez les Volsques et jusqu'à Cumes, mais aussi en Sicile. Telle était en effet la haine de leurs voisins qu'elle forçait les Romains à rechercher de l'aide loin de chez eux. À Cumes, alors que le marché avait été conclu, les navires furent retenus, en compensation des biens des Tarquins, dont le tyran Aristodèmos était l'héritier. Chez les Volsques et en pays Pontin, personne ne put acheter : les commissaires au grain (*frumentatores*) furent même mis en danger par la réaction hostile des gens du lieu. D'Étrurie, en revanche, le grain put parvenir par le Tibre. Dans une situation d'approvisionnements aussi restreints, les Romains auraient été malmenés si un conflit était fâcheusement survenu. Mais les Volsques, qui étaient en train de prendre les armes, furent frappés d'une violente épidémie. »

Le roi Tarquin s'était réfugié à Cumes, auprès du tyran Aristodèmos de Cumes, qui semble avoir contrôlé cette ville entre au moins 525 et 474 a.C. (date de la bataille de Cumes où, allié à Hiéron de Syracuse, il défit les Étrusques). Tarquin mourut dans cette ville en 496 ou 495, mais le tyran de la ville considérait que Rome avait une dette à son égard : d'où le blocage des navires, alors même que le marché avait déjà été conclu. Pour l'année 440, Tite-Live (4.12.6-11) souligne aussi l'échec des missions des commissaires au grain et la grave famine qui s'ensuivit[18]. Puis (4.13-16) il expose longuement les manœuvres de Spurius Maelius. Membre de l'ordre équestre, très riche, il avait pu grâce à son réseau d'hôtes et de clients acheter du grain en Étrurie pour le distribuer au peuple. Selon Tite-Live (4.13.2), c'est précisément ce qui avait empêché la baisse des cours. Par là, il espérait se constituer une clientèle pour éventuellement briguer le consulat, ce qui lui était en principe interdit, mais qui lui valut l'accusation d'aspirer à la royauté, bon moyen de se débarrasser de lui, puisqu'il fut très vite assassiné. Il avait ainsi été accusé (cf. *ibid.*, 4.15.6) d'être un simple « marchand de grain » (*frumentarius*) enrichi. Or, on connaît le mépris du peuple pour les revendeurs de grain.

La vraisemblance des livres de Tite-Live consacrés aux premiers siècles de l'histoire de Rome est un inépuisable champ de controverses. Il est clair que l'histoire a été arrangée au bénéfice de la gloire de Rome, cela sans doute dès les origines, puis au fil des réécritures successives. Mais le noyau narratif est si riche de précisions parfaitement vraisemblables qu'on ne voit pas comment il aurait pu être entièrement fictif : *se non è vero è ben trovato*, trop bien trouvé même pour avoir été inventé de toutes pièces. Ainsi, Tite-Live (2.12) donne une référence chronologique au gouvernement du tyran Aristodèmos de Cumes. La référence à la capacité exportatrice de l'Italie du Sud correspond à ce que l'on peut deviner des exportations de Megara Hyblaia (en Sicile) dès la fin de l'archaïsme[19]. Elle est le premier témoignage littéraire de ce potentiel occidental, auquel Thucydide fait référence lorsqu'il évoque les motifs de la campagne athénienne en Sicile en 427.

Mais, surtout, le témoignage de Tite-Live est précieux en ce qu'il nous révèle l'attitude d'une cité en période de disette et les difficultés auxquelles elle se heurte alors. Tout d'abord, lorsque survient la crise, on envoie les commissaires au grain – *frumentatores*, l'équivalent exact des *sitônai* grecs, à distinguer des *frumentarii*, les simples marchands de grain – un peu partout à l'étranger. À Rome, on les envoie chez les Étrusques, chez les autres peuples italiques et chez les Grecs d'Italie du Sud ou de Sicile. C'est dire que l'ethnie n'avait absolument aucune importance. On sait aussi quels étaient les liens de Rome avec Carthage. En outre, il fallait envoyer beaucoup de commissaires pour obtenir parfois un bien maigre succès. Ainsi, en 440, un seul des pourvoyeurs potentiels donne une réponse positive. Il y avait d'abord le cas des cités qui n'exportaient jamais, parce qu'une loi l'interdisait purement et simplement : on songe à Téos, à Sélymbria ou à Athènes. Mais cela devait être bien connu et, sauf exception particulière (le cas de Sélymbria qui tourne sa propre loi), les commissaires au grain pouvaient a priori les négliger. Ensuite, il y avait les cités qui étaient susceptibles de vendre, mais qui, une année donnée n'autorisaient pas les exportations parce qu'elles jugeaient que la récolte de l'année, et donc la marge de sécurité, n'avait pas été suffisante pour les autoriser. Enfin, il est bien évident que les vendeurs avaient des préférences. C'est la situation que décrit Isocrate dans le *Trapézitique*. Souvent, alors qu'il n'y avait pas assez de grain disponible pour tout le monde, les dynastes du Bosphore contraignaient les acheteurs en provenance d'autres cités qu'Athènes à repartir bredouilles. Mais les Athéniens, partenaires privilégiés, recevaient toujours le droit de s'approvisionner. Surtout, on voit aussi que les voisins proches n'étaient pas a priori, ou pas nécesairement, les meilleurs partenaires : bien au contraire, il s'agissait des cités avec lesquelles on avait toute chance d'avoir été en guerre pour des questions de territoires. Dans ces cités, même en période de paix, on avait peu de chances d'être les bienvenus. C'est ce qui arrive aux commissaires romains chez les Volsques, contre lesquels Rome avait livré de furieux combats et avec lesquels régnait une paix bien fragile (au point que ces derniers auraient été prêts à profiter de la faiblesse des Romains en les attaquant en période de disette). Enfin, il y avait les conflits juridiques et financiers relatifs à des contentieux passés, qui pouvaient bloquer l'exportation de produits pourtant dûment achetés. C'est la situation des commissaires romains à Cumes, dont le tyran ne laisse pas partir les navires, le but étant de faire pression sur le gouvernement romain pour l'obliger à le reconnaître comme l'héritier du roi Tarquin.

On trouve une situation directement similaire à Délos, dans le premier tiers du IIIe siècle, où l'on voit cette fois des créanciers bloquer le départ d'une cargaison de grain, faute qu'une cité, dont l'identité a jusqu'ici résisté à toute tentative d'identification, ait auparavant réglé toutes ses dettes[20]. Ce cas amène à poser de manière plus large la question du financement des achats de grain par les *sitônai*.

> « [Théo ?]dôros fils de Théophantos a fait la proposition : Étant donné que Mnèsalkos fils de Télésarchidès, Délien, qui possède à titre héréditaire la proxénie avec ses frères, a rendu de nombreux et éminents services à notre peuple en toute circonstance ; que lors de la disette de grain, alors que notre grain avait été l'objet de saisie de la part de particuliers déliens envers lesquels notre cité avait une dette, il intercéda auprès de ceux qui avaient pris les gages et il put le faire expédier à notre peuple ; que souvent il a avancé de l'argent à notre cité dans des circonstances pressantes et qu'il l'a recouvré au rythme où la cité a été en mesure de le rembourser ; qu'il ne cesse d'aider ceux de nos concitoyens qui se rendent à Délos en les aidant conformément à ce qui est juste et en leur rendant service pour ce que chacun d'entre eux pouvait avoir à lui demander ; plaise au peuple qu'il reçoive la proxénie, lui, ses fils et ses descendants et qu'ils aient l'exemption sur les denrées qu'ils importent et exportent --- et le droit d'entrée et de sortie par mer --- en temps de guerre et en temps de paix --- »

On voit tout d'abord que les achats de grain à Délos dont il est question ici sont nécessairement des achats publics, effectués par des commissaires au grain. En effet, non seulement les achats étaient destinés au peuple de la cité inconnue (ce qui serait de toute façon le cas s'il s'agissait d'achats privés), mais les emprunts non remboursés dont il est question (et qui justifient la saisie) avaient été effectués par la cité (*polis*). Que des commissaires au grain soient venus à Délos n'est nullement surprenant. La cité jouait en effet le rôle d'emporion régional pour le grain[21]. C'est par erreur que l'on a cru que le grain avait été saisi en mer : d'une part, les Déliens n'avaient pas de flotte et, en auraient-ils eu une, il aurait fallu que ces navires patrouillent en permanence pour contrôler les navires passant dans les eaux proches de l'île. Le scénario n'est pas vraisemblable. Quant à une saisie de navires faisant une escale malencontreuse dans le port, on ne peut davantage y songer, car, dans la mesure où les commissaires au grain de cette cité inconnue ne pouvaient qu'être parfaitement informés des dettes de leur cité envers des Déliens, c'est leur prêter trop d'aveuglement que de penser que – à deux reprises – ils se soient laissés prendre au piège de Délos pour voir saisir leur grain[22]. On sort de l'impasse si l'on considère que ces *sitônai* étaient venus à Délos non seulement pour acheter du grain, mais, d'abord, pour trouver un crédit leur permettant de l'acquérir. On sait par d'autres sources que Mnèsalkos, lui-même un des notables déliens les plus en vue de la période, faisait partie du groupe de gens maniant un capital suffisant pour prêter à des étrangers[23]. C'est au double titre de notable et de grand créditeur qu'il put intervenir auprès des créanciers de la cité anonyme, pour les persuader de laisser partir les navires[24]. Ces créanciers commettaient-ils ainsi une grave imprudence en acceptant de ne pas se voir remboursés de manière immédiate ? En réalité, les gens de la cité débitrice étaient manifestement contraints par la nécessité à venir s'approvisionner à Délos. Ils y avaient contracté des emprunts à maintes reprises et devaient de toute façon venir y acheter du grain, car il n'y avait pas d'autre marché proche qui leur soit à la fois aisément accessible (limitation des frais de transport) et où ils puissent trouver des bailleurs de fonds plus ou moins compréhensifs. En accordant à Mnèsalkos le titre d'hôte public qu'il détenait déjà à titre héréditaire, cette cité donnait donc un cadre institutionnel aux relations d'intérêt qui la liait à ce notable, ou, puisqu'il existait déjà, le renforçait encore.

Du coup, on peut même faire une suggestion sur l'origine des *sitônai* en question. Ils ne venaient évidemment pas du Pont ou d'une région aussi lointaine, une hypothèse qui ne résiste pas à l'analyse[25]. Il faut chercher dans les Cyclades ou en Eubée, la région où se trouvent les cités qui empruntaient déjà régulièrement au sanctuaire au IVe siècle. Il faut aussi que ce soit une cité de dialecte ionien, celui qui est employé dans le décret. Le nom Théophantos est rare dans le monde ionien d'Eubée et des îles. Dans la période considérée, il est attesté en Eubée à Érétrie et Karystos, dans les Cyclades à Ioulis de Kéos, Paros et Ténos[26]. Ces trois dernières cités, ainsi que Karystos, avaient emprunté de manière récurrente au sanctuaire délien au IVe siècle et l'on a toute raison de penser que les emprunts aux particuliers ne faisaient que prendre le relais[27]. Karystos était certes eubéenne, mais c'était une cité orientée vers les Cyclades et il n'est donc pas étonnant de la voir figurer parmi les cités débitrices du dieu de Délos[28]. En outre, un compte de Karystos (trouvé dans cette ville) des environs de 350 a.C. montre que, parallèlement à ses emprunts au sanctuaire délien, cette cité avait emprunté des sommes considérables à cinq notables de Thèbes et à un d'Histiée[29]. Or, le compte montre que, à la fin de l'exercice d'une année, la cité avait été incapable de faire face à ses remboursements et avait un reliquat d'intérêt qui se montait à 2 490 dr., pas loin d'un demi-talent. Certes, le rappel ne vaut pas preuve pour la situation de c. 280, puisqu'il s'agit là d'une situation vieille de soixante-dix ans. Le document donne cependant une idée des difficultés financières de la cité. Mais, en outre, un Théophantos de Karystos est attesté à Délos précisément en 279 comme l'un des entrepreneurs qui ont pris à bail l'édification et la pose de la charpente des combles du « temple de calcaire » (*pôrinos naos*)[30]. Il est vraisemblable de considérer que la cité de Karystos put profiter de la connaissance des réseaux déliens par certains de ses membres qui y faisaient des affaires pour les désigner comme *sitônai*. Il s'agit donc là d'une indication précieuse sur le mode d'action des commissaires au grain. C'est l'époque exacte de l'activité du notable délien Mnèsalkos[31]. Il y a donc de bonnes chances pour que d'une manière où d'une autre l'auteur de la proposition de décret ait été un parent proche (fils ?) du Théophantos mentionné dans le décret exposé à Délos et que le décret émane bien de Karystos[32].

Le point commun à tous les épisodes mentionnés est la nécessité d'avoir de l'argent pour financer l'achat de grain sur un marché étranger. Les *sitônai* de Thèbes en 377 a.C. sont partis à Pagasai avec dix talents d'argent, ceux d'Histiée ont pu traiter avec un financier rhodien à Délos vers 220 a.C. On pourrait ajouter le cas des commissaires au grain de la Confédération des Insulaires, qui grâce à l'aide qui leur fut procurée par le banquier Timôn de Syracuse, purent avoir des facilités de change pour acheter du grain à Délos un peu avant 192 a.C.[33] En revanche, les Romains se virent déboutés à Cumes en 492 a.C. et ne purent embarquer le grain qu'ils avaient pourtant acheté. De même, les *sitônai* karystiens à Délos virent leur grain saisi par les créanciers d'emprunts qu'ils ne pouvaient rembourser : ils ne purent finalement embarquer le grain qu'ils désiraient acheter que par l'entremise d'un bailleur de fonds et notable délien qui leur fit un prêt relais. Dans tous les cas, l'argent était donc le nerf de la guerre du grain. Une anecdote du Ps-Aristote (*Économique*, 2.2.16a) montre comment une cité qui n'avait pas d'argent pour acheter du grain pouvait néanmoins s'en procurer. L'épisode se situe vers 360 a.C. :

> « Alors que les Clazoméniens connaissaient une disette et manquaient d'argent, comme chez eux il y a abondance d'huile ils décrétèrent que les particuliers qui avaient de l'huile la prêteraient à la cité contre un intérêt. On en trouve en effet une

abondante production sur leur territoire. Après avoir fait cet emprunt, ils affrétèrent des navires et les envoyèrent dans les ports de commerce, d'où ils firent venir du grain, la valeur de l'huile constituant le gage réservé du prêt ».

On peut donc reconstruire le schéma suivant. À Clazomènes, la disette sévit mais l'on ne peut envisager d'avoir recours à un impôt direct (sans doute parce que les finances des particuliers sont épuisées), ni à un emprunt sur place (sans doute parce que les éventuels créditeurs n'auraient pas confiance en la cité). Les Clazoméniens imaginent donc un système qui s'appuie sur leur capacité à produire de l'huile, la grande richesse de la cité. Les particuliers qui en possèdent font l'avance de leur huile, moyennant un intérêt sur le prix d'achat théorique de l'huile (mais naturellement le prix de l'huile ne leur est pas encore versé). Ensuite, des *sitônai* s'embarquent avec l'huile jusque dans les ports où ils savent pouvoir trouver du grain : là, ils vendent de l'huile et, avec le produit de la vente, peuvent acheter du grain. Ils peuvent donc le rapporter à Clazomènes, le vendre aux particuliers et, cette fois, obtenir suffisamment d'argent pour rembourser le prêt. Il ne restait qu'à rembourser (avec intérêt) ceux qui avaient prêté l'huile[34]. Vers 243/242 a.C., le notable samien Boulagoras intervint à trois reprises pour procurer des fonds destinés à l'achat de grain par la cité dans une situation qui se trouvait en situation de disette[35].

La maîtrise du grain

Prohibitions et fourniture du grain

La nécessité d'envoyer des *sitônai* à l'étranger prouve que l'initiative privée sur le marché international connaissait des limites. Cette situation était tout d'abord liée à l'insuffisance globale des quantités mises sur le marché, pas nécessairement chaque année, mais en fonction de grands aléas climatiques ou politiques. Les causes de ces insuffisances d'approvisionnement pouvaient être de deux ordres : insuffisance de la production locale, temporaire ou chronique ; insuffisance de l'approvisionnement offert spontanément par ceux qui effectuaient le trafic international du grain. Il ne s'agissait pas fondamentalement d'une insuffisance des circuits marchands, car si les quantités de grain avaient été suffisantes, il va de soi qu'il se serait trouvé des marchands pour venir transporter le grain, avec tous les bénéfices attendus pour ce genre de trafic. Le fond du problème était l'insuffisance globale de l'offre marchande, qui, dans une région, pouvait varier considérablement d'une année à l'autre en fonction d'aléas climatiques non maîtrisés. S'il ne fait pas de doute que l'offre pouvait être insuffisante, les comportements de sécurité, à court terme parfaitement justifiés, accentuaient encore cette insuffisance. Cette attitude était celle des producteurs individuels, qui produisaient plus que le nécessaire et mettaient en réserve du grain pour le cas où la récolte suivante serait mauvaise : de la sorte, une partie du grain se trouvait spontanément mise hors marché[36]. Mais il s'agissait aussi de comportements collectifs, puisque certaines cités avaient des lois prohibant l'exportation de telle ou telle catégorie de produits, en premier lieu le grain. On songe bien sûr à Athènes, où Solon émet l'interdiction d'exporter les produits alimentaires, sauf l'huile[37]. Mais une loi de Téos des environs de 470-460 a.C. proscrivait elle aussi formellement les exportations de grain de la cité[38] :

> « Quiconque fabriquerait des drogues empoisonnées contre la communauté de Téos ou contre un particulier, qu'il disparaisse, lui et sa famille. Quiconque empêcherait d'importer du grain en territoire téien par quelque manœuvre ou moyen que ce soit, par la mer ou par le continent, ou une fois l'importation faite, le réexporterait, qu'il périsse, lui et sa famille. »

La rédaction est encore dans un style archaïque et prévoit des imprécations contre les contrevenants. Les deux clauses constituent la partie initiale d'un long texte comprenant une série de dispositions d'ordre constitutionnel, dans un contexte où les rapports avec les barbares semblent constituer un véritable souci. Le texte remontant aux années 470-460 a.C., date probable du document, il n'y a guère à s'en étonner. Téos faisait alors partie de l'empire athénien, mais la guerre contre la Perse se poursuivait. Des menaces pouvaient donc à tout moment intervenir sur le territoire de Téos. La première disposition pourrait faire allusion à la fabrication de drogues, peut-être susceptibles de servir à empoisonner des puits. Il est significatif que la seconde disposition, celle qui concerne l'approvisionnement, soit mise sur le même plan que la législation sur l'empoisonnement : avec l'empoisonnement, il s'agit d'une question de vie ou de mort. La loi vise donc à prévenir toute manœuvre visant à empêcher l'importation de grain. Comment aurait-on pu s'y prendre pour empêcher des importations ? Le texte de la loi ne l'indique pas, mais peut-être précisément parce qu'elle ne voulait tracer qu'un cadre très général, permettant d'engager des poursuites dans un cadre assez large. On songe alors entre autres à la loi athénienne du IVe siècle qui, en matière de commerce international, interdisait de prêter un capital dans un autre but que celui d'importer du grain (et autres produits indispensables) à Athènes[39]. Mais d'autres actions inappropriées, comme s'en prendre à la personne de commerçants étrangers, pouvaient aussi avoir pour résultat de restreindre les importations en détournant les marchands étrangers de venir dans la ville[40]. L'interdiction de réexporter est également significative. Tout d'abord, on peut légitimement supposer qu'une loi de Téos prohibait d'abord toute exportation. Interdire la réexportation non seulement permettait de garder tout le grain pour soi, mais empêchait par avance toute contestation sur l'origine du grain, donc les fraudes à l'exportation de grain produit sur place. On observe que la loi ne correspond pas à une situation purement conjoncturelle mais avait vocation à la permanence. Les imprécations devaient être prononcées trois fois par an par les magistrats (I.B, l. 29-35). Téos importait du grain par mer et aussi de son arrière-pays. Indépendamment des périodes de tension et de guerre (au demeurant si fréquentes), Téos devait certainement en permanence importer du grain et sa législation sur les importations, avec l'interdiction de réexporter, pourrait avoir connu une grande longévité. Il est piquant que dans un document, bien plus tardif, puisqu'il date de 303-302, la lettre d'Antigone relative au synœcisme de Téos et Lébédos, la cité apparaisse de même dépendante d'importations venant de la mer et de l'arrière-pays[41].

L'attitude la plus banale pour les cités déficitaires en grain devait donc être d'en prohiber les exportations. La politique de cités comme Athènes ou Téos devait aussi être celles de nombreuses petites cités. On doit être conscient de ce que cette législation était imposée par la pression populaire. C'étaient en effet les moyens ou grands propriétaires qui avaient du grain à exporter et, même si sur place les prix étaient élevés, ils pouvaient préférer le vendre à un prix encore plus haut à l'extérieur. On en a de bons exemples au début de l'époque impériale. Ainsi, dans la *Vie d'Apollonios de Tyane* (1.15) de Philostrate, on voit que ce dernier arrivant à Aspendos y trouva les magistrats de la ville agrippés en suppliant aux autels : la populace en furie menaçait de les brûler vifs pour avoir autorisé des exportations de grain, alors que la famine régnait dans la cité. Apollonios persuada les riches d'ouvrir leurs greniers et de la sorte sauva le peuple de la famine[42]. C'est aussi la situation qu'on devine dans la défense de Dion Chrysostome devant l'assemblée de Pruse[43]. C'est sous des pressions de cet ordre que les cités classiques et même hellénistiques, en général bien plus égalitaires que celles de l'époque impériale, imposaient des mesures de restriction des exportations.

Cependant, poser en permanence un interdit sur les exportations posait des problèmes difficiles de sous-emploi du surplus disponible et de gaspillage des ressources, ou, en d'autres termes, une perte de revenu pour les particuliers comme pour l'État. Un exemple en est fourni par la cité de Sélymbria, qui, vers 360 a.C., prohibait ses exportations de grain[44] :

> « Il arriva que les Sélymbriens eurent besoin d'argent. Comme il y avait chez eux une loi qui proscrivait l'exportation de grain parce qu'une famine avait eu lieu auparavant mais qu'ils se trouvaient avoir du grain de l'année précédente, ils décrétèrent que les particuliers livreraient leur grain à la cité au prix fixé, chacun ne gardant chez soi que la nourriture d'une année. De ce grain, ils donnèrent ensuite licence d'exportation à qui en faisait la demande, après avoir fixé le prix qui leur parut adapté ».

On touche là le problème clé du système des marchés fermés : celui d'un sous-emploi chronique des ressources. La cité de Sélymbria aurait pu abroger sa propre loi : elle préféra la contourner. La cité manquait d'argent et organisa donc elle-même la vente du vieux grain, une pratique qui ne devait pas léser les habitants, puisque d'une part ces derniers pourraient comme d'habitude garder en réserve du grain de l'année et que d'autre part ils pourraient trouver là un complément de ressource. Quant à la cité, par la différence entre le prix qu'elle fixait à l'achat aux producteurs locaux et celui qu'elle imposait aux acheteurs extérieurs, elle pourrait se procurer le revenu qui lui manquait.

Les lois prohibant les exportations n'étaient évidemment pas universelles, sans quoi aucun grain n'aurait été disponible sur le marché international. Il y avait donc des cités ou des régions qui étaient régulièrement exportatrices, même si, de temps à autre, elles pouvaient elles aussi avoir leurs problèmes.

L'offre de grain : vente libre, vente forcée et taxes civiques

On a donc vu que chaque cité pouvait ou non autoriser les exportations de grain (ou autre produit) de son territoire. Dans la mesure où, pour avoir le droit d'exporter, il fallait obtenir une licence d'exportation, la prohibition d'exportation se résumait simplement au refus d'en accorder une. Au contraire, si la cité approuvait le principe de l'exportation, les marchands pouvaient venir dans la cité charger le grain disponible en s'en portant acquéreur auprès des intermédiaires ou des propriétaires venus eux-mêmes proposer leur grain. On doit considérer que c'était la norme et que, en temps ordinaire, la majorité du grain offert sur le marché international était du grain produit par des propriétaires privés. Pour peu que la conjoncture soit favorable, ces derniers pouvaient espérer de beaux bénéfices. Si le prix du grain baissait, ils devaient alors abandonner la culture du grain pour se tourner vers d'autres activités : c'est la situation soulignée par Xénophon dans les *Poroi* (4.6).

Certaines situations particulières pouvaient cependant se présenter. On a vu comment, malgré une législation prohibant les exportations de grain, la cité de Sélymbria avait dû vendre du grain de l'année précédente pour faire face à un besoin d'argent. Il pouvait cependant arriver aussi que la demande vînt de l'extérieur. Ainsi, en cas d'insuffisance généralisée de grain disponible, un État pouvait se trouver affronté à une demande de niveau exceptionnel. En ce cas, il fallait trouver une solution qui permette au mieux de satisfaire la demande extérieure. Un cas tout à fait caractéristique est fourni par la cité de Cyrène au début des années 320 a.C., sollicitée par un grand nombre de cités et États, tous désireux d'acquérir du grain. Le détail du texte montre que, comme à Selymbria, ce fut l'État (la cité, *hè polis*) qui se chargea de fournir le blé. Ce fut l'État qui organisa la distribution aux solliciteurs étrangers, mais, pour une fourniture de niveau exceptionnel, on doit penser qu'il avait auparavant organisé le rassemblement du grain sous la forme d'une réquisition[45]. On ne connaît pas le détail de la procédure employée à Cyrène, mais on peut supposer qu'en fonction des capacités qu'on savait être les siennes on avait demandé à chaque district de vendre à l'État une certaine quantité de grain.

Sous une forme il est vrai particulièrement contraignante en fonction des circonstances (du fait des exigences romaines), une inscription de Thessalie du IIe siècle a.C. montre comment des procédures de réquisition pouvaient être mises en place par l'État en vue de vente à l'extérieur. La situation est exactement similaire à celle de Cyrène et de Selymbria, sauf qu'il s'agissait cette fois d'une vente imposée de l'extérieur par une puissance dominante, en l'occurrence Rome. Vers 151 ou 150 a.C. probablement, les Thessaliens reçurent une demande formulée par Quintus Caecilius Metellus, qui occupait alors à Rome la charge d'édile, c'est-à-dire de magistrat chargé des approvisionnements :

> « Étant donné que Quintus Caecilius Metellus, fils de Quintus, édile de Rome, qui est un homme noble et bon, ami et bienveillant envers notre *ethnos*, s'est présenté devant le conseil en rappelant les bienfaits de ses ancêtres et a fait un discours nous invitant, lui qui a été élu à cette magistrature alors que leur territoire se trouve présentement en situation de manque, à ce que notre *ethnos* fournisse au sénat et au peuple romain autant de grain qu'il y a à vendre,
>
> – En ayant en mémoire les bienfaits reçus par notre peuple de la part de Quintus, de ses ancêtres, du sénat et du peuple romain, il a été décidé par le conseil de dépêcher à Rome, au sénat et au peuple romain, conformément au discours de Quintus, quatre cent trente mille *paniers* de froment, et que la répartition entre les cités de la quantité de grain précédemment mentionnée soit effectuée par le stratège Petraios, avec ses co-magistrats et les membres du conseil ;
>
> – Que chacune des cités prenne en charge le transfert vers le port du grain requis, que ce soit Demetreion, Phalara ou Demetrias, soit trois cent vingt mille *paniers*, les gens de Pélasgiotide et de Phtiotide au mois d'Aphrios, ceux d'Histiaiotide et de Thessaliotide au mois de Thyos, avant le vingt, et cent dix mille *paniers* au mois de Phyllikos, avant le quinze, et que les cités versent la dépense correspondant au chargement du grain sur les navires, chacune en fonction de la quantité de grain qui lui incombe ;
>
> – En ce qui concerne le transport du grain, étant donné que les Thessaliens n'ont pas de navires, que Quintus veille à en faire l'adjudication selon les modalités qui lui paraîtront les meilleures, et que nos ambassadeurs envoyés à Rome défalquent le coût du fret du prix de la vente ;
>
> – Que si Quintus ne peut envoyer les navires, qu'il dépêche des affréteurs ; que Petraios le stratège, avec ceux qui ont été désignés avec lui, veille à ce que le grain soit transporté à Rome, et que ceux qui se joindront au voyage veillent à ce que Petraios participe à l'expédition des denrées, et que Petraios le stratège fasse la dépense à cet effet et que, avec ses co-magistrats, Petraios se charge de l'expédition, Petraios devant noter la répartition entre les cités ;
>
> – Quiconque ne livrera pas le grain aux ports dans les délais prescrits, qu'il paie deux statères et neuf oboles par *panier*, et que Petraios le stratège et ceux qui sont placés sous ses ordres fassent l'exécution de l'estimation sur les biens de la cité et de ses habitants selon les modalités qu'ils voudront, en bénéficiant d'une immunité judiciaire et en ne pouvant être frappés d'amende pour les modalités de l'exécution. »

L'*ethnos* thessalien, par l'intermédiaire de ses magistrats fédéraux, n'avait donc d'autre choix que celui de satisfaire Rome. Il doit être clair dès l'origine qu'il ne s'agit pas ici d'un don, mais d'une mise à disposition obligatoire[46]. L'emploi de *didonai* pour désigner la fourniture ne doit pas induire en erreur. En effet, ce verbe peut être utilisé avec bien d'autres significations. Ainsi, il est couramment utilisé pour désigner des versements financiers : un magistrat « verse » de l'argent, il ne le donne pas. Cette notion de mise à disposition se retrouve aussi pour des avances de capitaux. Ainsi, autour de 306 a.C. (exactement : un peu avant et un peu après cette date), un riche bienfaiteur, Malousios de Gargara, fit à plusieurs reprises des avances de fonds sans intérêt à la cité d'Ilion[47]. En aucun cas Malousios n'avait « donné » ces fonds : il s'agissait exactement d'avances de sommes d'argent sans intérêt, ce qui prouve qu'il s'agissait de prêt, non de don. Il est vrai que le verbe *didonai* peut aussi avoir la signification de « donner ». Mais alors, si l'on voulait être explicite, il fallait préciser « donner en don » (*didonai dôrean*) ou employer le verbe *epididonai*[48].

Quintus Caecilius Metellus appartenait à la fine fleur de l'élite romaine. Son père homonyme (sans doute) avait en 186 a.C. imposé un jugement favorable à la Thessalie dans un conflit territorial avec la Macédoine. Ce sont, entre autres, ces bienfaits qu'avait rappelés Metellus dans son adresse aux Thessaliens. Rome souffrait de disette et les Thessaliens se devaient de lui venir en aide. Dès cette période, le poids de Rome en Grèce était devenu écrasant et il ne pouvait être question de refuser quoi que ce soit à une demande du sénat ou d'un magistrat romain. Cependant, la Thessalie étant un peuple libre et allié de Rome, Metellus ne pouvait mentionner dans son discours qu'il exigeait un don gratuit de grain[49]. Ce n'est pas cela qui était exigé des Thessaliens. Comme il est explicitement formulé, ce qui leur était demandé était la livraison de tout leur grain susceptible d'être vendu *(en pratôi)*. Cette année-là, la Thessalie n'aurait donc pas d'autre client que Rome et les clients habituels devraient attendre l'année suivante.

Cependant, le volume du grain demandé par Rome n'était pas laissé à la libre appréciation des particuliers. La livraison que devaient effectuer les cités thessaliennes était obligatoire. L'énorme amende prévue pour les retardataires ou les récalcitrants était faite pour dissuader les cités d'échapper à leur devoir. Celles qui n'avaient pas de réserve avaient intérêt à acheter du grain à leurs voisines, si elles en disposaient, ou même en importer de l'étranger, plutôt qu'à payer l'amende. C'est certainement sur la requête expresse de Metellus que l'État fédéral thessalien prit la décision d'imposer aux cités la fourniture de 430 000 *paniers* de froment. Le *panier* (*kophinos*) était semble-t-il une unité de mesure équivalant à c. 10 litres. Le total du grain requis équivalait donc à 80 625 médimnes attiques, ou c. 25 400 quintaux. Il s'agissait d'un montant élevé eu égard à ce que l'on peut imaginer avoir été le niveau (au demeurant variable) de la production thessalienne. La première livraison, de 320 000 *paniers*, qui représentait 75 % du total, devait être faite aux mois d'Aphrios et Thyos, correspondant à février et mars. Il s'agissait donc de grain correspondant à la récolte de l'année précédente. En d'autres termes, les Thessaliens devaient sacrifier leurs propres réserves. Le reliquat devait être versé au mois de Phyllikos, en juin, soit après la récolte, qui, en Thessalie, a lieu en mai-juin. Comme les Thessaliens n'avaient pas de navires, ils ne pourraient eux-mêmes effectuer la livraison jusqu'à Rome. Il fallait donc soit que Metellus fournisse des navires, soit qu'il trouve des affréteurs qui lui trouveraient des marchands et des navires. Mais Metellus et l'État romain ne débourseraient rien. Les frais de transport devraient être défalqués à l'arrivée sur le prix de la vente, effectuée par les envoyés dépêchés à Rome. De la sorte, on comprend que la vente n'aurait pas lieu au départ, comme on aurait pu le penser (en ce cas il eût été étrange que le texte ne mentionnât aucun prix). C'étaient les envoyés des Thessaliens qui se chargeraient de la vente à Rome même, à charge pour eux de payer les frais d'affrètement des navires et de se rembourser du coût du transport. Il s'agissait là pour eux d'un risque financier réel. En effet, ils ne pouvaient prévoir quel serait le prix du froment à Rome au moment de la livraison. A priori, le prix devait être élevé, puisque la ville connaissait une disette. Mais, le délai entre la décision et la livraison effective ne permettait pas de savoir quels seraient les prix quelques mois plus tard. Tite-Live (30.38.5) indique que, à la fin de la seconde guerre punique, les arrivages de grain venus de Sardaigne et de Sicile firent tomber les prix à un niveau si bas que les commerçants laissaient le grain aux transporteurs maritimes pour payer le coût du fret. En revanche, on observe que les prix du grain en Sicile à l'époque de Verrès étaient semble-t-il de l'ordre de ceux que nous connaissons pour l'Égée au IIe siècle[50].

Les Thessaliens ne « donnèrent » donc nullement leur grain[51]. Mais, vu les frais de transport jusqu'à Rome, ce n'est qu'avec un niveau de prix comparativement élevé qu'ils pouvaient espérer faire quelque bénéfice. Au demeurant, tel n'était pas le but recherché : l'*ethnos* thessalien dut s'estimer heureux si les magistrats romains et le sénat furent satisfaits de leur démarche. Quant aux modalités de réquisition du grain dans les cités, rien ne nous en est dit : on peut penser à des mesures analogues à celles de Selymbria : vente obligatoire du grain à prix fixé (en l'occurrence certainement très bas) sur la base d'un recensement des réserves effectué sur la base de déclarations des propriétaires (avec naturellement de lourdes sanctions en cas de fausse déclaration). Le système de la vente forcée en vue d'exportation n'est documenté à cette échelle que dans le cadre de la domination romaine en Grèce, mais il est manifeste qu'il était fréquemment employé et, entre autres, il est vraisemblable qu'il fut employé par d'autres puissances dominantes, en particulier Athènes à l'époque de ses empires.

L'offre de grain : les fournitures royales

En dehors du cadre civique cette fois, les rois étaient susceptibles de fournir des quantités importantes de grain sur le marché des cités. S'il en était ainsi, c'est d'abord parce que, on l'a vu, les rois disposaient de ressources considérables qui leur venaient soit des prélèvements à taux particulièrement élevés sur les productions des terres relevant directement de leur contrôle, soit de la perception de tributs et autres taxes sur les peuples et cités qui dépendaient d'eux. On a déjà montré cette différence entre le statut de terre civique et celui de terre royale[52]. C'est elle qui justifie l'hésitation d'un roi comme Eumène II (entre c. 188 et 159/158) à accorder le statut de cité à la communauté de Toriaion/Tyriaion de Cabalide en Phrygie Paroreia[53]. Dans sa première lettre, s'il consent finalement à accorder le statut civique demandé par les habitants de Toriaion, il le fait en soulignant le sacrifice qu'il doit consentir (l. 17-19) : « En ce qui me concerne, j'ai observé que vos demandes touchent à des sujets qui ne sont pas de médiocre importance, liés qu'ils sont à des affaires multiples et de plus grande portée. » Il s'agissait d'une clause rhétorique permettant à Eumène II d'évoquer la délégation de pouvoir qui lui était faite par Rome, mais surtout de souligner que, dans la mesure où la concession serait définitive, elle représentait un important sacrifice pour le trésor royal. Ce n'est pas un hasard si, dans sa seconde lettre (l. 39-44), qui apporte une nouvelle concession et où il est question de finances, le roi cède alors (du moins provisoirement) le revenu de la taxe du marché pour payer l'huile du gymnase, avant qu'une autre source de revenu, une dîme sur un domaine ou une terre ne vienne prendre le relais (l. 45-47). Si les rois étaient riches, c'est d'abord parce qu'ils disposaient de revenus considérables, prélevés sur les masses paysannes sur la base de taux très élevés, et l'on comprend bien que chaque concession susceptible d'amoindrir ces revenus leur ait été sensible.

Si l'on examine plus en détail les ressources des rois, il est certes incontestable qu'ils avaient de considérables revenus en argent, produit des taxes, en particulier des taxes douanières, ou des *phoroi* imposés aux cités ou aux peuples sous leur contrôle[54]. Mais, bien plus encore, ils avaient aussi de vastes ressources en nature. C'était le cas bien sûr des Ptolémées, mais c'était le cas aussi largement des autres royaumes. Outre les livraisons de grain, il existait chez les Lagides une série de monopoles, sur l'huile végétale, tissu de lin, sel et bière[55]. Selon saint Jérôme, Ptolémée II recevait 14 800 talents d'argent de la seule Égypte mais aussi 1,5 million d'artabes de grain, soit en gros l'équivalent de 45 500 tonnes[56]. Selon Strabon (18.1.13), au milieu du Ier siècle, Ptolémée Aulète avait un revenu de 12 500 talents. En réalité, comme on l'a vu, ces chiffres (y compris les 14 800 talents de Ptolémée II) doivent en grande partie être entendus comme des revenus en nature. De même, les autres souverains recevaient pour l'essentiel des taxes en nature[57]. Qu'en faisaient-ils ? Certainement, le grain et les autres denrées étaient utilisés pour nourrir une partie du personnel au service de l'État : on songe en particulier à la nourriture des armées, qui constituaient le pilier du pouvoir royal. Mais sans entrer dans le détail de l'économie royale, qui n'est pas l'objet de ce livre, on peut relever que ce grain tributaire n'était pas sans retombées importantes sur l'économie des cités et en particulier sur les échanges.

Tout d'abord, il paraît maintenant certain que les rois tendaient à valoriser leurs rentrées en argent en les faisant entrer dans le circuit monétaire. D'une certaine manière, c'est tout le pari des Lagides en organisant à l'échelle de l'ensemble de leur royaume un système de taxes payables en monnaies (de facto : en pièces de bronze, la monnaie interne du royaume lagide) ce qui obligeait les paysans à faire entrer leur production dans le circuit marchand. Il semble que tel ait été aussi le pari des Séleucides, dont la politique de création de cités pourrait bien avoir eu pour but de faire entrer dans l'économie monétaire de vastes territoires « indigènes » qui jusque-là en étaient restés totalement à l'écart[58]. Mais les rois tenaient aussi à valoriser leurs rentrées en nature dans l'univers des cités égéennes, dont ils savaient pouvoir tirer des ressources monétaires[59]. Vers le milieu du IVe siècle, sans qu'on puisse encore préciser la chronologie, le satrape perse Orontès vendit du grain à l'armée athénienne opérant dans le nord de l'Égée[60]. Aux environs de 320, c'est du grain « d'Asie » provenant de la province du satrape (macédonien cette fois) Arrhidaios qui parvint à Athènes[61]. Vers 303-302 a.C., c'est Antigone le Borgne qui, dans sa lettre aux gens de Lébédos à propos du synœcisme avec Téos, rappelle, que de manière générale, il n'était pas favorable à la constitution de fonds permettant d'acquérir du grain et refusait d'accorder aux cités de son obédience le droit d'importer du grain, en leur imposant de se fournir sur la terre royale, proche et abondamment pourvue en grain[62]. Au-delà de l'intérêt affiché pour les finances des cités, on peut soupçonner que le roi voulait aussi valoriser son revenu en nature : il s'agissait donc pour lui de profiter d'un « marché captif », au sens propre du terme. Il est cependant remarquable que, à Téos-Lébédos, par privilège spécial, le roi ait renoncé à son projet. Serait-ce parce que, dans le cas d'une vieille cité grecque, porter atteinte à sa liberté de définir sa propre politique en matière d'importation et d'exportation était une limitation trop manifeste de sa souveraineté, ce qui était pour lui de mauvaise propagande auprès de « l'opinion publique grecque » à la veille d'un affrontement décisif avec ses rivaux ? La règle, avec ce qu'elle révèle d'arrière-pensées mercantiles de la part d'un roi comme Antigone, reste cependant plus significative que l'exception. Pour le roi, le bénéfice était évident. Pour la cité, elle pouvait certes espérer disposer de sources d'approvisionnements proches, abondantes, voire à bas prix : sauf qu'il s'agissait alors d'un prix de livraison, arbitrairement défini par le pouvoir royal ou son représentant, ce qui créait un dangereux rapport de dépendance. Or, on sait par maints exemples combien les cités étaient jalouses de la maîtrise de leurs *prosodoi*, de leurs revenus. Aux yeux des gens de Téos-Lébédos, il était clair que mieux valait être loup, et accepter de subir les aléas du marché international, que chien, et porter en permanence le collier de la dépendance économique du roi ou du satrape.

On observe cependant aussi que les dynastes ou les rois pouvaient être de généreux donateurs. Or, pour l'essentiel, les dons faits par les rois étaient des dons en nature, grain (surtout), huile (pour le gymnase) ou bois de construction aussi[63]. À l'époque classique déjà, Athènes avait bénéficié des largesses de souverains étrangers[64]. Au début de l'époque hellénistique, Athènes reçut aussi une série de dons importants, soit successivement 150 000 médimnes d'Antigone et Démétrios en 307/306, 10 000 de Lysimaque en 299/298, 100 000 de Démétrios en 295 (pour compenser les destructions du siège qu'il avait mené contre Athènes), 15 000 de Spartokos (dynaste du Bosphore) en 285/284, 20 000 médimnes de Ptolémée II un peu après 285[65]. D'autres cités bénéficièrent de largesses non moins magnifiques[66]. Rhodes reçut même des dons encore plus importants qu'Athènes. Les plus significatifs ne sont pas les dons reçus au lendemain du séisme très meurtrier des années 229-226 a.C.[67] Même s'ils eurent un caractère très spectaculaire, ces dons s'expliquent aisément par la volonté d'aider à la reconstruction d'une cité qui était indispensable à l'équilibre politique et économique du monde hellénistique : somme toute, c'était l'intérêt bien compris des souverains et, en outre, les Rhodiens surent faire jouer l'émulation pour faire monter les enchères. Mais les Rhodiens reçurent des montants de grain encore plus élevés au siècle suivant. Au milieu du IIe siècle, le roi séleucide Démétrios Ier (qui régna en 162 et 150) leur fit un don de 200 000 médimnes de froment et de 100 000 médimnes d'orge. En 161/160 a.C. semble-t-il, le souverain attalide Eumène II leur donna 280 000 médimnes de grain, qui servirent à financer une fondation scolaire[68] : la cité devait vendre le grain, utilisant le montant de la vente pour constituer un capital qu'elle devait placer et dont à leur tour les revenus devaient servir à payer des professeurs. Selon K. Bringmann, on dut pouvoir tirer de cette vente entre 200 et 400 talents, qui placés à 10 % (taux habituel) pouvaient rapporter entre c. 20 et 40 talents[69]. En 167 déjà, en réponse aux honneurs accordés par la confédération des Ioniens, Eumène II fit aussi un don pour la construction d'un gymnase en bois de charpente pour la construction, ainsi que 160 000 médimnes de grain, destinés à être vendus et qui peuvent avoir rapporté entre 160 et 266 talents d'argent[70]. D'une certaine manière, les dons ne furent jamais aussi importants que dans la première moitié du IIe siècle a.C., avant cependant de s'assécher brusquement ensuite, avec les difficultés désormais récurrentes des royaumes à partir de cette époque. Dès les environs de 140 a.C., la cité de Priène se plaignait de ce que les rois avaient suspendu leurs paiements pour la construction d'un gymnase[71].

Ces dons étaient motivés par la volonté de s'attacher des fidélités politiques indispensables et aussi bien entendu par la politique de prestige de souverains désireux d'éclipser leurs rivaux sur la scène internationale. Mais on doit surtout poser la question de leur portée économique. Quel impact ces dons avaient-ils sur l'économie des cités ? À l'évidence, on doit toujours juger de ces dons en proportion de l'importance de la cité : un don susceptible de satisfaire Délos, qui comptait 1 200 citoyens, aurait été négligeable pour une cité comme Athènes ou Rhodes. Si l'on prend en considération Athènes, on voit que le don le plus élevé qu'elle reçoit, soit 150 000 médimnes d'Antigone et Démétrios en 307/306, représentait probablement de l'ordre de 1/10 des importations de la cité de l'époque de Démosthène[72]. Il s'agissait donc d'un montant considérable. Même si on ne peut la chiffrer, le montant des dons offerts aux Rhodiens représentait à coup sûr une proportion encore plus importante de la consommation locale. Ces dons constituaient en quelque sorte de véritables aubaines, souvent directement demandées par les cités, mais dans les faits rarement accordées par les rois. Les dons reçus par Athènes en 307/306 et en 295 étaient destinés à lui permettre de faire face à une situation critique, après une période de destructions dues à la guerre. Ils apportaient un soulagement significatif à la misère des populations, que le commerce libre n'aurait pas été susceptible d'apporter. On peut en revanche se demander si, lorsque ces dons étaient reçus par une cité prospère vivant en période de paix, leur impact était réellement positif. Certes, de la sorte, la cité bénéficiait de rentrées d'argent frais, qui était pérennisées et augmentées par le biais de placements financiers. En outre, il n'y a guère de doute qu'une cité comme Rhodes ne devait pas vendre tout le grain reçu en don sur son marché intérieur, mais devait au contraire le distribuer aussi habilement que possible sur divers marchés extérieurs, de manière à valoriser au mieux ce capital. Il n'en reste pas moins que, localement, ces arrivées massives devaient contribuer à rendre l'économie encore plus incertaine, une année d'arrivages exceptionnels pouvant succéder à une ou plusieurs années de disette. L'économie des dons, comme celle des famines, est une économie du chaos, accentuant l'incertitude et susceptible de porter de véritables coups de boutoir à la production en déprimant artificiellement les prix.

La politique frumentaire d'Athènes et l'approvisionnement des cités égéennes

Prohibition des exportations et logique d'échange

Dans la logique de l'importation des manques et de l'exportation des surplus, une cité se donnait en effet le droit d'interdire les exportations si le niveau de la production locale ne lui paraissait pas assurer l'approvisionnement de sa population. Mais chaque cité avait donc une stratégie et une législation adaptée. Délos indépendante était une cité de petite taille, mais elle disposait d'un emporion qui avait un rôle de place de commerce pour toute l'Égée centrale. Pour elle, naturellement, il n'était pas question de législation interdisant la réexportation du grain. Athènes était une grande métropole, dotée d'une population très nombreuse, que la production était bien loin de suffire à nourrir. Sa politique était toute différente. Déjà, les réformes introduites sous l'archontat de Solon, en 594/593 a.C. (si l'on en retient la date traditionnelle) en portent témoignage. À la fin du VIIe et au début du VIe siècle, Athènes connaissait une grave crise sociale. Sur fond de croissance démographique, les propriétaires aisés profitaient de l'endettement des plus pauvres pour s'emparer de leurs terres, les réduire au statut d'hectémores (ou paysans devant le 1/6 de leur récolte à leur créancier), ou même les réduire en esclavage, eux et leurs familles, s'ils ne pouvaient payer leur dû. Ces tensions sociales tournaient à l'affrontement, ce qui naturellement paralysait la cité et créait une menace sur son existence même. Si, à la différence de tant d'autres cités, Athènes classique ne connut pas de crise économique et sociale grave, il n'en avait pas été de même à l'époque archaïque, bien au contraire. Comme tant d'autres cités à la même époque, Athènes connut de manière répétée des crises économiques, sociales et politiques. À la fin du VIIe siècle et au début du VIe siècle, la crise était devenue particulièrement aiguë. Profitant des difficultés des petits paysans et des dettes que ces derniers contractaient pour survivre, les propriétaires aisés les réduisaient à devenir des dépendants sur leur propre terre en payant une redevance d'un sixième de leur récolte (c'est le statut de l'hectémorat). Ceux qui finalement ne pouvaient pas payer étaient vendus comme esclaves à l'étranger et les créanciers s'emparaient de leurs terres. Sur fond de ce qui paraît être une nette augmentation de la population, au début du VIe siècle la crise menaçait de tourner à une véritable guerre civile. C'est pour y remédier que les Athéniens élirent Solon, qui, dans ses élégies, se présente comme l'homme du juste milieu, un réformateur qui tout à la fois refusait le statu quo et la révolution. Les mesures relatives au commerce extérieur font donc partie d'un programme plus vaste. Dans sa *Vie de Solon* (24.1), Plutarque donne une vision extensive des interdictions d'exporter[73] :

> « Il n'y a que de l'huile dont il donna licence de vendre aux étrangers. Les autres productions (*ginomena*), il en prohiba l'exportation. Et il enjoignit à l'archonte de lancer des malédictions contre les exportateurs, sous peine de payer lui-même cent drachmes au trésor public. C'est la première de ses tables qui porte cette loi. On ne saurait donc juger totalement non dignes de foi ceux qui disent qu'autrefois même l'exportation des figues était interdite et qu'on nommait "sycophantes" [poursuivants de figues] ceux qui dénonçaient et poursuivaient en justice leurs exportateurs. »

Si effectivement, comme l'indiquait Plutarque, la première table (*axôn*) de Solon portait cette loi, on n'a pas de raison de douter de son authenticité. Les imprécations (*arai*) prévues par Solon contre ceux qui enfreindraient la loi non seulement sont caractéristiques des pratiques religieuses et judiciaires de l'époque archaïque et du début de l'époque classique, mais elles trouvent un parallèle étroit dans la loi de Téos qui précisément visait les exportateurs de grain. En outre, il est possible qu'elle ait figuré sur la première table parce qu'aux yeux de son promoteur elle était particulièrement importante. Enfin, cette loi prend sens aussi en fonction d'une autre. Observant la faiblesse de la production agricole et la nécessité d'avoir des produits à offrir en échange aux importateurs, Solon avait aussi prévu le développement de l'artisanat (*Solon*, 22.1) :

> « Observant que la ville était remplie de gens qui, en quête de sécurité, affluaient de partout en Attique et que la plus grande partie du territoire était stérile et impropre à la culture, et que ceux qui vont sur mer n'ont pas l'habitude d'importer à ceux qui n'ont rien à offrir en échange, il poussa les citoyens vers les métiers artisanaux, et il fit passer une loi enjoignant au fils de nourrir son père, obligation à l'égard du père qui tombait si ce dernier n'avait pas appris un métier à son fils. »

Sa législation sur les étrangers allait dans le même sens : elle prévoyait entre autres de n'admettre que les étrangers connaissant un métier (*Solon*, 22.2). Le but était d'éviter de faire grossir la masse des indigents et, au contraire, d'accroître la capacité importatrice d'Athènes, ou qu'au moins ces étrangers produisent des denrées exportables payant les denrées alimentaires qu'il serait nécessaire d'importer pour leur nourriture. Dès l'époque de Solon, il existait donc déjà une forte tension sur les produits alimentaires, qui avait amené le législateur à prohiber des exportations de denrées alimentaires. Naturellement, comme le montre toute la logique des mesures soloniennes, l'interdiction d'exporter ne frappe que les produits de la terre – sauf l'huile indique Plutarque. Ce sont eux qu'il fallait réserver à la population athénienne, les productions artisanales devant quant à elles être, autant que possible, exportées. Un passage d'Hérakleidès (I.2 Bentz), voyageur et écrivain du IIIe siècle a.C., le confirme de manière éloquente. Pour lui, en Attique, « les produits de la terre (*ginomena ek tès gès*) sont incomparables, mais en un peu trop faible quantité »[74].

Il est vrai que la loi de Solon paraît entrer en contradiction avec ce que nous savons des exportations attiques de l'époque classique. Il s'agissait de céramique bien sûr, mais aussi des produits agricoles comme le fameux miel qui faisait la réputation d'Athènes ou des figues, puisque, selon Plutarque lui-même (*Vie de Solon*, 24.2), le mot « sycophante », « dénonciateur de figues », désignait dans le passé ceux qui dénonçaient les exportations frauduleuses de figues. On voit que, de la sorte, Plutarque admettait lui-même que la loi sur les exportations n'était pas restée identique depuis Solon. Mais il est clair toutefois que miel, figues et autres amandes ne constituent nullement des éléments majeurs du commerce extérieur : comparativement au coût des importations de grain, il s'agit en somme de valeur négligeable. On ne saurait donc mettre sur le même plan tous ces types de denrées. Au contraire, la législation sur le grain de l'époque classique va dans le sens d'un exclusivisme athénien. On a vu en particulier la législation réglementant l'usage du capital. Sous peine de mort, il était interdit de prêter de l'argent pour une autre destination qu'Athènes. Il est donc clair que l'exportation ou, comme à Téos, la réexportation de grain importé en Attique était formellement proscrite, impensable dans le cadre de la cité attique entre le VIe siècle et le Ier siècle a.C. Bien évidemment, les marchands étrangers de passage ne pouvaient aller à l'emporion, et a fortiori à l'agora, pour réexporter du grain[75]. Toute la législation athénienne avait au contraire pour but de conserver le grain à Athènes et proscrivait une telle opération. Au reste, acheter du grain au détail pour le réexporter en gros, avec tous les coûts de transport afférents et sur le marché le plus cher de Grèce, aurait été pour les marchands une bien mauvaise affaire. Comme à Téos, réexporter du grain importé à l'emporion était inadmissible. Aucune source ne nous en parle, et pour cause. Si des bailleurs de fonds étrangers de passage avaient pu conclure des contrats à l'emporion avec des marchands étrangers également eux-mêmes de passage pour réexporter du grain, une énorme brèche aurait été laissée dans le système de contrôle, qui aurait réduit à néant tout le reste de la législation. Enfin, les chiffres donnés par Démosthène (*C. Leptinès*, 20.32) d'après les registres des sitophylaques ne nous donnent pas les chiffres de la consommation attique augmentée de ceux des réexportations, mais bien ceux de la consommation attique.

Mieux même, on a la preuve que l'interdit portant sur le grain et sur le vin mais qui, sous Solon, ménageait encore les exportations d'huile, fut par la suite étendu à cette denrée. Ce fut le cas certainement dès avant la fin du VIe siècle, sans qu'on puisse préciser cette date. Pourtant, au VIIe siècle et au début du VIe siècle, Athènes exportait encore des produits liquides ou semi-liquides dans deux types d'amphores caractéristiques : les amphores dites SOS (parce qu'un décor évoquant ces lettres était peint sur le col de l'amphore) ou « à la brosse » furent largement exportées[76]. On a beaucoup débattu sur le contenu de ces amphores. On a pu ainsi penser que les amphores de ce type avaient d'abord contenu de l'huile, puis du vin, puis de nouveau de l'huile (après la réforme de Solon, qui interdisait les exportations de vin et favorisait les exportations d'huile)[77]. En réalité, il ne s'agit là que d'hypothèses et, primitivement, comme souvent, les amphores doivent avoir transporté tout type de produit liquide ou semi-liquide, avant, il est vrai, d'avoir sans doute été spécialisées surtout comme vases conteneurs d'huile après Solon, si l'on accepte l'historicité de sa loi. Même après cette date, cependant, on n'aura garde d'oublier que les quelques amphores ou amphorettes attiques résiduelles pouvaient transporter d'autres denrées (miel ou « anchois du Phalère » par exemple). Mais l'histoire ne s'arrête pas là et l'on assiste progressivement au cours du VIe siècle à la disparition de l'importation de ces amphores attiques sur tous les sites méditerranéens.

Indubitablement, Athènes avait donc exporté ses productions jusqu'au tournant des VIIe et VIe siècles. Puis ces exportations s'étaient progressivement taries. Il se pourrait que le recul ait d'abord correspondu à l'absorption grandissante de la production locale par une population de l'Attique en augmentation constante au VIe siècle. L'interdiction d'exporter, comme pour le grain, serait venue sanctionner cette situation où déjà la production ne suffisait plus à la consommation locale. On observera en outre que, pour l'époque classique et hellénistique et à la différence de ce que l'on observe pour Thasos, Chios ou Rhodes (pour ne mentionner que ces trois cités), on ne connaît aucun type d'amphore qui pourrait être le signe d'éventuelles exportations en nombre de produits attiques. Il n'en va pas de même des amphores panathénaïques[78]. Ces belles amphores, décorées de peintures évoquant les concours des Panathénées, gardèrent toujours leur technique de décor à figures noires, alors même que le temps en était passé depuis longtemps. Les vainqueurs aux concours en recevaient chacun un nombre défini : le vainqueur à la course de char, l'épreuve la plus prestigieuse, en recevait 140, le second 40. L'emballage signait le prestige et son décor était le signe de la victoire. Mais ce qui comptait avant tout pour le vainqueur de l'épreuve était l'huile qu'elles renfermaient : un total de 5 000 litres pour le vainqueur mentionné, 1 500 pour le second. À 12 drachmes le métrète environ, il s'agissait respectivement de montants (à Athènes) de 1 680 et 480 drachmes. Mais cette huile était naturellement destinée à être vendue sur un marché extérieur, où, vu la réputation de l'huile attique, elle se vendrait au meilleur prix.

Or, une *Néméenne* de Pindare souligne à propos d'un vainqueur aux concours d'Athènes (*Néméennes*, 10.64-68) qu'il avait rapporté « le fruit de l'olivier… dans les flancs des vases richement décorés, ce qu'un scholiaste (*ad* 64a) a commenté : « D'Athènes, il n'y a pas exportation d'huile, si ce n'est pour les vainqueurs. » La scholie de Pindare apporte la confirmation de ce qu'une concession spéciale d'exportation était accordée pour ces amphores. Sources littéraires et archéologiques se confortent donc les unes les autres. Le contraste entre la large diffusion extérieure des amphores panathénaïques et le silence sur une possible diffusion d'amphores attiques « ordinaires » aboutit à la certitude que, à l'époque classique, sauf celle des amphores panathénaïques, l'huile attique n'était pas exportée, pas plus que le vin ou les grains[79]. Il ne semble pas que la situation ait changé à l'époque hellénistique. Pour l'huile, on sait qu'à l'époque d'Hadrien elle était de nouveau exportée[80] : mais on était alors dans un univers profondément différent de celui qui avait prévalu jusqu'à la fin de l'époque hellénistique. Athènes était donc par excellence une cité qui n'exportait pas, ou pratiquement pas, ses denrées alimentaires.

Pour ce qui est de la production de grain à Athènes et des ressources dont disposait en propre Athènes au IVe siècle, on dispose d'une source exceptionnelle. Il s'agit d'une inscription de 329/328 (*IG*, II^2, 1672), qui répertorie les offrandes de prémices (*aparchai*) faites au sanctuaire d'Éleusis, en l'honneur de Déméter et Korè, les divinités protectrices du grain. Le texte dresse la liste des offrandes par les diverses tribus d'Athènes, ce qui permet donc de connaître la production de l'Attique. Mais en outre, il dresse la liste des prémices offertes par tous les territoires sur lesquels Athènes exerçait son contrôle, les territoires proches de Drymos, Ôrôpos et Salamine, et des trois îles du nord de l'Égée, Skyros, Lemnos et Imbros, peuplées de colons (clérouques) athéniens, sur lesquels la cité exerçait aussi sa souveraineté. Les *aparchai* ne représentent naturellement qu'une faible partie de la récolte. On a de bonnes raisons de penser que les prémices de l'orge se fondaient sur un taux de 1/600e, celles du froment sur un taux de 1/1 200e. C'est sur la base de ces données qu'il est possible de reconstituer les chiffres bruts de production et les pourcentages correspondants.

La production de grain de l'Attique et de ses possessions extérieures – Données brutes

Zone	Orge prod. médimnes	Froment prod. médimnes	Total céréales médimnes	Orge prod. quintaux	Froment prod. quintaux	Total céréales quintaux
Total Attique	*339 925*	*27 062,5*	*366 987,5*	*91 779,75*	*8 389,375*	*100 169,125*
Total extérieur	*340 475*	*120 375*	*460 850*	*91 928,25*	*37 316,25*	*129 244*
Total général	680 400	147 437,5	827 837	183 708,00	45 705,625	229 413,125

La production de grain de l'Attique et de ses possessions extérieures – Pourcentages

Zone	Orge	Froment	Orge + Froment
Total Attique	*50*	*18*	*44*
Total extérieur	*50*	*82*	*66*
Total général	100	100	100

La grande question posée par ce texte est celle de l'interprétation qu'il convient de donner aux chiffres qu'il fournit. Pour des raisons fiscales, on sait que, de manière générale, tous les paysans du monde peuvent être suspectés de sous-déclaration. Mais l'on observera que la remarque vaut tout autant pour les statistiques des périodes plus récentes. En revanche, les administrateurs et responsables politiques sont quant à eux plus prompts à gonfler leurs chiffres. Dans le cas présent, il peut aussi avoir existé une joute de prestige entre les diverses parties du territoire pour savoir qui aurait le plus contribué aux prémices en faveur de la déesse. Toutes choses égales, on a donc de bonnes raisons de considérer que ces chiffres nous renvoient une image fiable de la production de l'Attique et de ses possessions en 329/328 a.C., et la suite de l'analyse va permettre d'en apporter confirmation.

Mais le point le plus controversé est celui de l'estimation des chiffres procurés par ce document. Correspondaient-ils à une récolte de bon niveau, de niveau moyen, ou au contraire de niveau médiocre, voire catastrophique ? On sait en effet combien, surtout en raison de l'irrégularité des précipitations, le niveau des récoltes pouvait varier d'une année à l'autre. Or, si ces chiffres sont d'une précision exceptionnelle pour le monde de l'Antiquité grecque et romaine, ils constituent aussi un *unicum*, y compris pour Athènes. On ne dispose donc pas de chiffres permettant des comparaisons, du moins pour le monde antique. Pour tenter de tester leur valeur, on s'est de manière générale livré à des calculs de rendement estimé à l'hectare, en fonction également d'une estimation de la superficie de l'Attique susceptible d'être cultivée en céréales.

Il paraît préférable de comparer ce chiffre avec les données disponibles pour la Grèce moderne. La Direction de la statistique du Ministère de l'économie nationale du royaume de Grèce a publié pour la première fois un recensement agricole en 1914, correspondant à l'année 1911. Après quelques tâtonnements, à partir des années suivantes le même service s publié des statistiques annuelles. Le recensement agricole de 1911 indique que la superficie cultivée en Attique était de 49 500 hectares (près de 500 km^2), soit un peu plus d'un cinquième du territoire (21 %), sur la base (antique) d'une Attique à 2 400 km^2 [81]. À cette date, la production de l'Attique atteignait un total de 124 000 quintaux (92 000 pour le froment, 32 000 pour l'orge)[82]. La superficie en emblavure était de 13 000 hectares en froment, 3 000 pour l'orge, soit un total de 16 000 hectares. Le rendement moyen aurait donc été de 7,75 quintaux à l'hectare, ce qui naturellement est très bas selon nos critères, mais parfaitement réaliste pour ce que l'on peut savoir d'une agriculture méditerranéenne antérieurement à la mécanisation. Cette statistique était la toute première menée à l'échelle du royaume de Grèce. On prendra ces chiffres tels quels, en supposant comme pour l'Antiquité que sous- et sur-déclaration ont pu se compenser. On doit cependant observer une différence avec l'Antiquité, puisque la proportion de l'orge et du froment se trouve inversée. Pour pouvoir le comparer utilement avec les données de l'Antiquité, il reste cependant à tester la valeur du chiffre de 1911,

Tout d'abord, on doit noter que l'hectolitre de grain (froment) de l'époque contemporaine a un poids sensiblement plus élevé que celui de l'Antiquité : c'est la lente amélioration des semences par un processus de sélection des semences qui a produit ce résultat. On prend aujourd'hui pour base un hectolitre de froment à 80-85 kilos, contre seulement 63 pour le IVe siècle a.C. d'après la loi sur le grain d'Athènes[83]. Pour pouvoir mener des comparaisons de chiffres antiques avec des chiffres du début du XXe siècle pour une récolte équivalente en volume, il faut donc tenir compte de ce facteur et majorer le chiffre antique d'une proportion de l'ordre d'un cinquième. Sur cette base, on voit que le chiffre de 329/328 est tout à fait comparable à celui de 1911, même si l'on doit tenir compte du fait que, désormais, c'était le froment qui formait désormais l'essentiel de la récolte.

Mais il reste à estimer le chiffre de 1911, pour savoir s'il s'agissait d'un chiffre médiocre, moyen ou au contraire très élevé. Il se trouve que la statistique grecque de 1911 est la seule qui fournisse le détail de la production de l'Attique, les statistiques des années suivantes combinant les données sous la rubrique « Attique – Béotie » (c'est-à-dire l'ensemble formé par l'Attique, Égine, la Béotie et la Mégaride). Mais, dans la mesure où, dans la statistique de 1911, l'Attique représentait dans ce même ensemble 26 % de la production de froment et 25 % de l'orge, il est possible sur cette base de produire une estimation raisonnable des chiffres de production céréalière de l'Attique entre 1914 et 1919[84].

Estimation de la production agricole de l'Attique entre 1914 et 1919 (en quintaux)

Année	1914	1915	1916	1917	1918	1919	Moyenne
Froment	91 394	97 347	97 237	84 668	106 195	95 468	95 384
Orge	21 671	25 639	27 289	28 934	31 061	22 540	26 189
Total	113 065	122 986	124 526	113 602	137 256	118 008	121 573

Le chiffre de 1911 est donc un peu au-dessus de la moyenne des années 1914-1919 mais tout à fait du même ordre. On observe en revanche une chute très nette de la production dans les années suivantes. Ainsi, en 1921, sur les mêmes bases d'estimation que précédemment, on peut estimer la production du froment à 44 091 quintaux, celle de l'orge à 11 468, pour un total de 55 559 quintaux. La chute du début des années 1920 s'explique manifestement non pas par des raisons climatiques mais par le contexte de la guerre gréco-turque, qui pour le pays représenta un effort d'importance exceptionnelle. La Grèce mobilisa les jeunes hommes. De même, elle eut besoin de bêtes de trait (chevaux, ânes) pour l'expédition en Asie. Le manque de main-d'œuvre et d'animaux de trait eut pour conséquence une chute très profonde de la production agricole. Le phénomène donne à réfléchir pour les conséquences des grands conflits sur la production agricole à l'époque antique. Surtout, même si le froment (de meilleur rendement calorifique) y est majoritaire, on observe que la production de 1921 ne représente que 55,5 % de la production de 329/328 a.C. Sur cette base, on peut conclure de manière définitive que la récolte de 329/328 n'était nullement une mauvaise récolte. Au contraire, si elle n'était peut-être pas une récolte exceptionnelle, elle a toute chance d'avoir été dans la moyenne des bonnes récoltes. Le chiffre de la production céréalière en 329/328 est donc un chiffre fiable. *A fortiori* n'est-il pas justifié de le corriger en le multipliant par deux pour obtenir des chiffres qui seraient supposés être plus conformes à la production réelle et qui ne reposent que sur des estimations dont les chiffres de production de la Grèce du début du XXe siècle montrent qu'elles sont irréalistes[85]. La différence supposée entre les bonnes récoltes dans les îles du nord (Imbros et Lemnos) et les récoltes catastrophiques en Attique n'existe pas. L'hypothèse de la sécheresse exceptionnelle en 329/328 a.C. tombe de la même manière. Même s'il s'agit d'un argument qui n'aurait pu se suffire à lui-même si l'on n'avait pas disposé de données modernes, on ajoutera enfin que l'on comprend mieux que la cité ait décidé de faire la dédicace des prémices à Éleusis après une bonne récolte.

Sur cette base, on peut tenter d'estimer la dépendance extérieure de l'Attique en grain importé. Pour cela, on doit tenter d'estimer la population de l'Attique. On suivra ici les estimations de M. H. Hansen, avec, comme chiffre de référence, une population de l'Attique de l'ordre de 250 000 habitants après 350 a.C.[86] Sur cette base, on admettra une population de l'ordre de 330 000 habitants au ve siècle, supérieure d'un tiers à celle du IVe siècle. Il s'agit encore d'une estimation très généreuse car, même si l'on admet un niveau de population citoyenne supérieur d'un tiers à celui du IVe siècle (soit 40 000 citoyens), voire de moitié (avec 45 000 citoyens), rien n'indique que le nombre de métèques et surtout d'esclaves ait été en proportion de la population citoyenne. C'est la raison pour laquelle un chiffre de 330 000 habitants, s'il fut atteint, ne représente probablement qu'un chiffre maximum qu'Athènes n'atteignit que très brièvement. Sur ce point, les chiffres de population de la Grèce moderne procurent de nouveau un élément de comparaison utile. La fin du XIXe siècle et le début du XXe siècle représentent l'apogée de la Grèce rurale. Il s'agit d'un monde plein. Par le nombre de sites occupés et de manière générale par la densité de l'exploitation rurale, on retrouve des niveaux d'occupation comme la Grèce n'en avait pas connus depuis la fin du IVe siècle a.C. En 1911, la Grèce n'avait pas encore reçu le flot des réfugiés d'Asie Mineure, qui, dans les années 1920, allait sensiblement modifier son paysage démographique. Mais la ville Athènes n'était plus la petite bourgade du début du XIXe siècle. Elle était depuis déjà près d'un siècle la capitale de la Grèce et la plus grande ville du pays. Or, la population de l'Attique était de 338 000 habitants en 1911. On voit que l'on a toutes les raisons de penser que les chiffres d'environ 250 000 habitants au IVe siècle a.C. et, au grand maximum, environ 330 000 brièvement pour l'Athènes de Périclès, correspondent à des estimations réalistes[87]. En prenant pour base que 400 000 médimnes permettaient de nourrir 80 000 personnes pendant un an, on voit donc que la consommation de grain de la population athénienne dans les années 340-330 devait tourner autour de 1 250 000 médimnes[88]. On doit naturellement retenir que ce chiffre n'est qu'une estimation. En ce cas, cependant, la dépendance en grain extérieur était donc de l'ordre de 863 000 médimnes.

Importations et greniers à blé d'Athènes et de l'Égée

Sur la base des données précédentes sur la population et la production de l'Attique au IVe siècle, quelle proportion de la population de l'Attique pouvait-on nourrir avec la production locale ? Les c. 340 000 médimnes de 329/328 représentaient donc la nourriture d'environ 68 000 personnes pendant un an[89]. On peut donc considérer que, si la récolte était bonne comme en 329/328, avec sa propre production Athènes pouvait nourrir 27 % de sa population dans les années 340-320. La proportion devait tomber sensiblement en dessous de 25 %, en cas de mauvaise récolte. Au ve siècle, si l'on accepte un chiffre maximal de 330 000 habitants pendant une brève période, on devra considérer que l'Attique ne pouvait pas nourrir plus de 20 % de sa population, cette proportion tombant à moins de 20 % en cas de mauvaise récolte. Si l'on inclut les territoires de Drymos, Salamine et Ôrôpos, les chiffres augmentent de quelques fractions de pourcentage, mais pas significativement. Ces chiffres donnent la mesure de la dépendance extérieure d'Athènes. En Attique, même une partie de la population rurale vivait de grain importé. Il est clair en tout cas qu'au ve siècle, avec une Attique très peuplée, la dépendance était maximale. C'est ce qui explique que Périclès ait pu concevoir la politique qui était la sienne à la veille de la guerre du Péloponnèse. On sait qu'elle prévoyait *de facto* un abandon du territoire (même si dans les premières années, en réalité, il ne fut pas total) et le repli de toute la population rurale derrières les fortifications d'Athènes et du Pirée, reliés par les Longs Murs. Cette politique s'appuyait sur la constatation du niveau des importations de la cité, qui de très loin importait l'essentiel de sa nourriture.

C'est dès le vie siècle au moins qu'Athènes était entrée dans le cycle de la dépendance extérieure. Les mesures de Solon montrent la tension qui existait au début du siècle. La volonté de Solon de mettre la main sur l'île de Salamine, disputée aux Mégariens, avait déjà certainement eu une dimension agraire, comme il est banal dans les conflits frontaliers entre cités. C'est ainsi de même que, après leur victoire sur les Béotiens en 506, les Athéniens s'emparèrent du territoire d'Ôrôpos. La volonté de mettre la main sur des territoires extérieurs producteurs de grain, ou d'avoir accès aux routes du grain, fut certainement une motivation puissante des entreprises extérieures d'Athènes dans la deuxième moitié du vie siècle. Les succès vinrent avec les implantations en Chersonèse de Thrace et, surtout, avec la conquête de Lemnos et Imbros. Il s'agissait de territoires agricoles particulièrement riches. À elles seules, d'après les chiffres de 328/328, ces deux îles avaient une production de 274 525 médimnes d'orge et de 72 850 médimnes du précieux froment (bien davantage que l'Attique), pour un total de 347 375 médimnes, à peine inférieur à celui de l'Attique *stricto sensu*. Ces îles avaient été peuplées de colons (clérouques) athéniens. On ne doit pas douter que la totalité des excédents de la production de l'île par rapport à la consommation d'une population relativement modeste n'ait été destinée au marché attique. C'est aussi ce qui justifie que, outre les exportations qui étaient le fait de commerçants privés, Athènes ait pu imposer une taxe en nature d'un douzième sur les productions de l'île, comme en témoigne la loi sur le grain de 374/373[90].

Si l'on évalue les importations en provenance d'Imbros, Lemnos et Skyros à 150 000 médimnes (soit un peu moins de la moitié de la production locale), à 400 000 celles du Bosphore et 100 000 ou davantage des autres régions pontiques, à 100 000 médimnes celles qui proviennent de Cyrène, et si on estime qu'il en venait autant d'Égypte et de Sicile, on atteint un total de 850 000 médimnes, qui est de l'ordre de celui relevé plus haut pour l'estimation des importations globales[91]. On peut légitimement estimer qu'Athènes devait importer au minimum 850 000 à 900 000 médimnes, encore davantage si la récolte était mauvaise. En ce cas, il fallait importer autour d'un million de médimnes. On comprend aussi que les crises frumentaires d'Athènes tenaient pour l'essentiel à des ruptures touchant les importations, même si des difficultés de la production intérieure pouvaient elles aussi occasionner des déficits significatifs. De la sorte, on comprend bien aussi que, au début des années 320, du fait d'une rupture des approvisionnements en provenance d'Égypte à

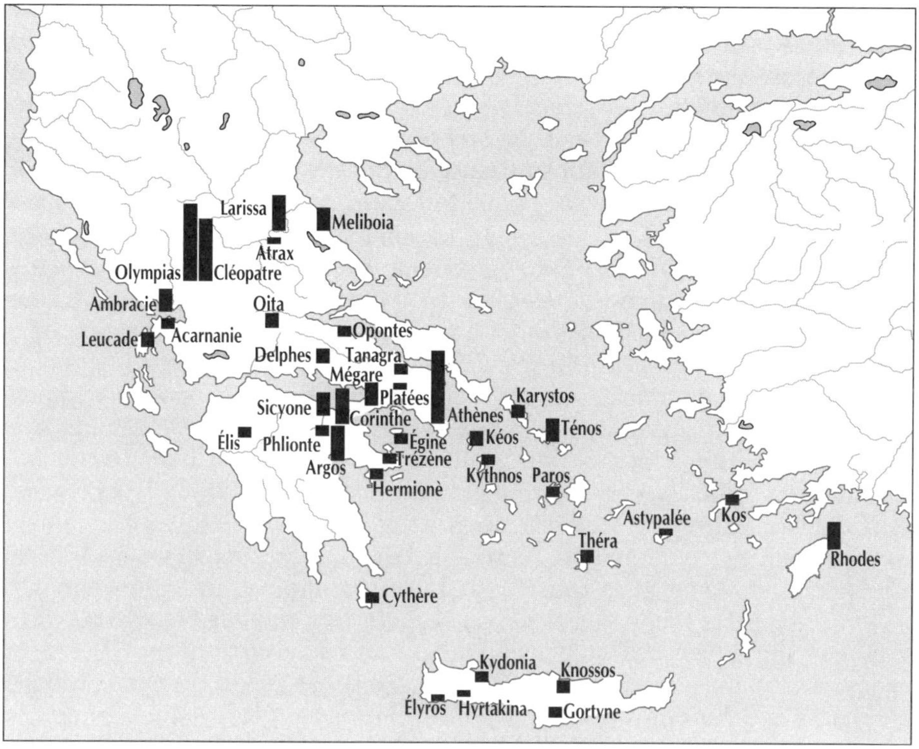

Les importations de grain en provenance de Cyrène
au début des années 320

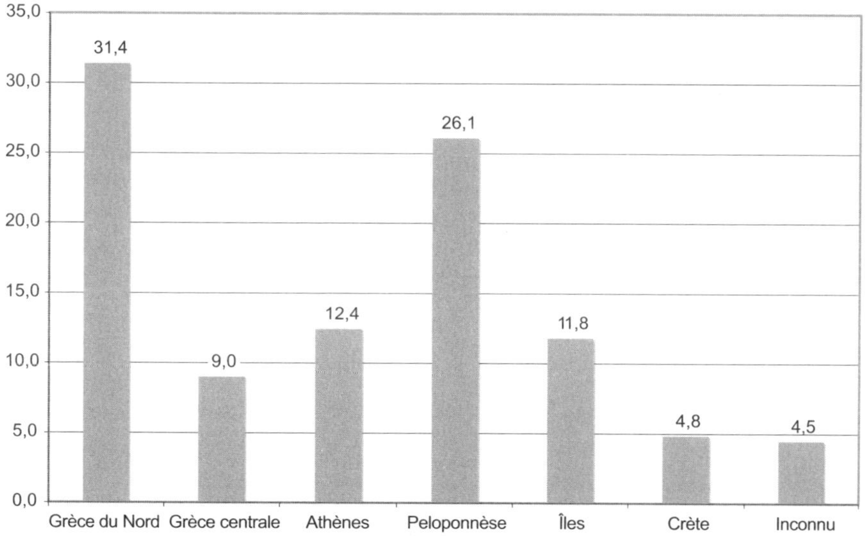

Répartition des importations de grain en provenance de Cyrène (pourcentages)

la suite de mauvaises récoltes dans ce pays, des difficultés importantes aient pu se développer sur les marchés égéens. En 396, selon Diodore, le pharaon Néphéritès avait envoyé « cinq cent mille mesures » de grain aux Péloponnésiens : si, comme il est probable, il s'agissait de médimnes, ce chiffre donne une idée de la capacité exportatrice de l'Égypte, du même ordre que celle de Cyrène[92]. C'est sur ce fond d'insuffisance d'approvisionnement que Cléomène de Naucratis put développer sa spéculation sur le grain[93].

Les autres cités du monde égéen ne connaissaient pas des chiffres de dépendance extérieure aussi élevée. Mais on sait que la plupart de ces cités étaient régulièrement importatrices, que ce soit par exemple Rhodes, Mytilène ou les cités des Cyclades, mais aussi un grand nombre de cités de Grèce continentale. On voit par exemple d'après la carte des exportations de grain de Cyrène au début des années 320 que les cités du nord du Péloponnèse importaient du grain en quantités importantes. Il est certain que ces importations correspondaient aux chiffres d'une seule année[94].

Au-delà d'Athènes, cette dépendance des cités égéennes en grain importé, qu'il s'agisse de grain égyptien, sicilien ou pontique, explique très largement les stratégies militaires de la guerre du Péloponnèse, qu'il s'agisse de la volonté des Athéniens de conquérir la Sicile pour bloquer les approvisionnements en grain des Péloponnésiens, ou de celle des Péloponnésiens après 413 de couper successivement toutes les routes du grain pour Athènes. Une seule restait finalement ouverte après 412, celle du Pont-Euxin, et cela explique que dans cette période l'essentiel des combats ait eu lieu dans la zone des Détroits, jusqu'à la défaite finale d'Aigos Potamoi de 405, précisément sur l'Hellespont.

Ainsi, les cités du monde égéen avaient atteint un niveau de population que leurs propres ressources ne permettaient pas de nourrir. Mais il ne s'agissait pas là d'une situation qui leur était dommageable : bien au contraire, dans la mesure où une proportion variable mais importante de leur population se nourrissait de grain importé comparativement à bas prix (malgré les fluctuations dues aux crises) – c'est-à-dire à un prix beaucoup plus bas que ce qui aurait été le leur niveau si, hypothétiquement, elles avaient dû (et pu) compter sur leur production intérieure, elles trouvaient là un gain de productivité considérable. On a pu estimer les rendements moyens au Bosphore de l'ordre 9 à 1 (9 grains récoltés pour 1 planté), de 10 à 1 en Égypte, les rendements de la Sicile étant du même ordre. Si on les compare aux rendements de l'ordre de 7 à 1 en Attique (au maximum), on voit qu'il y a un différentiel de productivité allant de 30 à 43 %. Ce sont donc des gains de productivité considérables qui pouvaient être faits par la mise en relation par le commerce international de zones où les rendements agricoles étaient très différents. Ces politiques d'importations de zones de production lointaines se combinaient avec des logiques de sécurité, puisqu'on produisait toujours tout le grain possible pour se prémunir d'une défaillance du marché toujours possible.

CHAPITRE 7

Les cités grecques et le marché

C'est à une évaluation globale de l'ampleur et des limites du marché qu'il convient maintenant de procéder. Les analyses des chapitres précédents ont montré qu'une analyse en termes de marchés purement locaux et ne communiquant pas les uns avec les autres ne saurait décrire la réalité des échanges. En même temps, on doit souligner que l'espace des marchés connut plusieurs reconfigurations significatives entre la fin de l'archaïsme et le Ier siècle a.C. En allant dans cette direction, on fait apparaître le poids des facteurs politiques dans la constitution des circuits d'échanges. Mais on doit alors aussi du même coup montrer que la dynamique politique a elle-même une facette économique. Certes, économie de prédation et économie de marché sont a priori contradictoires. Mais les deux logiques ne sont pas mutuellement exclusives. Elles peuvent aussi se combiner entre elles : c'était le cas dans l'économie de la Grèce des cités. Quant aux prix et à leur évolution dans les différentes cités ou régions, on montre qu'il serait inexact de considérer qu'ils n'obéissaient à aucune logique d'ensemble. La discontinuité entre marché global et marché local permet à la fois d'expliquer les tendances générales communes et la multiplicité des conjonctures locales.

On tentera pour finir une analyse de la « performance » du marché de la Grèce des cités. Pour cela, on doit d'abord souligner l'existence de nombreux traits communs avec l'organisation des marchés à d'autres périodes, en particulier avec celle des marchés de l'époque médiévale et de l'époque moderne. C'est sur cette base qu'on peut interroger la performance des marchés antiques. Au-delà des similitudes, on doit cependant enfin souligner aussi la spécificité de la performance des marchés de la Grèce, fondée sur une utilisation optimale des conditions écologiques.

Les cités, les marchés et les prix

Centre et périphérie entre la fin de l'archaïsme et le Ier siècle a.C.

La prospérité du monde grec égéen de l'époque archaïque et classique reposait d'abord sur sa capacité à contrôler un vaste réseau d'échanges transméditerranéen, qui lui permettait entre autres de s'approvisionner massivement en grain, métal, esclaves et autres produits bruts venus des régions périphériques, auxquelles il fournissait en échange une série de produits de haute valeur (huile, vins fins, produits artisanaux). Les cités de l'ouest de l'Asie Mineure avaient été le principal pôle de développement du dernier siècle de l'archaïsme. Mais elles avaient subi un premier recul avec l'installation du pouvoir perse en 545 a.C. Leur révolte en 499 a.C., qui se termina par un échec catastrophique symbolisé par la destruction de Milet en 494 a.C., auquel il faut ajouter la poursuite d'une guerre permanente contre la Perse jusqu'en 449 a.C., marqua leur effacement prolongé. En Grèce continentale, les grandes cités marchandes de la fin de l'archaïsme et du début de l'époque classique, Corinthe et Égine, se virent rapidement supplantées par Athènes. Avec ses mines d'argent du Laurion, cette dernière joua pendant deux siècles un rôle moteur dans ce développement économique. L'empire qu'elle mit en place au Ve siècle tendait à établir une domination politique directe sur l'ensemble de l'espace d'échange du monde égéen, bien au-delà de la mer Égée proprement dite. Ainsi, le Pont-Euxin entra aussi dans l'orbite politique d'Athènes et la grande expédition de 415-413 a.C avait pour but de soumettre la Sicile. L'échec de l'empire fit revenir la Grèce du IVe siècle à un jeu d'équilibre de puissances, mais qui ne changeait pas le modèle global des rapports entre le monde égéen et les autres pôles de développement du monde méditerranéen. Le modèle centre-périphérie est donc pleinement pertinent pour décrire les échanges de cette période, à condition de souligner que le développement de la périphérie suivit le même rythme que celui du centre : il s'agissait d'un développement réciproque, que l'on ne peut concevoir l'un sans l'autre[1].

Les bases de ce modèle se trouvèrent bouleversées au début de l'époque hellénistique. Les changements politiques, avant tout l'émergence de la Macédoine et la conquête d'Alexandre, aboutirent à la liquidation des positions des grandes cités de Grèce du Sud. Sparte s'était effondrée dès 371 a.C. La destruction de Thèbes en 335 a.C. et les défaites d'Athènes pendant la guerre Lamiaque symbolisent l'établissement d'un nouveau rapport de force entre les cités et les royaumes. Même s'il faut apporter des nuances régionales (par exemple pour les régions occidentales du Péloponnèse), la Grèce continentale entra au IIIe siècle dans un processus global de recul économique et démographique[2]. De nouveaux équilibres internes se mirent en place, au profit d'une élite plus concentrée qu'auparavant. Sur la scène élargie de l'Orient méditerranéen, on assiste à l'émergence de nouveaux pôles de développement, qui correspondent à l'expansion de l'hellénisme qui suivit la conquête d'Alexandre. Un grand axe commercial se mit en place, qui partait de la côte ouest du Pont-Euxin, longeait la côte ouest puis la côte sud de l'Asie Mineure, pour rejoindre soit les côtes du Levant partagées entre Séleucides et Lagides, soit l'Égypte des Ptolémées. Ayant su garder son indépendance malgré l'assaut de Démétrios en 305/304 a.C., la cité de Rhodes bénéficia alors de sa position centrale sur cette route de navigation. Les cités d'Asie Mineure occidentale connurent un nouvel essor. L'instabilité politique du IIIe siècle freina encore leur développement, mais ce dernier put s'affirmer dans la première moitié du IIe siècle, après l'élimination du contrôle séleucide : ce fut l'Âge d'Or des cités d'Asie Mineure occidentale, qui dura jusque dans les années 140 a.C.[3]

Cependant, depuis la fin du IIIe siècle, l'émergence d'une nouvelle puissance vint progressivement modifier l'équilibre du monde hellénistique, tel qu'il s'était constitué au lendemain de la mort d'Alexandre. L'Occident méditerranéen avait vu l'émergence d'un État de type nouveau, qui n'était pas grec. Rome, avait unifié l'Italie dans la deuxième moitié du IVe siècle et les premières décennies du IIIe siècle. Aussitôt après, elle s'était heurtée à Carthage. La défaite finale des Puniques en 202 assura désormais à Rome la maîtrise de la Méditerranée occidentale. Les Grecs d'Italie et de Sicile étaient désormais totalement sous le contrôle de Rome. C'est Rome qui fut responsable de l'abaissement (197 a.C.), puis de l'élimination du royaume macédonien (166 a.C.). C'est elle qui rejeta les Séleucides hors de l'Asie Mineure (188 a.C.). C'est elle aussi qui dessina les nouvelles frontières du royaume attalide (qui connut une considérable expansion vers l'intérieur de l'Asie Mineure) ou celles de l'État rhodien, (qui entre 188 et 166 a.C. eut le contrôle de la Carie et de la Lycie). Dans un premier temps, les cités grecques ne trouvèrent que des avantages à l'entrée en scène de Rome. Cependant, dès les lendemains de l'élimination de la Macédoine, il apparut que Rome entendait sinon prendre le contrôle direct de toutes ces régions, du moins y exercer un pouvoir ne tolérant aucune opposition. La création de la province de Macédoine après l'échec de la révolte de ce pays en 146 a.C., la destruction de Corinthe, capitale de la Ligue achéenne en 146 a.C., intervenant la même année que la destruction de Carthage, symbolisaient ces nouveaux rapports de force. Le testament du dernier roi attalide, Attale III, qui légua son royaume à Rome, fut l'occasion de la prise de contrôle directe de l'Asie Mineure occidentale. Après la féroce guerre d'Aristonikos, entre 133 et 129 a.C., ce fut chose faite avec la création de la province romaine d'Asie en 127 a.C. Dès lors, l'indépendance théorique des cités grecques côtières eut de moins en moins de contenu réel.

On assiste alors à la mise en place d'une nouvelle centralité. Malgré son niveau de développement qui restait encore exceptionnel dans l'horizon méditerranéen, le monde grec égéen commença dès le milieu du IIe siècle à devenir l'une des régions périphériques d'un espace méditerranéen élargi où Rome et l'Italie romaine jouaient désormais le rôle de centre. Le port franc de Délos, créé par la volonté romaine en 166 a.C. pour faire pièce à Rhodes, connut une exceptionnelle prospérité. L'exemption fiscale (*ateleia*) dont jouissaient les commerçants qui y faisaient leurs affaires représentait pour eux un facteur très attractif, comme le souligne Strabon (10.5.4)[4]. Il servait désormais de place de relais pour les biens en provenance d'Asie Mineure ou du Pont destinés à Rome, ou pour les produits d'Italie, de Sicile ou d'Afrique expédiés en retour vers les marchés de Méditerranée orientale.

Prédation, espace économique et espace politique

Ce bref tableau des rapports de force politiques et économiques mettant en jeu le monde égéen entre la fin de l'archaïsme et le Ier siècle a.C. incite à une réflexion sur le rapport entre dynamique politique et dynamique économique. La distinction entre politique et économie qui est celle du monde contemporain sépare nettement systèmes de pouvoir sur les hommes d'une part, production et échange des biens matériels ou immatériels de l'autre. Mais, on l'a vu à maintes reprises, cette distinction n'est pas opérante pour analyser le monde antique. Les cités grecques, comme communautés politiques, étaient aussi des communautés de propriétaires fonciers, puisque seuls les citoyens avaient accès à la terre. En outre, elles se définissaient par leur capacité à asservir d'autres hommes, des non-Grecs de préférence – mais, à défaut, aussi des Grecs. De la sorte, les cités grecques ne faisaient au reste que se comporter comme les autres sociétés du monde méditerranéen de leur temps, avec cependant la différence qu'elles donnèrent à ces définitions des formes juridiques rigoureuses, instaurant des barrières strictes là où les autres cultures dessinaient des contours plus flous. Si la distinction qui est celle du monde contemporain entre politique et économie n'est pas opératoire, c'est aussi parce que les cités antiques, en tant qu'États, étaient aussi des acteurs économiques. La guerre avait un aspect de prédation. À court terme, elle pouvait permettre de s'emparer des biens de l'ennemi, de sa récolte, des objets meubles qui formaient son patrimoine, si possible aussi pour asservir sa population et la transformer en bien de production. À plus long terme, elle pouvait permettre d'établir des zones de domination, dont les populations verseraient un tribut.

Ce n'est pas ici le lieu de décrire les formes et l'histoire des opérations de prédation (guerre ou piraterie). En revanche, on doit s'interroger sur les formes de rationalité économique qu'elles pouvaient revêtir. C'est donc la question de la rationalité économique de la violence qu'il faut poser. Fondamentalement, on doit considérer que c'est parce que, ponctuellement, le coût de la guerre était plus bas que celui de la production que la guerre pouvait être une opération économique rentable. La terre demeurant le principal facteur de production mais n'étant pas elle-même un bien objet d'une production (à la différence des machines ou du savoir technologique dans le monde contemporain), s'en emparer par une opération de guerre entrait dans une véritable logique économique. Dans le schéma traditionnel de la Grèce des cités, disposant d'un abondant réservoir de jeunes guerriers, avec une longue saison d'été où l'on restait inoccupé après la récolte de grain intervenant en général dès la fin du printemps, la guerre était un bon moyen de tenter d'augmenter sa richesse en utilisant ce temps mort de l'été, au détriment de ses voisins. On comprend donc pourquoi la guerre comme moyen de faire du butin ou d'augmenter la surface de son territoire agricole demeura toujours un objectif « rationnel » pour nombre de petites cités, cela jusqu'à la fin de l'époque hellénistique[5]. D'autres États se spécialisèrent dans la piraterie à grande échelle, comme le *koinon* étolien au IIIe siècle et plus encore les cités crétoises jusqu'au Ier siècle a.C.[6] Pour les États plus ambitieux, comme déjà la monarchie lydienne ou perse et comme plus tard les royaumes hellénistiques, l'intérêt était en revanche d'imposer des tributs sur des peuples et des cités qui, en permanence, fourniraient des recettes en métal précieux ou en nature. C'est de cette manière aussi que des cités établirent des zones de domination, d'ambition régionale seulement, ou couvrant de vastes zones. Plusieurs cités des îles égéennes s'étaient lancées dans la constitution de zones tributaires, en particulier la Samos de Polycrate dans la deuxième moitié du VIe siècle. Mais, naturellement, l'exemple le plus achevé est l'empire d'Athènes au Ve siècle puis, de nouveau, pendant deux décennies seulement au IVe siècle[7]. En comparaison, les zones de domination de Sparte ou de Thèbes ne furent que très éphémères. Il en fut de même, en réalité, de la domination de Rhodes sur la Carie et la Lycie entre 188 et 166 a.C., qui du reste ne fut qu'un cadeau temporaire (et empoisonné) de Rome.

Au plan économique, on devrait cependant éviter de poser comme règle que le rapport de force politique construit l'espace économique. En réalité, on peut montrer avec une série d'exemples qu'il existe une dialectique complexe entre les deux termes. Il serait en tout cas inexact de considérer que le politique précédait toujours l'économique, comme si seul l'usage de la force permettait l'établissement d'un courant d'échange économique. À cet égard, sans en faire une loi générale, on doit d'abord observer que la domination politique d'une grande puissance comme Athènes au Ve siècle reposait elle-même sur des bases d'ordre économique : l'impérialisme politique de cette cité ne put se développer à partir de la fin du VIe siècle que grâce à l'argent des mines du Laurion, qui lui donna un énorme avantage sur ses rivales. La mainmise sur l'espace égéen, suivi de la tentative de soumettre les cités du Pont-Euxin puis celles de Sicile, correspondait à la volonté d'avoir de nouveaux tributaires. Cependant, la volonté de contrôle des routes de navigation puis directement des zones de production n'était que le prolongement par des moyens politiques et militaires de la volonté de sécuriser les approvisionnements. Si une cité en avait les moyens politiques, elle ne s'en privait pas. En soi, cependant, il n'y a rien là de spécifique aux États antiques.

À cet égard, la politique d'Athènes est éloquente. Dès la fin du VIe siècle, elle consista d'abord à occuper des positions en Chersonèse de Thrace, à conquérir les îles à grain de Lemnos et Imbros[8]. Ensuite, elle mit la main sur Skyros (476), qui, outre un peu de grain, fournissait une base de relais idéale sur la route du nord[9]. Puis, après la seconde guerre médique, l'établissement de l'empire permit une véritable politique de contrôle des approvisionnements en grain de toutes les cités de l'Égée. Un décret de la cité de Méthônè, en Macédoine, remontant à 426 a.C. (donc de l'époque de la guerre du Péloponnèse), montre qu'Athènes avait la totale maîtrise du grain en provenance du Pont[10]. Des magistrats athéniens du nom d'Hellespontophylaques, qui étaient installés à Byzance, contrôlaient les navires. Les cités pouvaient faire venir du grain du Pont-Euxin en fonction des licences qui leur avaient été accordées par Athènes et qui portaient un montant maximal de grain auquel elles avaient droit. C'était là un moyen de pression direct sur les cités, puisque tout manquement à Athènes pouvait avoir pour conséquence immédiate la fermeture de l'approvisionnement en grain du Pont. Naturellement, toutes les livraisons à des ports ennemis étaient proscrites. Un décret attique datant de la période 425-410 a.C., qui accorde à un Achéen du nom de Lykôn, une licence de navigation pour naviguer et exporter vers tous les ports de l'empire, constitue la meilleure illustration concrète aux propos du Ps.-Xénophon selon lequel, sans l'autorisation de la puissance qui tenait la mer, il était impossible de faire du commerce[11]. Comme Athènes quelques siècles plus tôt, Rome mit en place une politique qui centralisait les livraisons à son avantage. Lorsque successivement la Sicile, la Sardaigne puis l'Afrique passèrent sous contrôle romain, leur grain fut réservé à l'approvisionnement de Rome. Il en alla de même plus tard lorsque, en 30 a.C., elle eut mis la main sur l'Égypte en 30 a.C. On comprend donc pourquoi, lors des difficultés d'approvisionnement provoquées par la campagne d'Antiochos IV contre l'Égypte en 168 a.C., Rhodes dut faire une demande spéciale pour accéder au grain sicilien et obtenir une licence d'importation de cent mille médimnes[12]. De manière générale, sous des formes diverses, les provinces romaines, par exemple la province d'Asie à partir de 127 a.C., devaient payer un impôt en nature qui était destiné à alimenter Rome[13]. On a vu aussi que, même auprès des cités libres et alliées, comme celles de Thessalie en 151 ou 150 a.C., Rome n'hésitait pas à présenter des exigences de fourniture de grain, en l'occurrence celle de tout leur grain disponible à la vente[14]. Il s'agissait là naturellement d'une autre forme de contrainte, mais qui, pour Rome, présentait aussi l'avantage d'assurer ses approvisionnements par des moyens politiques.

L'une des plus importantes questions posées par l'existence des empires, royaumes et autres zones de domination est celle de déterminer la part de l'économie de prédation dans les flux économiques, son incidence sur la production et son influence à long terme sur le développement économique. Pour les royaumes, on a l'a vu, il est certain que les tributs en nature et autres formes de prélèvements obligatoires représentaient l'essentiel des denrées avec lequel ils pouvaient intervenir sur les marchés. Pour s'en tenir pour le moment à un bilan global, il est vrai qu'une partie des denrées entrant dans les échanges était le produit d'un tribut. Si l'on s'en tient aux échanges du monde égéen, même si l'on ne peut songer à des données chiffrées, on n'a pas de raison de penser que l'essentiel des biens échangés n'ait pas été mis sur le marché par des propriétaires privés, et non par des rois ou dynastes. Pour le grain importé de diverses provenances, quelle que soit l'époque (on songe bien sûr au gros fournisseur qu'était l'Égypte, partiellement au royaume du Bosphore avec des différences selon les époques), la proportion a pu être plus forte. Il put en aller de même pour le bois. Mais, même pour le grain, rien n'autorise à considérer que la proportion de grain tributaire ait jamais été majoritaire. Pour la plupart des autres denrées, en revanche, la production privée paraît toujours avoir été de règle. En outre, quelle qu'ait été l'origine d'un produit (par exemple grain tributaire d'un royaume ou bois issu d'une forêt royale), une fois mis sur le marché il était traité par les marchands comme une denrée comme une autre : le mode de circulation des biens sur le marché international n'était pas modifié par l'origine des produits.

Deux nuances doivent tempérer cette affirmation. D'une part, le mode d'arrivée des denrées issues des réserves royales et leur prix n'étaient pas sans incidence sur les marchés et donc aussi, par contrecoup, sur la production des cités en question[15]. D'autre part, aussi, la nouvelle grande puissance au centre d'un grand réseau méditerranéen qu'était Rome mit en place un système d'approvisionnement de ses marchés par le recours systématique à des denrées tributaires dans des proportions qu'aucun État grec ne paraît avoir connu. Cependant, analyser l'incidence sur les marchés des cités grecques de denrées issues du système tributaire n'oblige pas à projeter sur ces derniers des données qui ne paraissent avoir valu que pour Rome.

Pour ce qui est de l'incidence du politique sur l'économique, on doit enfin relever que la création de vastes zones de domination accéléra des processus d'unification que la logique du marché international contribuait déjà à mettre en place. Il en est ainsi, en particulier, des zones d'étalon monétaire et pondéral. Le dernier siècle de l'archaïsme avait vu en Asie Mineure la domination de l'étalon monétaire milésien (avec un statère monétaire à 14,30 g), qui correspondait aussi pour la plus grande part à la zone de domination du royaume lydien mais auquel d'autres cités s'étaient ralliées sans que la raison en ait été une soumission à la Lydie. La domination politique exercée par Corinthe explique directement que ses colonies aient adopté son étalon. Il n'en fut pas de même pour l'étalon d'Égine (avec un statère monétaire théorique à 12,6 g, *de facto* fréquemment à 12 g), qui ne dut son rayonnement en Égée, en Crète et dans le Péloponnèse qu'au dynamisme de cette cité. Mais en mer Égée, au ve siècle, la politique d'étouffement des ateliers monétaires des cités de son empire aboutit *de facto* à une unification des poids et mesures et des monnaies sur les standards athéniens. Le fameux décret imposant leur usage à toutes les cités de l'empire et l'interdiction de la frappe de monnaies d'argent fut certainement le point d'aboutissement d'une politique menée depuis plusieurs décennies[16].

Il est vrai que l'échec de l'empire ne permit pas de mener le processus d'unification à son terme. Les cités de Grèce continentale qui avaient frappé selon l'étalon de Corinthe ou d'Égine continuèrent à frapper selon cet étalon. Après leur révolte de 412-411 a.C., les cités d'Asie Mineure abandonnèrent l'étalon attique au profit de celui de Chios pour les nouveaux monnayages qu'elles entreprirent de frapper. Ce fut ainsi, entre autres, l'origine de l'étalon rhodien[17]. Il n'en reste pas moins que, même sans l'empire, l'étalon attique était au IVe siècle le vrai étalon international de la Grèce et la monnaie attique pouvait être qualifiée de « monnaie hellénique »[18]. Athènes fut vaincue par la Macédoine, mais celle-ci n'imposa pas son étalon régional : si Philippe II continua à frapper l'argent sur étalon thraco-macédonien, il adopta l'étalon attique pour son monnayage d'or. Quant à Alexandre, ses monnaies d'or et d'argent furent exclusivement sur étalon attique. Par la suite, l'étalon attique demeura le grand étalon monétaire du monde hellénistique et c'est seulement par rapport à lui que se constituèrent des poches de zones monétaires fermées qui frappaient selon un étalon différent et plus léger : ainsi, en particulier, l'Égypte lagide, la monarchie attalide à partir du règne d'Eumène II, de même que l'État rhodien pendant toute la période[19]. Pour finir, le denier romain, de poids légèrement inférieur à celui de la drachme attique, fut néanmoins assimilé à la drachme attique.

L'empire athénien du Ve siècle a finalement dû céder face à la coalition des Péloponnésiens et de la Perse. Mais il a constitué un puissant facteur d'unification du monde grec, entre autres au plan économique. Le fameux décret attique imposant l'usage de l'étalon des poids et mesures attiques, ainsi que l'interdiction de frapper un monnayage d'argent, correspond donc à une mesure politique. De fait, il contribuait à l'unification du monde grec sous une forme qui ne pouvait qu'aider les transactions. Ainsi, sur la côte ouest du Pont-Euxin, dans la deuxième moitié du Ve siècle, une cité définit un poids étalon qui en tout cas portait la chouette attique et qui semble avoir été le quart d'une mine commerciale attique[20]. Bien loin du Pont, à Hèrakléion, le port égyptien situé à l'embouchure de la bouche canopique du Nil, un poids datant semble-t-il du début du IVe siècle porte lui aussi le type de la chouette attique[21]. Son poids correspond à celui de dix drachmes monétaires attiques, ce qui incite à penser que ce port avait adopté le système des mesures attiques. Que l'Égypte ait ou non alors produit des imitations de chouettes attiques, ce poids s'inscrit donc dans un ensemble plus vaste qui montre que, même en dehors de la zone directement contrôlée par Athènes, on utilisait de plus en plus l'étalon attique comme référence[22]. Il est vrai que pour l'Égypte, il était d'autant plus tentant de l'adopter qu'elle était en lutte contre la Perse. Il reste que c'était une région à qui l'étalon d'Athènes et les types attiques n'avaient pas été imposés.

On voit que, soit par suite de l'attrait de standards de fait, soit par l'imposition de mesures étatiques, une certaine unification des poids et mesures et des systèmes monétaires permit de faire baisser les coûts de transaction et donc de faciliter les échanges internationaux. On ne saurait donc seulement prendre en compte les possibles effets négatifs de l'existence des royaumes et autres zones de domination pour la constitution et le développement des marchés.

Prix et intégration des marchés

La question du niveau et de l'évolution des prix est probablement l'une de celles qui a le plus retenu l'attention dans la définition des marchés antiques. La divergence des prix d'une région à l'autre est souvent tenue pour un symptôme de l'absence d'intégration des marchés. S'agissant des prix, on doit tout d'abord relever que nous sommes moins bien informés sur les prix que sur les structures institutionnelles. Cependant, malgré ses insuffisances, notre information nous permet de dégager quelques grandes caractéristiques. On doit d'abord relever que la question des prix ne peut être séparée de celle de la structure des marchés. On a montré que les marchés avaient une structure à deux niveaux, le marché intérieur étant symbolisé par l'agora, le marché extérieur par l'emporion (du moins pour les cités qui en possédaient un). À la fois en raison de coûts de transport élevés (surtout par voie terrestre) et d'interdictions de commercer (en particulier s'agissant d'exportations ou de réexportations de grain), il existait une multitude de conjonctures locales, qui pouvaient aboutir à de très fortes divergences de prix d'une région, voire d'une cité à l'autre[23]. Si une récolte de grain était insuffisante dans une cité qui, habituellement, pouvait satisfaire ses besoins et si ses voisines, peu ou pas frappées par la disette mais craignant pour l'avenir, proscrivaient leurs exportations, on aboutissait rapidement à une situation de flagrant déséquilibre des prix d'une cité à l'autre. Tel est bien le tableau qu'on perçoit à travers les sources de l'époque classique ou de l'époque hellénistique. C'était le cas en particulier pour le grain, partiellement aussi pour d'autres denrées indispensables comme l'huile, moins fréquemment pour le vin ou pour les productions artisanales. On voit cependant au minimum que ces variations étaient directement liées d'une part à un système d'approvisionnement par le marché, d'autre part au caractère discontinu de l'offre de certains produits.

Mais ces fortes disparités ponctuelles, à caractère systémique, ne signifient nullement que, globalement, les prix dans les diverses cités n'aient pas connu des évolutions tendancielles identiques dans la même région, voire dans de vastes zones, à la même période. Tout d'abord, l'un des éléments clés de l'établissement des niveaux de prix était constitué par le niveau de la masse monétaire, qu'on assimilera par commodité à la masse monétaire monnayée. À cet égard, il est clair que la tendance de l'évolution des prix est directement liée à l'évolution de la masse monétaire globale. À l'époque classique, l'information sur les prix vient principalement d'Athènes, corroborée toutefois par quelques données provenant d'autres cités. Tout d'abord, même si notre information est regrettablement insuffisante, il est certain que le niveau global des prix, en poids d'argent, était plus élevé à l'époque classique qu'à l'époque archaïque. Au sein de l'époque classique, il y eut eu une hausse au cours du ve siècle, suivie d'une baisse dans le dernier quart du siècle[24]. Ce cycle correspond à l'activité des mines du Laurion. De nouveau, la reprise de l'activité minière et la monétarisation des réserves d'or et d'argent du sanctuaire de Delphes par les Phocidiens aboutirent à une augmentation de la masse monétaire et à une première augmentation des prix. Cette première augmentation fut suivie d'une augmentation beaucoup plus importante, liée à la frappe des énormes réserves d'or et d'argent du Grand Roi. C'est un montant de 180 000 talents (en équivalent argent) qui fut saisi. Au total, entre les années 320 et 294, soit sur une trentaine d'années, ce furent 200 000 talents, l'équivalent de 5 200 tonnes d'argent, qui fut frappé[25]. Grâce aux comptes du sanctuaire, c'est Délos en effet qui fournit le meilleur observatoire des prix à l'époque hellénistique pour le monde égéen. L'élaboration de ces données par G. Reger constitue une base de recherche fondamentale pour l'histoire économique de cette période[26].

Or, l'évolution des prix à Délos confirme entièrement l'analyse selon laquelle le niveau des prix suivait tendanciellement l'évolution de la masse monétaire. On retrouve la trace de ce phénomène aussi bien à Babylone qu'à Délos et cette convergence est frappante[27]. Si l'on se reporte en effet aux graphiques relatifs aux prix déliens, supra p. 121, on observe en effet pour les prix du grain et de l'huile une chute marquée presque dès le début du siècle. On a interprété cette baisse par des facteurs purement locaux, en les mettant en relation avec une réorganisation des finances du sanctuaire et avec la mise en place d'un nouveau système contractuel, le « contrat sacré » (*hiera syngraphè*)[28]. Quelles qu'aient été les raisons de la mise en place du nouveau système, il paraît clair que des facteurs d'une autre nature expliquent le phénomène de baisse des prix. Avec l'épuisement des stocks de métal précieux provenant des pillages des trésors du Grand Roi, c'est au début du IIIe siècle que cessa la période de frappe massive qui avait marqué les suites de la conquête macédonienne. Cette période est aussi celle où les mines du Laurion cessèrent leur activité. La lente érosion du stock monétaire en circulation est bien suffisante pour expliquer la baisse des prix du début du siècle, puis les prix tendanciellement bas de l'huile et du grain après c. 270 a.C. Pour ce qui est de la période suivante, les pillages directs des troupes romaines, les tributs et indemnités de guerre exigés par Rome depuis son intrusion dans le monde égéen au début du IIe siècle aboutirent à un déplacement physique du métal vers l'Occident méditerranéen, où, en revanche, elles permirent une frappe massive de deniers[29]. Ces ponctions massives de métal précieux vers l'Occident expliquent qu'il y ait eu au IIe et au Ier siècle un si faible nombre d'ateliers monétaires égéens qui aient frappé l'argent. Seuls se maintinrent quelques grands monnayages, avant tout Athènes avec ses monnaies stéphanéphores depuis 164/163 a.C. très certainement, et Rhodes avec ses plinthophores, entre les lendemains de la guerre antiochique et 88 a.C.[30] Il n'est donc pas surprenant que le niveau des prix soit peu élevé : dans l'inscription agoranomique du Pirée de la deuxième moitié du Ier siècle a.C. (supra p. 42-43), où certes on a affaire à des prix de triperie et non à ceux de mets de luxe, les prix sont en chalques et en oboles. En outre, nous possédons deux règlements fixant les prix : il n'est sans doute pas anodin que, sur la deuxième liste, les prix soient plus bas que sur la première. On aimerait pouvoir corroborer l'observation avec d'autres données. Si cette baisse pouvait être tenue pour significative, ce que la découverte de nouveaux documents permettra peut-être de confirmer, la baisse de prix entre les deux listes pourrait être le témoignage de ce qu'on était dans une période de baisse continue des prix.

Le second élément remarquable sur le graphique des prix déliens est la discordance entre l'évolution des prix de l'huile et du grain (qui commande celle des fermages) et celle du bois et des porcs. Cette discordance s'explique par la différence entre des prix établis sur le marché international, ceux de l'huile et du grain, et des prix établis sur un marché régional, bois de chauffage et porcs. En tout état de cause, les porcins ne pouvaient pas voyager vivants à très grande distance. Si certains grands propriétaires pouvaient aussi en tirer des revenus appréciables, tel le Phainippos athénien du IVe siècle, production de bois de chauffage et de charbon pouvait aussi être le fait de petits producteurs ou de petits revendeurs (à Délos, la loi les oblige à se faire eux-mêmes détaillants)[31]. En revanche, tous les témoignages relatifs au commerce du grain vont dans le sens d'importations lointaines (Pont, Égypte par l'intermédiaire de Rhodes, voire parfois Afrique au IIe siècle)[32]. Tandis que la tendance des prix de l'huile et du grain était à la baisse ou à la stagnation, celle des prix du bois et des porcs connaissait une hausse accélérée dans la deuxième moitié du IIIe siècle, en raison d'une conjoncture de croissance rapide du marché délien et de l'activité du sanctuaire. Cette hausse était d'autant plus sensible que l'orientation générale des prix était à la baisse. L'existence de conjonctures régionales pour certains produits n'entre donc pas en contradiction avec l'existence de grandes tendances sur les prix des produits qui faisaient l'objet d'échanges internationaux et qui étaient transportés à grande distance, comme le grain ou l'huile. À leur tour, l'existence de ces grandes tendances sur les prix ne signifie pas que les prix étaient partout les mêmes : on a vu les raisons pour lesquelles, en raison d'une productivité supérieure, les grandes zones de production (par exemple le Pont et la Sicile) connaissaient des prix du grain bien inférieurs à ce que l'on pouvait trouver sur les grandes zones de consommation : le jeu sur cette différence était au contraire ce qui motivait les marchands à transporter les denrées d'une région à l'autre.

Enfin, les conjonctures de régions entières pouvaient subir le contrecoup d'événements qui leur étaient extérieurs. On peut le mesurer non point à l'effet d'une concurrence liée à des innovations technologiques, comme ce serait le cas à l'époque contemporaine, mais à des différences de prix inhabituelles ou à des modifications brutales de l'offre ou de la demande de régions lointaines (quelle qu'en soit la raison). Dans la première catégorie, on doit probablement ranger l'arrivée de vin ou d'huile à bas prix provenant des grands domaines esclavagistes latifundiaires d'Italie, de Sicile ou d'Afrique dans des régions comme l'Égée ou le Levant[33]. Dans la seconde, on doit d'abord faire entrer l'effet de mauvaises récoltes comme en connut l'Égypte au début des années 320 a.C., provoquant une diminution brutale des approvisionnements en Égée et suscitant la recherche désespérée de fournisseurs de remplacement[34]. Mais on doit aussi évoquer le contrecoup d'événements politiques, qui pouvaient avoir une incidence directe sur le mouvement économique.

La meilleure illustration qu'on puisse donner de ce phénomène est le rythme de production annuelle des monnaies stéphanéphores d'Athènes. Au IIe siècle a.C., Athènes émit en effet un nouveau monnayage, que les modernes appellent souvent « monnayage du Nouveau Style » et que les textes antiques désignent sous le nom de monnayage « stéphanéphore ». Alors que, pour l'essentiel, Athènes avait jusque-là conservé les types qui étaient les siens depuis la fin de l'archaïsme, elle introduisit alors des monnaies portant des types nouveaux : à l'avers était toujours figurée une Athéna vue de profil mais d'un dessin « modernisé » par rapport à celui des types anciens ; au revers apparut une chouette dressée sur une amphore couchée à l'horizontale, le tout dans une couronne (*stephanos*, d'où le nom de monnayage stéphanéphore). La particularité de ces monnaies est qu'elle porte des noms de responsables d'émissions (des « monétaires »), en général au nombre de deux, qui permettent d'identifier des émissions annuelles[35]. Le terme de la première série de ces émissions se situant en 87/86 a.C., puisque cette année-là la monnaie porte le nom du roi Mithridate (en 88, Athènes avait pris le parti du roi contre Rome), on peut de la sorte, sur la base d'émissions annuelles, faire remonter le début des stéphanéphores à 164/163 a.C.[36]. Une étude systématique a permis de déterminer le nombre de coins employés chaque année.

Or, si l'on dresse un tableau des émissions sur une base annuelle, on obtient des résultats très suggestifs. On observe de la sorte que, les premières années, la production resta faible, de quelques coins par an seulement. En revanche, peu après 146 a.C., la production fit un bond spectaculaire. Or, on sait que l'année 146 fut marquée non seulement en Occident par la destruction de Carthage, mais par celle de Corinthe, au terme de la guerre lancée par la confédération achéenne contre Rome. Strabon (10.5.4) soulignait déjà que la destruction de Corinthe avait favorisé le développement de Délos. On en a ici la confirmation par les chiffres. De la sorte, on peut reconstituer un schéma clair. Le monnayage stéphanéphore fut certainement inauguré par les Athéniens en 164/163 a.C., soit deux ans après que Délos leur eut été confiée et fut devenue un « port franc » par la volonté de Rome. Il servait essentiellement le commerce de Délos. Du reste, les trouvailles faites dans l'île confirment qu'après 166

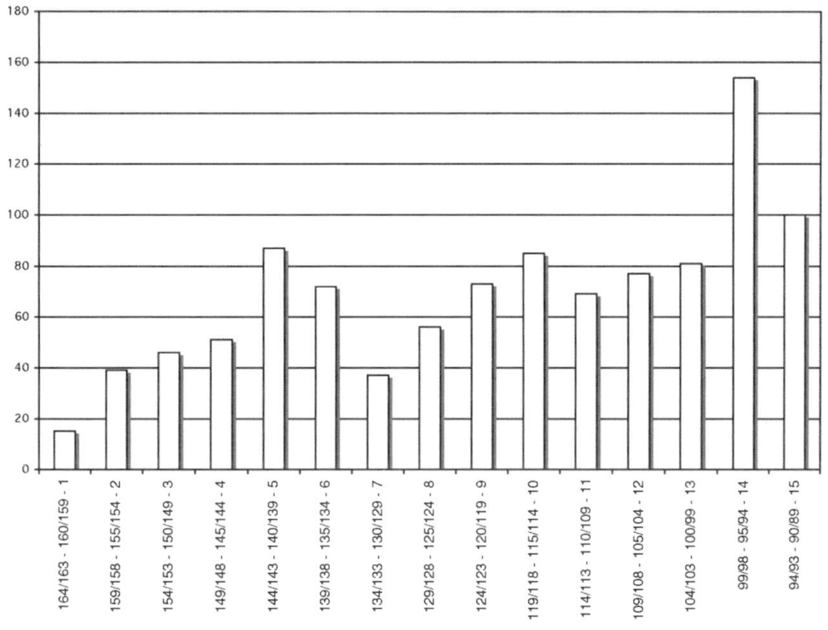

La production de tétradrachmes attiques de 164/163 à 90/89
(nombre de coins de droit par période de cinq ans)

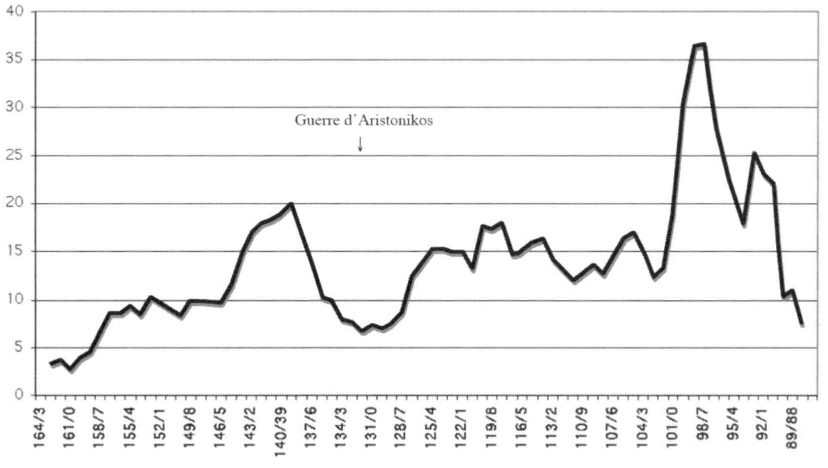

La production de tétradrachmes attiques de 164/163 à 90/89
(moyenne mobile de production de coins de droit sur une base de 3 ans)

ce monnayage exerçait un quasi-monopole de la circulation monétaire dans l'île. La suite de la série montre aussi l'interconnexion des phénomènes politiques et économiques sur de vastes zones géographiques. Après le pic postérieur à 146, on observe une chute marquée à partir de 137/136 a.C., avec un véritable creux à la fin des années 130. La reprise n'intervient qu'au milieu des années 120. Cette dépression doit être mise en relation avec la guerre d'Aristonikos, qui, entre 133 et 129, ravagea l'Asie Mineure occidentale, où les troubles se poursuivirent encore dans les années suivantes. Les réseaux commerciaux en furent si perturbés que, à Rhodes, on observe une forte diminution de la production amphorique précisément à la fin des années 130[37]. Il est logique de penser que la forte diminution des échanges entraîna à son tour une diminution des frappes monétaires. Si cette hypothèse est juste, on doit cependant observer en outre que la chute de l'activité délienne entre 137/136 et 133 a.C. (donc antérieurement à la guerre d'Aristonikos) pourrait s'expliquer par le contrecoup de la grande révolte d'esclaves qui éclate à ce moment en Sicile, où se constitue un « royaume » des esclaves révoltés. Le détail de la chronologie est discuté, certains spécialistes considérant que le point de départ de la révolte est antérieur à 136, quand d'autres le situent en 135 seulement (mais des troubles ont pu intervenir plus tôt). Néanmoins, dans la mesure où, comme l'indique Strabon (14.5.2) l'un des « produits » essentiels du commerce de Délos vers l'Occident était constitué par les esclaves, il paraît hautement vraisemblable que le commerce délien put déjà connaître un premier recul en raison des événements de Sicile. En effet, dans ce contexte troublé, il n'était guère opportun d'expédier de nouveaux esclaves vers l'Occident[38]. Il se peut aussi que le contexte politique de plus en plus troublé de l'Orient séleucide ait contribué à un retournement de la conjoncture.

Les marchés : offre, demande et équilibre de Nash

Mise en perspective : les marchés de l'Europe médiévale et moderne

C'est donc enfin la performance globale du marché de la Grèce des cités qu'il convient de tenter d'évaluer. On peut montrer qu'il ne s'agit pas d'un univers sans parallèle. À bien des égards, on relève d'intéressantes similitudes entre la structure des marchés des cités grecques et celle des villes de l'Europe médiévale et moderne. Si l'on se tourne tout d'abord du côté des théoriciens, on observe que les mercantilistes considéraient qu'un État devait produire toutes les denrées qu'il pouvait et n'importer que l'indispensable, là où la production nationale était inexistante. Pour eux, les importations représentaient inévitablement une sorte de numéraire, ce qui à leurs yeux était la pire des fautes, puisque le numéraire était en soi source de richesse[39]. Quant aux exportations de produits bruts, comme les denrées alimentaires, elles revenaient à leurs yeux à priver la population de denrées indispensables. Les marchands étrangers venant dans le pays acheter des denrées alimentaires étaient vus comme des sangsues qui suçaient le sang des peuples. Sur fond d'égoïsme national, les mercantilistes soutenaient donc un régime fortement protectionniste. Mais leur idéologie voulait donc que l'on établît des taxes non seulement à l'importation, pour prévenir l'entrée des produits jugés inutiles si on pouvait les produire sur place, mais aussi à l'exportation, en tout cas pour les produits de base, puisque exporter des biens revenait à en priver les consommateurs nationaux. En même temps, l'État devait selon eux assurer l'alimentation de sa population et en particulier se sentir responsable des pauvres, non pas certes en permanence, mais du moins dans les moments de disette. Jean Bodin en France au XVIe siècle ou Thomas Mun en Angleterre au XVIIe siècle prônaient dans les mêmes termes la constitution de greniers publics, qui étaient censés permettre de tenir les prix et donc d'assurer une subsistance aux plus pauvres en cas de nécessité[40].

Quant aux marchés, ils faisaient l'objet de contrôles étroits et tatillons : prix et marges bénéficiaires, de même que quantités achetées et conditions stockage donnaient lieu à un arsenal de mesures de contrôle pour empêcher la fraude et la spéculation[41]. Les contrôles allaient jusqu'aux visites domiciliaires chez les producteurs, les intermédiaires ou les boulangers, pour vérifier si l'état des stocks correspondait aux déclarations. Ils contribuaient à entretenir un état de méfiance chez les producteurs et les intermédiaires. On sait aussi que les villes médiévales et modernes eurent fréquemment recours (pas systématiquement toutefois) au système des greniers publics, une portion des récoltes étant systématiquement achetée et entreposée dans des lieux publics. Le grain pouvait servir à soulager les populations en cas de disette et du moins à peser sur les prix au moment de la soudure. Le système des greniers publics présentait néanmoins des inconvénients évidents. Le coût du stockage était élevé. Le grain était loin d'être toujours conservé dans de bonnes conditions et était fréquemment sujet à être gâté au moment où il devait être consommé. Surtout, si la récolte était bonne, ce grain ne servait à rien et représentait un coût élevé pour les finances urbaines : ce capital inutilisé manquait ailleurs. Pour ce qui est des prix, on observe aussi des interventions masquées de l'autorité publique, qui faisait acheter des grains sur fonds publics pour les faire revendre par des marchands qui jouaient le rôle de marchands privés, le tout dans le but de faire pression sur les conditions de vente auprès des autres marchands[42]. Si l'on songe à l'importance qu'avait le fait d'être le premier à annoncer une baisse, on peut se demander si, dans certains cas, les cités antiques n'utilisèrent pas des techniques similaires.

Ces mesures de contrôle paraissaient indispensables pour satisfaire les populations les plus pauvres, qui étaient les plus exposées au choc des ruptures d'approvisionnement, mais aussi socialement les plus dangereuses. En même temps, elles étaient l'un des principaux facteurs de blocage économique, car elles maintenaient artificiellement la production à un niveau bien inférieur à celui qu'elle aurait pu atteindre en libérant les prix et en supprimant les contrôles. L'expérience de l'Europe moderne est à cet égard tout à fait éloquente. La sortie définitive des famines ne fut possible que lorsque furent levées les barrières, contrôles et taxes de toute sorte empêchant la libre circulation des grains, il est vrai dans un univers beaucoup plus pacifique qu'auparavant[43]. En ce domaine, comme l'avaient bien vu les physiocrates, c'était le « remède » (les interdictions de circulation) qui était cause du mal. Les similitudes entre l'organisation des marchés des cités grecques et celle des villes du monde médiéval et moderne sont donc évidentes et sont justiciables d'une approche théorique commune.

Incertitude, gestion des risques et « marché imparfait »

Un fonctionnement optimal du marché suppose que l'offre puisse s'ajuster sans obstacle à la demande, sans que des comportements individuels ou des réglementations gênent cette mise en adéquation. Un marché parfait répond idéalement à trois conditions. La première est que les acheteurs ou les vendeurs soient toujours libres de leur décision d'entrer ou de sortir du marché. La seconde est qu'ils soient aussi en grand nombre et que ce soit seulement la somme de la multitude de demandes individuelles qui permette d'influencer le marché, et non pas celle d'un seul individu, ou d'un très petit nombre d'entre eux. La troisième est que les biens ont une valeur homogène et que l'information les concernant sur les critères de performance et de prix soit parfaitement connue de tous. On pourrait ajouter aussi celle de la mobilité des facteurs de production et des biens, aboutissant à une division du travail, elle-même source de gains de productivité et donc de croissance. On doit souligner que la notion de marché parfait est un concept dont s'approchent plus ou moins les sociétés réelles, mais qui n'a pas plus d'existence que l'île d'Utopie de Thomas More ou de François Rabelais.

Si l'on examine le marché de la Grèce ancienne selon ces critères, on voit se dessiner une situation contradictoire. Si l'on prenait en considération le monde de l'agora en l'isolant de son contexte, en première approche on pourrait penser avoir affaire à l'idéal du marché. En effet, les vendeurs n'y étaient pas contraints d'acheter ou de vendre et ils pouvaient comme ils l'entendaient apporter ou remporter leurs marchandises. La seule contrainte – mais de taille il est vrai – était, pour nombre de produits, ils ne pouvaient les vendre en un autre lieu que l'agora (ou des agoras, quand il y en avait plusieurs dans la cité), qui réalisait la centralité de l'espace commercial intérieur de la cité. De manière symétrique, aucune obligation ne pesait sur les acheteurs. Acheteurs et vendeurs étaient en nombre élevé. Quant à l'information sur la qualité des produits et sur les prix, elle était en principe garantie par la loi de la cité et par les agoranomes, qui devaient veiller à leur transparence. En quelque sorte, on pourrait penser que la structure de l'agora réalisait le modèle du marché « pur et parfait ».

Pour ce qui est du marché international, a priori, l'impression n'est pas différente. La logique du marché des produits agricoles reposait sur une complémentarité entre grandes zones ayant un niveau de productivité différent. On observe des échanges très intenses, dont pour l'essentiel l'initiative revenait à des commerçants privés. Ces échanges mettaient en relation des zones très diverses. Ils ne concernaient pas des pourcentages minimes des biens consommés mais des quantités très significatives puisque, du moins dans certaines cités, la majorité des quantités consommées était importée et que leur équivalent en valeur était fourni par les productions locales. Ces échanges créaient une vaste division internationale du travail, qui elle-même était source majeure de gains de productivité. C'est ainsi que le système du marché permit à la Grèce d'atteindre des niveaux de satisfaction des besoins inconnus jusque-là et qui ne seraient rattrapés et dépassés que dans l'Europe moderne.

Est-ce à dire que la Grèce ait été le pays du marché parfait, d'un marché autorégulateur qui aurait pu se passer d'institutions politiques pour fonctionner ? Le marché autorégulateur n'existe nulle part et ce que l'on observe historiquement ce sont des institutions adaptées à un environnement qu'elles contribuent elles-mêmes aussi à façonner. Ainsi, sur le marché intérieur des cités de Grèce ancienne, si la « main invisible du marché » poussait acheteurs et vendeurs à se rencontrer, c'était la « main lourde » des magistrats qui devait faire en sorte que des règles soient respectées, non seulement en matière d'information économique, mais aussi pour les livraisons ou les marges des détaillants. En outre, si acheteurs et vendeurs étaient en nombre élevé, c'est parce que, par sa réglementation, la cité veillait à empêcher l'achat en gros de grandes quantités de biens par un seul vendeur, ou un petit groupe de vendeurs, ce qui aurait pu les mettre dans une position favorable pour imposer leurs prix. L'anecdote rapportée par Aristote, selon laquelle Denys de Syracuse avait interdit l'activité d'un commerçant en fer, qui avait réussi à s'enrichir en rachetant tout le fer disponible, puis en en ayant le monopole de la revente, est lourde de sens[44]. Une inscription de Pergame d'époque impériale montre même une réglementation prohibant les coalitions d'acheteurs sur le marché du poisson[45]. Certes, il s'agit en l'occurrence surtout d'imposer et de contrôler l'usage de la petite monnaie de bronze, et donc de faire en sorte que la cité puisse faire le bénéfice du change, mais le résultat reste le même. Le système tendait donc à interdire la constitution de ce qu'on appellerait aujourd'hui des firmes. Mais, de ce fait, il empêchait aussi les gains de productivité liés à l'organisation économique sous forme de firmes ou même de cartels. On touche là une caractéristique fondamentale du marché antique : il s'agissait d'un marché non-capitaliste, où l'intervention de la cité structurait de manière décisive la forme prise par le marché.

Si l'on examine la manière dont le marché était approvisionné, donc la formation des prix de gros, on voit aussi apparaître des phénomènes de distorsion. En ce sens, le marché de la Grèce ancienne était loin d'être un « marché parfait ». La forme prise par la gestion des risques, par les individus et par les cités, venait en effet s'y opposer. Certes, on ne doit pas oublier que les limitations portant sur les quantités importées ou exportés ne concernaient pas tous les biens, mais seulement ceux qui pouvaient se révéler de nécessité vitale pour la population de la cité, biens qui il est vrai devaient dans nombre de cités représenter la majorité des échanges extérieurs. C'est là qu'intervenaient les principales distorsions. Outre les incertitudes politiques, les aléas climatiques pesaient lourdement sur la production agricole. On peut estimer que, en régime méditerranéen, une récolte sur trois était insuffisante, voire, certaines années, catastrophique, mais sans rythme prévisible. L'incertitude sur cette donnée fondamentale créait une logique du chaos, sans qu'aucune prévision rationnelle ne soit possible. Dans les sociétés développées contemporaines, en raison de l'environnement technologique de la production agricole et du niveau général de la productivité, cette logique du chaos ne joue plus un rôle de cette ampleur et l'impact des aléas climatiques sur la production est considérablement amorti. Les fluctuations de prix sont certes liées au niveau de l'offre, mais une série d'autres données (élasticité de la demande, spéculations monétaires directement liées à la logique du marché, etc.) jouent également un rôle important sur le niveau des prix. L'incertitude peut-être transformée en risque, sur lequel le marché tente de bâtir des stratégies optimales. Rien de comparable avec les variations brutales, dramatiques, du niveau de l'offre dans le monde traditionnel, et en particulier en Grèce ancienne. Une série de catastrophes climatiques ou politiques avait toute chance de disloquer les données du marché, donc, par un trop grand déséquilibre entre l'offre et la demande, de rendre temporairement toute stratégie de marché aléatoire. Affronté à une logique de chaos et à des variations brutales du niveau de l'offre, quand la demande restait identique, le marché peinait alors à lisser ces variations. Face à l'incapacité technique et institutionnelle d'élever le niveau de l'offre, la seule solution pour limiter les risques consistait à multiplier les sources d'approvisionnement. Effectivement, il s'agissait là d'un facteur qui permettait d'abaisser les prix. Mais, du fait des insuffisances structurelles de la production, il reste que le marché ne suffisait pas à nourrir les populations. Les interventions étatiques devenaient donc inévitables. L'incertitude liée à l'arrivée d'approvisionnements extérieurs répondant, en quantités et en prix, aux besoins des cités et des individus faisait que, individuellement, producteurs et cités mettaient en place des stratégies de limitation de mise sur le marché.

Pour ce qui est des producteurs individuels, la sécurité consistait à garder beaucoup plus que l'approvisionnement d'un an, augmenté de la quantité nécessaire pour les semailles suivantes. Les parallèles de la Grèce moderne incitent à penser que, si la récolte était suffisante, il était normal de garder jusqu'à l'équivalent de deux ans de consommation. Ainsi, on se mettait à l'abri d'au moins une récolte catastrophique et l'on était sûr d'éviter la famine au moins pendant un an. La gestion des risques était donc assurée de manière individuelle. Mais, au plan des agrégats, ces comportements aboutissaient aussi inévitablement à une limitation des quantités mises sur le marché.

Pour ce qui est des cités, l'expérience des famines faisait que nombre d'entre elles mettaient en place une législation prohibant tout simplement les exportations de grain. Il s'agissait d'une sorte de transposition au plan collectif du comportement des particuliers producteurs. Les interdictions d'exporter, même en cas de bonne récolte (les surplus étant stockés par les particuliers ou par les cités), bloquaient ainsi la mise sur le marché international de quantités de grains qui auraient normalement dû être disponibles. De telles interventions institutionnelles s'expliquent dans le cadre de la cité, soit parce que, dans les cités démocratiques de l'époque classique, le poids politique des catégories les plus pauvres de la population contrebalançait partiellement celui des élites, soit plus tard parce que les élites au pouvoir devaient toujours tenir compte d'un possible mécontentement de la population, qui pouvait prendre des formes violentes[46].

En effet, il ne fait pas de doute que les législations prohibant les exportations n'étaient pas favorables aux grands propriétaires qui avaient des excédents à exporter et qui ne souhaitaient pas compter exclusivement sur le marché intérieur pour écouler leur production. Les lois sur les interdictions d'exporter maintenaient donc les prix des grains à un niveau faible sur le marché intérieur, éventuellement bien en dessous de ceux du marché international. Ces prix n'incitaient donc pas les grands propriétaires à développer la culture des céréales. Ils les incitaient plutôt à investir dans la production du vin et de l'huile, cultures qui pouvaient rapporter davantage et qui, pour la plupart d'entre elles, n'étaient pas susceptibles de subir des limitations semblables à celles qui pesaient sur le marché des grains : telle est la logique qui nous est transmise par les agronomes romains. Une autre possibilité était d'investir en dehors de l'agriculture dans d'autres secteurs jugés plus lucratifs, comme les industries de guerre ou les productions agricoles destinées au grand commerce.

Les raisons pour lesquelles les diverses denrées pouvaient faire l'objet du commerce international étaient fort variables, allant de la nécessité d'obtenir des matières premières indispensables à l'artisanat local à la satisfaction des goûts de luxe d'élites disposant de revenus monétaires adéquats. S'agissant du grain, produit interchangeable (au moins orge pour orge ou froment pour froment), on avait affaire à une denrée qui devait satisfaire une nécessité de base des populations. La demande de grain est non-élastique : le besoin une fois satisfait, une baisse de prix ne provoquera pas une consommation supplémentaire, sinon par des couches modestes sous-alimentées. Cependant, là aussi, la demande trouve rapidement une limite. La non-élasticité de la demande de grain explique les très fortes variations de prix : à la hausse quand l'offre est insuffisante, mais aussi à la baisse quand l'offre est trop importante. Pour la Grèce, on a le témoignage clé de Xénophon. Dans ses *Poroi* (4.6) de 355 a.C., ce dernier tenait comme une vérité d'évidence que le niveau des prix avait une incidence directe sur l'activité de production et que c'est en fonction du niveau des prix que l'on se tournait vers une activité artisanale ou vers une autre, ou, si l'on était agriculteur, qu'on décidait de développer telle production ou même de chercher une autre source de revenus en changeant d'activité :

> « Lorsque les bronziers sont en nombre trop élevé et que le prix de leurs productions est en baisse, ils abandonnent leur métier, et il en va de même pour les forgerons ; et si le grain et le vin sont en abondance et que le prix de ces productions est bas, leur culture ne s'en trouve plus rentable, si bien que nombreux sont ceux qui abandonnent le travail de la terre et se tournent vers le grand commerce, le commerce de détail et le prêt à intérêt ».

Il est remarquable que, dans la liste des produits dont on était susceptible d'abandonner la production pour cause de prix déprimés, figurait aussi le grain. Les exemples de brutale hausse des prix sont légion. Mais on a aussi des cas de dépression : Tite-Live (30.38.5) rapporte ainsi qu'à la fin de la deuxième guerre punique, en 202, les arrivages de grain de Sicile et de Sardaigne firent chuter les prix à un niveau si bas que les marchands laissaient le grain aux navigateurs pour payer le prix du transport. Martial (12.76) souligne qu'une récolte exceptionnellement abondante n'était pas favorable aux revenus des producteurs : « L'amphore de vin, on la donne pour vingt as, et le boisseau de blé pour quatre. Ivre et lourd d'indigestion, l'agriculteur est dépourvu de tout ». Ce n'est pas le témoignage d'une situation permanente, mais d'une récolte ponctuellement trop abondante. L'instabilité des prix pouvait aussi valoir dans les mêmes conditions pour le vin, sauf que les conséquences d'une rupture d'approvisionnement en vin n'avaient pas les conséquences dramatiques qu'elles pouvaient avoir pour le grain[47].

Malgré les attitudes consistant à stocker du grain excédentaire pour le mettre en réserve pour l'année suivante, une récolte exceptionnellement bonne dans une cité qui, par précaution, avait une législation interdisant les exportations pour prévenir les déficits occasionnels ne pouvait que déprimer les prix. On retrouve le « paradoxe de la bonne récolte » de Samuelson et Nordhaus, où du fait de ce qui devrait a priori être un facteur favorable les revenus des producteurs chutent, en soulignant que, pour la Grèce ancienne, le déséquilibre pouvait être accentué en cas d'interdiction des exportations. Le paradoxe est donc que, sur fond d'insuffisance de l'offre, la fragmentation des marchés et les interdictions d'exporter limitaient ainsi les emblavures et avaient donc à leur tour pour conséquence de limiter les quantités mises sur le marché.

Les contrôles sur les marges et les marges imposées nivelaient l'activité des commerçants. La logique même des « prix officiels » (*kathestèkuiai timai*) des marchés de gros (si l'on reprend cette définition athénienne d'une pratique qui, sans qu'elle portât ce nom, était de probablement sinon la norme, du moins très fréquente) était elle-même contreproductive. Le but de la cité était alors, dans la négociation de prix, de se substituer aux acheteurs individuels pour présenter un front commun face aux acheteurs, et donc de faire baisser les prix. En termes économiques, on définit cette situation comme un monopsone. Or, l'analyse économique prouve qu'en ce cas, si l'acheteur y trouve son compte en prix, les quantités mises sur le marché sont invariablement inférieures à celles qui l'auraient été avec des prix de marché libre, certes un peu plus élevés mais permettant à davantage d'offreurs d'être présents (on consultera l'annexe 1 pour une analyse en termes proprement économiques). Autrement dit, à terme, les politiques de monopsone des cités étaient contreproductives : elles limitaient les quantités mises sur le marché et accentuaient donc l'amplitude des variations de prix qu'elles avaient pour fonction de combattre.

Mais on relèvera aussi que des situations de monopole pouvaient se constituer, soit comme décision délibérée d'une cité, soit comme monopole de fait, par exemple pour le grain à la suite de conditions climatiques défavorables. Lorsque, comme on l'a vu pour Sélymbria ou pour Cyrène, la cité (*polis*) concentre tout le grain disponible pour le vendre à l'extérieur, elle se trouvait en situation de monopole, donc capable d'imposer son prix. Dans le cas de Cyrène, il se peut qu'il soit entré une part de philanthropie dans les quantités offertes à la vente et dans le prix pratiqué (mais la situation de famine paraît avoir été exceptionnelle). Mais ce ne fut certainement pas le cas, bien au contraire, avec le monopole des Sélymbriens ou celui de Cléomène de Naucratis avec le grain égyptien au début des années 320. En situation de monopole, les prix montent pour le vendeur. En revanche, les quantités mises sur le marché sont également inférieures à ce qu'elles l'auraient été en situation de marché libre (ici également, on consultera l'annexe 1).

L'attitude interventionniste des cités et leur volonté de réglementer les échanges pour en profiter directement ou indirectement n'étaient pas sans conséquence. La réglementation tatillonne des échanges intérieurs, de même que les mesures de police contre ceux qui étaient susceptibles de les transgresser (vendeurs et intermédiaires), ne pouvaient que limiter le développement de la production et des échanges. Pour ce qui est des échanges extérieurs, monopole et monopsones avaient le même effet au plan de l'offre globale.

Contraintes institutionnelles et équilibre de Nash

La question est d'estimer l'impact de cette limitation de l'offre sur le fonctionnement du marché : s'agissait-il d'un facteur paralysant de manière fondamentale le fonctionnement du marché ou bien d'un facteur agissant à la marge, aux effets spectaculaires mais sans conséquence sérieuse sur la logique du marché ? Le rapport entre offre et demande conditionne l'organisation du marché. Dans le monde antique, l'offre était tendanciellement de nature statique, non pas en volume, mais en nature. Mais, s'agissant d'échanges extérieurs, le problème le plus grave était périodiquement l'incapacité de l'offre à satisfaire la demande. En Grèce ancienne, offre et demande s'incarnaient dans le cadre de la cité, qu'il s'agisse du commerce intérieur ou du commerce extérieur. Individuellement, le souci était de maximiser les profits, donc d'exporter si les prix étaient plus élevés à l'extérieur que sur le marché local, du moins si l'on pouvait le faire sans risque social. Au plan collectif, en revanche, le premier souci – ce qui ne veut pas dire le seul – n'était pas de conquérir des marchés extérieurs pour faire des profits, ce qui n'intervenait éventuellement qu'en second rang. Il était de faire en sorte que l'offre soit localement suffisante : en d'autres termes, que le marché de la cité soit suffisamment approvisionné. Dans un contexte où l'offre locale pouvait se révéler insuffisante, il importait donc de ne mettre sur le marché extérieur que les quantités qui excéderaient les besoins de consommation de la cité. Mais la définition de ce niveau de besoins n'était pas fonction du seul niveau de consommation prévisible en une année. Il fallait en effet y ajouter la réserve pour l'année suivante, pour le cas où, en raison d'aléas climatiques (ou autres), il faudrait compter sur les réserves accumulées pour satisfaire aux besoins de la population. C'était donc ce qui était considéré comme le niveau de sécurité de la cité qui définissait les quantités de grain mises sur le marché extérieur. Concrètement, n'étaient exportatrices que les cités qui pouvaient rationnellement espérer disposer d'une récolte suffisante même en année médiocre. Dans le cadre de cette politique, les cités où les fluctuations étaient trop fortes avaient au contraire intérêt à n'autoriser la mise sur le marché extérieur que de quantités faibles, à ne le faire que de manière temporaire, ou même à prohiber totalement les exportations. Quant aux cités régulièrement déficitaires, elles devaient prohiber les exportations en permanence.

Cette stratégie était rationnelle pour chaque cité prise individuellement. Bien sûr, les cités auraient pu être plus confiantes dans leurs semblables et plus optimistes sur les conditions du marché. Mais l'incertitude climatique et politique était trop forte et l'enjeu trop important : une question de vie ou de mort pour la population, en tout cas pour sa partie la plus pauvre. Si cette population n'avait reçu aucun secours de nourriture, soit la cité aurait implosé pour cause de conflit social, soit la famine aurait réduit drastiquement la population et changé totalement le profil de la cité. Du fait de conditions de production où l'offre était toujours potentiellement inférieure à la demande, les conditions du marché international dans la Grèce des cités avaient toutes les caractéristiques d'un marché imparfait. Les politiques civiques qui étaient menées pour lutte contre les risques de pénurie, compréhensibles pour chaque cité prise individuellement, aboutissaient cependant au plan collectif à accentuer les phénomènes qu'elles voulaient combattre. Tel était le paradoxe du marché de la Grèce des cités.

Ainsi, l'aversion au risque était maximale. La règle de base était le jeu non-coopératif. Mais, en matière d'échanges extérieurs, ce type de situation de non-coopération avait le défaut bien connu de ne pas permettre de mettre sur le marché des quantités supérieures, qui auraient permis d'éviter les famines par une simple répartition harmonieuse des excédents. Il s'agissait donc d'un jeu à somme non-nulle négative, c'est-à-dire défavorable à tous[48]. Mais il s'agissait donc aussi d'une situation d'équilibre de Nash, c'est-à-dire une situation stable, où aucun joueur n'a (plus) envie de modifier sa stratégie. L'ensemble des stratégies, connu et prévisible, définissait un environnement institutionnel stable.

Si toutes les cités avaient décidé de coopérer, donc soit de mettre sur le marché tous leurs excédents au-delà d'une consommation d'une année, soit même de refuser tout contingentement des exportations en laissant le marché du blé totalement ouvert, les quantités de grain mises sur le marché global aurait été supérieures et l'on aurait pu éviter les famines qui frappaient inévitablement telle ou telle cité à tour de rôle. La volonté de s'assurer une réserve de grain en prohibant les exportations en deçà du niveau de sécurité avait aussi pour conséquence d'isoler artificiellement le niveau des prix sur les marchés locaux. Si, deux ans sur trois, la récolte était excédentaire, le niveau des prix du grain chutait, ce qui avait pour conséquence de maintenir les prix à un niveau artificiellement bas, en décourageant les efforts des producteurs pour améliorer leur production. Certains pouvaient même abandonner cette culture. Si, la troisième année, survenait une mauvaise récolte, le risque de déficit était accru par le fait que, les années précédentes, on n'avait globalement pas assez investi dans la céréaliculture. Un système de coopération et d'ouverture des marchés aurait permis une division du travail optimale, qui à son tour aurait permis d'abaisser les prix et d'éviter de mettre en culture des terres marginales, à très faible rentabilité, dans les cités qui étaient déficitaires de manière chronique : ces terres n'étaient en effet mises en culture que parce que le niveau moyen des prix était trop haut.

Mais le monde des cités grecques n'était pas un monde de conte de fées, où tout le monde aurait bien voulu coopérer avec tout le monde en ouvrant ses marchés. C'était un univers de compétition féroce, militaire, politique et économique, où chacun prenait tous les avantages qu'il pouvait. Certes, il existait bien des réseaux d'amitié traditionnelle ou d'alliance (plus ou moins stables) car, dans la jungle, il vaut mieux ne pas chasser tout seul. Mais, globalement, on voit qu'on se trouvait dans une situation classique de « lock-in », dont aucune cité n'avait de chance de pouvoir sortir isolément. En outre, l'expérience de l'ouverture des marchés de l'époque moderne montre qu'elle ne fut possible que sur un fond d'augmentation de la productivité agricole, accompagnée d'une diminution de l'instabilité politique et de diminution des coûts de transport. La conséquence fut une disparition rapide des famines. La comparaison du marché des cités grecques et de celui de l'Europe moderne est un cas qui montre par excellence l'interaction, dans les deux sens, entre niveau technique et productivité d'une part, institutions d'autre part. On pouvait rêver de marchés ouverts et l'on en a la preuve ici ou là dans les sources que d'aucuns pouvaient effectivement songer à la mise en place d'un système d'échanges libres entre cités (ainsi Dion Chrysostome à propos des échanges de Nicomédie). Mais décréter le « passage au libéralisme » n'était pas à l'ordre du jour. Le niveau des profits que l'on pouvait tirer de la guerre ou simplement des rentes de situation faisait qu'il n'était pas économiquement rationnel de mettre en place un système de type libéral. À court terme, en effet, ces systèmes de prédation, qui étaient justement créateurs d'une insécurité maximale, rapportaient bien davantage que le profit supplémentaire que l'on aurait pu faire en ouvrant les marchés. C'est la raison pour laquelle, alors même que le système des marchés fermés avait tous les défauts possibles, c'était celui qui prévalait dans l'univers de la Grèce des cités.

En résumé, trois facteurs avaient pour conséquence de limiter directement la production de grain mise sur le marché : la stratégie individuelle de sécurité des producteurs (stockage allant jusqu'à deux années de production), la stratégie collective de sécurité des cités (interdictions d'exporter) l'effet de blocage des interdictions d'exporter sur la propension des grands propriétaires à investir dans la production de grain. Si l'on y ajoute les effets des politiques de monopole et de monopsone, on voit clairement que les comportements individuels ou collectifs (législations civiques) avaient pour conséquence de réduire les possibilités d'adéquation de l'offre et de la demande. Sur le long terme, il s'agissait de facteurs tendant à limiter l'offre. Sur le court terme, il pouvait se produire des situations où, du fait des interdictions d'exporter, des cités situées dans la même zone géographique pouvaient l'une connaître un excès de grain mais pratiquer une stratégie de stockage forcé, d'autres être en situation de manque catastrophique mais ne pas pouvoir trouver sur le marché les quantités qui leur auraient été nécessaires à un prix satisfaisant. Cela ne signifie pas un manque de rationalité des acteurs, mais une forme de rationalité où la logique de la sécurité assurée de manière individuelle (par les producteurs sur le marché intérieur, par les cités sur le marché international) l'emportait sur celle de l'ouverture et de la confiance dans le marché, intérieur ou international. Pour que le marché soit parfait, il aurait fallu que tout le monde soit vertueux en même temps, les producteurs comme les cités. L'extrême fractionnement politique, les rivalités entre cités et la fréquence des guerres rendaient cette transformation improbable. Il était plus payant de parier sur l'ouverture des autres, en gardant soi-même son grain. En d'autres termes, ceux qui refusaient d'exporter se trouvaient dans un rôle de passagers clandestins : ils profitaient du système du marché international en refusant eux-mêmes d'y contribuer, même lorsqu'ils l'auraient pu.

Pour répondre à la question posée initialement sur l'impact des limitations de l'offre, il est sûr qu'à long terme il s'agissait d'un facteur qui, sans paralyser le fonctionnement du marché, pesait néanmoins lourdement sur le développement de la production. Il est clair cependant que, pour une cité, vouloir s'en affranchir individuellement aurait été une attitude suicidaire. La « rationalité interne » du système de marché de la Grèce ancienne empêchait donc une optimisation de ses performances en matière de « rationalité externe »[49].

Les similitudes avec l'organisation des marchés de l'Europe médiévale et moderne et l'analyse des contraintes de ce type de structure montrent donc les limites de la performance du marché des cités grecques. Mais on ne saurait oublier que ces limites ne sont que le revers de la médaille. Le marché des cités procurait au commerce un espace d'exceptionnelle sécurité juridique. En même temps, par l'utilisation optimale d'un milieu écologique favorable, l'exploitation des possibilités de la mer et du vent, les cités grecques mirent aussi en place un marché international très performant. De la sorte, elles étaient incomparablement mieux largement intégrées dans des réseaux de marché extérieur que leurs homologues médiévales et modernes (à l'exception de quelques cités maritimes comme Gênes ou Venise). La part prise par les échanges à longue distance, par exemple entre les cités de l'Égée et leurs partenaires de la périphérie méditerranéenne, allant du Pont à l'Égypte et à Cyrène ou à la Sicile et à l'Italie voire au lointain Occident, était bien plus importante que celles des villes allemandes ou françaises de l'époque médiévale et moderne. On touche là l'un des paradoxes de la structure de marché des cités grecques, où performance et limite de la performance sont inexorablement liées.

*
* *

Le système du marché-monde de l'époque contemporaine est fondé sur la souveraineté d'États territoriaux, sur la firme et l'innovation permanente et, pour l'essentiel, s'appuie sur les énergies fossiles comme sources d'énergie pour mettre le système en mouvement. Certains États aspirent à une position économique dominante en vendant des produits technologiquement plus avancés et à plus bas prix. D'autres, détenteurs de sources d'énergie fossiles ou de gisements de matières premières, peuvent en bénéficier sous diverses formes et aspirer à y jouer un rôle dominant sans s'y investir, car ils sont en position de rentiers. La Grèce des cités était aussi un système monde, fondé sur la cité et ayant le vent comme source d'énergie. Il avait aussi ses rentiers, comme les détenteurs de mines d'argent ou ceux qui se trouvaient sur les voies de passage obligées des échanges internationaux. De la sorte, si les circonstances étaient favorables, ces derniers pouvaient éventuellement aspirer à jouer les premiers rôles. Ce fut le cas avec Athènes, dont l'essor impérialiste peut être ramené à l'équation « démocratie plus mines du Laurion ». Les deux termes, et non le premier seulement, sont nécessaires pour rendre compte de l'exceptionnel essor d'Athènes à l'époque classique.

On a donc affaire à un marché fortement régulé par les autorités civiques à l'intérieur, mais avec des formes d'autorégulation sur le marché international. On voit qu'on ne saurait nullement affirmer que l'économie de la Grèce des cités n'était qu'un « agrégat inconstitué d'éléments de marché », comme le voudrait la thèse évolutionniste, selon laquelle le marché autorégulateur, pur et parfait – qui au demeurant n'existe nulle part – serait le ban de l'économie de marché. Sans la logique du marché, on n'a aucune chance de comprendre les tendances profondes de l'évolution non seulement de l'économie de la

Grèce des cités, mais aussi de l'ensemble de la Méditerranée antique. On ne pourrait alors parvenir à cette constatation inévitable : grâce à la structuration si particulière qui était celle des cités grecques, la logique du marché permit aux cités grecques d'atteindre un niveau de prospérité sans précédent, mais il finit aussi à terme par les détruire.

Que chaque société, à chaque époque, ait développé des constructions institutionnelles particulières est une évidence. Mais, dans tous les cas, dans un cadre spécifique, les institutions doivent répondre aux défis constitués par la rareté et par l'incertitude. L'analyse des contraintes de rareté et d'incertitude et celle des réponses institutionnelles qui leur sont données constitue le noyau de la théorie économique. Ce sont ces principes d'analyse que nous avons tenté d'appliquer au monde des cités égéennes de l'Antiquité.

ANNEXE 1

Monopole et monopsone

Sur le marché, pour un produit donné, le prix est défini comme la rencontre d'une offre et d'une demande. Le graphique Samuelson & Nordhaus, 1998, p. 52-53, représente en abscisse les quantités de ce produit (Q) et en ordonnée les prix (P).

Les points de la courbe O expriment les différentes valeurs de l'offre en fonction du prix et de la quantité mise sur le marché. Si les prix sont faibles, les quantités mises sur le marché le sont aussi (en bas à gauche du graphique) : en effet, les producteurs n'ont pas intérêt à fournir le marché. Si les prix sont élevés, les quantités sont élevées (en haut à droite du graphique) : les producteurs ont intérêt à fournir le marché.

Les points de la courbe D expriment les différentes valeurs de la demande en fonction du prix et de la quantité mise sur le marché. On comprend intuitivement que si les prix sont élevés, la demande est faible (en haut à gauche du graphique). Si les prix sont bas, la demande est forte (en bas à gauche du graphique).

Le prix du marché, ou prix d'équilibre (E), correspond à la rencontre de l'offre et de la demande. Pour que l'équilibre soit possible, pour que le « jeu du marché » remplisse son rôle, il faut que le nombre des offreurs (producteurs) et celui des demandeurs (client) soient élevés. C'est ce qu'on définit comme la condition d'atomicité du marché. La variation de la demande en fonction du prix est définie comme l'élasticité-prix de la demande.

Si l'on se tourne maintenant du côté d'une entreprise et de sa présence sur le marché, on voit que son activité est fonction de ses coûts et des recettes qu'elle tire de son activité. On fait apparaître cette activité sur un graphique représentant de nouveau les prix (P) et les quantités (Q). Le coût et les recettes de l'entreprise varient en fonction des quantités mises sur le marché et des prix.

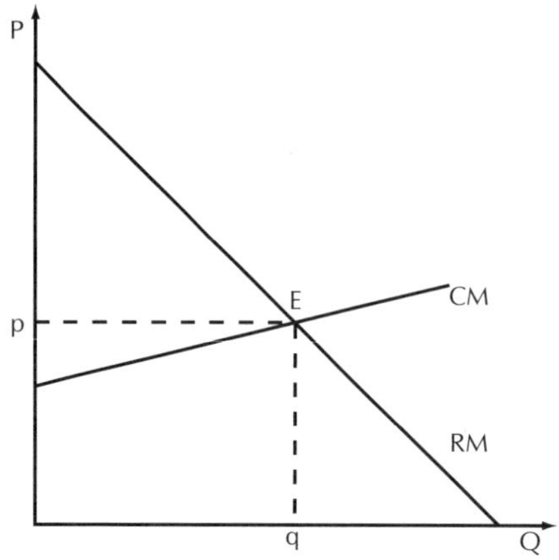

Graphique a
(concurrence)

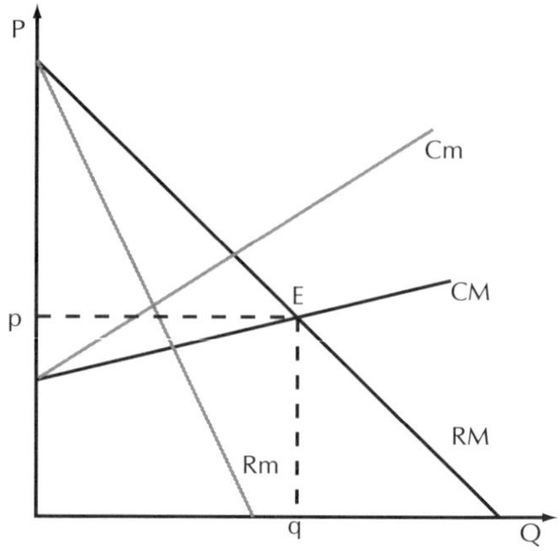

Graphique b
(concurrence)

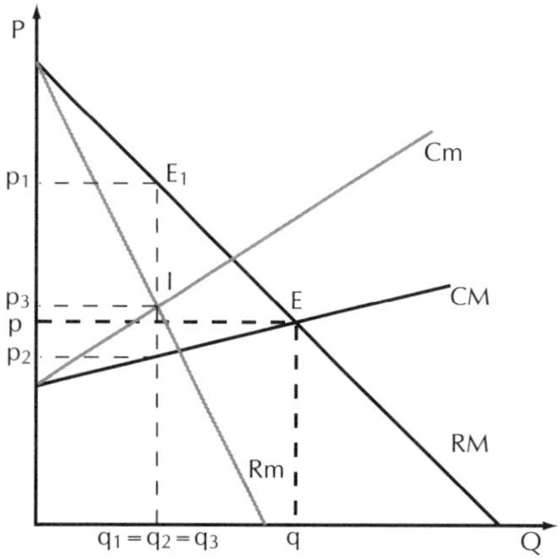

Graphique c
(monopole)

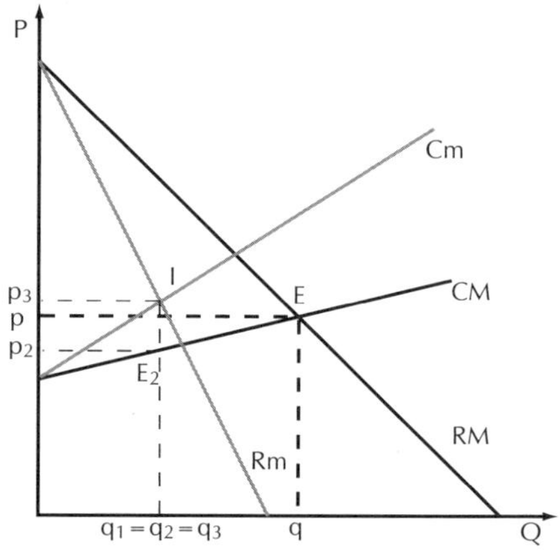

Graphique d
(monopsone)

Graphiques a et b. La courbe de recette moyenne de l'entreprise (RM) montre les variations de recette en fonction du prix et de la quantité. Elle est élevée si le prix est élevé et la quantité faible et réciproquement si le prix est bas et la quantité élevée. On voit que la courbe RM est l'équivalent de la fonction de demande définie précédemment. La courbe de coût moyen de l'entreprise (CM) a un fonctionnement inverse. Augmenter la production au-delà d'une certaine quantité oblige à augmenter les coûts. Un équilibre (E) va s'établir entre recette et coût, qui va déterminer le prix p (projection de E sur l'ordonnée) et la quantité q (projection de q sur l'abscisse).

Graphique c. Supposons maintenant qu'il n'y ait plus une multitude d'offreurs (vendeurs) sur le marché, mais un seul. On dit que l'offreur est en situation de monopole (« un seul vendeur »). Maître du marché, on comprend intuitivement que le monopoleur peut augmenter ses prix. Mais jusqu'où ? Et quelle quantité va-t-il mettre sur le marché, dans la mesure où il ne « bénéficie » plus des indicateurs habituels du régime de concurrence ? Pour le déterminer, on doit introduire la notion de recette marginale. Au-delà d'un certain prix, la demande va fléchir : même s'il augmente encore ses prix, la recette totale du monopoleur va baisser. Il faut donc qu'il augmente ses prix jusqu'au point où le produit (prix x quantité) sera maximal. C'est ce qui détermine la disposition de sa courbe de « coût marginal » Rm, la recette correspondant à la « dernière unité de production vendue ».

Mais il reste à déterminer l'optimum de la quantité et du prix. Le coût de production varie lui-même en fonction de la « dernière unité produite ». Pour le monopoleur, l'optimum E_1 correspond à l'intersection de la courbe du coût marginal (Cm) et de celle de la recette marginale (Rm). C'est ce point d'intersection qui détermine, en fonction de l'intersection avec la courbe d'offre RM le prix de vente et la quantité qui, pour le monopoleur, représente le profit idéal : prix p_1, bien au-dessus de p, la différence constituant le bénéfice indu du monopoleur.

Mais on remarque surtout que la quantité mise sur le marché, q_1, est inférieure à q. En situation de monopole, les prix sont indûment élevés et les quantités disponibles inférieures à celles qui seraient offertes en fonction du jeu normal du marché. C'est ce que l'on vérifie aujourd'hui avec le marché de pétrole, où un cartel de producteurs baisse sa production pour faire monter les prix.

Graphique d. On analyse de manière analogue la situation de monopsone (« un seul acheteur »), où il n'y a plus qu'un seul acheteur sur le marché. Le prix p_2 est en dessous de p et la différence représente l'avantage du monopsoneur. Mais, à nouveau, la quantité q_3 mise sur le marché est inférieure à q.

Monopole et monopsone permettent donc des prises de bénéfice, respectivement de la part de l'unique vendeur ou de l'unique acheteur, mais au détriment des quantités globales mises sur le marché[1].

---

1. Sur les notions de recette marginale et de monopole, cf. Samuelson & Nordhaus 1998, 161-167, ainsi que la présentation d'A. Redslob (1991, 82-90, dont nous nous inspirons pour le schéma ci-dessus).

ANNEXE 2

Unités de mesure

1. Unités de mesure attiques

Mesures de volume des liquides

Cotyle	0,27 l
Conge (12 cotyles)	3,28
Métrète (12 conges)	39,39 l

Mesures de volume des solides

Cotyle	0,27 l
Chœnice (4 cotyles)	1,09 l
Médimne (48 chœnices)	52,53 l
Poids d'un médimne d'orge :	c. 27 kg
Poids d'un médimne de froment :	c. 31,5 kg
(cf. Stroud 1998, 55)	

Mesure des longueurs

Pied	0,296 m
Plèthre (100 pieds)	29,6 m
Stade	177,6 m

Mesure des surfaces

Plèthre	c. 0,09 ha

Unités monétaires (argent)

Drachme	4,33 g
Mine (100 drachmes)	433 g
Talent (60 mines ou 6 000 drachmes)	25,980 kg

Unités de poids

Drachme (= 1,05 fois la drachme monétaire)	4,54 g
Mine (100 drachmes)	454 g
Talent (60 mines ou 6 000 drachmes)	27,279 kg

2. Unités de mesure ptolémaïques

Mesures de volume des liquides	
Artabe [chiffre discuté]	39,4 l

3. Mesures romaines (tableau simplifié)

Mesures de volume des liquides	
Amphore	c. 26 l
Mesures de volume des solides	
Modius	c. 8,75 l
(6 dans un médimne attique)	
Mesure des poids	
Once (*uncia*)	27 g
Livre (*libra*)	324 g
(8 onces dans une livre)	
Mesure des longueurs	
Mille	1,48 km
Mesure des surfaces	
Jugère	0,25 ha
Unités monétaires (argent)	
Denier (= 4 sesterces = « 1 drachme attique »)	c. 4 g

Notes

Introduction

1. Robert 1973.
2. Sur ce point, voir tome I, chapitre 4, p. 107-115.
3. Sur le rôle des revenus l'État, cf. Bresson 2000, 243-261.

Chapitre 1

1. Cf. M. Hatzopoulos, « An Old and New Inscription from Mieza : the Constitution of Extensive Landed Properties in the Central Macedonian Plain and the Question of *laoi* in Hellenistic Macedonia », communication au *XIII*e *Congrès International d'Épigraphie Grecque et Latine* réuni à Oxford (6 septembre 2007) : un nouveau décret inédit de Kyrrhos (entre Aigai et Pella, au cœur du pays macédonien) fait mention de *laoi* dans un contexte du début du IIIe siècle a.C.
2. Arist., *Pol.*, 2.2-5, particulièrement 2.2.4-6, avec une critique radicale des thèses platoniciennes sur la propriété des biens.
3. Cf. Robert 1980, 311-318 (« Un jardin du dieu Men en Pisidie » : parallèle entre la situation de l'Asie Mineure antique et celle de la Turquie contemporaine).
4. Sur les *horophylakes* de Chios, Faraguna 2005b.
5. Faraguna 1997, 2000, 2003, et 2005a.
6. Cf. tome I, chapitre 6, p. 160.
7. Ce point est bien souligné par Rousset 2002, 192-211.
8. Sur les prêts des sanctuaires, cf. chapitre 2, p. 66.
9. Cf. Hodkinson 2000, 66-68.
10. Asheri 1969.
11. Hübsch 1968 ; Scholl 1990.
12. Sur Antiménès, Ps.-Arist., *Écon.*, 2.34 et 38.
13. Cf. tome I, chapitre 5, p. 133-134.
14. Thc. 6.72.3 (la plupart d'entre eux étaient des *cheirotechnai*, employés dans « l'industrie » plutôt que dans l'agriculture ; ils étaient sans doute en bonne part employés dans les mines du Laurion ; cf. Xén., *Poroi*, 4.25, pour des fuites d'esclaves mineurs dans la dernière phase de la guerre du Péloponnèse).
15. Diod. 34.2.19 ; Orose 5.9.4-8.
16. Sur la révolte des esclaves de Sicile, cf. Bradley 1989, 46-65 ; cf. Bresson 2006f pour la bibliographie plus récente.
17. Arist., *Éth. Nicom.*, 1.5 1097b14 et 5.8 1133ab ; cf. *Pol.*, 7.4.11.
18. Arist., *Pol.*, 3.9.12-13.
19. Sur la chorégie à Athènes, cf. Wilson 2000 ; sur la triérarchie dans la même cité, Gabrielsen 1994.
20. Sur ce point, l'ouvrage de base est celui de L. Migeotte (1992) sur les souscriptions publiques.
21. Cf. Arist., *Pol*, 1.9.11.
22. Gagarin 2005, qui montre à la fois la diversité du droit grec, mais insiste sur une tendance commune du droit des cités à laisser se développer un débat ouvert et contradictoire entre plaideurs et juges.

23. Cf. Todd 1993, 10-13, sur le rapport entre droit romain et droit grec, ainsi que sur la destinée du droit romain après Justinien dans l'Europe médiévale et moderne.
24. Le thème de « l'infériorité » du concept de la propriété et du droit grec en général par rapport à la situation qui prévalait à Rome est un lieu commun de la littérature juridique. Voir Pringsheim 1950, *passim* et particulièrement 509-511, pour la législation sur les ventes ; pour la propriété, Harrison 1968, I, 200-205.
25. Dém., *C. Macartatos*, 43.71. La loi est citée dans le contexte polémique de la fameuse « succession d'Hagnias », pour prouver que le défendeur avait fait un mauvais usage de la propriété ancestrale. S'agissait-il d'un vœu pieux, héritage de l'époque solonienne, ou bien d'une loi dont l'application était effective ? Il est difficile de le savoir.
26. Le cas d'*antidosis* sur lequel on est le mieux renseigné est celui du *C. Phainippos* de Démosthène.
27. Ce point a été parfaitement mis en évidence par Ed. Cohen (2006).
28. Pringsheim 1950, 49-54. Pour ce dernier, l'analogie développée par le Socrate de Platon (*Criton*, 52d et 54c), qui dénonce les violations de contrat entre lui et la cité a servi à un lexicographe pour imaginer une loi de ce genre. Mais comment Socrate aurait-il pu, même dans une analogie, développer une telle argumentation si, comme le pensait Pringsheim, la loi n'accordait jamais un procès en cas de violation d'une obligation consensuelle ? L'argument se retourne donc contre la supposée « Greek law of sale » de Pringsheim.
29. *IGF*, p. 179-184, n° 135, pour le texte et la bibliographie (mais dont nous ne pouvons suivre le commentaire).
30. Le mot (à l'accusatif) *[arab]ôna* avait été restitué à tort dans une borne hypothécaire, cf. Harris 1993 et Harris & Tuite 2000.
31. Guéraud 1931, p. 6-8, n° 2.
32. *IG*, XII Suppl. 347, I et II, rééditée par Fr. Salviat (1986), p. 147-150, avec un commentaire fondamental sur les « ventes parfaites » en matière de vins. Sur les pratiques du commerce du vin, Tchernia 2000.
33. Digeste, 18.6 : *Si dolium signatum sit ab emptore, Trebatius ait id traditum videri*. C. Trebatius Testa était un jurisconsulte du Ier s. a.C., ami de Cicéron.
34. Sur cette anecdote et sur la référence à Anacharsis, voir en détail le commentaire de L. Kurke (1999, 68-80).
35. Cic., *De off.*, 1.150 : « On doit aussi considérer comme vils, ceux qui revendent aussi ce qu'ils ont acheté à des grands commerçants ; car ils ne feraient aucun profit sans une bonne dose de mensonge » (*Sordidi etiam putandi, qui mercantur a mercatoribus, quod statim vendant ; nihil enim proficiant, nisi admodum mentiantur*).
36. Dém., *C. Leptinès*, 20.9.
37. Hyp., *C. Athénogénès*, 5.14.
38. Sur ce point, cf. infra.
39. Sur la loi d'Érythrai, cf. infra, p. 22-23, 25 et 34.
40. Sur la loi d'Andania, cf. également infra p. 21, 23 et 32.
41. Akamatis 2002 et 2003 (et les autres articles de cette revue du même auteur).
42. Whitehead 1986.
43. *PAE*, 1989, 31, 15, l. 12 (236/235 a.C.).
44. Lambert 1997, décret de 363/362, l. 16-18.
45. Cf. les deux dédicaces trouvées à Lindos *NSER*, 21 (qui émane d'un agoranome) et *Lindos*, 221, toutes deux du IIe siècle a.C. Nous montrons ailleurs que le culte de Zeus Agoraios de ces deux dédicaces correspond à un culte local lindien et qu'il s'agit ici de l'agora de Lindos, non de celle de Rhodes.
46. Sur le commerce avec l'étranger, cf. chapitre 4.
47. Sur panégyries et foires, cf. De Ligt 1993 et Chandezon 2000a.
48. *LSCG*, 92, l. 32 ; cf. Chandezon 2000a, 87 et n. 73-74.
49. Sur les agoranomes, cf. Couilloud-Le Dinahet 1988, ainsi que Migeotte 1997 et 2005.
50. La traduction d'Arnaoutoglou 1998, p. 40-41, n° 38, qui considère que l'interdiction finale porte sur la vente de la laine d'autrui (interdiction de vendre « from any other source but their own ; whoever sells wool from another flock shall be deprived of the wool... ») ne nous paraît convenir : la loi prohibe la vente d'un autre endroit que du marché aux laines. Pour la préparation de la laine antérieurement à la vente (lavage des moutons avant la tonte pour améliorer la qualité de la laine), cf. Chandezon 2003, 73-74.

51. *Syll.*^{3}, 736 et Deshours 2006, l. 100-103.
52. Sur les sitophylaques, voir surtout chapitre 4, p. 106-108 et 125.
53. *Athènes :* scholie d'Homère *Il.* 21.203. *Milet :* Un *nomos agoranomikos* est mentionné dans le décret milésien organisant la fondation scolaire d'Eudèmos, *Milet*, I.3 (*Delphinion*), 145, l. 64, du milieu de l'époque hellénistique.
54. Sur les bornes de l'agora, cf. Camp 2001, 45-46.
55. Sur cette loi, cf. infra.
56. Sur l'*agoranomion*, cf. Bresson 2000, 166. Balances dans l'*agoranomion* de Délos, dont manifestement une balance de précision pour les objets précieux : *IG*, XI.2, 278B, l. 142-143 (cf. Bresson 2000, 229). En Égypte, affichage des projets de vente d'esclaves devant l'*agoranomion* selon le règlement de 265 a.C. (*PHib*, 29 = *CPtolSklav*, 6, l. 9, cf. Bresson 2000, 178). On verra aussi la dédicace faite dans le local des agoranomes dans le décret de Paros du début du IIe siècle a.C. *IG*, XII.5, 129, l. 44-45.
57. *POxy*, 8.1124, 26 p.C, l. 11.
58. *IG*, XII Suppl. 347, II, l. 10-11 (Salviat 1986, 147-148).
59. Cf. infra p. 37 et n. 106 sur les aspects techniques du contrôle.
60. Le poète comique Xénarchos (*Porphyra*, 7) imagine une fausse rixe, qui est le prétexte à jeter un saut d'eau qui va providentiellement rafraîchir les poissons. Plus largement, toute une série d'anecdotes illustre la méfiance à l'égard des marchands de poissons.
61. Théophraste, *Hist. plantes*, 6.3.2.
62. Sur ces fraudes des marchands de drogues, voir en détail Samama 2006, 20.
63. Pour Athènes, cf. *IG*, II^{2}, 1013, avec Bresson 2000, 230-231.
64. Arist., *Mécanique*, 1 849b 34-39.
65. Deonna 1938, 139-149.
66. Deonna 1938, 167-185. Pour les liquides, W. Deonna (*ibid.*, 169) considérait que, pour empêcher la fraude et pour des raisons de commodité (ne serait-ce que pour le nettoyage), un récipient de métal devait être adapté et fixé à la cavité du *sèkôma*.
67. Deonna 1938, 139 et 171-172.
68. Deonna en connaissait 58, dont 5 de grande dimension avec une seule mesure, les autres avec une série de cavités pour mesures de capacité diverses.
69. Deonna 1938, 175, Ia, n° 5.
70. Deonna 938, 184-185, IIIb, n° 57.
71. Le « poids public » servait à peser les charrois et autres pondéreux. Il était sous la responsabilité de l'autorité municipale.
72. *Stathmos xylèros* : loi délienne, l. 2 et 33-34 ; *zyga anthrakèra* (*ibid.* l. 39-40) ; « petite balance » : *IG*, XI.2, 287B, l. 142-143 (cette petite balance est conservée dans l'*agoranomion*) ; *ID*, 442B, l. 27 et 455Ba, l. 27 (cf. Bresson 2000, p. 217 sur le contexte d'emploi de ces balances).
73. Cf. chapitre 2 p. 56-57.
74. Étalon des tuiles sur l'agora d'Athènes : Stevens 1950. Tuiles standardisées : Billot 2000, 204 (présentation rapide du problème). Pesons calibrés : Finkielsztejn 2006.
75. Finkielsztejn 2006.
76. Sur les amphores et les timbres amphoriques, Garlan 2000.
77. Le passage fait problème. Comme les autres traductions, celle de l'édition CUF de la *Politique* (cf. la traduction et les notes du tome II.2, et notes p. 290-291) comprend ce passage comme faisant allusion à de petits contrats passés sur l'agora pour la satisfaction réciproque des citoyens. Le grec ne nous paraît pas autoriser cette interprétation : on verra en particulier le sens de *schedon*, qui semble bien faire allusion au fait que la nécessité d'importer s'applique à « presque » toutes les cités, puisque pratiquement aucune d'entre elles n'est autosuffisante sans échange extérieur : on ne voit pas pourquoi le mot figurerait s'il s'agissait que de tout petits contrats, dont tout le monde savait qu'ils étaient de toute façon indispensables ; ensuite, le grec n'indique pas une nécessité « dans » toutes les cités (comme s'il y avait *en*), mais « pour » toutes les cités (datif simple). Les contrats qui sont noués sur l'agora auxquels il est ici fait allusion sont donc les contrats du grand commerce, qui assurent l'autarcie de la cité.
78. Sur le roman de *Chairéas et Callirhoé*, cf. infra chapitre 4, p. 99.
79. *IG*, XII.5, 129, l. 16-20.

80. *IMagnesia*, 239a.
81. *Milet*, VI.2, 935 ; Hellmann, *Inscriptions architecturales*, p. 111-112, n° 47.
82. *Sardis*, VII.1, n° 18. Sur ce dossier des conflits du travail, cf. l'article toujours essentiel de W. H. Buckler (1923).
83. Andocide, *C. Alcibiade*, 4.17 (cf. Plut., *Alcibiade*, 16.5). Sur les contrats des artisans, Feyel 2006, 485-509.
84. Brélaz 2005, 174-182, pour l'époque impériale.
85. Selon les Évangiles, la scène prend des accents différents. Chez Matthieu (21.12-17), Jésus chasse vendeurs et acheteurs, avant de renverser tables et sièges. Chez Marc (11.15-19), en plus de cela, Jésus empêche les gens de transporter des objets dans le temple. Chez Luc (19.45-48), Jésus se contente de chasser les vendeurs. Chez Jean (2.13-22), le détail du fouet ajoute au réalisme.
86. Apulée, *Métamorphoses*, 1.24-25. Sur ce texte, voir plus en détail infra.
87. Pour la procédure d'instruction (*anakrisis*) dans le droit grec, voir en dernier lieu Bertrand 2006.
88. Cf. Aristote, *Ath. Pol.*, 53.3, pour le principe du nombre variable de membres du tribunal et 48.4 et 53.2 (avec 69.2 pour l'estimation finale par le tribunal) pour le *timèma*, ou montant estimé de la condamnation ; cf. Harrison 1971, II, 47, et Makarov 2007, 327, pour le maintien de ce principe dans les cités de l'époque impériale (Chersonèse du Pont en l'occurrence).
89. Ce point a été bien mis en évidence par Harrison 1971, II, 4-7, part. p. 5, n. 2.
90. Stroud 1974, l. 23-29.
91. Sur la justice à Délos, voir la synthèse complète de Vial 1984, 147-162.
92. *CID*, IV, 127. Sur ce document, voir aussi les analyses des chapitres 2 et 7.
93. *Syll.*[3], 546 B ; *IG*, IX.1[2], 188 ; Migeotte, *Emprunt public*, n° 31; Ager, *Arbitrations*, n° 56 ; Magnetto, *Arbitrati*, II, 1997, n° 55.
94. Aristophane, *Acharniens*, 522.
95. Stroud 1974, l. 16-18.
96. Sur cette loi et sa clause 4, cf. les analyses du chapitre 4, p. 121-125.
97. Théophraste, *Sur les lois*, cité par Harpocration *s.v. kata tèn agoran apseudein* (« ne pas tromper sur l'agora »).
98. Le comique de la scène des *Guêpes* ne réside pas dans l'invention d'une procédure impossible parce que la somme en jeu serait trop faible, mais, au contraire, dans le discrédit dans lequel Philocléon se jette en se laissant entraîner dans des procès de cette nature. Pour la juridiction compétente dans une affaire de faible importance comme celle-ci, voir supra les considérations d'Aristote dans la *Politique* (4.16.4) et nos remarques sur les compétences juridictionnelles possibles des agoranomes athéniens.
99. Arist, *Éth. Nic.*, 5.5.10-13.
100. Cf. tome I, chapitre 1, p. 26-27.
101. Arrow 1963.
102. Akerlof 1970.
103. Dans la lignée des travaux d'Akerlof, J. Stiglitz (1987) a souligné que les prix n'étaient pas seulement la résultante d'une offre et d'une demande mais qu'en eux-mêmes, ils apportaient une information sur la qualité des produits : ainsi, par exemple, la baisse du prix d'un produit pouvait être considérée comme un signe de la baisse de sa qualité, donc provoquer une baisse de sa demande.
104. Akerlof 1970.
105. Brun P. 1997. Cf. plus en détail chapitre 5, p. 156.
106. Billiard 1913, p. 188 sur la pratique du goûtage du vin et p. 512-514 sur les difficultés inhérentes au contrôle de la qualité du vin. Cf. déja supra p. 24 sur ces questions.
107. ... *boves vetulos, armenta delicula, oves deliculas, lanam, pelles, plostrum vetus, ferramenta vetera, servum senem, servum morbosum, et siquid aliut supersit, vendat.*
108. Jakab 1997, 90-94 ; Chandezon 2003, 106.
109. Chandezon 2003, p. 105-108, n° 23.
110. Chandezon 2003, p. 167-169, n° 43.
111. Sur ces options, voir infra chapitres 4 et 6.
112. Voir le commentaire de Migeotte 1997, 36.
113. Voir le commentaire *in* Bresson 2000, 186.
114. Sur le système des 50 *phormoi*, voir plus en détail chapitre 4, p. 107-108 et n. 49, p.253.

115. *ID*, 509. Sur cette loi, voir en détail chapitre 4, p. 121-125.
116. Voir en détail Bresson 2000, 183-206.
117. Voir chapitres 4 et 7.
118. Vatin 1966.
119. Feyel 1936 ; Salviat & Vatin 1971, 95-109, la discussion Migeotte 1997, 49, n. 37, et Bresson 2000, 174, n. 103, dont la thèse est maintenant confortée par la nouvelle analyse du mode de fixation des prix dans l'inscription agoranomique du Pirée présentée infra.
120. Wörrle 1988.
121. Oliver, *Greek Constitutions*, p. 208-215, n° 84, l. 16-17.
122. Sur le règlement d'Andania, voir le texte supra p. 23.
123. Steinhauer 1994 ; Bresson 2000, 151-182.
124. *Pace* Descat 1997, il faut souligner nettement qu'il ne s'agit ici nullement de montants de taxe, mais de prix des produits. Qu'il y ait eu des taxes sur l'agora est une chose certaine : mais ce n'est pas l'objet de ce texte (voir en détail l'argumentation Bresson 2000, 168).
125. Cinq métronomes de la ville, avec leurs deux secrétaires, Vanderpool 1968 (*SEG*, 24, 157), ce qui suppose qu'il y en avait cinq autres pour le Pirée. On soulignera que le second secrétaire avait été nommé et non pas tiré au sort, ce qui laisse place à un collège de même composition au Pirée, à une époque où de toute façon le nombre des tribus était de treize, avec l'ajout de la Ptolémaïs (Traill 1975, 33 et 61-63 ; cf. Habicht 2006, 202, sur la date et le contexte de création de la nouvelle tribu). On possède deux listes similaires, du Pirée cette fois, sans intitulé, qui donnent le nom de cinq magistrats et de leurs deux secrétaires, l'un tiré au sort, l'autre nommé (avec en outre un auxiliaire), *IG*, II^2, 1710, début du IIe s. a.C. et 1711, milieu du IIe s. a.C.
126. Il faut donc modifier la traduction proposée *in* Bresson 2000, 172, et, des deux options proposées *ibid*., p. 171, retenir la première.
127. Stroud 1998.
128. *Saint-Bertrand-de-Comminges :* inscription de 1661 dans le mur à l'entrée de la ville, indiquant la « taxe du poisson en carême » (par taxe il faut bien entendu ici entendre « prix fixé de manière autoritaire », et non pas « part d'impôt ») ; nous remercions P. Debord d'avoir attiré notre attention sur le document, reproduit ensuite sur la jaquette du volume *Approches de l'économie hellénistique* (Descat 2006). *Toulouse :* Affiche de la taxe du poisson de mer et d'eau douce pour le Carême (1724), www.archives.mairie-toulouse.fr/serv_educa/memoire-cite/echang/comm/ech8.htm. À Paris, la déclaration royale de 1775 prévoyait de diminuer les taxes d'octroi sur le poisson frais et le poisson salé pendant le carême, naturellement pour contrer la hausse des prix.
129. Source : Louis Lazare, « De la Boucherie parisienne », *La Revue Municipale*, n° 176, 1er août 1855, p. 1517-1519. Cité par S. Leteux (2005, n. 1506), dont la thèse est une mine d'informations pour comprendre le fonctionnement des marchés encadrés.

Chapitre 2

1. Sur l'histoire monétaire du monde grec, voir Howgego 1990 et 1995 ; Nicolet-Pierre 2002 ; Le Rider 2001b, 2003 et Le Rider & de Callataÿ 2006, ainsi que von Reden 2002.
2. Cf. les données rassemblées par Treister 1995, 249-250 et *passim*.
3. King 2005.
4. Cf. chapitre 5, p. 149.
5. Domergue *et al.* 2003 pour les aspects techniques des bas fourneaux du site des Martys ; Domergue & Bordes 2006 pour la mise en perspective de l'exploitation.
6. Gill 1994, 102.
7. Cf. infra.
8. de Callataÿ 2006a.
9. Décret trilingue de Xanthos : Metzger *et al.* 1976 ; décret bilingue de Caunos, *IKaunos*, p. 119-121, K1. Les deux documents sont antérieurs à la conquête d'Alexandre (on reviendra ailleurs sur la date de l'inscription de Caunos).
10. de Callataÿ 1989.
11. Sur la différence entre les taux de prélèvement des royaumes orientaux et ceux des cités grecques, voir volume I, chapitre 4, p. 107-115.

12. Cf. Bresson 2001a, avec références.
13. Hdt. 1.206-207.
14. Hdt. 4.136-139 et 143.
15. Cf. Joannès 1994 et 1997 ; Vargyas 1997 et 2001 ; Van Der Spek 2000 et 2006.
16. Pour les aspects commerciaux, cf. Bresson 2000, 264-265, avec sur ce point en arrière-plan la référence au schéma polanyien de circulations séparées de produits différents en fonction du niveau social.
17. Price & Waggoner 1975 (cf. mise au point chronologique in Flament 2007, 165-167).
18. Hdt. 1.153. Cf. chapitre 1, p. 17.
19. Cf. Bresson 2000, 243-261.
20. von Reden 1997.
21. Cf. déjà supra chapitre 1, p. 17.
22. Bresson 2006b.
23. Sur la thésaurisation des cités, cf. Kallet-Marx 1993 et Kallet 2001.
24. Picard 1984, 679-682.
25. Viviers 1994 ; *Nomima*, I, p. 102-107, n° 22.
26. Samama 2003, p. 456-459, n° 367 (mais il est remarquable que les terrains donnés remplacent une somme d'argent, ce qui revenait à estimer en argent le prix des terrains).
27. Cf. déjà nos analyses Bresson 2000, 291, et *infra* la différence avec le cas de Sparte.
28. Cf. en détail Figueira 2003 et nos remarques Bresson 2007e.
29. Pour le monnayage d'argent de Sparte, qui ne commence qu'avec le roi Areus Ier (309-265), cf. Grunauer von Hoerschelmann 1978.
30. Xén., *Const. des Lacédémoniens*, chap. 7 ; Plut., *Lysandre*,17, cf. aussi Plut. *Lycurgue*, 9 ; cf. en détail Bresson 2001a, avec bibliographie.
31. Peine de mort pour faux monnayage prévue par la convention entre Mytilène et Phocée sur le monnayage d'électrum : *IG*, XII.2, 1 (Pleket, *Epigraphica*, I, n° 6). Acte de condamnation de Dymè d'Achaïe (fin du IIIe ou du début du IIe siècle a.C.) pour avoir frappé de la fausse monnaie de bronze : *SGDI*, 1613 ; *Syll.*^{3}, 530 (Pleket, *Epigraphica*, I, n° 11, cf. *SEG*, 13, 274).
32. *IG*, XII.9, 1273-1274. Cf. Érétrie 2004, 146-147.
33. *IOSPE*, I^2, 24 et IV, p. 11 ; *IChalkedon*, 16 ; Dubois 1996, p. 28-39, n° 14 (sur ce décret, cf. aussi infra chapitre 3, p. 92-93).
34. Bresson 1993a ; Apostolou 2002.
35. On en verra les dispositions en détail dans Stroud 1974.
36. *IC*, IV, 162 (Melville-Jones 1993, 334).
37. Cf. chapitre 5, p. 163. Pour l'Égypte, voir, entre autres, le trésor d'Asyut mentionné supra p. 53.
38. Price 1991.
39. Cf. Marcellesi 2000.
40. Sur ce monnayage et ses phases d'émission, cf. plus en détail chapitre 7.
41. *CID*, IV, 127, avec le commentaire de Fr. Lefèvre, ainsi que Bresson 2006f.
42. de Callataÿ 1997 et 2000.
43. Ashton 2001.
44. Sur ces politiques de zone monétaire fermée, cf. chapitre 7.
45. Sur le mercantilisme et l'intérêt pour l'accroissement du numéraire dans l'Europe moderne, Foucault 1966, 177-224, qui montre à quel point on ne peut se satisfaire de jugements de valeur dépréciatifs sur les thèses mercantilistes dans une perspective évolutionniste. Le mercantilisme n'était pas une maladroite préhistoire de la science économique contemporaine. Il constituait un système épistémologique cohérent, qui s'ancrait dans les pratiques institutionnelles du temps et qu'il faut prendre en compte comme tel. Dans le même sens Deyon 1969, 57-61, sur la politique d'abondance d'espèces.
46. Kim 2002 et 2004 ; Lazzarini 2004.
47. Bresson 2006d.
48. Rutter 1997.
49. Sur la fortune des monnayages de bronze à partir du IVe siècle a.C., cf. de Callataÿ 2006b.
50. Pour le cas d'Olynthe, voir Cahill 2002.
51. D'aucuns pensent toujours cependant que ce fut en 508 a.C., au moment du changement de régime.

52. Voir sur ce point la démonstration d'O. Picard (2001).
53. Ces chiffres sont la traduction en équivalents drachmes puis en en talents des données de Starr 1970. Nous revenons en détail ailleurs sur ces questions.
54. Sur cette question, voir aussi Pébarthe 2008.
55. Pour le lien entre monnaie, masse monétaire et prix, voir chapitre 7 ainsi que Bresson 2005a.
56. Finley 1951 (1985).
57. Cohen 1992, 171-183. Sur les banquiers en général, l'ouvrage de Bogaert 1968 reste fondamental.
58. Cohen 1992, 209-215.
59. Millet 1991, 145 et 153-159.
60. *IG*, I[3], 248 ; cf. Millett 1991, 173-176, et Shipton 2000, 74, n. 56.
61. Millett 1991, 171-177 ; Shipton 2000, 73-74 et 84-86.
62. Sur les profits faits par les Déliens par l'exploitation de l'argent de leur sanctuaire, cf. Chankowski 2005 et Gabrielsen 2005.
63. Cohen 1992, 121-129 et 171-172.
64. Harrauer & Sijpestein 1985. Pour un autre contrat alexandrin d'époque hellénistique, mais très mutilé, voir le *P. Berol.* inv. 5883 + 5853, cf. Vélissaropoulos 1980, 356-357.
65. Sur cette traduction, cf. chapitre 5, n. 35.
66. Sur les *dikai emporikai*, cf. chapitre 4.
67. Pour une démonstration détaillée sur la notion d'assurance et sur l'effet de levier, cf. Bresson & Bresson 2004, où est abordée aussi la question de la gestion comptable de la vie entrepreneuriale.
68. Sur la convention entre Athènes et Phasélis, cf. chapitre 4.

Chapitre 3

1. On renverra ici à l'étude détaillée in Bresson 2007e.
2. Sur la rivalité entre Nicomédie et sa voisine Nicée, cf. Robert 1977 ; Jones 1978, 83-94 ; sur les relations entre Nicomédie, sa voisine Nicée et les cités de l'arrière-pays, Heller 2006, 100-104.
3. Milet et Sardes : *Milet*, I.3 (*Delphinion*), 135 ; Magnésie du Méandre et Phocée : *IMagnesia*, 7b. Les deux textes sont repris et traduits Bresson 2007f, respectivement p. 64-66, n° 6, et p. 68, n° 8.
4. Cf. infra avec entre autres l'exemple de la convention entre Latô et Olonte.
5. Sur les pratiques du droit de saisie, cf. infra.
6. *IEphesos*, 2, repris avec traduction Bresson 2007 f, p. 66-68, n° 7.
7. Paton-Hicks, 1 ; Segre, *ICos*, ED 54.
8. *Syll.*[3], 121.
9. La *pronomia* correspondait peut-être à ce qui était ailleurs le privilège d'accès au conseil et au peuple, et la *propraxia* au privilège de bénéficier d'une exécution judiciaire immédiate (nous donnons donc un sens différent de celui que proposait le commentaire de *Syll.*[3]: privilège inconnu pour le premier, privilège d'accès au conseil et au peuple pour le second). Phoitias est une subdivision civique de Stratos.
10. Knœpfler 2001b, 55-60.
11. Knœpfler 2001b, 55-56.
12. *Ilion*, 40, l. 12-13 (IIIe siècle a.C.) et 53, l. 12-13 (IIe siècle a.C.).
13. *Syll.*[3], 481AB.
14. *SEG*, 36, 982-983 et 38, 1059.
15. *SEG*, 36, 982A.
16. Knœpfler 2001b, 57-60, avec discussion détaillée.
17. Vokotopoulou 1997 (*SEG*, 47, 940), cf. *Bull. ép.*, 1998, n° 269. Les Hippotadai doivent être une subdivision de Kassandreia, dème, tribu, phratrie ou autre. Pour ce Chairéphanès et l'hypothèse (très vraisemblable) qu'il se soit agi du même personnage que le Chairéphanès qui prit à bail l'assèchement du lac Ptéchai à Érétrie, cf. tome I, chapitre 4, p. 121, et chapitre 6, p. 173-174.
18. Chaniotis 1996, p. 358-383, n° 61, A 1. 15-17 (cf. B p. 362). On trouve une clause semblable dans une série d'autres conventions crétoises, ce qui montre l'importance que revêtait le droit d'exportation.
19. *IK*, 3-Ilion, 24, avec le commentaire d'Ad. Wilhelm (1942, 72-76), et la note de D. Knœpfler (2001a), 56, n. 179, pour un autre parallèle à Crannon de Thessalie (Mastrokostas 1964, 312-315, cf. *SEG*, 23, 437 :

exemption de tous les *phoroi* et de toutes les autres taxes avec privilège de sûreté en temps de paix et en temps de guerre).
20. Sur cette loi, voir chapitre 4.
21. Dém., *C. Leptinès*, 20.31-32.
22. *IG*, XII.2, 3 (Tod², 163). L'inscripion est malheureusement mutilée. Il semble que le droit exigé des commerçants étrangers ait été de 3,33 %, dont les Mytiléniens ne devaient payer que la moitié. La mention de 100 000 médimnes laisse penser à un système de contingentement des quantités exportées, à la manière de ce qu'on observe dans l'inscription relative aux exportations de grain de Cyrène (cf. chapitre 6).
23. Diod. 20.24.4 et plus généralement 20.24-26. Cf. Gajdukevitch 1971, 85-88, sur le règne d'Eumèlos.
24. Vinogradov *et al.* 2002.
25. D'après *IG*, XII.2, 3,
26. Pladasa : *HTC*, p. 159-165, ad n° 48.
27. Importation de Sôpaios : Isocrate, *Trapézitique*, 17.4. Le *Trapézitique* a été plaidé vers 393-392 a.C. Cf. Bresson 2007c, 65.
28. Cf. Habicht 2002.
29. Sur cet aspect des formulaires des décrets déliens, Reger 1994, 72-75.
30. Sur la fortune de Zénon de Kition, cf. Diogène Laërce 7.13 (Zénon aurait eu plus de 1 000 talents en prêt maritime).
31. *IG*, XI.4, 627 (*Choix Délos*, 46), première moitié du IIIe siècle, l. 16, pour la mention de l'*isoteleia*.
32. G. Reger (1994, 73) avait relevé la particularité de ce formulaire : « The only unambiguous trader awarded a proxeny was granted not *ateleia* but *isoteleia*, along with *enktesis* and *prosodos*. »
33. Cf. la mise au point de D. Knœpfler (2001b, 55-60), déjà signalée, avec en particulier le cas de la Béotie où, au début du IIIe siècle, l'*isoteleia* remplace l'*ateleia* dans le formulaire des décrets pour les proxènes, mais avec une signification équivalente. On voit en outre que la Béotie fournit donc le parallèle avec le décret délien pour Dionysios de Byzance.
34. Cf. Reger 1994, 74.
35. Vélissaropoulos 1980, 210 ; Vial 1984, 339-340 ; Reger 1994, 254-255.
36. Porten & Yardeni 1993 ; Briant & Descat 1998.
37. PCZ 59012 ; cf. Orrieux 1983, 56-58.
38. Gauthier 1982.
39. Cf. Bresson 2000, 101-108.
40. Brulé 1978.
41. Cf. tome I, p. 88 et 181.
42. Cf. *HTC*, p. 159-171, ad n° 48.
43. *IKeramos*, 6, l. 4, datée habituellement du IIe siècle avec l'interprétation de L. Robert, 1962, 61, n. 3. G. Reger (1999, 84, et 2004, 169-170, n. 87) date le texte des années 240 et considère que Stratonicée n'est pas le meilleur candidat. Selon nous, si la tentative d'absorption ne venait pas de Stratonicée, il n'y aurait qu'un seul autre candidat possible : Halicarnasse, à l'ouest. Il est difficile de trancher définitivement, mais on peut cependant observer que ce que l'on peut deviner des tentatives expansionnistes de Stratonicée à cette époque, de son histoire monétaire, de ses heurts avec Rhodes et, aussi, de sa position enclavée à l'intérieur de l'Asie Mineure, paraissent inciter à retenir cette cité.
44. Cf. le cas du *C. Callipos* (52.5-6), de Démosthène. Voir également, même s'il s'agit de l'époque impériale, le cas du procès concernant la liquidation d'une société de commerce de vin intenté à une femme du nom de Bérénikè dans l'Égypte romaine (102 p.C.). De tels documents sont rares mais peuvent nous donner une idée des procédures qui étaient en vigueur dès l'époque classique et hellénistique *P.Oxy.* 22, 234 (cf. Jakab 2001).
45. Pour les modes de taxation, cf. par exemple la grande inscription sur le grain des îles de 374/373 (Stroud 1998) ; l'inscription d'Olamış de la fin du IVe siècle a.C. (Robert & Robert 1976, 175-187 (cf. déjà tome I, chapitre p. 81) ; le traité entre Milet et Pidasa du début du IIe siècle a.C. *Milet*, I.3 (*Delphinion*), 149, l. 18-25, 28-37 et 39-47 (cf. Migeotte 2001 et tome I, chapitre 6, p. 181), ou encore le décret relatif aux taxes imposées à la cité de Telmessos, en Lycie, en 240 a.C. (*OGIS*, 55). Sur l'imposition directe en général, voir Migeotte 2003.
46. Thc. 7.28.4, cf. Blamire 2001, 114, n. 106.

47. Ps.-Arist., *Écon.*, 2.22. Sur le roi au service duquel se trouvait Kallistratos, Philippe II plutôt que Perdikkas III, cf. Picard 1994, et Hatzopoulos 1996, I, 434 et n. 11.
48. L'identité de ces emporia est débattue. L. Loukopoulou (2002) admet qu'il puisse s'agir des cités grecques de la côte de Thrace égéenne, dont les revenus étaient traditionnellement partagés entre elles-mêmes, Athènes le royaume odryse ; Chr. Veligianni-Terzi (2004) penche pour les cités de la côte du Pont. Thucydide (2.97.3) signalait déjà que le royaume odryse percevait des revenus en or et argent à la hauteur de 400 talents (1 000 selon Diodore 12.50). Voir la discussion des thèses de Veligianni-Terzi par P. Danev, *BMCR*, 2005.07.84.
49. Liv. 39.24.2. Cf. Hatzopoulos 1996, I, 439.
50. Pol. 30.31.12.
51. Pol. 30.31.5-8. Cf. Bresson 2002, 156-162, et la fameuse inscription douanière de Caunos *IKaunos*, p. 171-221, n° 34, que Chr. Marek a redatée du début du règne d'Hadrien.
52. Engelmann & Knibbe 1989 ; cf. Nicolet 1991, 1993 et 1999.
53. Liv. 38.44.4.
54. Daverio-Rocchi 1988, p. 103-106, n° 2 ; Lucas 1997, p. 88-89, n. 40, l. 5-18 (cf. *ibid.*, 191-199 sur la localisation d'Askyris).
55. Purcell 2005.
56. Dion Chrysostome 40.33 ; cf. Robert 1977 ; Heller 2006, 100-114 ; Bresson 2007f, 53-54 et carte p. 61.
57. Cf. Gomme *et al., Commentary, ad loc.*, qui évoquent les cités arcadiennes,Tégée, Mantinée entre autres, et même Élis.
58. Sur le vin de Phlionte, cf. Athénée 1 27d, qui cite Antiphanès, poète de la comédie moyenne, avec le commentaire de Baladié 1980, 181 et n. 51, lequel montre l'importance du vin dans la région de Phlionte.
59. Apulée, *Apologie*, 10.24, certainement dépendant d'un auteur d'époque classique Cf. aussi tome I, chapitre 5, p. 137, sur les productions de Phlionte. Lorsqu'il signalait que toute la Grèce, ou presque, touchait à la mer, Cicéron, *De la république*, 2.4.7-10, ne manque pas d'évoquer pour le Péloponnèse l'exception de Phlionte (en réalité sa source était le géographe grec Dicéarque, ainsi qu'il apparaît dans sa conversation érudite avec son ami Atticus, (258 *Att.* 6.2).
60. Manganaro 2000 (*SEG*, 2000, 1195 ; cf. *Bull. ép.*, 2001, 54 et 373), l. 9.
61. *Diagôgia* chez Polybe 4.52.5.
62. Sur cet épisode, cf. Pol. 3.2.3 et 4.47-52 ; sur les conséquences possibles, voir aussi infra chapitre 6, p. 183.
63. Hopkins 1995-1996.
64. *IKaunos*, p. 171-221, n° 34.
65. Sur ces questions, Robert 1985, 487-520 ; Bresson 2002a.
66. *IGRR*, IV, 146 ; *Syll.*[3], 799 ; cf. Migeotte 1997, 41-42, et Bresson 2000, 175-176 (38 p.C.).
67. Bousquet 1986.
68. Sur l'épisode, Xén., *Hell.*, 3.4.1, cf. Lewis 1996, 1-2 et 31-32, avec littérature précédente et Bresson 2000, 70 et n. 38, où est soulignée l'importance de la neutralité (dans un sens différent Descat 2002, 265-266).
69. Ps-Démosthène, *C. Dionysodoros*, 56.7-10, cf. Bresson 2000, 187-188.
70. Dubois 1996, 31, n. 80 (*IChalkedon*, n°16, et p. 98 pour les testimonia sur Hiéron).
71. *GGM*, I, 402 *sq.* (cf. *IChalkedon*, testimonia, p. 123-124).
72. Bresson 2000, 131-149.
73. Dubois 1996, p. 28-31, n° 14. Cf. déjà supra chapitre 2, p. 56 et n. 33 p. 248.
74. Cf. supra p. 81.
75. Velkov & Domaradzka 1994 et littérature citée supra chapitre 3.
76. Plut., *Cimon*, 8.5.
77. *Milet*, I.3 (*Delphinion*), 135 ; cf. Bresson 2007f, 55-66 et p. 64-66, n° 7.
78. Chaniotis 1996, p. 358-383, n° 61, A l. 36-38 = B l. 61-66.
79. Velkov & Domaradzka 1994, l. (sur cet *emporion*, voir déjà tome I, chapitre 3, p. 89)
80. Şahin 1994, cf. *Bull. ép.*, 1996, 353 ; Merkelbach 2000.
81. Cf. supra. Source : Plut., *Cimon*, 8.3-5, cf. Thc. 1.98.2 et Diod. 11.60.2 ; voir Podlecki 1971 pour la date de l'expédition.

82. Sur le décret attique de 324 prévoyant la création d'un poste naval en Adriatique, Rhodes-Osborne *GHI*, 100 (Brun P. 2005, p. 234-238, n° 122), cf. Bresson 1993b, 171-177. Sur la piraterie étrusque, cf. Ientile 1983.

83. Sur ces convois au IVe siècle, Vélissaropoulos 1980, 135.

84. Pour l'analyse de l'affaire de « l'attentat d'Hiéron », cf. Bresson 2000, 131-149.

85. Polybe 30.5.6-8. Cf. Bresson 2007e pour le dossier épigraphique.

86. *IG*, XI.2, 148, l. 73-74 ; cf. Gabrielsen 1997, 43.

87. Sur ce point, voir les remarques justifiées de Wiemer 2002, 111-142.

88. Cf. en détail Gabrielsen 1997, 42-44, 53-60 et 108-111, ainsi que le point de vue défendu dans Gabrielsen 2001.

89. Polybe 4.46-52 ; cf. Gabrielsen 1997, 44-46.

Chapitre 4

1. Sur l'emporion, voir fondamentalement Vélissaropoulos 1980, et sur ces définitions de base particulièrement 29-33.

2. *IG*, I², 887B.

3. Vélissaropoulos 1980, 218-219, et Vial 1984, 231 et 344-346.

4. *SEG*, 10 (1949), n° 10 et add.-corr. p. 156, ad l. 15-24 ; Vélissaropoulos 1980, 221 et n. 106.

5. Cf. tome I, chapitre 3, p. 94.

6. *IJG*, II, 34 ; *Syll.*³, 952 ; Pleket, *Epigraphica*, I, n° 8 ; cf. Migeotte 2001b.

7. Minaud 2004 pour le dossier ; cf. *ibid.* pour la littérature antérieure et pour des photographies de ces documents. Relief des *Tabularii* : Rome, Museo Torlonia, n° 338 ; peinture de l'Isis Geminiana : Rome, Musei Vaticani, n° 79638. Voir aussi la mosaïque de l'*aula* des *mensores* à Ostie, qui figure aussi le même objet (même époque que les deux autres documents).

8. Kuchenbuch 2006, 122-123.

9. Sur ce point, cf. tome I, chapitre 6, p. 180.

10. Énée le Tacticien, 2.9.3-7.

11. Eur., *Cyclope*, 135 *sq.*, citation du v. 150.

12. Énée le Tacticien 30.2.

13. Hypéride, fr. 186 ; Pollux 9.34.

14. Harpokration, *Lexique des Dix orateurs*, 85, 5.

15. Xén., *Hell.*, 5.21.

16. Ps-Dém., *C. Lacritos*, 35.29. Allusion aussi chez Démosthène, *C. Polyclès*, 50.24. Voir également Schol. Aristophane, *Cavaliers*, 979 ; Lysias, fr 17, 6 ; Polyen 6.2.2.

17. Stanley 1976, 157-158 ; cf. Paus. 1.1.3.

18. Judeich 1931, 448 ; Heichelheim 1964-1970, II, 62-63, et 189, n. 26 ; Gofas 1977 [1993].

19. *IG*, II², 1035, l. 47. Sur cette identification, cf. Garland 1987, 219.

20. *IG*, II², 1103 ; Oliver, *Greek Constitutions*, n° 77. Cf. Garland 1987, 154 et 219.

21. Vallois 1944-1966, I, 65-66.

22. Fraisse 1983, 307.

23. *Syll.*³, 495, et B. Latyschew, *IosPE*, I², 32 B, l. 48-49 : l'évergète Prôtogénès d'Olbia a fait construire un *pylôn* (un porche ou un portail) « sur le deigma » (sur l'évergète Prôtogénès, cf. Gauthier 1985, principalement 31 et 70-72 (datation pas avant 200 a.C. selon Ph. Gauthier).

24. Diod. 19.45.4.

25. Pol. 5.88.8.

26. Étienne 2004, 107-108.

27. Étienne 2004, 107, avec renvoi à Gofas 1977 [1993, 80-81], lequel ne pose pas spécifiquement la question du débarquement des cargaisons et reste plus vague sur ce point.

28. Cf. infra sur ce point.

29. Sur cette loi, cf. infra p. 121-125.

30. Ce schéma de « bourse des valeurs » était celui d'Heichelheim 1964-1970, *loc. cit.* supra n. 18.

31. *IKaunos*, p. 171-221, n° 34, cf. en détail supra chapitre 3.

32. Cf. Bresson 1993b.
33. Nous traitons de ces questions dans l'étude citée note précédente.
34. Isocrate, *Sur l'échange*, 15.54.
35. Cf. E. Ziebarth, *RE*, Supplt. VII, s. v. *deigma*.
36. Cf. E. Ziebarth, *RE*, Supplt. VII, s. v. *deigmatokatagôgos*.
37. Gofas 1977 [1999] sur ces deux points.
38. Ce point a été bien vu par M. Brunet (2007).
39. Dans la cité de Chersonèsos (dans le Pont-Euxin), l'amphore marquée « Pour l'emporion » (début du IIIe siècle a.C. semble-t-il), cf. Garlan 1993, aurait-elle été l'une de ces amphores échantillons ?
40. Stroud 1974, avec commentaire 181-183.
41. Cf. Gauthier 1972 et, sur la notion d'*emporion nomimon* en général, cf. Bresson 1993, 191-193.
42. Pour les secteurs du port, cf. tome I, chapitre 3, p. 97-98 ; pour les secteurs de l'agora, cf. chapitre 1, p. 18-21.
43. Cf. infra l'analyse de la loi délienne sur les bois et charbon.
44. Voir chapitre 1, p. 23-24 et 31-32.
45. Gauthier 1981b.
46. Sur ce point précis, on ne peut suivre l'analyse de Ph. Gauthier et on doit lui préférer celle de R. Descat (2003, 598).
47. Stroud 1974, l. 22-23.
48. C'est cette fois-ci l'analyse de R. Descat (*ibid.*) selon laquelle les sitophylaques ne s'occupaient que du marché de détail, de l'agora, que l'on ne peut accepter.
49. Il est difficile de déterminer la valeur du *phormos*. Cependant, on peut tenter malgré tout de se faire une idée du nombre potentiel d'acheteurs d'une cargaison d'un navire transportant 3 000 médimnes. Si l'on fait l'hypothèse qu'un *phormos* était l'équivalent de la charge d'un âne, soit une centaine de kilos (cf. tome I, chapitre 3, p. 89) ou pour simplifier trois médimnes, on voit que, sur la base de 50 *phormoi* par acheteur, il fallait une vingtaine d'acheteurs pour écouler cette cargaison.
50. Sur la loi délienne sur le commerce du bois et du charbon, cf. infra.
51. Cf. chapitre 1 sur ce point.
52. Sur ce point, cf. infra.
53. Les autres sources sont Ps-Démosthène, *C. Phormion*, 34.37 : « Et il a fait cela, juges, bien qu'il soit résident à Athènes, qu'il y ait sa femme et ses enfants, et bien que les lois enjoignent les peines maximales contre quiconque transporterait du grain vers un autre port que celui d'Athènes » ; Lycurgue, *C. Léocratès*, 1.27 : « Cependant, citoyens, dans des cas de ce genre vos lois fixent les peines les plus lourdes si un Athénien transporte du grain ailleurs que chez vous. Alors que donc il a été un traître en temps de guerre, qu'il a transporté du grain en contravention avec vos lois, qu'il n'a aucun égard pour les choses sacrées, ni pour la patrie, ni pour les lois, alors que vous le tenez à la merci de votre vote, vous ne le tueriez pas pour en faire un exemple pour les autres ? Vous seriez alors les plus mous des hommes et vous ne montreriez aucune indignation à l'égard des méchants » ; non seulement Léocratès, citoyen athénien, a trahi sa patrie en s'enfuyant après la défaite de Chéronée, mais ensuite, en tant que métèque installé à Mégare, il avait transporté du grain sur une autre destination qu'Athènes.
54. *IG*, XII Suppl., 347, II, l. 8-11. Salviat 1986, 147-150 et 183-185 (avec carte de la région).
55. Pour ces analyses sur la loi thasienne, cf. Descat *in* Brulé *et al.* 2004, 408-409. Sur la date de début du timbrage à Thasos, cf. Garlan 1999a, 48-54 (années 390 a.C.).
56. Hèrakleidès fr. I.14-16 Arenz (2006, avec traduction all. p. 122 et commentaire p. 150-151 et 204-205).
57. Gauthier 1972, 210-219 ; Bravo 1980.
58. Laronde 1987, 149-161, avec texte et commentaire détaillé.
59. Sur ce document, cf. chapitre 6, p. 208-210.
60. Sur le silphion, voir chapitre 5.
61. Chaniotis 1992, p. 358-383, n° 61, A l. 39-42 = B l. 68-77 (110/9-109/8 a.C.).
62. Pol. 3.22-26, cf. Arist., *Pol.*, 3.9.6. Nous avons analysé les clauses commerciales des traités Bresson 2004a, avec bibliographie.
63. Polybe 3.22.4-11 ; cf. Bresson 2004a, 667-671.
64. Bresson 2004a, 670-673, avec l'analyse des transactions romano-carthaginoises en Sicile.

65. Gauthier 1972.
66. *IG*, I^{3}, 10. Une datation dans les années 460 reste la plus probable. Sur cette inscription fréquemment commentée, cf. principalement Hopper 1943 ; Wade-Gery 1958, 180-200 ; de Ste Croix 1961 ; Meiggs 1972, 231-232†; Gauthier 1972, 158-161 et 174-181 ; Fornara 1979 ; Cataldi 1983, 99-143 (bibliographie complète à la date). Ces travaux ont fait considérablement avancer le débat sur cette convention, mais tous se rejoignent pour admettre l'idée que l'on aurait affaire ici au règlement des « conflits d'affaires » (cf. *xymbolaion* l. 6-7). On propose ici une analyse et une traduction différentes sur plusieurs points clés du texte.
67. Ce point a été bien mis en évidence par S. Cataldi (1983).
68. Hdt. 2.178 ; cf. Bresson 1980, 41-42.
69. Bresson 2000, 68-73.
70. Sur les *nautodikai*, Gauthier 1972, 153-155 ; Vélissaropoulos 1980, 251-258.
71. Dans le décret d'Olbia (*IOSPE*, I^{2}, 24 et IV, p. 11 ; *IChalkedon*, 16 ; Dubois 1996, p. 28-39, n° 14, l. 10), il est précisé que le change des monnaies doit se faire sur la table de l'*ekklèsiastèrion*. Mais on précise que le change ne doit se faire nulle part ailleurs : celui qui vendra ou achètera ailleurs (*allothi*) sera condamné. Le « ailleurs » (*allothi*) du décret de Phasélis ne vise pas les procès qui pourraient avoir lieu « à l'extérieur d'Athènes », car le point est réglé par l'indication initiale selon laquelle que les procès doivent avoir lieu à Athènes (ce qui rend inacceptables les interprétations « impérialistes » auxquelles ce texte a donné lieu, en supposant qu'Athènes imposait une forme de centralisation judiciaire). Elle renvoie à la suite du texte, qui précise qu'aucun autre magistrat que le polémarque n'aura le droit d'ouvrir une procédure.
72. *Milet*, I.3, 136 (*Syll.*^{3}, 286 ; *Staatsverträge*, III, 408 ; *Milet*, VI, p. 170-171) ; trad. all. Brodersen *et al.* 1992-1999, II, p. 61-62, n° 269 ; cf. Gauthier 1972, 358-361.
73. Sur ce type d'exemptions, cf. supra, p. 77.
74. Cf. Ps-Dém., *C. Phormion*, 34.42 : dans le cadre de la procédure des *dikai emporikai* (voir infra), la loi attique accordait l'ouverture d'une procédure judiciaire non seulement aux contrats qui avaient été conclus à Athènes, mais à « ceux qui l'avaient été en vue d'un trajet maritime vers Athènes » (*hosa an* genètai *heneka tou plou tou Athènaze*) ; de même, *ibid.*, 43 : le plaideur souligne devant le jury qu'il serait absurde que le tribunal se déclare incompétent, « alors que le contrat avait été conclu dans votre emporion » (*en tôi hymeteroî emporiôi* gegone). Cf. aussi Ar., *Rhét.*, 1.4 1360a, avec commentaire Bresson 2000, 119-120.
75. Sur ce point, nous prenons donc une position opposée à celle de nos devanciers, qui ont tous choisi l'option inverse.
76. L'absence du banquier athénien Pasion n'est qu'un argument supplémentaire (« en outre ») pour ne pas ouvrir un procès, ce n'est pas l'argument principal, malgré Wade-Gery 1961, 103-104,
77. Denys d'Hal., *Ant. Rom.*, 6.95.2. Même Ch. W. Fornara (1979, 51, n. 1), le partisan le plus décidé du *forum rei*, doit admettre que ce passage ne peut avoir d'autre signification que celle d'accorder l'ouverture du procès là où le contrat a été conclu.
78. *Code de Gortyne*, IX.43-X1 *sq.* = *Nomima*, II, p. 276-278, n° 76.
79. Cf. chapitre 2 le contrat du *C. Lacritos*.
80. Loi de Paros : Lambrinoudakis & Wörrle 1983.
81. Du point de vue de la méthode, l'intérêt de l'hypothèse présentée est de traduire et d'expliquer toujours de la même façon le syntagme *symbolaion gignetai*, quand les théories alternatives sont contraintes de produire des solutions *ad hoc* différentes pour chaque occurrence. Dans la convention entre Athènes et Phasélis, une mutilation de la pierre oblige à une restitution. On a admis ici que les procès pouvaient être ouverts si le contrat avait été conclu « à Athènes » (*Athènèsi*). Pourrait-on admettre qu'il se soit agi de contrats conclus « vers Athènes » (*Athènaze*) ? La chose ne nous paraît pas probable. La question est de déterminer si la clause modificative porte sur l'établissement d'un privilège de base, celui des contrats commerciaux (en ce cas on restituera *Athènèsi*), ou bien s'il s'agit d'ajouter un privilège commercial à un autre déjà accordé (on ajouterait « vers Athènes », *Athènaze*, puisque « à Athènes » aurait déjà été accordé dans la convention principale). En fait, si la deuxième solution avait été la bonne, on aurait directement renvoyé à la convention précédemment conclue avec les Phasélites, qui aurait nécessairement dû mentionner déjà ce privilège : comme on renvoie à la convention avec les Chiotes, c'est donc que le privilège commercial n'avait pas été accordé et que seule la première solution est admissible, en conformité avec les autres témoignages relatifs à l'ouverture des procès, jusqu'à ce que, dans la deuxième moitié du IVe siècle, les

dikai emporikai ne viennent ajouter la clause directionelle. Quant à la répétition « si un contrat est conclu à Athènes, les procès ont lieu à Athènes devant le polémarque... », elle établit un principe de base pour éviter toute contestation éventuelle. La convention entre Rome et les Latins, qui fixe que les procès auraient lieu systématiquement dans la cité où le contrat avait été conclu, suppose en effet que des contestations pouvaient s'élever à ce sujet.

82. Sur les *dikai emporikai*, Gauthier 1972, 198-201 ; Cohen 1973 ; Vélissaropoulos 1980, 235-248.

83. Sur ce point, on ne peut donc suivre Vélissaropoulos 1980, 236-241. Il se peut que certaines procédures aient été assimilées à celles relevant du droit du grand commerce, mais cela n'engage rien sur la définition même de ces dernières.

84. Voir en ce sens Vélissaropoulos 1980, 245-247.

85. Cohen 1973, 42-59, avec tous les parallèles nécessaires.

86. Sur le contrat du *C. Lacritos*, cf. chapitre 2, p. 67-71.

87. Ici encore, on doit suivre la démonstration de bout en bout la démonstration de Cohen 1973, 23-42 (malgré Vélissaropoulos 1980, 241-245).

88. Bresson 2000, 245-247.

89. Bresson 2000, 109-130, sur le soin mis aux exportations et importations.

90. *Syll.*^{3}, 354 (*IEphesos*, 1455). Sur Agathoklès et sa famille, Bresson 2000, 95-99.

91. Sur ce point, cf. supra, p. 67-71.

92. Xén., *Poroi*, 3.4, avec le commentaire de Gauthier 1976, 84-86. Dans le même sens que Xénophon, voir Énée le Tacticien, *Polior.*, 10.12 (prime en fonction de l'importance de la cargaison importée par les commerçants étrangers et couronne d'or).

93. Voir démonstration détaillée et explication de la notion de « prix officiel » (*kathestèkuia timè*) *in* Bresson 2000, 183-210.

94. Lysias, *C. les marchands de blé*, 22.8 et 11.

95. Sur ce point, cf. chapitre 7.

96. Ainsi Andreau 1997.

97. Chamonard 1922, 213-215, sur ces aspects de l'archéologie artisanale à Délos ; pour les restes d'un atelier de bronzier, *ibid.* (cf. p. 60), habitation VI L du quartier du théâtre, salle g.

98. Kent 1948 (cf. p. 306, l'un des domaines s'appelle Kerameion) et Vial 1984, 348-355.

99. Nous devons la remarque à l'amitié de Chr. Pébarthe. Sur la production des parfums à Délos, cf. Brun J.-P., 1999 et 2000, et cf. brièvement chapitre 5.

100. Chamonard 1922, *ibid.*, habitation B de l'insula 1 du Quartier du Stade, au fond de la salle f, cf. Plassart 1916, 170. J. Chamonard signale aussi, dans le quartier du théâtre, l'habitation III N, qui présente six cuves quadrangulaires alignées de part et d'autre de la salle e, peut-être une installation de foulon (cf. p. 43-45).

101. Sur la production de pourpre à Délos, cf. chapitre 5, p. 159.

102. Sur ce point, cf. chapitre 7.

103. *ID*, 509 (*NChoixDélos*, p. 195-198). Voir démonstration détaillée *in* Bresson 2006c. Nous avions bénéficié du concours amical de V. Chankowski sur un point de traduction. Auparavant, G. Reger (1994, 171-176) avait tout au contraire suggéré que la hausse des prix du charbon et du bois avait été une conséquence d'une politique délibérée de la cité pour maximiser ses rentrées fiscales. De même, pour R. Descat (2001, 129) la hausse aurait été la conséquence d'une expansion du commerce de transit, expansion à la fois encouragée et encadrée par la cité ; la hausse des prix n'aurait été qu'un objectif secondaire de la loi, mais la cité aurait néanmoins vu la hausse sous un jour très favorable.

104. Sur ce point, cf. chapitre 7.

105. Reger 1994, 142.

106. Dans une apostille à notre étude Bresson 2006, p. 340-341, R. Descat a pensé pouvoir démontrer que notre traduction et notre analyse des clauses relatives à l'achat à Délos étaient inexactes, en invitant à poursuivre le débat, ce qu'on fera bien volontiers ici. R. Descat présente deux arguments principaux. Le premier touche au principe même du profit d'arbitrage : « Il faut imaginer le remords du "pur spéculateur" qui a *acheté* (et qui n'est donc pas venu pour vendre) du bois à Délos. Son seul désir est alors de le débarquer à nouveau, etc. » Il ne s'agit nullement de cela : notre explication concerne le spéculateur qui achète du bois à Délos et qui, volontairement, veut l'embarquer pour le débarquer à nouveau, dans le but de contourner le principe d'interdiction de la revente sur place. Il n'y a là ni « hasard » ni « remords de spéculateur »

(une denrée rare sous tous les climats). La suite de la critique tombe d'elle-même. Il ne s'agit évidemment pas d'emporter du bois dans une autre île pour le débarquer à nouveau : ces idées qu'on nous prête ne correspondent pas à notre analyse. Le second argument (en fait le principal) est que la clause interdisant la revente à Délos de ce qui y avait été acheté était suffisante pour empêcher toute idée de revente : une clause interdisant une vente immédiate après rembarquement aurait donc été sans objet. Mais l'argument tombe de lui-même et il ne faut pas aller chercher loin pour en en trouver la réfutation : on voit en effet que la clause qui suit immédiatement celle qui concerne la vente après rembarquement (clause 4) concerne les produits qui avaient été vendus aux enchères et qui, eux aussi, ne pouvaient faire l'objet d'une vente sur place. En réalité, on comprend que la loi pose d'abord un interdit général : l'interdiction de la revente. Puis elle examine les cas marginaux qui pourraient donner lieu à un profit d'arbitrage : embarquement et redébarquement immédiat, comme si le paiement de deux taxes du cinquantième donnait la possibilité de tourner la loi, puis revente des produits aux enchères. C'est sur ces cas potentiellement litigieux que la loi intervenait par avance. L'argument de l'improbabilité du paiement de la double taxe n'est pas davantage fondé, vu les variations de prix à Délos (voir supra). Enfin, l'argument selon lequel il existerait une *pentekostè* « pour un "bateau" » ne repose sur aucun élément concret. La différenciation entre *pentekostè* simple et *pentekostè astia* (pas « *astikè* ») à Délos et l'hypothèse de Cl. Vial à son sujet (1984, 235, n. 231) posent des problèmes d'une tout autre nature, qu'il n'y a donc pas lieu d'évoquer ici.

107. *IG*, XII.5, 129, l. 11-14, première moitié du IIe s. av. J.-C., cf. Lambrinudakis & Wörrle 1983, 290, n. 16, avec pl. 9.

108. *IG*, XII.3 Suppl., 169 et 170, du IIe siècle a.C.

109. *IG*, XII.5, 714, avec *IG* XII Suppl., p. 119, c. 350-336 a.C.

110. *ID*, 647, l. 4-10 = F. Durrbach, *Choix*, p. 57-58, n° 46 ; cf. Vial 1984, 139.

111. Andoc. 1.137 ; Lysias 6.19, cf. Bresson 2003, 154.

112. Sur l'évolution mensuelle des prix du grain à Délos, Reger 1993, 304-310, qui évoque le calendrier des récoltes, mais qui note des évolutions erratiques. Ce dernier jouait certainement un rôle *in fine*, mais on devrait semble-t-il mettre plutôt l'accent sur le caractère erratique des approvisionnements.

113. Cf. chapitre 7.

114. Voir supra p. 119-120.

115. *ISE*, 64.

116. *IG*, II^2, 903. Sur cette inscription, cf. chapitre 6, p. 179-180.

117. Pour ce cas, cf. infra les cas de Rome en 440 a.C. et Antioche de Pisidie en 92 ou 93 p.C.

118. Sur la question des fonds d'achat de grain, voir fondamentalement Migeotte 1989-1990, 1991, 1993 et 1998 (ainsi que succinctement 2002, 138-139) et Fantasia 1989, ainsi que Couilloud-Le Dinahet 1988.

119. Ps-Plut., *Vie des Dix Orateurs*, 851b.

120. *IG*, II^2, 360, l. 10-12 et 70-72.

121. Dém., *Sur la couronne*, 18.248.

122. Oliver 2007, 215-222, et 255-259.

123. Sur les *sitônai* déliens, cf. Vial 1984, 237-239, et infra, p. 127-131.

124. Sur ce point, voir chapitre 6

125. Don d'Eumène II à Delphes en 159/158, *Syll.*^{3}, 671B, l. 2-7 ; *FD*, III.3, 237.4-7 (Bringmann *et al.* 1995, n° 93 [E1]). Cf. Sosin 2004, 195 et n. 18. Don de Massinissa : 2 796,5 médimnes de grain, *ID*, 442A, l. 100-106, cf. Vial 1984, 138-139 (avec Gauthier 1988 sur l'ambassadeur Rhodôn). Pour d'autres exemples de générosité princière ou royale, Bresson 2000, 208-210.

126. Migeotte 1984, 361, 367, 370.

127. Migeotte 1992, 341-343 et 347

128. Loi de Samos : *Syll.*^{3}, 976, et Pouilloux, *Choix*, 34. Voir mise au point et bibliographie *in* Bresson 2000, 253-257.

129. Loi attique sur le grain des îles : voir fondamentalement Stroud 1998 (avec bref commentaire *in* Bresson 2000, 207-210).

130. Roesch, *IThespies*, II, p. 42-45, n° 84, l. 31-37.

131. Roesch, *IThespies*, I, p. 53-58, n° 41, A l. 9-11, avec commentaire p. 56 et 58.

132. Voir en détail Vial 1984, 236-239, et Fantasia 1989, 49-54.

133. Migeotte 1989-1990, 1991 et 1992.

134. *IG*, XI.4, 627. Point de vue différent Duchêne & Fraisse 2001, 161-162.

135. Sur les conditions climatiques prévalant en Asie Mineure intérieure, cf. tome I, chapitre 2, p. 72-73.

136. On peut trouver un autre parallèle, à l'époque romaine cette fois, avec la loi d'Athènes de l'époque d'Hadrien qui impose aux producteurs de vendre à la cité le tiers de leur production d'huile (cf. *IG*, II^2, 1100 ; sur cette inscription, cf. brièvement infra n. 80 p. 265). L'inscription d'Antioche de Pisidie (*AE*, 1925, 126b) donna lieu à un débat fameux entre spécialistes au moment de sa découverte (sur ce point, cf. Wiemer 1997, 195). Depuis cette date, elle a souvent été republiée et commentée. On trouvera les mises au point les plus récentes dans Garnsey 1996, 117-118, Wiemer 1997, Erdkamp 2005, 286-288 et 293, Andreau 2007. On suit ici le texte de Wiemer 1997. Selon le parti de traduction, on peut aboutir à des logiques fort différentes. Le premier point en débat est celui de la nature des « acheteurs ». Robinson 1924, 10 et 19, avait reconnu en eux des *sitônai*, mais sans donner de commentaire particulier sur ce point. Parmi les auteurs cités (pour la littérature antérieure, cf. les références citées par ces derniers), seul P. Garnsey a suivi ce point de vue selon lequel les « acheteurs » n'étaient autres que des commissaires au grain de la cité d'Antioche. Pourtant, vouloir faire d'eux des acheteurs privés aboutit immanquablement à une impasse. Comment des acheteurs privés auraient-ils pu acheter en une fois (le premier jour des calendes) le grain concerné ? Que les achats privés aient lieu ce jour-là ou à partir de ce jour-là comme l'ont voulu certains commentateurs (ce qui est au demeurant une interprétation que le texte latin n'autorise pas), si la mesure était destinée à empêcher la spéculation, comment aurait-on pu empêcher l'achat massif et l'accaparement par quelques uns ? S'il avait été ici question d'acheteurs privés – tous appelés à venir acheter en un seul jour tout le grain disponible pour le stocker chez eux (à supposer que chaque acheteur disposât d'un grenier de stockage individuel), il aurait fallu fixer une limite supérieure de la quantité de grain que chaque acheteur aurait pu acquérir. L'édit n'en souffle mot. Comme il avait pour but non pas de permettre et accentuer la spéculation, mais de l'empêcher, la solution des acheteurs publics est la seule qui puisse être retenue. L'analyse d'H. U. Wiemer est précieuse pour le contexte général de l'édit. P. Erdkamp a bien vu la signification du prix maximum. Les arguments de J. Andreau (qui n'a pas reconnu l'existence du fonds de grain et tient pour des acheteurs privés) sont réfutés par les objections précitées.

137. C'est l'objection de Wiemer 1997, 203-204.

138. Sur la question des transports et sur les risques de famine en Anatolie intérieure, cf. tome I, chapitre 2, 72-73, et chapitre 3, 89-91.

139. Pour la définition du profit d'arbitrage, cf. chapitre 6, p. 180.

Chapitre 5

1. Voir chapitre 6.

2. Zolotarev 2003.

3. Montchrestien 1999 [1615], 55.

4. Montchrestien 1999 [1615], 280. Une part importante de l'ouvrage est constituée par une réflexion sur les formes que prenait le commerce extérieur dans l'Europe de son temps. Tel était le cas (p. 338-345) avec la critique du monopole que les Anglais exerçaient sur leurs échanges extérieurs au bénéfice de leurs négociants et de leurs productions, une politique qui annonçait celle des *Actes de Navigation* de 1651, qui systématisèrent ces pratiques.

5. Platon, *Rép.*, 2.11 369b-370e. Le passage est analysé infra.

6. Dans l'économie complexe de l'époque contemporaine, la valeur de la monnaie n'est certes pas seulement dépendante des balances extérieures (commerciale et financière), encore que la « vérité des prix » finisse toujours par se faire jour.

7. Sur ce passage, cf. aussi infra chapitre 6.

8. Sur ce point, voir chapitres 3 et 6.

9. Sur tous ces points, voir tome I, chapitre 2, 47-60.

10. Sur Smith et Ricardo, cf. déjà rapidement tome I, p. 11.

11. Smith 1995 [1776], I, 5-24 [livre I, chap. 1-3 de l'éd. originale].

12. Ricardo 1992 [1817], chapitre VII, « Du commerce extérieur », 146-169, particulièrement 154-160.

13. Sur les développements de la théorie du commerce international, cf. Samuelson & Nordhaus 1998, 688-711 ; Krugman & Obstfeld 2006, 29-47 (analyse du modèle ricardien).

14. Sur le « modèle HOS », cf. Krugman & Obstfeld 2006, 51-77.

15. Cf. Osborne 1996.
16. Sur les différences de productivité dans la production de grain, cf. chapitre 6.
17. Sur les produits artisanaux, voir le volume *Topoi*, 8.2, 1998, qui illustre largement l'éventail des productions dans les diverses cités.
18. Pour une série de ces produits, on verra ainsi les cargaisons des épaves du Giglio, de Porticello ou d'El Sec, voir références infra pour ces trois épaves. L'épave de Porticello transportait ainsi une statue de bronze dont on a retrouvé des éléments significatifs (Eiseman & Ridgway 1987, 63-113). On songera aussi, entre autres, aux bronzes de Riacce, trouvés en mer, ou même au fameux vase de Vix, importé d'Italie en Gaule par l'intermédiaire de Marseille.
19. Voir tome I, chapitre 6, 180, où est indiqué un rapport de 1 à 8 entre le prix du vin ordinaire et celui du vin de qualité, ce qui donne un ordre d'idée des échelles de prix de ce type de produit et, du même coup, des profits qui pouvaient être faits sur les grandes propriétés.
20. Sur le prix des textiles, cf. infra, p. 152 et 157-158.
21. Tel est exactement le mécanisme que décrit Adam Smith (1995 [1776], II, 773-774 [livre IV chap. 8 de l'éd. originale]) en songeant à l'expérience de la Hollande et de l'Angleterre modernes.
22. Cf. chapitre 7. On peut observer des évolutions analogues dans d'autres périodes historiques : la dépression qui frappe l'Europe après 1630-1650 a de graves conséquences en Baltique ou en Hongrie, cf. Wallerstein 1980-1984, II, 181-310.
23. Cf. Porten & Yardeni 1993, synthèse p. xx-xxi, et *passim*.
24. Voir chapitre 3.
25. Importations d'amphores à huile de type Brindisi, ovoïdes républicaines, africaines, et peut-être siciliennes (« amphores tubulaires »), Finkielsztejn 2000a, 213-4 et 2002a, 230-2, avec 2002b, 139-40 sur les caractéristiques des amphores de Brindisi. Amphores de l'agora « tétragone » d'Éphèse, Bezeczky 2004. Sur les Italiens à Éphèse, Kirbihler 2007.
26. Sur l'usage des parfums, leurs prix et sur leur mode de commercialisation (avec la question des *unguentaria*), cf. Reger 2005. Sur la production des parfums, avec les données de Délos et de Paestum, cf. Brun J.-P. 1999 et 2000.
27. Badinou 2003, 51-125 sur alabastres et parfums, et particulièrement 59-61 pour des vases représentant des scènes d'achat d'alabastres à parfums.
28. Reger 2005, 279. Si, pour le même produit, les autres prix déliens que nous connaissons, mais sans indication de quantité, avaient eux aussi été calculés sur la même base, les prix en drachmes à Délos auraient oscillé entre 2 $^{2/3}$ et 5 $^{1/3}$ au IIIe siècle et au début du IIe siècle. Mais il faudrait admettre que la quantité achetée par le sanctuaire ait toujours été la même, soit 1,5 cotyle, ce qui est possible, mais loin d'être certain. On remarquera que, même si, comme dans le cas des achats du sanctuaire de Délos, on ne peut préciser le nombre des utilisateurs, les parfums se vendaient manifestement au cotyle, soit une unité de 0,27 litre, de nos jours plutôt surprenante pour des parfums. C'est que les parfums contemporains reposent sur des processus de distillation qui concentrent les odeurs. Or, la distillation n'était pas connue dans l'Antiquité (cf. tome I, p. 188).
29. Dioscoride 1.55.1-2.
30. Télès 2.2.106-109 (*De l'autosuffisance*), p. 12 O'Neil 1977 (13H = O. Hense, *Reliquiae Teletis*, Fribourg-en-Brisgau, 1909).
31. Cf. tome I, chapitre 4, p. 106.
32. Sur l'approvisionnement en étain, cf. Forbes (1964-1972), IX, passim et Kaptan 1980-1981.
33. Cf. Aronis 1952 et commodément la carte de Bakhuizen 1977, p. 225. Sur une exploitation de fer en Chalcidique, cf. tome I, chapitre 6, p. 159.
34. Pour les Cyclades, Brun 1996, 130-131.
35. Sur ce point, voir la brillante démonstration de L. Robert 1969.
36. Neppi Modona 1981 et Camporeale 1985.
37. Vues générales sur la production textile antique *in* Schneider 1992, 120-129.
38. Sur le travail du textile (lavage des fibres ou finition des tissus par les foulons, filage, teinture, tissage), le tome IV (1964) de Forbes (1964-1972) reste très utile, en particulier par les textes et les références qu'il cite, même si la problématique a vieilli.
39. Le natron est un carbonate double de sodium, cousin du sel (chlorure de sodium).
40. Cf. en détail J. E. Doumet, in *Méditerranée* 2007, 90-91.

41. Sur « l'alun en Méditerranée », cf. Borgard *et al.* 2005 (mais surtout il est vrai pour l'époque impériale et l'époque médiévale). L'alun est un sulfate double d'aluminium et de potassium.
42. Cf. Halleux 2005 et Picon 2005.
43. Borgard 2005.
44. Borgard 2005, 161, avec une présentation très utile.
45. *IPriene*, 364 (Sokolowski, *LSAM*, n° 40, l. 14-16, cf. Debord 1982, 342, n. 166). L'inscription est soit du IIIe, soit du IIe siècle, mais la date admise par Fr. Sokolowski, soit au milieu du IIIe siècle (par identification avec un stéphanéphore milésien) n'est pas certaine (il faudrait au point de départ disposer d'une photo de l'estampage). S'agit-il de la taxe sur la vente de l'alun, comme l'admettent les commentateurs, ou sur la production *i.e.* le produit de la concession de la vente de l'alun ? Le laconisme du texte ne permet pas de trancher, mais la deuxième hypothèse ne paraît pas avoir été envisagée.
46. Aulu-Gelle 15.1.
47. Voir supra p. 134-135.
48. Paus. 6.26.6.
49. Baumann 2000, 34-35, et de Callataÿ 2004 (étude des premières séries d'Amastris portant au revers le type annexe de la fleur de lin).
50. Cf. infra sur ce point, à propos du cas d'Hermionè.
51. Cf. Porten & Yardeni 1993.
52. Oppenheim 1967, 242-243, 246 et 248. Pour la production et l'échange de la pourpre en Phénicie, J. E. Doumet in *Méditerranée* 2007, 87-91, et Gratton 2007 pour l'époque impériale.
53. Sur ce passage, voir le commentaire détaillé et les références d'A. Rizakis (1995), p. 185, n° 274. Nous serions tenté d'expliquer les allusions de Pausanias, qui met aussi en relation les femmes de Patras avec Aphrodite, avec le souci de certaines femmes de trouver un complément de ressources. Sur la production textile, cf. déjà tome I, particulièrement chapitres 5, 141, et 7, 196-199 et 202.
54. Sur les transports de laine et l'hypothèse d'approvisionnements des cités de l'isthme de Corinthe en laine venant de Grèce de l'Ouest, cf. déjà tome I, chapitre 7, 198.
55. Cf. supra chapitre 3, p. 75-76.
56. Gjongecaj & Nicolet-Pierre 1991.
57. Sur ces aspects de l'innovation, cf. tome I, chapitre 7, p. 198.
58. Jameson *et al.* 1994, 317, avec références. On rappellera que la *Syracusaine* construite par Archimède était censée avoir transporté entre autres 520 tonnes de laine (cf. tome I, chapitre 3, p. 95 et chapitre 7, p. 198).
59. Sur la production des teintures, Monaghan 2000.
60. Sur l'existence de Boulis dès l'époque classique au moins, cf. J. Ouhlen, *in* Hansen & Nielsen 2004, 410-411. Dans la petite cité béotienne de Chorsiai, à l'est de Boulis mais à l'intérieur des terres, les fouilles ont révélé des citernes correspondant au site d'une petite zone de production textile (cf. Fossey & Gauvin 1992, 339-359, et auparavant Fossey 1986). Cette dernière, la « zone industrielle sud », était située en dehors de la ville, à une quarantaine de mètres au sud de la muraille. Elle bénéficiait d'un réseau d'adduction d'eau, qui traversait la ville avant de descendre vers cette zone de production. Les mauvaises odeurs pourraient expliquer cette localisation (voir aussi la situation des fabriques déliennes, cf. chapitre 4, p. 122.
61. Eubée : cf. Dion Chrysostome 7.2. Délos : Bruneau 1969, qui rassemble la documentation textuelle et archéologique (cuve) et montre que, toutes choses égales, il existait une activité de pêche au murex à Délos, Rhénée et Myconos et de fabrication de la pourpre à Délos, avec Bruneau 1978, 110-114 (nouvelle installation) ; cf. aussi Hellmann 1992, 191, avec renvoi à Chamonard 1922, 43-45 et 214-215, pour une hypothétique localisation de ces ateliers. Milet : Herrmann 1975. Aperlai : Hohlfelder & Vann 2000. Euhesperidès : Wilson 2006a.
62. Boulis : Paus. 7.21.7 et 10.37.2-3 ; cf. Rousset 2002, 38 et 61, n° 42.
63. Amigues 2004.
64. Cf. Robert 1936, 77-79 (= *Choix d'écrits*, 444-446). Sur le miel de Théangéla, cf. déjà tome I, chapitre 5, p. 138.
65. Sur d'autres salines, cf. tome I, chapitre 7, p. 189.
66. Sur les pigments et couleurs, cf. aussi infra et n. 91 p. 261.
67. Brun P. 1997 sur la réputation du fromage de Kythnos et les exportations.

68. Pierre de Siphnos : Pline, *Hist. Nat.*, 36.44.
69. Athénée 8 349e-f, Hesychius s.v. *sikyonia*. Cf. Griffith 1982, 32 et n. 21 (avec les autres références).
70. *Tarantina* : *Amorgina*. Pour Mégare, voir déjà tome I, chapitre 7, p. 198.
71. Sur les activités de transbordeurs des Ténédiens, cf. Rutishauser 2001 et Barnes 2006.
72. Hèrakleidès fr. 2.23-24 Arenz (2006, avec traduction all. p. 123-124 et commentaire p. 151-152 et 208-209 ; cf. aussi Barnes 2006, n. 45, p. 175-176). Sur la chronologie d'Hèrakleidès, cf. déjà tome I, chapitre 2, p. 51, et n. 37, p. 231. Selon Plutarque (*Questions grecques*, 19, 295D), Anthédon produisait peu de vin, ce qui paraît contredire Hèrakleidès (Arenz 2006, 209). Mais peut-être faut-il considérer que la ville avait un bon vin d'où son qualificatif d'*euoinos* chez Hèrakleidès, sans pour autant qu'il ait été abondant, d'où le *ou polyoinos* de Plutarque.
73. Éphore, apud Strabon 8.6.16 = *FGrHist* 70 F 176.
74. Monnaies tardo-hellénistiques de Selgè figurant le styrax (argent) : Baumann 2000 et *BMC Pisidia* 37, *SNG BN Paris* 1959, *SNG Cop.* 256, *SNG von Aulock.* 5284 ; (bronze) : *SNG BN Paris* 1970, *SNG von Aulock* 5286, *SNG Pfälz* (*PFPS*) 356.
75. Sur le concept de niche, cf. Levick 2004, 194, qui cite précisément entre autres cet exemple des toiles en poils de chèvres. Varron, *De l'agr.*, 2.11.12, explique l'origine de l'appellation ; Sisenna, *Hist.*, 107 (usage dans les années 70 a.C.) ; Cic., *Verrines*, 2.1.95 ; Pline, *Hist. Nat.*, 5.143 ??? 6.30.8 (Arabes Scénites) ; Solin 34 : utilisation par les Arabes Scénites, qui « vivent sous la tente » (*skènè* = tente) de ces tissus en poils de chèvres. En une intéressante continuité historique (début des années 1990, observation de l'auteur), des villages de l'ancienne Carie proches de Nazilli, qui pratiquent l'élevage de chèvres à poils longs, fournissent encore des tissus en poils de chèvres à des bédouins d'Arabie, qui apparemment les apprécient pour leur pouvoir isolant et pour leur résistance. Les fibres viennent maintenant de toute la Turquie et sont filées dans ces villages, où même les rues sont occupées par de longs écheveaux de laine (jusqu'à dix mètres), avant d'être tissées avec des méthodes traditionnelles. On peut de la sorte se faire une idée de ce que pouvait représenter « l'industrie villageoise » dans l'Antiquité, fondée sur une vraie spécialisation, mais une faible mécanisation.
76. Brun P. 1997 en fait clairement la démonstration.
77. Horden & Purcell 2000, 352-364, qui, de manière très suggestive, situent des développements de ce type dans une perspective transhistorique et montrent que, à cet égard, le Moyen Âge occidental a été longtemps bien plus proche de l'Antiquité et moins « industriel » qu'on ne le supposait jusqu'il y a peu.
78. Sur l'importance des techniques de broyage, cf. tome I, chapitre 7, p. 201-202.
79. Présentation d'Hermionè : Jameson *et al.* 1994, *passim* et particulièrement 37-39 et 581-595 sur la ville, avec carte hors-texte 4 sur le territoire immédiatement voisin de la cité ; Baladié 1980, 190-191, pour la géographie. Sur les aspects politiques à l'époque classique, cf. M. Piérart *in* Hansen & Nielsen 2004, 609-610.
80. Jameson *et al.* 1994, 596-606 (qui conserve la date traditionnelle au milieu du IIe siècle établie sur la base de recoupements prosopographiques) ; Chandezon 2003, p. 28-33, n° 5 (qui accepte la datation plus haute à la fin du IIIe siècle).
81. Jameson *et al.* 1994, 262-267.
82. Grandjean 1990.
83. Ault 1999, Jameson *et al.* 1994, 268-276.
84. van Andel & Runnels 1987, 105-109.
85. van Andel & Runnels 1987, 115.
86. Hood 1961-1962, 5 (cf. Parker 1992, 309-310, épave de Pétrokaravo). Voir aussi séparément Blackman 1998-1999, 18 (cf. déjà *Athens News Agency* 31/12/1997 pour la campagne d'exploration, où il est indiqué que le navire devait faire route vers Halieis). Il faudrait pouvoir préciser s'il ne s'agirait pas de la même épave, redécouverte après plus de trois décennies. On rappellera que les spécifications « laconiennes » ou « corinthiennes » ne désignent pas une provenance mais un type de fabrication. Les tuiles laconiennes avaient une forme courbe, tandis que les tuiles corinthiennes étaient plates, leur couvre-joint ayant une forme angulaire. Pour ces définitions, voir Ginouvès *et al.* 1985-1998, II, 186-188, et pl. 82-83. Pour un atelier de fabrication de tuiles laconiennes à Thasos à la fin de l'archaïsme ou au tout début de l'époque classique, cf. Perreault 1990. De nombreuses tuiles de type corinthien ont été découvertes à Halieis, cf. Ault 1999, avec fig. 7 et 8, p. 553. Pour la production et le commerce des tuiles dans le monde grec, Billot 2000.

87. Sur la pourpre d'Hermionè, cf. Jameson *et al.* 1994, 316-319.
88. M. E. Aubet, in *Méditerranée* 2007, 46.
89. Ainsi en dernier lieu Jameson *et al.* 1994, 316.
90. Oppenheim 1967, 237-238 et 242-243. Nous prenons pour base une mine babylonienne à 499,8 g. Pour Oppenheim, ces teintures étaient des productions locales de Babylonie. Il est vrai qu'il n'y a pas de mention d'une origine extérieure pour ces produits. Il est vrai que la même liste fait apparaître une série de biens importés avec leur provenance (monde grec, Liban, Égypte). Cependant, certains produits, comme l'étain, sont eux aussi mentionnés sans provenance, alors qu'ils n'étaient pas non plus d'origine locale. De la sorte, on peut se demander si les teintures aussi n'avaient pas une origine extérieure, comme l'alun d'Égypte mentionné dans cette tablette et dans plusieurs autres.
91. Pour une utilisation dans le monde achéménide, voir les peintures de la tombe de Tatarlı, cf. Summerer 2007.
92. Bruneau 1969, 763.
93. Bruneau 1969, *ibid.*
94. Salamine : Hdt. 8.43 ; Platées : Hdt. 9.28.4 ; cf. Jameson *et al.* 1994, 556-559.
95. Cf. tome I, chapitre 7, p. 190.
96. Rhodes-Osborne, *GHI*, 96, l. 40. Analyse de Jameson *et al.* 1994, 559-561. On relèvera aussi que, au IVe siècle, Hermionè a emprunté à Délos (cf. Migeotte, *Emprunt public*, p. 147-150).
97. Sur ce point, cf. chapitre 7.
98. Ault 1999, n. 69, p. 566.
99. Cf. Grandjean 1990.
100. Krugman & Obstfeld 2006, 18-19. Sur la question de l'énergie et des coûts de transport, cf. tome I, chapitre 3, p. 77-102.
101. Burford 1960 et 1969.
102. Hermippos fr. 63, l. 14 (*apud* Athénée 1 27e-28a).
103. Voir infra.
104. Sur cette épave, cf. supra, note 86 p. 260.
105. *Pérée*, p. 102-103, n° 87-88 (avec références), avec le complément de *IKnidos*, 672, pour Cnide – Datça.
106. Cf. tome I, chapitre 3, p. 87, et 235, n. 35.
107. Aischylidès, cité par Élien, *Sur les animaux*, 16.32.
108. Sur cet aspect de la circulation monétaire, cf. chapitre 3.
109. Arnold-Biucchi 1988.
110. Cf. les communications rassemblées par Garlan 1999b.
111. Heilporn 2000.
112. Tomber 1987 ; Wilson 2006b, 228-228.
113. Cf. tome I, chapitre 7, p. 201, avec en outre Fraenkel 2003 : utilisation des moulins à trémie (dont cependant l'origine levantine ne nous paraît pas prouvée) jusque dans les postes grecs du sud de la Gaule comme Lattes, entre le IVe et le IIe siècle a.C., cf. p. 7 ; origine occidentale et introduction tardive, seulement à l'époque impériale, des moulins rotatifs dans la zone égéenne ; mais il faudrait tenir compte aussi de la documentation délienne, qui montre en tout cas une utilisation courante de moulins rotatifs, entre autres « de type pompéien » (au reste connus dès la première moitié du IVe siècle a.C. au moins, comme le montre l'épave d'El Sec) à Délos à l'époque hellénistique, cf. Chamonard 1922, 214-215, avec fig. 108-109, p. 229, et Deonna 1938, 123-135, sur les broyeurs (avec fig. 362-397, pl. XLVIII-LII), particulièrement 131-135 sur les meules rotatives.
114. Pour l'épave de Kyrénia, Swiny & Katzev 1973 ; cf. Parker 1992, p. 231-232, n° 563. Pour celle d'El Sec, Arribas *et al.* 1987, 563-573 et les études rassemblées dans le volume « Grecs et Ibères », *REA*, 89, 1987, 13-146 ; Parker 1992, p. 392-394, n° 1058, Williams-Thorpe & Thorpe 1990 pour l'analyse des meules d'El Sec : sur 42 moulins à trémie, 27 sont en lave de Pantelleria (et 10 autres peut-être de la même origine), 1 de Nisyros ; sur les moulins rotatifs, l'un vient de Mulargia en Sardaigne.
115. Pour l'existence de routes et de partenariats commerciaux réguliers dès l'époque archaïque, voir Osborne 1996, qui fonde sa démonstration sur la distribution de la céramique attique, en tant que marqueur commercial.

116. British Admiralty, *The Mediterranean Pilot*, 1941, 191.
117. Sur le cap Kaphèreus, cf. von Geisau 1919.
118. Coleman *et al.* 1992, O'Neill *et al.* 1999, Whitley 2003-2004.
119. Sur Anthédon, cf. supra. Sur la pêche à Halai, cf. l'anecdote rapportée par Plutarque, *Sulla*, 26 (en 86 a.C, le général romain détruisit les trois cités voisines d'Halai, Larymna et Anthédon, mais il aurait sauvé les survivants d'Halai en raison de la qualité des poissons que lui auraient apporté des pêcheurs du lieu).
120. Bresson 2000, 101-108, avec carte p. 103.
121. Cf. chapitre 2.
122. Sur les amphores et le vin de Péparéthos et d'Ikos, Doulgeri-Intzessiloglou & Garlan 1990.
123. Salviat 1990 et Papadopoulos & Paspalas 1999.
124. Trois amphores de Mendè à El Sec : Arribas *et al.* 1987, 468-470.
125. Hatzidake 1996 et 1997 sur l'épave d'Alonnèsos ; Blackman 2001-2002 sur celle de Kyra Panaghia.
126. Cf. déjà supra à propos de la pourpre d'Hermionè.
127. Sur Kassandreia, tome I, chapitre 4, p. 117-121.
128. Papadopoulos & Paspalas 1999, 173.
129. Y. Garlan *in* Grandjean & Salviat 2000, 185-191.
130. Coase 1960 ; Margolis 1991.
131. Gill 1991 et 1994 ; cf. aussi Vickers & Gill 1996, 85-92.
132. Arafat & Morgan 1994, 117, avec tableau fig. 7.4.
133. En revanche, on ne peut suivre D. W. J. Gill (1994, 102) dans ses estimations de quantité de céramiques parvenues en Étrurie ou sur d'autres sites, comme si les trouvailles des archéologues correspondaient aux quantités objectivement parvenues à destination : autant on peut se fier au hasard des découvertes pour estimer l'évolution chronologique des arrivages, autant on ne peut en aucune façon considérer que ces découvertes traduisent directement le volume des quantités parvenues – comme si tous les sites avaient été fouillés, et en outre tous exhaustivement. Il y a évidemment toute chance qu'elles ne représentent qu'une infime partie des quantités parvenues, dans une proportion dont l'estimation devrait faire appel à de tout autres méthodes.
134. Gill 1991, 35-37.
135. Voir les communications rassemblées par Br. Sabattini (2000).
136. Sur cette question, le point de vue de D. W. J. Gill (1991, 37-38) selon lequel les prix de la céramique à l'arrivée étaient aussi faibles qu'au départ ne peut être suivi. Gill ne peut évoquer qu'un seul cas de graffite porté sur une céramique à Chypre où, quoi qu'il en dît, la mention du chiffre 3 a plus de chances de correspondre à 3 sicles qu'à 3 oboles. Au minimum, le cas aurait dû rester ouvert. La thèse de la nécessaire pauvreté des artisans potiers (Vickers & Gill 1996, 92-95) n'est pas davantage convaincante.
137. Dans le même sens mais avec une argumentation différente, Salmon 2000.
138. Pour le chiffre de 500 personnes, cf. Cook 1959, 118-121, et Arafat & Morgan, 326-327, qui insistent cependant sur les incertitudes de cette estimation.
139. Vickers & Gill 1996, 91-92.
140. Rotroff 2006.
141. Sur les ateliers du Péloponnèse, cf. Siebert 1981 ; sur Athènes, présentation rapide dans Rotroff 1984.
142. Sur la céramique West Slope d'Athènes, cf. Rotroff 1997 ; sur la diffusion des divers centres producteurs, Rotroff 2000.
143. Voir les travaux fondamentaux de J.-P. Morel (1981 et 2002-2003), sur lesquels repose l'analyse présentée ici.
144. Morel 1986, 463-469.
145. L'épave Grand Congloué A, plus ancienne, a été retrouvée sous l'épave Grand Congloué B, plus récente (voir Parker 1992, n° 471 et 472, p. 199-201).
146. Sur ce point, cf. chapitre suivant.
147. Époque hellénistique : cf. brièvement Bresson 1998.
148. Hdt. 1.165.1.
149. Sur ce point, cf. chapitre 4.
150. Pulak *et al.* 1987 ; Empereur & Tuna 1988 (pour la provenance des amphores) ; cf. Parker 1992, p. 399-400, n° 1071.

151. Parker 1992, p. 200-201, n° 472.
152. Arribas *et al.* 1987, avec tableau synthétique p. 410-411.
153. Cf. de La Genière 1999 et 2006, qui donne divers exemples de vases pouvant correspondre à des commandes d'acheteurs lointains, cf. en particulier 2006, 12, sur les commandes occidentales auprès des artisans chinois.
154. Sur ce point, voir chapitre 6.

Chapitre 6

1. Sur la notion d'*autarkeia*, Bresson 2000, 111-130, avec les références rassemblées.
2. Cf. sur ce point le discours du Ps-Démosthène, *Sur l'Halonèsos*, 7.11-13, avec le commentaire détaillé *in* Bresson 2000, 292-293.
3. *IG*, II^2, 903. Cf. Gauthier 1982, qui a dégagé le sens de cette inscription.
4. Ps.-Arist., *Écon.*, 2.2.8 (cf. Bresson 2000, 197-198).
5. Le Rider 1997.
6. Sur l'information relative aux échanges, cf. en détail chapitre 3, p. 90-96.
7. Sur les *sitônai* en général, Fantasia 1984. Voir déjà chapitre 4 sur le rôle des *sitônai* comme acheteurs de grain pour les fonds d'intervention des cités.
8. *Dig.* 50.4.18.5 pour l'existence de *curatores emendi frumenti olei*. Pour le cas d'Athènes, voir la loi d'Athènes sur l'huile de l'époque d'Hadrien, *IG*, II^2, 1100 (sur cette loi, cf. infra, n. 80).
9. Sur le fonds destinés à constituer des réserves de grain, cf. déjà supra chapitre 5.
10. Xén., *Hell.*, 4.56, cf. 57 pour la fin de l'épisode. Erdkamp 2005, 185-186, considère qu'il s'agit ici de Thèbes de Phtiotide, ce qui est tout à fait impossible d'une part parce que dans le récit de Xénophon l'épisode prend place dans le contexte de la guerre entre Thèbes de Béotie et Sparte, d'autre part parce que le trajet du grain (qui passait évidemment par le canal d'Eubée, d'où l'embuscade montée par les Spartiates à Oréos), rend cette hypothèse inenvisageable.
11. Xén., *Hell.*, 6.1.11. Sur le régime pluviométrique de la Thessalie, cf. tome I, chapitre 2, p. 41 ; *comparanda* modernes : Garnsey *et al.* 1984.
12. *IG*, XI.4, 1055 + 1025 (*Syll.*^{3}, 493 ; Pouilloux, *Choix*, 7) ; suit sur la même pierre un décret de Délos qui accorde aux Histiéiens un emplacement pour dresser la stèle portant le décret en l'honneur d'Athènodôros.
13. Sur le grain thessalien, cf. infra p. 192-195.
14. Sur cette guerre, Will 1979-1982, II, 45-46 ; Gabrielsen 1997, 44-46.
15. Will 1979-1982, I, 396-401 ; II, 69-75 ; F. W. Walbank, in *CAH*^{2}, VII.1, 473-478.
16. Pol. 4.16.6-8 et 19.7-8, cf. Wiemer 2002, 125.
17. Entre 239 et 229 a.C., un envoyé du roi de Macédoine Démétrios II était venu à Délos acheter du grain (cf. *IG*, XI.4, 666 ; *Choix Délos*, 48), dans un contexte de guerre selon G. Reger (1994, 119-122).
18. Sur cet échec et des parallèles, cf. infra p. 186-190.
19. Cf. infra, p. 208 et 210.
20. *IG*, XI.4, 1049 ; Migeotte, *Emprunt public*, p. 345-347, n° 117 ; Duchêne & Fraisse 2001, 162-163 ; Gabrielsen 2005, 154).
21. Malgré Duchêne 2001, *ibid.* ; cf. pour le point de vue inverse Vial 1984,341-342 et Bresson 2000, p. 281-283.
22. Pace respectivement Duchêne & Fraisse 2001, *loc. cit.* (saisies en mer) et Migeotte, *loc. cit.* (saisies au passage à Délos). Le contrat maritime du *C. Lacritos* (cf. chapitre 2, p. 68-71) prévoit explicitement que le navire ne pourra faire escale dans un port où l'on pourrait exercer une saisie sur les Athéniens.
23. Vial 1984, stemma XVI p. 136 et *passim*.
24. Ces créanciers sont nécessairement des créanciers privés (le grec ne dit pas que la cité est endettée auprès « des » Déliens, mais auprès « de » Déliens). Sur le cycle du capital à Délos, cf. Gabrielsen 2005, 154.
25. Ce point a été bien vu par L. Migeotte, *op. cit.*
26. *LGPN*, I, s.v.
27. Cf. Migeotte, *Emprunt public*, p. 151-156.
28. Cf. Brun 1996, 10.

29. Migeotte, *Emprunt public*, p. 248-252.

30. *IG*, XI.2, 161 A, l. 52 (*NChoixDélos*, p. 59-86, part. p. 61, texte grec, et 67, trad.).

31. L. Migeotte, *op. cit.*, a dressé la liste de la série des inscriptions où est mentionné Mnèsalkos. Le hasard veut qu'il apparaisse ainsi entre autres précisément dans la même inscription *IG*, XI.2, 161 A, l. 29-30, comme versant une somme de 60 dr. en paiement des intérêts d'une hypothèque. Ces gens appartenaient au même milieu et avaient toutes sortes d'occasions de se rencontrer.

32. Pour des cas de disette en Béotie et en Eubée, cf. Reger 1994, 278-279.

33. Voir en détail Bresson 2001b.

34. Dans cette reconstruction, nous suivons le commentaire de Van Groningen 1933, 111-115, modifié et complété par Migeotte, *Emprunt public*, p. 271-271, n° 82, qui offre la reconstruction la plus plausible. Le mot *hypothèkè* doit certes être compris comme un « fonds », cf. Migeotte, *ibid.*, p. 234, n. 358, cf. aussi Gauthier 1989, 89-90 et n. 23. J. Vélissaropoulous (1981, 197, n. 156) retenait le sens proche de « capital » et U. Fantasia (1984, 292-300) celui de « capital de fondation ». Mais ce « fonds », ou plutôt cette « somme d'argent », est affecté à un remboursement. Il s'agit donc bien d'une somme d'argent réservée à un usage spécifique, dans une logique de prêt. Ainsi, dans le contrat du *C. Lacritos* (cf. chapitre 2), les 3 000 amphores, ou le produit de leur vente, servent à gager le prêt. Elles jouent donc le rôle d'un « gage réservé », dans le contexte spécifique d'un emprunt. La traduction doit être la même dans les deux occurrences.

35. Pouilloux, *Choix*, 3 ; Migeotte, *Emprunt public*, p. 232-235, n° 67.

36. Cf. tome I, chapitre 6, p. 166-168.

37. Cf. infra.

38. Meiggs-Lewis, 30, I.A, l. 1-12 ; cf. *SEG*, 31, 984-985, et Brodersen *et al.*, 1992-1999, I, 26-28, traduction allemande et lemme ; *Nomima*, I, p. 366-370, n° 104. Le grec est très concret. On traduit ici *pharmaka dèlètèria* par « drogues empoisonnées », plutôt que par « actes de magie » comme les auteurs de *Nomima* : d'où notre suggestion qu'il puisse s'agir de produits susceptibles de contaminer des puits, ou autre moyen d'empoisonnement de masse.

39. Voir chapitre 4, p. 109-110.

40. Sur les agressions sur la personne d'étrangers, cf. supra chapitre 3, p. 75..

41. Téos-Lébédos : *RC*, 3 et 4, l. = Ager, *Arbitrations*, 13. Sur la question des importations et exportations et les problèmes soulevés par la lettre d'Antigone, cf. Bresson 1993, 168-169 et n. 23.

42. Garnsey 1996, 116-118, donne un bon commentaire de l'épisode.

43. Dion Chrysostome, *Discours*, 46.8-11.

44. Ps-Aristote, *Écon.*, 2.2.17. On justifiera ailleurs la traduction de la première phrase. Sur ce texte, cf. déjà Bresson 2000, 202. Sur le vieux grain, Gauthier 1987.

45. Ce cas est traité infra.

46. Garnsey *et al.* 1984 donnent de ce texte un commentaire important, mais, p. 37 leur traduction des l. 8-9 – il s'agirait selon eux d'un don de tout le grain disponible – les amène à une interprétation elle aussi inexacte de la vente du grain à Rome : ce seraient les édiles qui bénéficieraient de la vente du grain (p. 44) Mais rien n'indique que ce soit le cas et au contraire il est clair que ce sont les envoyés de l'ethnos thessalien qui se chargeront de la vente. Les auteurs soulignent à juste titre que Rome refusait les dons (exemples cités p. 44) : mais, précisément, l'approvisionnement procuré par les Thessaliens n'entre pas dans cette catégorie, ce qui ne fait que renforcer encore leur argumentation, car il n'a jamais été question que les Thessaliens fassent un don (ce qui ne veut pas dire que finalement, pour eux, l'affaire n'ait pas représenté un réel sacrifice financier).

47. *Illion*, 821-823 ; Migeotte, *Emprunt public*, p. 262-267, n° 79, avant et après 306 a.C., l. 7 (*dous*), 9 (*edôke*), 10 (*edôke*), l. 26 (*edôke*), cf. l. 27 (*pareskeuase*, « il a procuré »), l. 42 (*dounai*). Il s'agissait d'argent avancé sans intérêt (*chrèmata atoka*), mais dont le remboursement était donc prévu.

48. Pour la remarque sur *epididonai*, cf. Ph. Gauthier, *Bull. ép.*, 2006, 332. Cette ambiguïté du verbe *didonai* a même semé le doute chez tel excellent expert en matière de droit et d'économie de la Grèce ancienne, qui a pu suggérer que l'emploi du verbe dans l'inscription de Cyrène devait néanmoins tout de même faire référence à un don de grain (Compte rendu de Ed. M. Harris de Bresson 2000, *BMCR*, 2001.09.40, http://ccat.sas.upenn.edu/bmcr) ; pour le cas de Cyrène cependant, cf. infra.

49. Sur la situation de la Thessalie dans cette période, cf. Pounder & Dimitrova 2003.

50. Prix du froment en Sicile dans les années 70 a.C., Cic. 2 *Verr.* 189-191 : ordinairement 2 à 3 sesterces le modius, soit 3 à 4,5 drachmes le médimne.

51. Garnsey *et al.* 1984, 44, ont donc d'autant plus raison de souligner, avec exemples à l'appui, que Rome ne souhaitait pas recevoir de grain en don : mais précisément, il n'avait jamais été envisagé que le grain soit offert gratuitement par les Thessaliens (ce n'étaient les édiles qui devaient vendre le grain, mais les envoyés thessaliens dépêchés à Rome, ainsi que l'indique explicitement le texte).

52. Voir tome I, chapitre 2, p. 107-111.

53. *Isultandağı*, 393,

54. Voir ainsi le cas de la fiscalité séleucide, Capdetrey 2007, 395-422.

55. Préaux 1939.

56. Cf. Aperghis 2001, 78.

57. Sur les sources de revenus du roi séleucide Démétrios Ier en 152 a.C., cf. déjà tome I, chapitre 2, p. 109.

58. C'est la thèse centrale du livre de G. G. Aperghis (2004).

59. Briant 1994.

60. *IG*, II^2, 207, avec Briant 1994, 72-73, et Debord 1999, 350-352, qui songe à un Orontès II, petit-fils de l'Orontès de la révolte des satrapes.

61. *IG*, II^2, 401.

62. Welles, *RC*, 3, l. 72-75.

63. Pour les largesses des Séleucides, grain et huile, cf. Capdetrey 2007, 422-425.

64. Cf. Bresson 2000, 208-210.

65. Oliver 2007, 228-259, et tableau p. 285-289, avec le tableau complet des dons reçus par le Athéniens.

66. Sur les dons royaux à l'époque hellénistique, Bringmann & von Steuben 1995-2000 et Bringmann 2001.

67. Diod. 31.36.

68. Pol. 31.31.1-3.

69. Bringmann 2001, 208-209.

70. *IMilet*, I.9, 306 ; Bringmann 2001, *ibid.*

71. *IPriene*, 108 ; cf. Gauthier 1985 sur le phénomène.

72. Sur ce chiffre, cf. infra.

73. Cf. F 65 *in* Ruschenbusch 1966.

74. L'accord est presque unanime (cf. L'Homme-Wéry 2004, 151, n. 52) pour considérer que Solon visait ici les produits alimentaires. Cependant, R. Descat (1993) a voulu voir dans ces, *ginomena* une allusion à tous les produits de la terre attique, y compris ceux de l'artisanat et des mines. De ce fait, il conclut que la loi de Solon aurait en fait visé non pas à prohiber les exportations, mais à concentrer la vente des productions attiques à l'agora, où les étrangers n'auraient été admis que sur décision expresse de la cité. Comme le note L.-M. L'Homme-Wéry (2004, 151, n. 52, voir aussi les doutes de Garlan 2000, 90, n. 93), ce point de vue n'emporte pas la conviction : pourquoi Solon aurait-il poussé les Athéniens à avoir un métier et les aurait-il détourné du commerce maritime ? Dans cette hypothèse, la logique d'ensemble de la loi de Solon disparaît.

75. C'est la raison pour laquelle on ne peut suivre la thèse de R. Descat (2003, cf. 599) sur ce point. Toute la législation athénienne avait pour but de conserver le grain à Athènes. Sur le processus de la vente du grain à Athènes, cf. supra chapitre 4.

76. Johnston & Jones 1978 ; Dupont 1995/1996 (faiblesse des importations dans le Pont) ; Lawall 1998, 202 et p. 223, n° 75-76 : présence d'amphores « à la brosse » jusque dans le dernier quart du VIe siècle.

77. Docter 1991.

78. Valavanis 1986 et Bentz 1998, qui donne une étude complète (technique, décor, fabrication de l'huile, etc.) : voir particulièrement 89-95 sur la commercialisation et 111-115 sur la carte de diffusion.

79. On ne peut donc suivre l'interprétation de Ph. Gauthier (1982, 290), selon lequel, à l'époque hellénistique en tout cas, « d'ordinaire, l'Attique produit de l'huile à suffisance et même en exporte ». Au mieux, peut-être, la cité était autosuffisante : si la récolte était mauvaise, elle devait importer, ce qui est la situation décrite dans l'inscription *IG*, II^2, 903, des premières décennies du IIe siècle a.C., analysée supra p. 179-180.

80. *IG*, II^2, 1100 (Abbott & Johnson, 1926, p. 411-413, n° 90 ; Oliver, *Greek Constitutions*, n° 84) ; traduction Charles-Picard & Rougé 1969, p. 158-160, n° LIII ; cf. Graindor 1934, 74-79, et Boatwright 2000, 91-92 : Hadrien comme nouveau « nomothète » (législateur) d'Athènes.

81. *Recensement* 1914, p. VII. L'essentiel

82. *Recensement* 1914, tableau IV, p. 372.

83. Voir annexe 2.

84. *Recensement* 1921, tableau récapitulatif n° IV, p. 10-11.

85. P. Garnsey (1988, 141-149) a multiplié par deux (ou plus de deux) le chiffre de 329/328 en considérant qu'il s'agissait d'une mauvaise récolte.

86. Hansen 1988, 12, et 2006, 56.

87. Comme on l'a vu dans le tome I, chapitre 2, n. 109. p. 234, une estimation d'un niveau de population allant jusqu'à 431 000 habitants en 316 a.C., en outre à un moment de dépression démographique consécutif aux pertes militaires de la guerre Lamiaque et à l'émigration de citoyens pauvres, ne peut êtres suivie. Il faudrait dès lors compter avec des chiffres de population allant jusqu'à 575 000 habitants au ve siècle, voire sensiblement davantage, puisque les chiffres de 316 sont nécessairement inférieurs à ceux des années de prospérité des années 330-320 a.C. Sur cette base, des chiffres de population dépassant alors fortement les 600 000 habitants devraient alors être retenus pour le ve siècle : ils sont irréalistes non seulement si l'on prend en compte les *comparanda* modernes en termes de population, mais aussi les chiffres d'importation de grain qui nous sont connus par les sources antiques.

88. Garnsey 1996, 141.

89. Le chiffre serait de c. 387 000 médimnes, si l'on y incluait les 46 975 médimnes des territoires des possessions proches de Drymos, Salamine et Ôrôpos. Sur la conquête de ces territoires, cf. infra.

90. Stroud 1998.

91. Nous évaluons donc légèrement à la baisse les chiffres proposés *in* Bresson 2007c, 65.

92. Diodore 14.79.4 ; *Hell. Oxy.* 10.3 ; Justin, 6.2.1-3 indique que le pharaon leur envoya « cent trières et six cent mille boisseaux de blé ». Le chiffre des exportations de Cyrène au début des années 320, soit plus de 800 000 médimnes, est certainement d'un montant exceptionnel, à la mesure de la famine qui sévissait alors en Grèce. Les exportations normales devaient être en dessous de ce chiffre.

93. Cette spéculation consistait à instituer un monopole à l'exportation, ce qui le mettait en position favorable pour imposer ses prix. Sur les notions de monopole et de monopsone, cf. infra chapitre 7.

94. Nous en donnons la démonstration dans une étude (Bresson à paraître). Sur le grain de Cyrène, voir Laronde 1987, 30-33 ; Brun 1993 ; Horden & Purcell 2000, 71-74. Dans l'inscription de Cyrène, il s'agit aussi de vente, non de don. La cité de Cyrène a « fourni » du grain (*edôke*), elle ne l'a pas donnée Cette ambiguïté du verbe *didonai* a même semé le doute chez tel excellent expert en matière de droit et d'économie de la Grèce ancienne, qui a pu suggérer que l'emploi du verbe dans l'inscription de Cyrène devait néanmoins tout de même faire référence à un don de grain (compte rendu de Ed. M. Harris de Bresson 2000, *BMCR*, 2001.09.40 (http://ccat.sas.upenn.edu/bmcr). Mais, si l'on examine les parallèles des dons de grain de Psammétique (Plutarque *Périclès* 37.3, *dôrean* ; Philochore, *FGrHist* 328 F119) ou de Lysimaque (*IG*, II^2, 657, l. 11 12 (*dôrean*), on voit au contraire que ces sources confirment pleinement l'idée qu'à Cyrène il s'agissait de livraison, non de don. Pour les dons de Psammétique et Lysimaque, en effet, nos sources précisent qu'il s'agit d'une livraison faite *dôrean* (en don). En outre, celle de Psammétique représentait médimnes 40 000 médimnes, celle de Lysimaque 10 000. Par les quantités en jeu, les chiffres n'ont rien à voir avec la livraison de Cyrène. On ne voit pas pourquoi et à quelles conditions cette cité aurait ainsi libéralement fourni à toute la Grèce – qui pouvait payer – toute sa production exportable. On montre dans l'étude précitée que la cité de Cyrène avait acheté tout le grain disponible sur son territoire pour en assurer une juste répartition entre les différentes cités du sud de l'Égée touchée par la disette, certainement provoquée par l'insuffisante production de l'Égypte.

Chapitre 7

1. Cf. chapitre 5.

2. Sur ce point, voir les indications du volume I, chapitre 2, p. 64-66.

3. Cf. Bresson 2001c et les communications rassemblées dans le volume Bresson & Descat 2001.

4. Cf. Roussel 1916, 1-18, sur les conditions de création du « port franc » de Délos.

5. Sur le butin, le partage des profits de guerre, l'importance de la piraterie, et plus généralement le lien entre guerre et économie, voir Garlan 1989 et Couvenhes & Fernoux 2004 pour l'Asie Mineure, avec le bilan de Gabrielsen 2007 sur les rapports entre État et guerre.

6. Scholten 2000 sur la piraterie étolienne ; Brulé 1978 sur la piraterie crétoise.

7. Voir en particulier Meiggs 1975 et Picard 2000, où l'on trouvera l'essentiel d'une littérature considérable.

8. Salomon 1997, 31-37.

9. Salomon 1997, 37-38.

10. *IG*, I^3, 61, l. 34-41 (traduction française Brun P. 2005, p. 45-48, n° 15) ; cf. Pébarthe 2000, 63-64. Sur les contrôles politiques exercés par diverses puissances à différentes périodes sur la route des Détroits, cf. Bresson 2007c et Pébarthe 2000.

11. *IG*, I^3, 174 (traduction française Brun P. 2005, p. 60-61, n° 21) ; cf. Pébarthe 2000, 63 (mais l'origine de cet Achéen – de Phtiotide ou du Péloponnèse, ne nous paraît pas encore clairement établie). Pour le passage de la *Constitution des Athéniens* (2.11-13), cf. chapitre 5, p. 134-135.

12. Pol. 28.2, cf. 28.16.

13. Sur un aspect de cet impôt en nature en Asie, cf. déjà volume I, chapitre 3, p. 90-91.

14. Sur ce point, cf. chapitre 6, p. 192-195.

15. Sur ce point, cf. infra.

16. *IG*, I^3, 1453 (traduction française Brun P. 2005, p. 53-55, n° 18) ; nouveau fragment Hatzopoulos 2000-2003.

17. Ashton 2001, 79-82 (tétradrachme originellement à 15,30 g, contre 17,30 pour le tétradrachme attique à cette époque).

18. Picard 1980 et 2007.

19. Le Rider 1986 et 1989 ; Le Rider & de Callataÿ 2006 ; Bresson 1993a pour Rhodes.

20. Meyer & Moreno 2004.

21. Goddio 2007, p. 208, et p. 310, n° 422 (poids de 41,6 g, à peine inférieur à celui de dix drachmes attiques : usure et perte de poids expliquent facilement la différence). Monnaies aux types attiques à Hèrakleion, p. 208, et p. 310, n° 423 et 424.

22. Sur la question de la production de chouette attiques en Égypte à la fin du ve ou au début du IVe siècle, voir brièvement Picard 2007.

23. Sur les coûts de transport, cf. volume 1, chapitre 2, p. 77-102 ; sur les interdictions d'exporter, chapitre 6, p. 189-191.

24. Loomis 1998.

25. De Callataÿ 1989. Sur les rapports entre prix et masse monétaire, cf. Bresson 2005a et supra chapitre 2.

26. Reger 1994 et 2007.

27. Pour les prix sur le marché babylonien, cf. Joannès 1997 ; van der Spek 2000 et 2006 ; Vargyas 1997 et 2001.

28. Reger 1994, 226-231.

29. Cf. de Callataÿ 2006a.

30. Bresson 2006f.

31. Sur Phainippos, cf. volume I, chapitre 6, p. 152-154.

32. Voir chapitre 6.

33. Sur cette hypothèse, cf. chapitre 5, p. 146.

34. Cf. supra chapitre 6.

35. Sur le monnayage stéphanéphore d'Athènes, voir l'étude fondamentale de M. Thompson (1961).

36. D'autres chronologies ont été proposées pour le début des stéphanéphores, en supposant que, dans les premières années, le changement de magistrat ne suivait pas un rythme annuel. Cette hypothèse ne paraît pas devoir être suivie.

37. Finkielzstejn 2001b, avec graphique p. 186, fig. 1b, pour la chute de la production révélée par la collection de timbres amphoriques de Lindos. Il est vraisemblable que le mode de rassemblement de la collection a contribué à accentuer les évolutions, mais on ne saurait douter de la validité de l'ensemble du schéma.

38. Pour le détail de l'analyse de la conjoncture délienne du IIe siècle et du début du Ier siècle et pour l'analyse du décret amphictionique *CID*, IV, 127, voir l'étude citée Bresson 2006f. Sur le décret, voir aussi Psoma 2006.
39. Cf. supra chapitre 2.
40. Sur l'idéologie des mercantilistes en matière d'échanges extérieurs, cf. Clément 2001, 44-50.
41. Voir fondamentalement l'ouvrage de J. A. Miller (1999) sur le mode de fonctionnement des marchés dans la France d'Ancien Régime, particulièrement 27-92, qui constitue une mine d'informations sur la question.
42. Miller 56-57.
43. Persson 1999.
44. Aristote, *Pol.*, 1.11.11. Cf. déjà tome I, chapitre 8, p. 222.
45. *OGIS*, 484, et II, p. 552 (Oliver, *Greek Constitutions*, n° 84).
46. Sur les pressions populaires, cf. chapitre 6, p. 191.
47. Pour l'instabilité des prix du vin, cf. Tchernia 1986, 223.
48. Cf. tome I, chapitre 1, p. 34-35.
49. Sur ces concepts, chapitre 1, p. 32-33.

Abréviations

On utilise dans cet ouvrage les abréviations usuelles en histoire ancienne. Les abréviations des revues sont celles de l'*Année philologique*. Pour une liste des abréviations épigraphiques, cf. Fr. Bérard, D. Feissel, P. Petitmengin, D. Rousset, M. Sève et collaborateurs, *Guide de l'épigraphiste*, 3e éd., Paris, dont les suppléments peuvent être consultés sur Internet à l'adresse suivante : http://www.antiquite.ens.fr/txt/dsa-publications-guidepigraphiste-fr.htm

On se limite donc ici à la liste des abréviations particulières :

Ager, *Arbitrations*	Sh. L. Ager, *Interstate Arbitrations in the Greek World, 337-90 B.C*, Berkeley – Londres, 1996.
Bull. ép.	*Bulletin épigraphique* de la *Revue des Études Grecques*.
*CAH*², VII.1	F. W. Walbank, A. E. Astin, M. W. Frederiksen, R. M. Ogilvie, éd., *The Cambridge Ancient History*, VII.1, *The Hellenistic World*, Cambridge, 1984.
CEHMB	R. Floud et P. Johnson, éd., *The Cambridge Economic History of Modern Britain*, I, *Industrialisation, 1700-1860*, Cambridge, 2004.
Choix d'écrits	L. Robert, *Choix d'écrits*, Paris, 2007.
Choix Délos	F. Dürrbach, *Choix d'inscriptions de Délos*, 1921.
Choix	J. Pouilloux, *Choix d'inscriptions grecques*² (1e éd. 1960), Paris, 2003.
Code of Gortyn	R. F. Willetts, *The Law Code of Gortyn,* Berlin, 1967.
Dodone	É. Lhôte, *Les lamelles oraculaires de Dodone*, Hautes études du monde gréco-romain 36, Genève, 2006.

DS	Ch. Daremberg et Ed. Saglio, *Dictionnaire des Antiquités*, I-X, 1877-1919.
ESAR	T. Frank éd., *An Economic Survey of Ancient Rome*, IV, Baltimore, 1938.
FGrHist	F. Jacoby, *Die Fragmente der griechischen Historiker*, Leyde, 1957sq.
GHI	P. J. Rhodes et R. Osborne, *Greek Historical Inscriptions 404-323 BC*, Oxford, 2003.
Gomme *et al., Commentary*	Gomme, A. W., A. Andrewes et K. J. Dover (1945-1981) : *A Historical Commentary on Thucydides*, I-V, Oxford.
Greek Constitutions	J. H. Oliver, *Greek Constitutions of the Early Roman Emperors from Inscriptions to Papyri*, Philadelphie, 1989.
HTC	P. Debord et E. Varinlioğlu, éd., *Les hautes terres de Carie*, Ausonius Mémoires 4, Bordeaux, 2001.
Magnetto, *Arbitrati*	S. Magnetto, *Gli arbitrati interstatali greci*, II, *Dal 337 al 196 a.C.*, Pise, 1997.
Meiggs-Lewis	R. Meiggs et D. M. Lewis, *A Selection of Greek Historical Inscriptions to the End of the Fifth Century*[2], Oxford,1989.
Migeotte, *Emprunt public*	L. Migeotte, *L'emprunt public dans les cités grecques*, Québec – Paris, 1984.
NChoixDélos	Cl. Prêtre, éd. : *Nouveau choix d'inscriptions de Délos. Lois, comptes et inventaires*, Études épigraphiques 4, Athènes.
Nomima	H. Van Effenterre et Fr. Ruzé, *Nomima. Recueil d'inscriptions politiques et juridiques de l'archaïsme grec*, Collection de l'École française de Rome 188, I-II, 1994-1995.
Nouveau Choix	Institut Fernand-Courby, *Nouveau choix d'inscriptions grecques*[2], 2006 (1e éd. 1971).
NSER	G. Pugliese Carratelli, « Nuovo supplemento epigrafico rodio », *ASAA*, n. s. 17-18, 1955-56, p. 157-181.
OMS	L. Robert, *Opera Minora Selecta*, I-VII, Amsterdam, 1969-1990.
P.Cairo.Zen.	*Catalogue général des antiquités égyptiennes du Musée du Caire : Zenon Papyri*, I-V, éd. C. C. Edgar, Le Caire, 1925-1940.

Paton-Hicks	W. R. Paton et L. E. Hicks, *The Inscriptions of Cos,* Oxford, 1891.
Pérée	A. Bresson, *Recueil des inscriptions de la Pérée rhodienne*, Besançon – Paris, 1991.
Pleket, *Epigraphica*, I	H. W. Pleket : *Epigraphica*, I, *Texts on the Economic History of the Greek World*, Leyde, 1964.
Schwyzer, *DGE*	E. Schwyzer, *Dialectorum Graecarum exempla epigraphica potiora*, Zürich, 1923.
SEG	*Supplementum epigraphicum Graecum*, Leyde, 1923-1971, puis Amsterdam, 1979 –.
Tituli Camirenses	M. Segre et G. Pugliese Carratelli, « Tituli Camirenses », *ASAA*, n. s. 11-13, 1949-1950, 139-318.
Welles, *RC*	C. B. Welles, *Royal Correspondence in the Hellenistic Period*, New Haven, 1934.

Bibliographie

Abbott, F. F., et A. C. Johnson (1926) : *Municipal Administration in the Roman Empire*, Princeton.

Adam, J.-P. (1989) : « Gli antichi paesi : effetti sismici nell'edilizia storica », in : Guidoboni 1989, 388-397.

Adam-Veleni, P., E. Poulaki et K. Tzanavari (2003) : *Ancient Country Houses on Modern Roads, Central Macedonia*, Athènes.

Adelshauser, W. (2004) : « L'école historique et les problèmes d'aujourd'hui », in : Bruhns 2004a, 19-38.

Aigner Foresti, L. (1999) : « Etruschi e Greci in Adriatico, nuovo considerazioni », in Braccesi & Luni 1999, 313-327.

Akamatis, G. (2002) : « Agora Pellas. Anaskaphikè periodos 2002 », *AEMT*, 16, 437-446.

Akamatis, G. (2003) : « Pella 2003. Nea dedomena gia tèn agora tès », *AEMT*, 17, 485-496.

Akerlof, G. (1970) : « The Market for 'Lemons' : Quality Uncertainty and the Market Mechanism », *Quarterly Journal of Economics*, 84.3, 488-500.

Akten des VI. Kongresses (1973) : *Akten des VI. Internationalen Kongresses für griechische und lateinische Epigraphik. München 1972*, Munich.

Alcock, S. (1993) : *Graecia capta : the Landscapes of Roman Greece*, Cambridge – New York.

Alcock, S. (2002) : *Archaeologies of the Greek Past : Landscape, Monuments, and Memories*. Cambridge.

Alcock, S. E., J. F. Cherry et J. L. Davis (1994) : « Intensive Survey, Agricultural Practice and the Classical Landscape of Greece », in : Morris 1994, 137-170.

Alcock, S., et J. F. Cherry, éd. (2004) : *Side-by-Side Survey : Comparative Regional Studies in the Mediterranean World*, Oxford.

Amandry, M., et S. Hurter, éd. (1999) : *Travaux de numismatique grecque offerts à Georges Le Rider*, Londres.

Ameling, W. (1993) : *Karthago. Studien zu Militär, Staat und Gesellschaft*, Vestigia 45, Munich.

Amigues, S. (2004) : « Le silphium. État de la question », *JS*, 2004, 191-226.

Amouretti, M.-Cl. (1986) : *Le pain et l'huile dans la Grèce antique*, Paris.

Amouretti, M.-Cl. (1992) : « Oléiculture et viticulture dans la Grèce antique », in : Wells 1992, 77-86.

Amouretti, M.-Cl., et G. Comet, éd. (1998) : *Artisanat et matériaux : La place des matériaux dans l'histoire des techniques*, Cahiers d'Histoire des Techniques 4, Aix-en-Provence.

Amouretti, M.-Cl., et J.-P. Brun (1993) : *La production du vin et de l'huile en Méditerranée*, BCH Suppl. 26, Athènes – Paris.

Amundsen, D. W., et C. J. Diers (1969) : « The Age of Menarche in Classical Greece and Rome », *Human Biology*, 41, 125-132.

Anderson-Stojanovic, V. R., et J. Ellis Jones (2002) : « Ancient Beehives from Isthmia », *Hesperia*, 71, 345-376.

Andreau, J. (1997) : « Deux études sur les prix à Rome : les "mercuriales" et le taux d'intérêt », in : Andreau *et al.* 1997, 105-120.

Andreau, J. (2007) : « Le prix du blé en Sicile et à Antioche de Pisidie (*AE*, 1925, 126b) », in Dubouloz & Pittia 2006, 111-125.

Andreau, J., et C. Virlouvet, éd. (2002) : *L'information et la mer dans le monde antique*, Coll. de l'École française de Rome 297, Rome.

Andreau, J., et R. Descat (2006) : *L'esclavage en Grèce et à Rome*, Paris.

Andreau, J., P. Briant et R. Descat, éd. (1994) : *Économie antique. Les échanges dans l'Antiquité : le rôle de l'État,* Entretiens d'archéologie et d'histoire 1, Saint-Bertrand-de-Comminges.

Andreau, J., P. Briant et R. Descat, éd. (1997) : *Économie antique. Prix et formation des prix dans les économies antiques*, Entretiens d'archéologie et d'histoire 3, Saint-Bertrand-de-Comminges.

Andreau, J., P. Briant et R. Descat, éd. (2000) : *Économie Antique. La guerre dans les économies antiques*, Entretiens d'archéologie et d'histoire 5, Saint-Bertrand-de-Comminges.

Andreou, I. (1994) : « O dimos tôn Aixonidôn Alôn », in : Coulson *et al.* 1994, 191-209.

Aperghis, G. G. (2004) : *The Sekeukid Royal Economy. The Finances and Financial Administration of the Seleukid Empire*, Cambridge.

Aperghis, M. (2001) : « Population – Production – Taxation – Coinage – A Model for the Seleukid Economy », in : Archibald *et al.* 2001, 69-102.

Apostolou, E. (2002) : « Rhodes hellénistique. Les trésors et la circulation monétaire », *Eulimene*, 3 117-182.

Arafat, K., et C. Morgan (1994) : « Athens, Etruria and the Heuneburg : Mutual Misconceptions in the Study of Greek-Barbarian Relations », in : Morris 1994, 108-134.

Archibald, Z. A., J. Davies, V. Gabrielsen et G. J. Oliver, éd. (2001) : *Hellenistic economies*, Londres.

Archibald, Z. A., J. K. Davies et V. Gabrielsen, éd. (2005) : *Making, Moving and Managing. The New World of Ancient Economies, 323-31 BC*, Oxford.

Arenz, A. (2006) : *Herakleides Kritikos »Über die Städte in Hellas« Eine Periegese Griechenlands am Vorabend des Chremonideischen Krieges*, Munich.

Argoud, G. (1987) : « Le problème de l'eau dans la Grèce antique », in : Réparaz 1987, 205-219.

Argoud, G., éd. (1994a) : *Science et vie intellectuelle à Alexandrie (Ier - IIIe siècle après J.-C.)*, Centre Jean Palerne Mémoires 14, Saint-Étienne.

Argoud, G. (1994b) : « Héron d'Alexandrie, mathématicien et inventeur », in : Argoud 1994, 53-65.

Argoud, G. (1998) : « Héron d'Alexandrie et les Pneumatiques », in : Argoud & Guillaumin 1998, 127-145.

Argoud, G., et J.-Y. Guillaumin, avec la collab. d'A. Cachard, éd. (1997) : *Les Pneumatiques d'Héron d'Alexandrie*, Centre Jean Palerne Mémoires 15, Saint-Étienne.

Argoud, G., L. I. Marangou, V. Panayotopoulos, C. Villain-Gandossi, éd. (1992) : *L'eau et les hommes en Méditerranée et en mer Noire dans l'Antiquité de l'époque mycénienne au règne de Justinien*, Athènes.

Arnaud, P. (2005) : *Les routes de la navigation antique. Itinéraires en Méditerranée,* Paris.

Arnold-Biucchi, C., L. Beer-Tobey et N. M, Waggoner (1988) : « A Greek Archaic Silver Hoard from Selinus », *AMSMN*, 33, 1- 35.

Aronis, G. (1952) : « Les minerais de fer de Grèce », in : Blondel & Marvier 1952, II, 223-226.

Arribas, A., Gl. Trias, D. Cerdá et J. de Hoz (1987) : *El barco de El Sec (Costa de Calviá, Mallorca). Estudio de los materiales*, Majorque.

Arrow, K. (1963) : « Uncertainty and the Welfare Economics of Medical Care », *American Economic Review*, 53.5, 941-973.

Ascani, K., V. Gabrielsen, K. Kvist et A. H. Rasmussen (2002) : *Ancient History Matters : Studies Presented to Jens Erik Skydsgaard on his Seventieth Birthday*, Analecta Romana Instituti Danici Supplementum 30, Rome.

Asheri, D. (1969) : *Leggi greche sul problema dei debiti*, Pise.

Ashton, R. H. J. (2001) : « The Coinage of Rhodes 408-c.190 B.C. », in : Meadows & Shipton 2001, 79-115.

Aspects 1996 : *Aspects de l'artisanat du textile dans le monde méditerranéen (Égypte, Grèce, monde romain)*, Collection de l'Institut d'Archéologie et d'Histoire de l'Antiquité 2, Lyon – Paris.

Ault, B. (1999) : « Koprones and Oil Presses at Halieis : Interactions of Town and Country and the Integration of Domestic and Regional Economies », *Hesperia*, 68, 549-573.

Ault, B. (2005) : « Housing the Poor and the Homeless in ancient Greece », in : Ault & Nevett 2005, 140-159.

Ault, B. A., et L. C. Nevett, éd. (2005) : *Ancient Greek Houses and Households : Chronological, Regional, and Social Diversity*, Philadelphie.

Aupert, P. (1996) : *Guide d'Amathonte*, Athènes.

Austin, M. M, et P. Vidal-Naquet (1972) : *Économies et sociétés en Grèce ancienne*, Paris.

Austin, M. M. : (1994) : « Society and Economy », *CAH*², VI, *The Fourth Century*, 527-564.

Avram, A. (1997/1998) : « Notes sur l'inscription de l'emporion de Pistiros en Thrace », *Il Mar Nero*, 3, 37-46.

Aylward, W. (2005) : « Security, Synoikismos, and Koinon as Determinants for Troad Housing in Classical and Hellenistic Times », in : Ault & Nevett 2005, 36-53.

Badian, E., éd. (1966) : *Ancient Society and Institutions*, Oxford.

Badinou, P. (2003) : *La laine et le parfum. Épinetra et alabastres. Forme, iconographie et fonction*, Louvain – Dudley.

Bakhuizen, S. C. (1977) : « Greek Steel », *World Archaeology*, 9.2, Architecture and Archaeology, oct. 1977, 220-234.

Baladié, R. (1980) : *Le Péloponnèse de Strabon*, Paris.

Balandier, Cl. (2004) : « L'importance de la production du miel dans l'économie gréco-romaine », *Pallas*, 64, 183-196.

Balty, J.-C. (1977) : « Les grandes étapes de l'urbanisme d'Apamée-sur-l'Oronte », *Ktèma*, 2, 3-16.

Barnes, Chr. L. H. (2006) : « The Ferries of Tenedos », *Historia*, 55, 167-177.

Barrandon, J.-N., et A. Bresson (1997) : « Imitations crétoises et monnaies rhodiennes : analyse physique », *RN*, 152, 137-156.

Baslez, M.-Fr., Ph. Hoffman et M. Treddé (1992) : *Le monde du roman grec. Études de littérature ancienne*, Paris.

Bass, G. F. (1967) : *Cape Gelidonya : A Bronze Age Shipwreck*, Philadephie.

Bats, M. (1988) : *Vaisselle et alimentation à Olbia de Provence, v. 350-v. 50 av. J.-C. : modèles culturels et catégories céramiques*, Paris.

Baumann, H. (2000) : *Pflanzenbilder auf griechischen Münzen*, Munich.

Beaune, J.-C. (1980) : *L'automate et ses mobiles*, Paris.

Behrend, D. (1973) : « Rechtshistorische Betrachtungen zu den Pachtdokumenten aus Mylasa und Olymos », in : *Akten des VI. Kongresses*, 145-168.

Beitone, A., A. Cazorla, Chr. Dollo et A.-M. Dray (2007) : *Dictionnaire des sciences économiques*[2], Paris.

Bekker-Nielsen, T. (2002) : « Fish in the Ancient Economy », in : Ascani *et al.* 2002, 29-37.

Bekker-Nielsen, T., éd. (2005a) : *Ancient Fishing and Fish Processing in the Black Sea Region*, Black Sea Studies 2, Aarhus.

Bekker-Nielsen, T. (2005b) : « The Technology and Productivity of Ancient Sea Fishing », in : Bekker-Nielsen 2005a, 83-96.

Bellancourt-Valdher, M., et J.-N. Corvisier (1999) : *La démographie historique antique*, Cahiers scientifiques de l'Université d'Artois 11, Arras.

Bellancourt-Valdher, M., et J.-N. Corvisier, éd. (1999) : *La démographie historique antique*, Arras.

Beloch, J. (1886) : *Die Bevölkerung der griechisch-römischen Welt*, Leipzig.

Bencivenni, A. (2004) : « Aristodikides di Asso, Antioco I e la scelta di Ilio », *Simblos*, 159-185.

Benedict, B. (1972) : « Social Regulation of Fertility », in : Harrison & Boyce 1972, 73-89.

Bentz, M. (1998) : *Panathenäische Preisamphoren. Eine Athenische Vasengattung und ihre Funktion vom 6.-4. Jahrhundert v. Chr.*, Bâle.

Beopoulou I. (1987) : « Trajets du patrimoine dans une société maritime grecque : lieux masculins et féminins dans la l'acquisition et la circulation des biens », in : Ravis-Giordani 1987, 307-25.

Beopoulou I. (1989) : « Dot, propriété et économie marchande dans un village grec », in : Peristiany & Handman 1989, 335-53.

Bertrand, J.-M. (1992a) : *L'hellénisme 323-31 av. J.-C. Rois, cités et peuples*, Paris.

Bertrand, J.-M. (1992b) : « Le chasseur dans la ville », in : Baslez *et al.* 1992, 85-92.

Bertrand, J.-M. (2006) : « À propos de la *Rhétorique* d'Aristote (I, 1373b1-1374b23), analyse du processus judiciaire II. *anakrisis/erôtèsis* », in : *Symposion 2003*, 191-202.

Bezeczky, T. (2002) : « Brindisian Olive Oil and Wine in Ephesos », in : Rivet & Sciallano 2002, 355-58.

Bezeczky, T. (2004) : « Early Roman Food Import from Ephesus : Amphorae from the Tetragonos Agora », in : Eiring & Lund 2004, 85-97.

Bideau, A., G. Brunet et R. Desbos (1978) : « Variations locales de la mortalité des enfants : l'exemple de la châtellenie de Saint-Trivier-en-Dombes (1730-1864) », *Annales de démographie historique,* 7-29.

Bilde, P. G., et V. F. Stolba, éd. (2006) : *Surveying the Greek Chora. The Black Sea Region in a Comparative Perspective*, Aarhus.

Bilde, P., Tr. Engberg-Pedersen, L. Hannestad, J. Zahle, J. & R. Klaus, éd. (1993) : *Centre and Periphery in the Hellenistic World*, Studies in Hellenistic Civilization 4, Aarhus.

Billiard, R. (1913) : *La vigne dans l'antiquité*, Lyon.

Billot, Fr. (2000) : « Centres de production et diffusion des tuiles dans le monde grec », in : Blondé & Muller 2000, 193-240.

Bintliff, J. (1977) : *Natural Environment and Human Settlement in Prehistoric Greece*, BAR International Series 28, Oxford.

Bintliff, J. L. (1988) : « Mediterranean Survey and the City », *Antiquity*, 62, 57-71.

Bintliff, J. L., et A. M. Snodgrass (1985) : « The Cambridge/Bradford Boeotian Expedition : the First four Years », *Journal of Field Archaeology,* 12, 123-61.

Blackman, D. (1998-1999) : « Archaeology in Greece, 1998-1999 », *Archaeological Reports,* 45, 1-124 et 192.

Blackman, D. (2001-2002) : « Archaeology in Greece, 2001-2002 », *Archaeological Reports,* 48, 1-115.

Blackman, D. J. (1999) : « I limenes tis archaias Rhodou », in : Rhodos 1999, 41-50.

Blackman, D., éd. (1973) : *Marine Archaeology*, Londres.

Blamire, A. (2001) : « Athenian Finance, 454-404 B.C. », *Hesperia*, 70, 99-126.

Blok, J. H., et A. P. M. H. Lardinois, éd. (2006) : *Solon of Athens. New Historical and Philological Approaches*, Leyde.

Blondé, Fr., et A. Muller, éd. (2000) : *L'artisanat en Grèce ancienne. Les productions, les diffusions*, Université de Lille 3 Travaux et recherches, Lille.

Blondé, Fr., P. Ballet et J.-Fr. Salles, éd. (2002) : *Céramiques hellénistiques et romaines : productions et diffusion en Méditerranée orientale (Chypre, Égypte et côte syro-palestinienne)*, Lyon.

Blondel, F., et L. Marvier, éd. (1952) : *Symposium sur les gisements de fer du monde*, I-III, Alger.

Boatwright, M. T. (2000) : *Hadrian and the Cities of the Roman Empire*, Princeton.

Boehringer, Chr. (1972) : *Zur Chronologie mittelhellenisticher Münzserien 220 - 160 v. Chr.,* Berlin.

Boehringer, Chr. (1997) : « Zu Chronologie und Interpretation der Münzprägung der Achaischen Liga nach 146 v. Chr. », *Topoi*, 7, 103-108.

Boeotia Antiqua III (1993) : *Boeotia Antiqua III : Papers in Boiotian History, Institutions and Epigraphy in Memory of Paul Roesch*, Amsterdam,

Boffo, L. (2001) : « Lo statuto di terre, insediamente e persone nell'Anatolia ellenistica », *Dike*, 4, 233-255.

Bogaert, R. (1968) : *Banques et banquiers dans les cités grecques*, Leyde.

Bolin, S. (1958) : *State and Currency in the Roman Empire to 300 A.D.*, Stockholm.

Bolkestein, H. (1922) : « The Exposure of Children at Athens and the *enchitristriai* », *CPh*, 17, 1922, 222-239.

Borgard, Ph. (2005) : « Les amphores à alun (Ier siècle avant J.-C.-IVe siècle après J.-C.) », in : Borgard 2005, 157-169.

Borgard, Ph., J.-P. Brun et M. Picon, éd. (2005) : *L'alun de Méditerranée*, Naples – Aix-en-Provence.

Borza, E. N. (1987) : « Timber and Politics in the Ancient World : Macedon and the Greeks », *Proceedings of the American Philosophical Society*, 131, 32-52.

Bound, M. (1991) : *The Giglio Wreck : A Wreck of the Archaic Period (c. 600 BC) off the Tuscan Island of Giglio*, Enalia Suppl. 1, Athènes (*non vidi*).

Bourdieu, P. (1979) : *La distinction : critique sociale du jugement*, Paris.

Bourgey, L. (1975) : « La relation du médecin au malade dans les écrits de l'école de Cos », in : 1975, 209-227.

Bourgey, L. et J. Jouanna (1975) : *La collection hippocratique et son rôle dans l'histoire de la médecine*, Leyde.

Bouscaras, A., et C. Hughes C. (1972) : « La cargaison des bronzes de Rochelongues (Agde, Hérault) », *RSL*, 33 (*Hommage à Fernand Benoit*), 173-184.

Bousquet, J. (1986) « Une nouvelle inscription trilingue à Xanthos ? », *RA*, 101-106.

Bouvier, J., F. Braudel, E. Labrousse, éd. (1970) : *Histoire économique et sociale de la France*, II, Paris.

Bowie, E. L. (1995) : « Wine in Old Comedy », in : *In Vino Veritas, Persian Empires. The Ninth Oxford Symposium on Coinage and Monetary* History, BAR International Series 343, Oxford.

Bradley, K. R. (1989) : *Slavery and Rebellion in the Roman World 140 B.C. - 70 B.C.*, Londres.

Braudel, F. (1979) : *Civilisation matérielle, économie et capitalisme*, I, *Les structures du quotidien*, Paris.

Bravo, B. (1980) : « Sulân », *ASNP*, s. 3, 10.3, 675-987.

Bredow, I. von (2002) : « Handelsverbindungen zwischen Pontos und Ägäis zur Zeit der Odrysenreiches », in : Olshausen & Sonnabend 2002, 445-451.

Brennan, T. C. (1993) : « The Commanders in the First Sicilian Slave War », *RFIC*, 121, 153-184.

Bresciani, E. (1998) : « L'Egitto achemenide : Dario I e il canale del mar Rosso », *Transeuphratène*, 14, 103-111

Bresson, A. (1985) : « Démographie grecque antique et modèle statistique », *Revue, Informatique et Statistique dans les Sciences Humaines*, 21, 7-34.

Bresson, A. (1988) : « Richesse et pouvoir à Lindos (époque hellénistique) », in : Dietz & Papachristodoulou 1988, 145-154.

Bresson, A. (1991) : *Recueil des inscriptions de la Pérée rhodienne (Pérée intégrée)*, Besançon – Paris.

Bresson, A. (1993a) : « La circulation des monnaies rhodiennes », *DHA*, 19, 119-169.

Bresson, A. (1993b) : « Les cités grecques et leurs *emporia* », in : Bresson & Rouillard 1993, 163-226.

Bresson, A. (1996) : « Drachmes rhodiennes et imitations : une politique économique de Rhodes ? », *REA*, 98, 65-77.

Bresson, A. (1997) : « La monnaie rhodienne au Ier s. a.C. Nouveautés et interrogations », *Topoi*, 7, 11-32.

Bresson, A. (1998) : « Rhodes, Cnide et les Lyciens au début du IIe siècle av. J.-C. », *REA*, 100, 65-88.

Bresson, A. (2000) : *La cité marchande*, Ausonius Scripta Antiqua 2, Bordeaux.

Bresson, A. (2001a) : « Monnayage et société dans les mondes antiques », *RN*, 157, 2001, 51-68.

Bresson, A. (2001b) : « Timon de Syracuse et les drachmes rhodiennes à Délos », *REA*, 103, 131-156.

Bresson, A. (2001c) : « La conjoncture du IIe siècle a.C. », in : Bresson & Descat 2001, 11-15.

Bresson, A. (2001d) : « Monétaires rhodiens du IIe siècle a.C. : onomastique et société », in : Bresson & Descat 2001, 197-211.

Bresson, A. (2002a) : « Italiens et Romains à Rhodes et à Caunos », in : Müller & Hasenohr 2002, 147-162.

Bresson, A. (2002b) : « Quatre *emporia* antiques : Abul, La Picola, Elizavetovskoie, Naucratis », *REA*, 104, 475-505.

Bresson, A. (2003a) : « Les intérêts rhodiens en Carie à l'époque hellénistique jusqu'en 167 a.C. », in : Prost 2003, 169-192.

Bresson, A. (2003b) : « Merchants and Politics in Ancient Greece : Economic Aspects », in : Zaccagnini 2003, 139-163.

Bresson, A. (2003c) : « Moses Finley », in : *Les historiens*, Paris, 2003, 178-192.

Bresson, A. (2004a) : « Les accords romano-carthaginois », in : Moatti 2004, 649-676.

Bresson, A. (2004b) : « Dédicaces de Lindos et de Rhodes pour Titus Flavius Aglôchartos », in : Follet 2004, 178-192

Bresson, A. (2005a) : « Coinage and Money Supply in the Hellenistic World », in : Archibald *et al.* 2005, 44-72.

Bresson, A. (2005b) : « Ecology and Beyond », in : Harris 2005, 94-114.

Bresson, A. (2005c) : « Économie et institution. Bilan critique des thèses polanyiennes et propositions nouvelles », in : Cressier & Rouillard 2005, 97-111.

Bresson, A. (2005d) : « Naucratis : de l'emporion à la cité », *Topoi*, 12-13, 133-155.

Bresson, A. (2006a) : « La parenté grecque en palindrome », in : Bresson *et al.* 2006, 13-22.

Bresson, A. (2006b) : « Avant-propos » et « Les cités grecques et leurs inscriptions », in : Bresson *et al.* 2006, 11-16 et 153-168.

Bresson, A. (2006c) : « Marché et prix à Délos : charbon, bois, porcs, huile et grains », in : Descat 2006b, 311-339.

Bresson, A. (2006d) : « The Origin of Lydian and Greek Coinage : Cost and Quantity » [3rd International Conference of Ancient History, Fudan University, Shanghai, 17-21.08.2005], *Historical Research*, 5, 149-165 [publié en traduction chinoise].

Bresson, A. (2006e) : « La machine d'Héron et le coût de l'énergie dans le monde antique », in : Lo Cascio 2006, 55-80.

Bresson, A. (2006f) : « The Athenian Mint in the 2nd Century BC and the Amphictionic Decree », *Annali*, 52, 45-85.

Bresson, A. (2006g) : « Relire la *Chronique du temple lindien* », *Topoi*, 14, 527-551.

Bresson, A. (2007a) : « Au delà du modernisme et du primitivisme : Max Weber ou John Nash ? », *Pallas*, 74, 15-28.

Bresson, A. (2007b) : « Hamaxitos en Troade », in : Dalaison 2007, 139-158.

Bresson, A. (2007c) : « Les cités égéennes et le grain de mer Noire », in : Bresson & Ivantchik 2007, 49-68.

Bresson, A. (2007d) : « Rhodes, Rome et les pirates tyrrhéniens », in : Brun P. 2007, 145-164.

Bresson, A. (2007e) : « L'entrée dans les ports en Grèce ancienne », in : Moatti & Kaiser 2007, 37-78.

Bresson, A. (sous presse) : « Grain from Cyrene », *Hellenistic Economies III*, colloque des 7 – 9 septembre 2006, Copenhague.

Bresson, A. (sous presse) : « Women and Inheritance in Ancient Sparta », *Studi Ellenistici.*

Bresson, A., A.-M. Cocula et Chr. Pébarthe, éd. (2005) : *L'écriture publique du pouvoir*, Ausonius Études 10, Bordeaux.

Bresson, A., et A. Ivantchik, éd. (2007) : *Une koinè nord-pontique*, Ausonius Mémoires 17, Bordeaux.

Bresson, A., et Fr. Bresson (2004) : « Max Weber, la comptabilité rationnelle et l'économie du monde gréco-romain », in : Bruhns & Andreau 2004, 91-114.

Bresson, A., et P. Rouillard, éd. (1993) : *L'emporion*, Paris.

Bresson, A., et R. Descat, éd. (2001) : *Les cités d'Asie Mineure occidentale au IIe siècle a.C.*, Ausonius Études 8, Bordeaux.

Bresson, A., M.-P. Masson, St. Perentidis et J. Wilgaux, éd. (2006) : *Parenté et société dans le monde grec de l'Antiquité à l'âge moderne*, Ausonius Études 12, Bordeaux.

Briant, P. (1994) : « Prélèvements tributaires et échanges en Asie Mineure achéménide et hellénistique », in : Andreau *et al.* 1994, 69-81.

Briant, P., et R. Descat (1998) : « Un registre douanier de la satrapie d'Égypte à l'époque achéménide », *Bulletin d'Égyptologie*, 121 = Grimal & Menu 1998, 59-104.

Brijder, H. A. G., éd. (1984) : *Ancient Greek and Related Pottery. Proceedings of the International Vase Symposium Amsterdam, 12-15 April 1984,* Amsterdam.

Bringmann, K. (2001) : « Grain, Timber and Money : Hellenistic Kings, Finance, Buildings and Foundations in Greek Cities », in : Archibald *et al.* 2001, 205-214.

Bringmann, K., et H. von Steuben (1995-2000) : *Schenkungen hellenistischer Herrscher an griechische Städte und Heiligtümer*, I-II, Berlin.

Brinton, M. C., et Nee, V. (1998) : *The New Institutionalism in Sociology*, New York.

British Admiralty (1941) : *Mediterranean Pilot, vol. IV, Comprising the Islands of the Grecian Archipelago, with the Adjacent Coasts of Greece and Turkey from Cape Tainaron on the West to Kara Burun on the East, Including also the Island of Kriti*, 7e éd., Londres.

Brock, R. (1994) : « The Labour of Women in Classical Athens », *CQ*, 44, 336-346.

Brodersen, K., W. Günther et H. H. Schmitt (1992-1999) *Historische griechische Inschriften in Übersetzung*, I-III, Darmstadt.

Bruhns, H. (2004b) : « Max Weber : théorie économique et histoire de l'économie », in : Bruhns 2004, 183-210.

Bruhns, H., éd. (2004a) : *Histoire et économie politique en Allemagne de Gustav Schmoller à Max Weber*, Paris.

Bruhns, H., et J. Andreau, éd. (2004) : *Sociologie économique et économie de l'Antiquité. À propos de Max Weber*, Cahiers du Centre de Recherches historiques (EHESS), 34, octobre 2004, Paris.

Brulé, P. (1978) : *La piraterie crétoise hellénistique*, Besançon – Paris.

Brulé, P. (1990) : « Enquête démographique sur la famille grecque antique. Étude de listes de politographie d'Asie Mineure d'époque hellénistique (Milet et Ilion) », *REA*, 92, 234-258.

Brulé, P., R. Descat, P. Brun, J.-L. Lamboley, S. Le Bohec et J. Ouhlen (2004) : *Le monde grec aux temps classiques*, II, *Le IVe siècle*, Paris.

Brun, J.-P. (1993) : « Les innovations techniques et leur diffusion dans les pressoirs », in : Amouretti & Brun 1993, 539-550.

Brun, J.-P. (1999) : « *Laudatissimum fuit antiquitus in Delo insula*. La maison IB du Quartier du Stade et la production des parfums à Délos », *BCH*, 123, 87-155.

Brun, J.-P. (2000) : « The Production of Perfume in Antiquity : The Cases of Delos and Paestum », *AJA*, 104, 277-308.

Brun, J.-P. (2003) : *Le vin et l'huile dans la Méditerranée antique : viticulture, oléiculture et procédés de transformation*, Paris.

Brun, J.-P. (2004a) : *Archéologie du vin et de l'huile de la préhistoire à l'époque hellénistique*, Paris.

Brun, J.-P. (2004b) : *Archéologie du vin et de l'huile dans l'empire romain*, Paris.

Brun, J.-P. (2005) : *Archéologie du vin et de l'huile en Gaule romaine*, Paris.

Brun, J.-P. (2006) : « L'énergie hydraulique durant l'Empire romain : quel impact sur l'économie agricole ? », in : Lo Cascio 2006, 101-130.

Brun, J.-P., et Ph. Jockey, éd. (2001) : *Techniques et sociétés en Méditerranée*, Paris.

Brun, P. (1993) : « La stèle des céréales de Cyrène et le commerce du grain en Égée au IVe s. av. J.-C. », *ZPE*, 99, 185-196.

Brun, P. (1996) : *Les archipels égéens dans l'Antiquité grecque (Ve-IIe siècles av. notre ère)*, Besançon.

Brun, P. (1997) : « Du fromage de Kythnos au marbre de Paros : La question des appellations contrôlées (?) dans l'Antiquité grecque », *REA*, 99, 401-409.

Brun, P. (1999) : « Les nouvelles perspectives de l'étude démographique des cités grecques », in : Bellancourt-Valdher & Corvisier 1999, 13-25.

Brun, P. (2005) : *Impérialisme et démocratie à Athènes : inscriptions de l'époque classique, c. 500-317 av. J.-C.*, Paris.

Brun, P., éd. (2007) : *Mélanges Pierre Debord*, Bordeaux.

Bruneau (Ph.), « Documents sur l'industrie délienne de la pourpre », *BCH* 93 (1969), p. 759-791.

Bruneau, Ph. (1978) : « Deliaca (II) », *BCH*, 102, 109-171.

Bruneau, Ph., et collaborateurs, éd. (1970) : *L'îlot de la Maison des Comédiens*, EAD XXVI, Paris.

Bruneau, Ph., et J. Ducat, éd. (1983/2005) : *Guide de Délos*$^{3/4}$, Paris.

Brunet, M. (1993) : « Vin local et vin de cru. Les exemples de Délos et de Thasos », Amouretti & Brun 1993, 201-211.

Brunet, M. (1999) : « Le paysage agraire de Délos dans l'Antiquité », *JS*, 1-50.

Brunet, M. (2001) : « À propos des recherches sur les territoires ruraux en Grèce égéenne : un bilan critique », in : Stazio & Ceccoli 2001, 27-46.

Brunet, M. (2007) : « L'économie d'une cité à l'époque classique : Thasos », in : Debidour 2007, 211-231.

Brunt, P. A. (1987) : *Italian Manpower*^{2}, Oxford (1e éd. 1971).

Bücher, K. (1893) : *Die Entstehung der Volkswirtschaft. Sechs Vorträge*, I, Tübingen.

Bücher, K. (1901) : *Études d'histoire et d'économie politique*, avec une préface d'H. Pirenne, Bruxelles (traduction de l'essentiel de Bücher 1893).

Buckler, W. H. (1923) : « Labour Disputes in the Province of Asia », in : Buckler & Calder 1923, 27-50.

Buckler, W. H., et W. M. Calder (1923) : *Anatolian Studies Presented to Sir Wm. Mitchell Ramsay*, Manchester, 1923.

Burford Cooper, A. (1977) : « The Family Farm in Greece », *CJ*, 73, 162-175.

Burford, A. (1960) : « Heavy Transport in Classical Antiquity », *Economic History Review*, 13, 1-18.

Burford, A. (1969) : *The Greek Temple Builders at Epidauros, a Social and Economic Study of Building in the Asklepian Sanctuary during the Fourth and Early Third centuries B.C.*, Liverpool.

Burford, A. (1972) : *Craftsmen in Greek and Roman Society*, Ithaca.

Burford, A. (1993) : *Land and Labor in the Greek World*, Baltimore.

Burke, E. M. (1992) : « The Economy of Athens in the Classical Era », *TAPhA*, 122, 199-226.

Cahill, N. (2002) : *Household and City Organization at Olynthus*, New Haven (Conn.) – Londres.

Cahill, N. (2005) : « Household Industry in Greece and Anatolia », in : Ault & Nevett 2005, 54-66.

Cahill, N., et J. H. Kroll (2005) : « New Archaic Coin Finds in Sardis », *AJA*, 109, 589-617.

Calhoun, B. G. M. (1926) : *The Business Life of Ancient Athens*, Chicago.

Callatay, Fr. de (1989) : « Les trésors achéménides et les monnayages d'Alexandre : espèces immobilisées et espèces circulantes », *REA*, 91, 259-274.

Callataÿ, Fr. de (1997) : *L'histoire des guerres mithridatiques vue par les monnaies*, Louvain-la-Neuve.

Callataÿ, Fr. de (2000) : « Guerres et monnayages à l'époque hellénistique. Essai de mise en perspective suivi d'une étude sur le monnayage de Mithridate VI Eupator », in : Andreau *et al.* 2000, 337-364.

Callataÿ, Fr. de (2004) : « Le premier monnayage de la cité d'Amastris », *SNR*, 57-85.

Callataÿ, Fr. de (2006a) : « Réflexions quantitatives sur l'or et l'argent non monnayés à l'époque hellénistique », in : Descat 2006b, 37-84.

Callataÿ, Fr. de (2006b) : « Greek Coins from Archaeological Excavations : A Conspectus and a Call for Chronological Tables », in : Van Alfen 2006, 177-200.

Camassa, G., et S. Fasce (1991) : *Idea e realtà del viaggio. Il viaggio nel mondo antico*, Gènes.

Cameron, A. (1932) : « The Exposure of Children and Greek Ethics », *CR*, 46, 1932, 105-114

Cameron, A., et A. Kuhrt, éd. (1983) : *Images of Women in Antiquity*, Londres – Canberra.

Camp, J. (2001) : *The Archaeology of Athens*, New Haven.

Campbell, J. K. (1964) : *Honour, Family and Patronage. A Study of Institutions and Moral Values in a Greek Mountain Community*, Oxford.

Camporeale, G. (1985) : *L'Etruria mineraria*, catalogue de l'exposition, Milan.

Cantat, O., et J.-O. Gires, éd. (2004) : *Actes du XVIIe colloque international de climatologie : Climat, Mémoires du temps*, Caen, 8-10 septembre 2004.

Capdetrey, L. (2007) : *Le pouvoir séleucide. Territoire, administration, finances d'un royaume hellénistique (312-129 avant J.-C.)*, Rennes.

Capdetrey, L., et J. Nellis-Clément, éd. (2006) : *La circulation de l'information dans les États antiques*, Ausonius Études 14, Bordeaux.

Capogrossi Colognesi, L. (2000) : *Max Weber e le economie del mondo antico*, Rome.

Cardon, D., et M. Feugère, éd. (2000) : *Archéologie des textiles des origines au Ve siècle*, Actes du colloque de Lattes, octobre 1999, Montagnac.

Carlson, D. N. (2003) : « The Classical Greek Shipwreck at Tektaş Burnu, Turkey », *AJA*, 107, 581-600.

Cartledge, P., E. E. Cohen, L. Foxhall, éd. (2002) : *Money, Labour and Land. Approaches to the Economies of Ancient Greece*, Londres.

Cartledge, P., P. Millett et St. Todd, éd. (1990) : *Nomos. Essays in Athenian Law, Politics and Society*, Cambridge.

Casson, L. (1954) : « The Grain Trade in the Hellenistic World », *TAPhA*, 85, 168-187 (= L. Casson, *Ancient Trade and Society*, Detroit, 1984, 70-95).

Casson, L. (1971) : *Ships and Seamanship in the Ancient World*, Princeton.

Casson, L. (1991) : *The Ancient Mariners : Seafarers and Sea Fighters of the Mediterranean in Ancient Times*², Princeton.

Casson, L. (1994) : « Mediterranean Communication », in : *CAH*², VI, 512-524.

Casson, L. (1994) : *Ships and Seafaring in Ancient Times*, Londres.

Cataldi, S. (1983) : *Symbolai e relazioni tra le città greche nel v secolo a.C.*, Pise.

Cataudella, M. (1998) : « Polibio (5,88-90) e il terremoto di Rodi », in : Olshausen & Sonnabend 1998, 190-197.

Cavaignac, E. (1951) : *L'économie grecque*, Paris.

Cavanagh, W. G., J. Crouwel, R. W. V. Catling, et G. Shipley (1996) : *Continuity and Change in a Greek Rural Landscape. The Laconia Survey : volume II : Archaeological Data*, Londres.

Cawkwell (1984) : « Athenian Naval Power in the Fourth Century », *CQ*, 34, 334-345.

Chamay, J. (1991) [1996] : « Une rare mais énigmatique scène de métier », in : *Vasi attici* 1991 [1996], 79-84.

Chamonard, J. (1922) : *Le quartier du théâtre*, EAD VIII.1, Paris.

Chamoux, Fr. (1953) : *Cyrène sous la monarchie des Battiades*, Paris.

Chandezon, Chr. (1999) : « L'économie rurale et la guerre », in : Prost 1999, 195-208.

Chandezon, Chr. (2000a) « Foires et panégyries dans le monde grec classique et hellénistique », *REG*, 113, 70-100.

Chandezon, Chr. (2000b) : « Guerre, agriculture et crises d'après les inscriptions hellénistiques », in : *Économie grecque*, 231-252.

Chandezon, Chr. (2003) : *L'élevage en Grèce (fin V^e - fin Ier s. a.C.)*, Bordeaux.

Chandezon, Chr. (2004) : « Pratiques zootechniques dans l'Antiquité grecque », *REA*, 106, 477-497.

Chandezon, Chr. (2006) : « Déplacements de troupeaux et cités grecques (V^e-Ier s. av. J.-C.) », in : Laffont 2006, 49-66.

Chandezon, Chr., et Chr. Hamdoune, éd. (2004) : *Les hommes et la terre dans la Méditerranée gréco-romaine*, Colloque international de Montpellier et Loupian, 21-23 mars 2002, Toulouse.

Chandler, A. D. Jr. (1987) [1977] : *La main visible des managers : une analyse historique*, Paris (trad. fr. de *The Visible Hand : The Managerial Revolution in American Business*, Cambridge, Mass., 1977).

Chaniotis, A. (1996) : *Die Verträge zwischen kretischen Poleis in der hellenistischen Zeit*, Habes 24, Stuttgart.

Chaniotis, A., éd. (1999) : *From Minoan Farmers to Roman Traders. Sidelights on the Economy of Ancient Greece*, Stuttgart.

Chankowski, V. (1997) : « Le sanctuaire d'Apollon et le marché délien », in : *EAH*, 3, 73-89.

Chankowski, V. (2005) : « Techniques financières, influences, performance dans les activités bancaires des sanctuaires grecs », *Topoi*, 12-13, 69-93.

Charles-Picard, G., et J. Rougé (1969) : *Textes et documents relatifs à la vie économique et sociale dans l'empire romain, 31 avant J.-C. – 225 après J.-C*, Paris.

Chatelain, Th. (2001) : « Assèchement et bonification des terres dans l'Antiquité grecque. L'exemple du lac de Ptéchai à Érétrie ; aspects terminologiques et techniques », in : *Irrigation et drainage*, 81-108.

Chaunu, P. (1966) : *La civilisation de l'Europe classique*, Paris.

Cherry, J. F., J. L. Davis, et E. Mantzourani (1991) : *Landscape Archaeology as Long-term History : Northern Keos in the Cycladic Islands from Earliest Settlement until Modern Times*, Los Angeles.

Christ, M. R. (1990) : « Liturgy Avoidance and Antidosis in Classical Athens », *TAPhA*, 120, 147-169.

Clarysse, W., et K. Vandorpe (1995) : *Zénon, un homme d'affaires grec à l'ombre des pyramides*, Leuven.

Clément, A. (2001) : « Les deux mercantilismes et la question alimentaire (XVIe-XVIIe siècle) », in : *Mercantilisme* 2001, 43-65.

Clinkenbeard, B. C. (1986) : « Lesbian and Thasian Wine Amphoras : Questions Concerning Collaboration », in : Empereur and Garlan 1986, 353-362.

Coase, R. (1997) [1987] : *La firme, le marché et le droit*, Paris (trad. fr. de *The Firm, the Market, and the Law*, Chicago, 1987).

Cohen, Ed. E. (1973) : *Ancient Athenian Maritime Courts*, Princeton.

Cohen, Ed. E. (1992) : *Athenian Economy and Society. A Banking Perspective*, Princeton.

Cohen, Ed. E. (2002) : *The Athenian Nation*, Princeton.

Cohen, Ed. E. (2006) : « A Legal Fiction : The Athenian Law of Sale », in : van Alfen 2006, 87-98.

Coleman, J. E., K. O'Neill, M. Pomeroy, K. E. Carr et A. Heafitz (1992) : « Excavations at Halai, 1990-1991 », *Hesperia*, 61, 265-289.

Collard, Fr., et É. Samama, éd. (2006) : *Pharmacopoles et apothicaires. Les « pharmaciens » de l'Antiquité au Grand Siècle*, Paris.

Colvin, St. (2004) : *The Greco-Roman East, Politics, Cultures, Society*, Yale Classical Studies 31, Cambridge.

Conophagos, C. (1980) : *Le Laurion antique et la technique grecque de la production de l'argent*, Athènes.

Cook, R. M. (1959) : « Die Bedeutung der bemalten Keramik für den griechischen Handel », *JDAI*, 74, 114-123.

Coquery, N., Fr. Menant, Fl. Weber, éd. (2006) : *Écrire, compter et mesurer. Vers une histoire des rationalités pratiques*, Paris.

Corbett, P E. (1949) : « Attic Pottery of the Later Fifth Century from the Athenian Agora », *Hesperia* 18, 298-351

Cornes, R., et T. Sandler (1996) : *The Theory of Externalities, Public Goods and Club Goods*[2], Cambridge.

Corsaro, M. (2001) : « Doni di terra ed essenzioni dai tributi : un riflessione sulla natura dello stato ellenistico in Asie Minore », *Simblos*, 3, 227-261.

Corvisier, J. -N. (2004) : « Le bilan des land suveys pour la Grèce », *Pallas*, 64, 15-33.

Corvisier, J.-N. (1991) : *Aux origines du miracle grec : population et peuplement en Grèce du Nord*, Paris.

Corvisier, J.-N. (1999) : « Continuité et discontinuité dans les tissues urbains grecs », in Bellancourt-Valdher & Corvisier 1999, 141-152.

Corvisier, J.-N. (2001-2002) : « L'état présent de la démographie historique antique : tentative de bilan », *Annales de démographie historique*, 102, 101-140.

Corvisier, J.-N., C. Didier, M. Valdher, éd. (2001) : *Thérapies, médecine et démographie antiques*, Arras.

Corvisier, J.-N., et W. Suder (2000) : *La population de l'Antiquité classique*, Paris.

Corvisier, J.-N., W. Suder avec la collaboration de C. Didier (1996) : *Polyanthropia-Oliganthropia : bibliographie de la démographie du monde grec*, Wroclaw.

Coudry M. (2004) : « Loi et société : la singularité des lois somptuaires de Rome », *CGG*, 15, 135-171.

Couilloud-Le Dinahet, M.-Th. (1988) : « Les magistrats grecs et l'approvisionnement des cités », *CH*, 33, 321-332.

Coulson, D. E., O. Palagia, T. L. Shear, H. A. Shapiro et H. J. Frost, éd. (1994) : *The Archaeology of Athens and Attica under the Democracy*, Oxford.

Coulton, J. J. (1977) : *Ancient Greek Architects at Work*, Ithaca.

Counillon, P., et R. Étienne (1997) : « Les taricheiai d'après les sources grecques », in : Étienne 1997, 181-193.

Couvenhes, J.-Chr. et H.-L. Fernoux, éd. (2004) : *Les cités grecques et la guerre en Asie Mineure à l'époque hellénistique*, Tours.

Crane, E. (1983) : *The Archaeology of Beekeeping*, Londres.

Crawford, M. (1985) : *Coinage and Money under the Roman Republic*, Londres.

Cressier, Ph., et P. Rouillard, éd. (2005) : *Autour de Polanyi*, Paris.

Criscuolo, L. (2001) : « Osservazioni su Apollonios, Kallixeinos e Aglaos, detentori di doreai », *Simblos*, 3, 319-333.

Cristofani, M. (1996) : *Etruschi e altre genti nell'Italia preromana : mobilità in età arcaica*, Rome.

Cuinet, V. (1890-1894) : *La Turquie d'Asie*, I-IV, Paris.

Dalaison, J., éd. (2007) : *Espaces et pouvoirs dans l'Antiquité. De l'Anatolie à la Gaule, Mélanges Bernard Rémy*, Grenoble.

Dalby, A. (1996) : *Siren Feasts. A History of Food and Gastronomy in Greece*, Londres.

Dalongeville, R., M. Lakakis, et A.D. Rizakis, éd. (1992) : *Paysages d'Achaie : le bassin du Peiros et la plaine occidentale, Meletemata* 15, Paris.

Daverio Rocchi, G. (1988) : *Frontiera e confini nella Grecia antica*, Rome.

Davidson, J. (1993) : « Fish, Sex and Revolution in Classical Athens », *CQ*, 43, 53-66.

Davies, J. K. (1971) : *Athenian Propertied Families*, Oxford.

Davies, J. K. (1977) : « Athenian Citizenship : the Descent Group and the Alternatives », *CJ*, 73, 105-121.

Davies, J. K. (2001) : « Hellenistic Economies in the Post-Finley Era », in : Archibald *et al.* 2001, 11-62.

Davies, J. K. (2005) : « Linear and Nonlinear Flow Models for Ancient Economy », in : Manning & Morris 2005, 127-156.

Davis, L. (1998) : *Sandy Pylos : an Archaeological History from Nestor to Navarino*, Austin.

De Ligt, L. (1993) : *Fairs and Market in the Roman Empire. Economic and Social Aspects of Periodic Trade in a Preindustrial Society*, Amsterdam.

de Souza, P. (1999) : *Piracy in the Graeco-Roman World*, Cambridge.

de Vries, J., et Ad van der Woude (1997) : *The First Modern Economy, Success, Failure, and Perseverance of the Dutch Economy, 1500-1815*, Cambridge.

Debidour, M., éd. (2007) : *Économies et sociétés dans la Grèce égéenne 478-88 av. J.-C.*, Nantes.

Debord, P. (1982) : *Aspects sociaux et économiques de la vie religieuse dans l'Anatolie gréco-romaine*, EPRO 88, Leyde.

Debord, P. (1999) : *L'Asie Mineure au IVe siècle (412-323 a.C.)*, Ausonius Études 3, Leyde.

DeLaine, J. (2006- : « The Cost of Creation : Technology at the Service of Construction », in : Lo Cascio 2006, 237-252.

Delplace, Chr. (1977) : « Publicains, trafiquants et financiers dans les provinces d'Asie Mineure sous la République », *Ktèma*, 2, 233-252.

Deonna, W. (1938) : *Le mobilier délien*, EAD XVIII, Paris.

Descat, R. (1985) : « Mnésimachos, Hérodote et le système tributaire achéménide », *REA*, 87, 97-112.

Descat, R. (1997) : « Les prix dans l'inscription agoranomique du Pirée », in : Andreau *et al.* 1997, 13-20.

Descat, R. (2001) : « La loi délienne sur les bois et charbons et le rôle de Délos comme marché », *REA*, 103, 125-130.

Descat, R. (2002) : « La mer et l'information économique dans le monde antique », in : Andreau & Virlouvet 2002, 263-278.

Descat, R. (2004) : « L'approvisionnement en grains dans le monde grec des cités : histoire d'une politique », in : Virlouvet & Marin 2004, 589-612.

Descat, R. (2006a) : « Argyrônètos. Les transformations de l'échange dans la Grèce archaïque », in : van Alfen 2006, 21-36.

Descat, R., éd. (2006b) : *L'économie hellénistique*, Entretiens d'archéologie et d'histoire 7, de Saint-Bertrand-de-Comminges 7, 2006.

Deshours, N. (2006) : *Les mystères d'Andania. Étude d'épigraphie et d'histoire religieuse*, Ausonius Scripta Antiqua 16, Bordeaux.

DeVries, K. (1997) : « The Attic Pottery from Gordion », in : *Athenian Potters and Painters. The Conference Proceedings*, J. H. Oakley, W. U. E. Coulson, and O. Palagia, éd., Oxford, 447-455.

Deyon, P. (1969) : *Le mercantilisme*, Paris.

Dickinson, O. (1994) : *The Aegean Bronze Age*, Cambridge.

Dietz, S., et I. Papachristodoulou, éd. (1988) : *Archaeology in the Dodecanese*, Copenhague.

Dinçol, A., et I. Delemen, éd. (2007) : *Proceedings of the International Workshop in Istanbul. The Achaemenid Impact on Local Population and Cultures in Anatolia (6th-4th B.C.), May 19 – 22 May, 2005*, Istamboul.

Docter, R. F. (1991) : « Athena vs Dionysos : Reconsidering the Contents of SOS Amphorae », *BABesch*, 66, 45-49.

Domergue, A. Beyrie, C. Jacquet, C. Jarrier et F. Tollon (2003) : « Un bas fourneau de petit module sur le site sidérurgique romain du domaine des Forges (Les Martys, Aude, France) », in : Stöllner *et al.* 2003, 127-136.

Domergue, Cl., et J.-L. Bordes (2006) : « Quelques nouveautés techniques dans les mines et la métallurgie à l'époque romaine : leur efficacité et leurs effets sur la production », in : Lo Cascio 2006, 197-223.

Doukellis, P., et L. Mendoni, éd. (1994) : *Structures rurales et sociétés antiques*, Besançon – Paris.

Doulgeri-Intzessiloglou, A., et Y. Garlan (1990) : « Vin et amphores de Péparéthos et d'Ikos », *BCH*, 114, 361-389, avec M. Picon, « Origine du groupe d'amphores dit Solocha II, trouvées en Russie », 390-393.

Drachmann, A. G. (1963) : *The Mechanical Technology of Greek and Roman Antiquity*, Copenhague.

Dubois, L. (1996) : *Inscriptions dialectales d'Olbia du Pont*, Genève.

Dubouloz, J., et S. Pittia, éd. (2007) : *La Sicile de Cicéron. Lecture des* Verrines, Besançon.

Duchêne, H. (1993) : « Délos, réalités portuaires et *emporion* », in : Bresson & Rouillard 1993, 113-25.

Duchêne, H., et Ph. Fraisse (2001) : *Le paysage portuaire de la Délos antique. Recherches sur les installations maritimes, commerciales et urbaines du littoral délien*, EAD 39, Athènes.

Dumont, J. (1976-1977) : « La pêche du thon à Byzance à l'époque hellénistique », *REA*, 78-79, 96-119.

Dumont, J. (1977) : « Liberté des mers et territoire de pêche en droit grec », *RD*, 5, 53-57.

Duncan, C. A. M., et D. W. Tandy (1993) : *From Political Economy to Anthropology*, Montréal – New York – Londres.

Duncan-Jones, R. P. (1982) : *The Economy of the Roman Empire*[2], Cambridge (1e éd. 1974).

Dupont, P. (1995/96) : « Amphores archaïques de Grèce propre en mer Noire : état de la question », *Il Mar Nero*, 2, 85-98.

Dušanić, S. (1978) : « The *horkion tôn oikistèrôn* and Fourth Century Cyrene », *Chiron*, 8, 55-76.

Eck, W., éd. (1999) : *Lokale Autonomie und Römische Ordnungsmacht in den kaiserzeitlichen Provinzen vom 1. bis 3. Jahrhundert*, Munich.

Économie grecque (2000) : *Économie grecque. La guerre dans les économies antiques*, Toulouse.

Ehrenberg, V. (1962) [1943] : *The People of Aristophanes*, Paperback edition, New York.

Ehrhardt, N. (2002) : « Strategien römischer Publicani gegenüber griechischen Städte in der Zeit der Republik », in : Ehrhardt & Günther 2002, 135-153.

Ehrhardt, N., et A.-M. Günther, éd. (2002) : *Widerstand-Anpassung-Integration. Die griechische Staatenwelt und Rom. Festschrift für J. Deininger*, Stuttgart.

Eiring, J., et J. Lund, éd. (2004) : *Transport Amphorae and Trade in the Eastern Mediterranean*, Monographs of the Danish Institute at Athens 5, Athènes.

Eiseman, C. J., et B. S. Ridgway (1987) : *The Porticello Shipwreck : A Mediterranean Merchant Vessel of 415-385 B. C.*, College Station, Texas.

Ellen, R. (1982) : *Environment, Subsistence and System : the Ecology of Small-scale Formations*, Cambridge.

Empereur, J.-Y., et N. Tuna (1988) : « Zénon de Caunos et l'épave de Serçe Limanı », *BCH*, 112, 341-347.

Empereur, J.-Y., et Y. Garlan, éd. (1986) : *Recherches sur les amphores grecques*, BCH Suppl. 13, Athènes – Paris.

Engelmann, H., et D. Knibbe (1989) : « Das Zollgessetz der Provinz Asia », *EA*, 14, 1989.

Engels, D. (1980) : « The Problem of Female Infanticide in the Greco-Roman World », *CPh*, 75, 112-120.

Erdkamp, P. (2005) : *The Grain Market in the Roman Empire. A Social, Political and Economic Study*, Cambridge.

Érétrie (2000) : *Érétrie. Guide de la cité antique*, Gollion.

Erickson, Br. (2005) : « Archaeology of Empire : Athens and Crete in the Fifth Century B.C. », *AJA*, 109, 619-663.

Erskine, A., éd. (2004) [2002] : *Le monde hellénistique. Espaces, sociétés, cultures 323-31 av. J.-C.*, Rennes (trad fr. de *A Companion to the Hellenistic World*, Londres, 2002).

Ersoy, Y. (2003) : « Pottery Production and Mechanism of Workshops in Archaic Clazomenae », in : Schmaltz & Söldner 2003, 254-257.

Ersoy, Y., A. Moustaka et E. Skarlatidou, éd. (2004) : *Klazomenai, Teos and Abdera : Mother City and Colonies. Proceedings of the Symposium, Abdera 20-21 October 2001*, Thessalonique.

Étienne, R. (1990) : *Ténos*, II, *Ténos et les Cyclades : du milieu du IVe siècle av. J.-C. au milieu du IIIe siècle ap. J.-C.*, Paris.

Étienne, R. (2004) : *Athènes, espaces urbains et histoire. Des origines à la fin du IIIe siècle ap. J.-C.*, Paris.

Étienne, R., Chr. Müller et Fr. Prost (2000) : *Archéologie historique de la Grèce antique*, Paris.

Étienne, R., et Fr. Mayet (2002) : *Salaisons et sauces de poisson hispaniques*, Paris.

Eyben, E. (1982-1983) : « Family Planning in Graeco-Roman Antiquity », *Ancient Society*, 11-12, 5-82.

Fabbricotti, E., et O. Menozzi, éd. (2006) : *Cirenaica : studi, scavi e scoperte Atti del X Convegno di Archeologia Cirenaica Chieti 24-26 Novembre 2003. Nuovi dati da città e territorio*, BAR International Series 1488, Oxford.

Fantasia, U. (1984) : « Mercanti e "sitonai" nelle città greche. In margine a tre documenti epigrafici della prima età ellenistica, *Civiltà classica e cristiana*, 5 (1984), 283-311.

Fantasia, U. (1989) : « Finanze cittadine, liberalità private e sitos demosios : considerazioni su alcuni documenti epigrafici », *Serta Historica Antiqua*, 2, 47-84.

Fantasia, U. (1991) : « Il viaggio alla ricerca del profitto. L'emporia classica fra economia ed etica », in : Camassa & Fasce 1991, 67-109.

Fantasia, U. (1998) : « Distribuzioni di grano e archivi della polis : il caso di Samo », in : *Mémoire perdue* 1998, 205-228.

Fantasia, U. (1999) : « Aree marginali nella Grecia antica : paludi e bonifiche », in : Vera 1999, 65-116.

Faraguna, M. (1997) : « Registrazioni catastali nel mondo greco : il caso di Atene », *Athenaeum*, 85, 7-33.

Faraguna, M. (2000) : « A proposito degli archivi nel mondo greco : terra e registrazioni fondiarie », *Chiron*, 30, 65-115

Faraguna, M. (2003) : « Vendite di immobili e registrazione pubblica nelle città greche », in : *Symposion 1999*, 97-122.

Faraguna, M. (2005a) : « Scrittura e amministrazione nelle città greche : gli archivi pubblici », *QUCC*, 79, 61-86.

Faraguna, M. (2005b) : « Terra pubblica e vendite di immobili confiscati a Chio nel V secolo a.C. », *Dikè*, 8, 89-99.

Ferrary, J.-L. (2002) : « La création de la province d'Asie et la présence italienne en Asie Mineure », in : Müller & Hasenohr 2002, 133-146.

Feyel, Chr. (1998) : « La structure d'un groupe socio-économique : les artisans dans les grands sanctuaires grecs du IVe siècle », *Topoi*, 8, 561-579.

Feyel, Chr. (2006) : *Les artisans dans les sanctuaires grecs à travers la documentation financière en Grèce*, BEFAR 318, Paris – Athènes.

Feyel, M. (1936) : « Nouvelles inscriptions d'Akraiphia », *BCH*, 60, 27-36.

Figueira, Th. (1998) : *The Power of Money. Coinage and Politics in the Athenian Empire*, Philadelphie.

Figueira, Th. J. (1986) : *Aegina : Society and Politics*, Salem.

Figueira, Th. J. (2003) : « Xenelasia and Social Control in Classical Sparta », *ClQ*, 53, 2003, 44-74.

Finkel, C., et A. Barka (1997) : « The Sakarya River – Lake Sapanca – Izmit Bay Canal Project », *MDAI(I)*, 47, 429-442

Finkielsztejn, G. (1998) : « More Evidence on John Hyrcanus I's Conquests : Lead Weights and Amphora Stamps », *Bulletin of the Anglo-Israel Archaeological Society*, 16, 33-63.

Finkielsztejn, G. (2000a) : « Amphores importées au Levant Sud à l'époque hellénistique », in : *E' epistèmonikè synantèsè gia tèn ellènikè keramikè. Praktika*, Athènes, *Keimena*, 207-20; *Pinakes*, 105-112.

Finkielsztejn, G. (2000b) : « Chronologie et diffusion des dernières amphores timbrées rhodiennes : étude préliminaire », *Rei Cretariae Romanae Fautorum Acta*, 36, 407-415.

Finkielsztejn, G. (2001a) : *Chronologie détaillée et révisée des éponymes rhodiens, de 270 à 108 av. J.-C. environ*, BAR International Series 990, Oxford.

Finkielsztejn, G. (2001b) : « Politique et commerce à Rhodes au IIe siècle a.C. : le témoignage des exportations d'amphores », in : Bresson & Descat 2001, 181-196.

Finkielsztejn, G. (2002a) : « Du bon usage des amphores hellénistiques en contextes archéologiques », in : Blondé *et al.* 2002, 227-33.

Finkielsztejn, G. (2002b) : « Les amphores hellénistiques de Crète et les questions des imitations d'amphores et des timbres amphoriques à types monétaires », in : *Oinos palaios hedypotos. To krètiko krasi apo ta prohistorika chronia hos ta neotera chronia*, Herakleion, 137-145.

Finkielsztejn, G. (2004) : « Establishing the Chronology of Rhodian Stamps : the Next Steps », in : Eiring & Lund 2004, 117-121.

Finkielsztejn, G. (2006) : « Production et commerce des amphores hellénistiques : récipients, timbrage et métrologie », in : Descat 2006b, 17-34.

Finley, M. I. (1951) : *Studies in Land and Credit in Ancient Athens, 500-200 B.C. The Horos-Inscriptions*, New Brunswick (nouvelle éd. complétée par P. Millett, 1985).

Finley, M. I. (1975) [1973] : *L'économie antique*, Paris (trad. fr. de *The Ancient Economy*, Berkeley - Londres, 1973 ; 2e éd. augmentée Londres, 1985, mise à jour Berkeley, 1999).

Finley, M. I. (1984) [1981] : *Économie et société en Grèce antique*, Paris (trad. fr. de *Economy and society in ancient Greece*, éd. avec une introd. de B. D. Shaw and R. P. Saller, Londres, 1981).

Finley, M. I., éd. (1979) : *The Bücher-Meyer-Controversy*, New York.

Fisher, N., et H. van Wees, éd. (1998) : *Archaic Greece : New Approaches and New Evidence*, Londres.

Fleury, P. (1994) : « Héron d'Alexandrie et Vitruve. À propos des techniques dites "pneumatiques" », in : Argoud 1994, 67-81.

Fol, A., éd. (2000) : *Thrace and the Aegean*, Sofia.

Follet, S., éd. (2004) : *L'hellénisme d'époque romaine. Nouveaux documents et nouvelles approches (Ier s. a. C. - IIIe s. p. C.)*, Paris.

Fontanille, M.-Th. (1977) : *Avortement et contraception dans la médecine gréco-romaine*, Paris.

Forbes, R. J. (1964-1972) : *Studies in Ancient Technology*², I-IX, Leyde.

Fornara, Ch. W. (1979) : « The Phaselis Decree », *CQ*, 29, 49-52

Forni, G. (2006) : « Innovazione e progresso nel mondo romano. Il caso dell'agricoltura », in : Lo Cascio 2006, 145-179.

Forrest, W. G. G., et C. W. Stinton (1962) : « The First Sicilian Slave War », *PP*, 22, 87-92.

Fossey, J. M., et G. Gauvin (1992) : « Aspect of the Water Supply at Khostia, Boiotia, in Classical-Roman Times », in : Argoud *et al.* 1992, 339-359.

Fouache, É. (1999) : *L'alluvionnement historique en Grèce Occidentale et au Péloponnèse : géomorphologie, archéologie, histoire*, BCH Suppl. 33, Athènes.

Foucault, M. (1966) : *Les mots et les choses*, Paris.

Foxhall, L. (1998) : « Cargoes of the Heart's Desire », in : Fisher & van Wees 1998, 295-309.

Foxhall, L. (2006) : « Environments and Landscapes in Greek Culture », in : Kinzl 2006, 245-280.

Fraenkel, R. (2003) : « The Olynthus Mill, its Origin, and Diffusion : Typology and Distribution », *AJA*, 107, 1-21.

Fraisse, Ph. (1987) : « Analyse d'espace urbain : les "places" à Délos », *BCH*, 107, 1983, p. 301-313.

Frank, T., éd. (1938) : *An Economic Survey of Ancient Rome*, IV, *Roman Africa - Roman Syria - Roman Greece - Roman Asia,* Baltimore.

Froriep, S. (1991) : « Über eine mögliche Flußaufveränderung am Sangarios in Bithynien », in : Olshausen & Sonnabend 1991, 53-65.

Fuks, A. (1984) : *Social Conflict in Ancient Greece*, Leyde.

Gabba, E., et G. Vallet, éd. (1980) : *La Sicilia antica*, II, Naples.

Gabrielsen, V. (1986) : « *Phanera* and *Aphanes Ousia* in Classical Athens », *C&M*, 36, 99-114.

Gabrielsen, V. (1994) : *Financing the Athenian Fleet. Public Taxation and Social Relations*, Baltimore – Londres.

Gabrielsen, V. (1997) : *The Naval Aristocracy of Hellenistic Rhodes*, Aarhus.

Gabrielsen, V. (2001) : « Economic Activity, Maritime Trade and Piracy in the Hellenistic Aegean », *REA*, 103, 219-240.

Gabrielsen, V. (2004) : « La piraterie et le commerce des esclaves », in : Erskine 2004, 495-512.

Gabrielsen, V. (2005) : « Banking and Credit Operations in Hellenistic Times », in : Archibald *et al.* 2005, 136-164.

Gabrielsen, V. (2007) : « Warfare and the State », in : Sabin *et al.* 2007, 248-272.

Gabrielsen, V., Bilde, P., Tr. Engberg-Pedersen, L. Hannestad et J. Zahle, éd. (1999) : *Hellenistic Rhodes : Politics, Culture and Society*, Aarhus.

Gagarin, M. (2005) : « The Unity of Greek Law », in : Gagarin & Cohen 2005, 29-40.

Gagarin, M. (2006) : « Legal Procedure in Solon's Laws », in : Blok & Lardinois 2006, 261-275.

Gagarin, M., et D. Cohen, éd. (2005) : The Cambridge Companion to Ancient Greek Law, Cambridge.

Gaisau, H. von (1919) : « Kaphereus », *RE*, X.2, 1893-1894.

Gajdukevitch, V. F. (1971) : *Das bosporanische Reich*, Berlin (trad. all. de l'éd. révisée Moscou, 1949).

Gallant, Th. W. (1985) : *A Fisherman's Tale*, Miscellanea Graeca 7, Gand.

Gallant, Th. W. (1989) : « Crisis and Response : Risk-Buffering Behavior in Hellenistic Greek Communities », *Journal of Interdisciplinary History*, 19, 393-413.

Gallant, Th. W. (1991) : *Risk and Survival in Ancient Greece*, Stanford.

Gallo, L. (1980) : « Popolosità e scarsità di popolazione. Contributo allo studio di un topos », *ASNP*, 10, 1233-1270.

Garcia, D. (2002) : « L'épave de Rochelongue (Cap d'Agde) », in : Long *et al.* 2002, 38-41.

Garlan, Y. (1989) : *Guerre et économie en Grèce ancienne*, Paris.

Garlan, Y. (1993) : « *Eis emporion* dans le timbrage amphorique de Chersonèse », in : Bresson & Rouillard 1993, 99-102.

Garlan, Y. (1999a) : *Les timbres amphoriques de Thasos, I, Timbres protothasiens et thasiens anciens*, Études thasiennes 18, Athènes – Paris.

Garlan, Y., éd. (1999b) : *Production et commerce des amphores anciennes en mer Noire*, Aix-en-Provence.

Garlan, Y. (2000) : *Amphores et timbres amphoriques grecs entre érudition et idéologie*, Paris.

Garland, R. (1987) : *The Piraeus*, Londres.

Garnsey, P. (1996) [1988] : *Famine et approvisionnement dans le monde gréco-romain : réactions aux risques et aux crises* (trad. fr. *Famine and Food Supply in the Graeco-Roman World : Responses to Risk and Crisis*, Cambridge – New York, 1988).

Garnsey, P. (1999) : *Food and Society in Classical Antiquity*, Cambridge.

Garnsey, P., et C. R. Whittaker (1983) : *Trade and Famine in Classical Antiquity*, Cambridge.

Garnsey, P., et D. Rathbone (1985) : « The Background to the Grain Law of Gaius Gracchus », *JRS*, 75, 20-25.

Garnsey, P., et O. van Nijf (1998) : « Contrôle des prix du grain à Rome et dans les cités de l'Empire », in : *Mémoire perdue* 1998, 303-315.

Garnsey, P., K. Hopkins et C. R. Whittaker, éd. (1983) : *Trade and the Ancient Economy*, Londres.

Garnsey, P., T. Gallant et D. Rathbone (1984) : « Thessaly and the Grain Supply of Rome during the Second Century B.C. », *JRS*, 74, 30-44.

Gauthier, E., et L. Henry (1958) : *La population de Crulai, paroisse normande,* Cahier INED n° 33, Paris.

Gauthier, Ph. (1972) : *Symbola : Les étrangers et la justice dans les cités grecques*, Annales de l'Est 42, Nancy.

Gauthier, Ph. (1974) : « "Générosité" romaine et "avarice" grecque : Sur l'octroi du droit de cité », in : *Mélanges d'Histoire Ancienne offerts à William Seston*, Paris 1974, 207-215.

Gauthier, Ph. (1976) : *Un commentaire historique des* Poroi *de Xénophon*, Genève – Paris.

Gauthier, Ph. (1977) : « Les ventes publiques de bois et de charbon : à propos d'une inscription de Délos », *BCH*, 101, 203-208.

Gauthier, Ph. (1980) : « Les honneurs de l'officier séleucide Larichos à Priène », *JS*, 35-50.

Gauthier, Ph. (1981a) : « La citoyenneté en Grèce et à Rome : participation et intégration », *Ktèma*, 6, 167-179.

Gauthier, Ph. (1981b) : « De Lysias à Aristote (*Ath. pol.*, 51, 4) : le commerce du grain à Athènes et les fonctions des sitophylaques », *RD*, 59, 5-28.

Gauthier, Ph. (1982) : « Les villes athéniennes et un décret pour un commerçant (*IG*, II^2, 903) », *REG*, 95, 275-290.

Gauthier, Ph. (1985) : *Les cités grecques et leurs bienfaiteurs*, BCH Suppl. 12, Paris.

Gauthier, Ph. (1987) : « Nouvelles récoltes et grain nouveau : À propos d'une inscription de Gazoros », *BCH*, 111, 413-418.

Gauthier, Ph. (1988) : « Sur le don de grain numide à Délos : un pseudo-Rhodien dans les comptes des hiéropes », in : Knœpfler 1988, 61-69.

Gauthier, Ph. (1989) : *Nouvelles inscriptions de Sardes*, Genève.

Georgoudi, St. (1974) : « Quelques problèmes de la transhumance dans la Grèce ancienne », *REG*, 87, 153-185.

Gerin, D., C. Grandjean, M. Amandry et Fr. de Callataÿ (2001) : *La monnaie grecque*, Paris.

Gerkan, A. von (1924) : *Grieschische Städtelanlagen*, Berlin.

Germain, L. R. F. (1975) : « L'exposition des enfants nouveau-nés dans la Grèce ancienne. Aspects sociologiques », *Recueils Jean Bodin*, 35, 211-246.

Gibbins D. (2001) : « Shipwrecks and Hellenistic Trade », in : Archibald *et al.* 2001, 273-312.

Gill, D. W. J. (1991) : « Pots and Trade : Spacefillers or Objets d'Art ? », *JHS*, 111, 29-47.

Gill, D. W. J. (1994) : « Positivism, Pots and Long-Distance Trade », in : Morris 1994, 99-107.

Gille, B. (1980) : *Les mécaniciens grecs. La naissance de la technologie*, Paris.

Ginouvès, R. (1962) : *Balaneutikè. Recherches sur le bain dans l'Antiquité grecque*, Paris.

Ginouvès, R., et collaborateurs (1985-1998) : *Dictionnaire méthodique de l'architecture grecque et romaine*, I-III, Athènes – Rome.

Gjongecaj, S., et H. Nicolet-Pierre (1991) : « Le monnayage d'argent d'Égine et le trésor de Hollm (Albanie) », *BCH*, 119, 283-332.

Glass, D. V., et D. E. C. Eversley, éd. (1965) : *Population and History*, Londres.

Glotz, G. (1892) : « *Expositio* », in : *DS*, 2, 930-939.

Glotz, G. (1900) : « *Infanticidium* », in : *DS*, 6, 490.

Glotz, G. (1913) : « Le prix des denrées à Délos » et « Les salaires à Délos », *JS*, 16-29 et 206-260.

Glotz, G. (1920) : *Le travail dans la Grèce ancienne, histoire économique de la Grèce depuis la période homérique jusqu'à la conquête romaine*, Paris.

Goddio, Fr. (2007) : *Trésors engloutis d'Égypte*, Catalogue de l'exposition Paris 2007, Paris.

Gofas, D. Ch. (1977) : « La vente sur échantillon à Athènes d'après un texte d'Hypéride », in : *Symposion 1977*, 121-129 (= Gofas 1993, 79-85).

Gofas, D. Ch. (1993) : *Meletes historias tou Hellènikou dikaiou tou synallagôn, archaiou, byzantinou, metabyzantinou*, Athènes.

Golden, M. (1981) : « Demography and the Exposure of Girls at Athens », *Phoenix*, 35, 316-331.

Gomme, A. W. (1933) : *The Population of Athens*, Oxford, 1933.

Goubert, P. (1965) : « Recent Theories and Research in French Population between 1500 and 1700 », in : Glass & Eversley1965, 457-473.

Grace, V. (1963) : « Notes on the Amphoras from the Koroni Peninsula », *Hesperia* 32, 319-334.

Graham, A. J. (1960) : « The Authenticity of the *horkion tôn oikistèrôn* », *JHS*, 80, 95-111.

Graham, A. J. (1983) : *Colony and Mother City in Ancient Greece*, Manchester.

Graindor, P. (1934) : *Athènes sous Hadrien*, Le Caire.

Grammenos, D. V., et E. K. Petropoulos, éd. (2003) : *Ancient Greek Colonies in the Black Sea*, I-II, Thessalonique.

Grandjean Y., et Fr. Salviat (2000) : *Guide de Thasos*, Athènes.

Grandjean, C. (1990) : « Le monnayage d'argent et de bronze d'Hermionè, Argolide », *RN*, 28-35, pl. 8-11.

Granovetter, M., et R. Swedberg (2001) : *The Sociology of Economic Life*, Boulder.

Gratton, K. (2007) : « Production et échange de la pourpre au Proche-Orient aux époques grecque et romaine », in : Sartre 2007, 151-172.

Green, P. (1961) : « The First Sicilian Slave War », *PP*, 20, 10-29.

Green, R. P. H. (1991) : *The Work of Ausonius*, Oxford.

Greene, K. (2000) : « Technological Innovation and Economic Progress in the Ancient World : M. I. Finley Re-Considered », *Economic History Review*, 53, 29-59.

Greene, K. (2007) : « Late Hellenistic and Early Roman Invention and Innovation : The Case of Lead-Glazed Pottery », *AJA*, 111, 653-671.

Greif, A. (2006) : *Institutions and the Path to the Modern Economy*, Cambridge.

Griffith, A. (1982) : *Sikyon*, Oxford.

Grimal, N., et B. Menu, éd. (1998) : *Le commerce en Égypte ancienne*, IFAO, Le Caire.

Grmek, M. (1994) [1983] : *Les maladies à l'aube de la civilisation occidentale*, Paris (rééd. de l'éd. 1981).

Grove, A. T., et O. Rackham (2001) : *The Nature of Mediterranean Europe : An Ecological History*, New Haven and Londres.

Grunauer von Hoerschelmann, S. (1978) : *Die Münzprägung der Lakedaimonier*, Berlin.

Guéraud, O. (1931) : Enteuxeis. *Requêtes et plaintes adressées au roi d'Égypte au IIIe siècle avant J.-C.*, Le Caire.

Guéry, A., éd. (2001) : *Lectures de John R. Commons*, numéro spécial des *Cahiers d'économie politique*, 40-41.

Guidoboni, E., éd. (1989) : *I terremoti prima del Mille in Italia e nell'area mediterranea. Storia Archeologia Sismologia*, Bologne.

Guiraud, P. (1893) : *La propriété foncière en Grèce jusqu'à la conquête romaine*, Paris.

Guizzi, Fr. (2001) : *Hierapytna. Storia di una polis cretese dalla fondazione alla conquista romana*, Atti della Accademia Nazionale dei Lincei, Classe di Scienze morali, storiche e filologiche, Memorie IX.XIII.3, Rome.

Habicht, Chr. (1972) : « Hellenistische Inschriften aus dem Heraion von Samos », *AM*, 87, 191-228.

Habicht, Chr. (1976) : « Eine hellenistische Urkunde aus Larisa », in : *Demetrias*, I, Bonn, 157-173 (with XL-XLI).

Habicht, Chr. (2000) : *Athènes hellénistique. Histoire de la cité d'Alexandre le Grand à Marc-Antoine*, éd. mise à jour et augmentée par D. Knoepfler, nouvelle éd. augmentée 2006, trad. par M. & D. Knoepfler de l'éd. all., *Athen. Die Geschichte der Stadt in hellenistischer Zeit*, Munich, 1995, et angl., *Athens from Alexander to Antony*, Cambridge, Ma., 1997.

Habicht, Chr. (2002) : « Die Ehren der Proxenoi », *MH*, 59, 13-30.

Hadjidaki, E. (1996) : « Underwater Excavations of a Late Fifth Century Merchant Ship at Alonnesos, Greece », *BCH*, 120, 561-593.

Halleux, R. (2005) : « L'alun dans la littérature des recettes du Ier au XIIe siècle », in : Borgard *et al.* 2005, 9-12.

Halstead, P. (1987) : « Traditional and Ancient Rural Economy in Mediterranean Europe : plus ça change? », *JHS*, 107, 77-87 (= *Id.*, in : Scheidel & von Reden 2002, 53-70).

Halstead, P. (1990) : « Waste not, Want not : Traditional Responses to Crop Failure in Greece », *Rural History*, 1, 147-164.

Halstead, P., et Ch. Frederick, éd. (2000) : *Landcape and Land Use in Postglacial Greece*, Sheffield Studies in Aegean Archaeology 3, Sheffield.

Halstead, P., et J. O'Shea, éd. (1989) : *Bad Years Economics : Cultural Responses to Risk and Uncertainty*, Cambridge.

Halstead, P., et O. Jones (1989) : « Agrarian ecology in Greek Islands : Time Stress, Scale and Risk », *JHS*, 109, 41-55.

Hansen, M. H. (1986) : *Demography and Democracy. The Number of Athenian Citizens in the Fourth Century B.C.*, Herning (copyright 1985).

Hansen, M. H. (1988) : *Three Studies in Athenian Demography*, Copenhague.

Hansen, M. H. (2006) : *Studies in the Population of Aigina, Athens and Eretria*, Copenhague.

Hansen, M. H., et T. H. Nielsen, éd. (2004) : *An Inventory of Archaic and Classical Poleis*, Oxford, 2004.

Hanson K. C. (1997) : « The Galilean Fishing Economy and the Jesus Tradition », *Biblical Theology Bulletin*, 27, 99-111.

Hanson, V. D. (1995) : *The Other Greeks : the Family Farm and the Agrarian Roots of Western Civilization*, New York.

Hanson, V.D. (1981) : *Warfare and Agriculture in Ancient Greece* (2e édition révisée 1998), Berkeley.

Harrauer, H., et P. Sijpestein (1985) : « Ein neues Dokument zu Roms-Indienhandel, *P. Vindob.* G 40822 », *AAWW*, phil.-hist. Kl., 122, 124-155.

Harris, Ed. H. (1992) : « Women and Lending in Athenian Society : A Horos Re-examined », *Phoenix*, 46, 309-321.

Harris, Ed. H. (2001) : « Workshop, Marketplace and Household : the Nature of technical specialization in Classical Athens and its Influence on Economy and Society », in : Cartledge *et al.* 2001, 67-99.

Harris, Ed. H. (2002) : « Workshop, Marketplace and Household. The Nature of Technical Specialization in Classical Athens and its Influence on Economy and Society », in : Cartledge *et al.* 2002, 67-99.

Harris, Ed. H., et K. Tuite (2000) : « Notes from a Horos of the Athenian Agora », *ZPE*, 131, 101-105.

Harris, W. V. (1982) : « The Theoretical Possibility of Extensive Infanticide in the Greco-Roman World », *CQ*, 32, 114-116.

Harris, W. V., éd. (2005) : *Rethinking the Mediterranean*, Oxford, avec la présentation « The Mediterranean and Ancient History », p. 1-44.

Harrison, A. R. W. (1968-1971) : *The Law of Athens*, I, *The Family and Property* (1968), II, *Procedure* (1971), Oxford.

Harrison, G. A., et A. J. Boyce, éd. (1972) : *The Structure of Human Population*, Oxford.

Hasebroek, J. (1933) : *Trade and Politics in Ancient Greece*, Londres (trad. fr. de *Staat und Handel im alten Griechenland*, Tübingen, 1928).

Hassan, F. A. (1981) : *Demographic Archaeology*, New York.

Hatzfeld, J. (1919) : *Les trafiquants italiens dans l'Orient hellénique*, BEFAR 115, Paris.

Hatzidake, E. (1997) : « The Classical Shipwreck at Alonnesos », in : Swiny *et al.* 1997, 125-134.

Hatzopoulos, M. B. (1988) : *Actes de vente de la Chalcidique centrale*, Meletemata 6, Athènes.

Hatzopoulos, M. B. (1991) : *Actes de vente de Chalcidique*, Meletemata 14, Athènes.

Hatzopoulos, M. B. (1996) : *Macedonian Institutions under the Kings*, I-II, Meletemata 22, Athènes.

Hatzopoulos, M. B. (2000-2003) : « Neo apotmèma apo tèn Aphyti tou attikou psèphismatos peri nomismatos, stathmôn kai metrôn », *Horos*, 14-16, 31-43.

Hatzopoulos, M. B. (2006) : *La Macédoine. Géographie historique – Langue – Cultes et croyances – Institutions*, Paris.

Hatzopoulos, M. B., et L. D. Loukopoulou (1992) : *Recherches sur les marches orientales des Téménides (Anthémonte-Kalindoia)*, I, Meletemata 11, Athènes.

Hayek, Fr. A. (1980-1983 [1973-1979]) : *Droit, législation et liberté*, I-III, Paris (trad. fr. de *Law, Legislation and Liberty*, I-III, Chicago, 1973-1979).

Heichelheim, F. (1930) : *Wirtschaftliche Schwankungen der Zeit von Alexander bis Augustus*, Jena.

Heichelheim, F. M. (1964-1970) [1938] : *An Ancient Economic History : from the Palaeolithic Age to the Migrations of the Germanic, Slavic, and Arabic Nations*, I-III, Leyde (éd. trad. complétée de *Wirtschaftsgeschichte des Altertums*, Leyde, 1938).

Heilporn, P. (2000) : « Registre de navires marchands », in : Melaerts 2000, 339-359.

Heller, A. (2006) : *« Les bêtises des Grecs ». Conflits et rivalités entre cités d'Asie et de Bithynie à l'époque romaine (129 a.C.-235 p.C.)*, Ausonius Scripta Antiqua 17, Bordeaux.

Hellmann, M.-Chr. (1992) : « Le vocabulaire de l'eau dans les inscriptions de Délos », in : Argoud *et al.* 1992, 181-196.

Helly, B. (1984) : « Le territoire de Larisa : ses limites, son extension, son organisation », *Ktèma*, 9, 213-234.

Helly, B. (1989) : « La Grecia antica e i terremoti », in : Guidoboni 1989, 75-91.

Hennig, D. (1994) : « Immobilienerwerb durch Nichtbürger in der klassischen und hellenistischen Polis », *Chiron*, 24, 305-344.

Henry, L. (1972) : *Démographie. Analyse et modèles*, Paris..

Herrmann, P. (1975) : « Milesischer Purpur », *MDAI (IA)*, 25, 141-147 et pl. 31, 1.

Hodkinson, St. (1988) : « Animal Husbandry in the Greek polis », in : Whittaker 1988, 35-74.

Hodkinson, St. (2000) : *Property and Wealth in Classical Sparta*, Londres.

Hohlfelder, R. L., et R. L. Vann (2000) : « Cabotage at Aperlae in Ancient Lycia », *IJNA*, 29, 126-135.

Højte, J. M. (2005) : « The Archaeological Evidence for Fish Processing in the Black Sea Region », in : Bekker-Nielsen 2005a, 133-160.

Hollander, D. B. (2007) : *Money in the Roman Republic*, Columbia Studies in the Classical Tradition 29, Leyde.

Holleaux, M. (1897) : « Questions épigraphiques II », *REG*, 10, 26-49 (= *Études d'épigraphie et d'histoire grecques*, I, Paris, 1938, 99-120).

Hommages Lerat (1984) : *Hommages à Lucien Lerat*, II, Paris.

Hood, M. S. F. (1961-1962) : « Archaeology in Greece, 1961- 62», *Archaeological Reports*, 8, 3-31.

Höpfner, W., et E. L. Schwandner (1994) : *Haus und Stadt im klassischen Griechenland*², Munich.

Hopkins, K. (1966) : « On the Probable Age Structure of the Roman Population », *Population Studies*, 19, 245-264.

Hopkins, K. (1983) : « Introduction », in : Garnsey *et al.* 1983, ix-xxv.

Hopkins, K. (1995-1996) : « Rome, Taxes, Rents and Trade », *Kodai, Journal of Ancient History*, 6-7, 41-75 (repris sous une forme abrégée in Lo Cascio 2000, 253-267).

Hopper, R. J. (1943) : « Interstate Juridical Agreements in the Athenian Empire », *JHS*, 63, 35-51.

Horden, P., et N. Purcell (2000) : *The Corrupting Sea. A Study of Mediterranean History*, Oxford.

Howgego, C. (1990) « Why did Ancient States Strike Coins? », *NC*, 150, 1990, 1-25.

Howgego, C. (1995) : *Ancient History from Coins*, Londres.

Hübsch, G. (1968) : *Die Personalangaben als Identifizierungsvermerke im Recht der gräko-ägyptischen Papyri*, Berliner Juristische Abhandlungen Band 20, Berlin.

Humphrey, J. W., J. P. Oleson et A.N. Sherwood (1998) : *Greek and Roman Technology : A Sourcebook*, Londres – New York.

Humphreys, S. (1969) : « History, Economics and Anthropology : the Work of Karl Polanyi », *History and Theory*, 8, 172-196 (= *Anthropology and the Greeks*, Londres, 1978, 31-75).

Ientile, M. G. (1983) : *La pirateria tirrenica*, Kokalos Suppl. 6, Rome.

Immerwahr, H. R. (1992) : « New Wine in Ancient Wineskins : The Evidence from Attic Vases », *Hesperia*, 61, 121-132.

Ingalls, W. (2002) : « Demography and Dowries : Perspectives on Female Infanticide in Classical Greece », *Phoenix*, 56, 246-254.

Inglieri, R. U. (1936) : *Carta archeologica dell'isola di Rodi*, Istituto geogafico militare, Florence.

Irrigation et drainage (2001) : *Irrigation et drainage dans l'Antiquité, qants et canalisations souterraines en Iran, en Égypte et en Grèce*, Persika 2, Paris.

Isager, S., et J. E. Skydsgaard (1992) : *Ancient Greek Agriculture : an Introduction*, Londres – New York.

Jacob, Chr. (1991) : *Géographie et ethnographie en Grèce ancienne*, Paris.

Jakab, E. (1997) : *Praedicere und cavere beim Marktlauf. Sachmängel im griechischen und römischen Recht*, MBPF 87, Munich.

Jakab, E. (2001) : « Berenike vor Gericht. Apokeryxis, Gesellschaft und Buchführung in P. Oxy. XXII 2342 », *Tyche*, 16, 63-86.

Jameson, M. H., C. N. Runnels, et Tj. H. van Andel, M. H. Munn (1994) : *A Greek Countryside : the Southern Argolid from Prehistory to the Present Day*, Stanford.

Jantzen, U. (2004) : *Samos XX. Die Wasserleitung des Eupalinos auf Samos : die Funde*, Bonn.

Jardé, A. (1925) : *Les céréales dans l'Antiquité grecque*, Paris.

Joannès, Fr. (1994) : « Métaux précieux et moyens de paiement en Babylonie achéménide et hellénistique », *Transeuphratène*, 8, 137-144.

Joannès, Fr. (1997) : « Prix et salaires en Babylonie du VIIe au IIIe siècle avant notre ère », in : Andreau *et al.*1997, 313-333.

Joannès, Fr. (2001) : *Dictionnaire de la civilisation mésopotamienne*, Paris.

Johnston, A. W. (1979) : *Trademarks on Greek Vases*, Warminster.

Johnston, A. W. (1984) : « The Development of Amphora Shapes, Symposium, and Shipping », in : Brijder 1984, 208-211.

Johnston, A. W. 1991 [1996] : « Fifth Century Prices », in : *Vasi attici* 1991 [1996], II, 80-87.

Johnston, A. W., et R. E. Jones (1978) : « The "SOS" Amphora », *ABSA*, 73, 103-141.

Joly, R. (1978) : « L'école médicale de Cnide et son évolution », *ACl*, 47, 528-537.

Jones, Chr. (1978) : *The Roman World of Dio Chrysostom*, Cambridge (Mass.), 1978.

Jones, J. E., A. J. Graham et L. H. Sackett (1973) : « An Attic Country House Below the Cave of Pan at Vari », *ABSA*, 68, 355-452.

Jones, J. E., L. H. Sackett, et A. J. Graham (1962) : « The Dema House in Attica », *ABSA*, 57, 75-114.

Jones, N. F. (2005) : *Rural Athens under Democracy*, Philadelphie.

Jouanna, J. (1992) : *Hippocrate*, Paris.

Judeich, W. (1931) : *Topographie von Athen*2, Munich, 1931.

Kallet, L. (2001) : *Money and the Corrosion of Power in Thucydides : the Sicilian Expedition and its Aftermath*, Berkeley.

Kallet-Marx, L. (1993) : *Money, Expense, and Naval Power in Thucydides' History 1-5.24*, Berkeley.

Kallet-Marx, R. M. (1996) : *The Development of the Roman Imperium in the East from 148 to 62 B.C.*, Berkeley – Los Angeles – Oxford.

Kaptan, E. (1980-1981) : « The Significance of Tin in Turkish Mining History and its Origin », 95-96 (octobre 1980 - avril 1981), *Bulletin of the Mineral Research and Exploration Institute of Turkey* (MTA, Foreign Edition), 106-115.

Katsonopoulou, D. (2002) : « Helike and her Territory in Historical Times », *Pallas*, 58, 175-182.

Kayser, B., et K. Thompson (1964) : *Atlas économique et social de la Grèce*, Athènes.

Kent, J. H. (1948) : « The Temple Estates of Delos, Rheneia and Mykonos », *Hesperia*, 17, 243-338.

Kienast, H. J. (1995) : *Samos XIX. Die Wasserleitung des Eupalinos auf Samos*, Bonn.

Kim, H. (2001) : « Archaic Coinage as Evidence for the Use of Money », in : Meadows & Shipton 2001, 7-21.

Kim, H. (2002) : « Small Change and the Moneyed Economy », in : Cartledge *et al.* 2002, 44-51.

King, A. (2004) : *The Structure of Social Theory*, Londres.

King, P. W. (2005) : « The Production and Consumption of Iron in Early Modern England and Wales », *Economic History Review*, 58, 1-33.

Kinzl, K. H. (2006) : *A Companion to the Classical Greek World*, Londres.

Kirbihler, Fr. (2007) : « Die Italiker in Kleinasien, mit besonderer Berücksichtigung von Ephesos (133 v. Chr. – 1. Jh. n. Chr. », in : Meyer 2007, 19-35.

Klaffenbach, G. (1954) : *Die Astynomeninschrift von Pergamon*, Abhandlungen der Deutschen Akademie der Wissenschaften zu Berlin. Klasse für Sprachen, Literatur und Kunst Jahrg. 1953 Nr. 6, Berlin.

Kleiner, F. (1975) : *Greek and Roman Coins in the Athenian Agora*, Princeton.

Knœpfler, D., éd. (1988) : *Comptes et inventaires dans la cité grecque. Actes du colloque en l'honneur de J. Tréheux*, Genève.

Knœpfler, D. (2001a) : *Eretria*, XI, *Décrets ététriens de proxénie et de citoyenneté*, Lausanne.

Knœpfler, D. (2001b) : « Le contrat d'Érétrie en Eubée pour le drainage de l'étang de Ptéchai », in : *Irrigation et drainage* 2001, 41-80.

Knorringa, H. (1926) : *Emporos. Data on Trade and Trader in Greek Literature from Homer to Aristotle*, Amsterdam.

Koehler, C. (1981) : « Corinthian Developments in the Study of Trade in the Fifth Century », *Hesperia*, 50, 449-458.

Kolb, A. (2000) : *Transport und Nachrichtentransfer im römischen Reich*, Berlin.

Konuk, K. *Karun'dan Karia'ya - From Kroisos to Karia, Early Anatolian Coins from the Muharrem Kayhan Collection*, Istanbul, 2003.

Kraay, C. M. (1976) : *Archaic and Classical Greek Coins*, Berkeley.

Krasilnikoff, J. A. : « Water and Farming in Classical Greece : Evidence, Method and Perspectives », in : Ascani *et al.* 2002, 47-62.

Krischer, T. (1997) : « Die Genealogie der Dampfmaschine. Über den Zusammenhang von klassischer Tradition und Industrialisierung », *Klio*, 79, 194-206.

Krugman, P. R., et M. Obstfeld (2006 [2006]) : *Économie internationale*, Paris (trad. fr. de *International Economics : Theory and Policy*, 7e éd., Boston, 2006).

Kuchenbuch, L. (2006) : « Les baguettes de taille au Moyen Âge : un moyen de calcul sans écriture », in : Coquery *et al.* 2006, 113-142.

Kuniholm, P. I. (1990) : « Archaeological Evidence and Non-Evidence for Climatic Change », in : Runcorn & Pecker 1990, 645-655.

Kurke, L. (1999) : *Coins, Bodies, Games and Gold : The Politics of Meaning in Archaic Greece*, Princeton.

L'Homme-Wéry, L.-M. (2004) : « La législation de Solon : une solution à la crise agraire d'Athènes ? » *Pallas*, 64, 145-155.

La Genière, J. de (1999) : « Quelques réflexions sur les clients de la céramique attique », in : Villanueva-Puig *et al.* 1999, 411–423

La Genière, J. de, éd. (2006a) : *Les clients de la céramique grecque*, Cahiers du Corpus Vasorum Antiquorum 1, Paris.

La Genière, J. de, éd. (2006b) : « Clients, potiers et peintres », in : de la Genière 2006, 9-16.

La Roncière, Ch. de, R. Delort et M. Rouche (1969) : *L'Europe au Moyen-Âge*, I, Paris.

Labarre, G. (1998) : « Les métiers du textile en Grèce ancienne », *Topoi*, 8, 791-814.

Labarre, G., et M.-Th. Le Dinahet (1996) : « Les métiers du textile en Asie Mineure de l'époque hellénistique à l'époque impériale », in : *Aspects* 1996, 49-50.

Laffont, P.-Y., éd. (2006) : *Transhumance et estivage en Occident des origines aux enjeux actuels*, Toulouse.

Lafond, Y. (1998) : « Die Katastrophe von 373 v. Chr. und das Versinken der Stadt Helike in Achaia », in : Olshausen & Sonnabend 1998, 118-123.

Laloux, M. (1971) : « La circulation des monnaies d'électrum de Cyzique », *RBN*, 117, 31-69.

Lambert, S. (2002) : « Fish, Low Fares and *IG* II² 283 », *ZPE*, 140, 2002, 73-79.

Lambert, S. D. (1997) : « The Attic Genos Salaminioi and the Island of Salamis », *ZPE* 119, 85-106.

Lambrinoudakis, W., et M. Wörrle (1983) : « Ein hellenistisches Reformgesetz über das öffentliche Urkundenwesen von Paros », *Chiron*, 13, 283-368.

Landau, Y. H. (1966) : « A Greek Inscription Found near Hefzibah », *IEJ*, 16, 54-70.

Landels, J. G. (2000) : *Engineering in the Ancient World*, Berkeley – Los Angeles (éd. révisée d'une première éd. de 1978).

Landucci Gattinoni, Fr. (2003) : *L'arte del potere. Vita e opere di Casandro di Macedonia*, Historia Eizelschriften 171, Stuttgart.

Langdon, M. K. (1976) : *A Sanctuary of Zeus on Mount Hymettos*, Hesperia Suppl. 16, Princeton.

Langdon, M. K. (1991) : « On the Farm in Classical Attica », *CJ*, 86, 209-213.

Langdon, M. K., et L. V. Watrous (1977) : « The Farm of Timesios : Rock-Cut Inscriptions in South Attica », *Hesperia*, 46, 162-177.

Laronde, A. (1987) : *Cyrène et la Libye hellénistique*. Libykai Historiai. *De l'époque républicaine au principat d'Auguste*, Paris.

Larsen, J. A. O. (1938) : « Roman Greece », in : Frank 1938, 259-498.

Larsen, J. A. O. (1941) : « The Price of Tiles at Delos from 210 to 180 BC », *CPh*, 36, 156-166.

Lauffer, S. (1979) : *Die Bergwerksklaven von Laureion²*, Forschungen zur antiken Sklaverei 11, Wiesbaden.

Laurence R. (1999) : *The Roads of Roman Italy*, Londres.

Lawall, M. L. (1997) : « Shape and Symbol : Regionalism in Fifth Century Transport Amphora Production in Northeastern Greece », in : *Trade and Production in Premonetary Greece : Production and Craftsman. Proceedings of the 4th and 5th International workshop, Athens* 1994 *and* 1995, C. Gillis, C. Risberg, et B. Sjoberg, éd., Jonsered, 113-130.

Lawall, M. L. (1998) : « Bolsals, Mendean Amphoras, and the Date of the Porticello Shipwreck », *IJNA*, 27, 16-23.

Lawall, M. L. (2000) : « Graffiti, Wine Selling, and the Reuse of Amphoras in the Athenian Agora, ca. 430 to 400 B.C. », *Hesperia*, 69, 3-90.

Lawall, M. L. (2002) : « Ilion before Alexander : Amphoras and Economic Archaeology », *Studia Troica*, 12, 197-244.

Lazzarini, L. (2004) : « I primi oboli di Selinunte arcaica », *SNR*, 83, 17-26.

Le Goff, J. (1966) : *Le commerce au Moyen Âge*, Paris.

Le Rider, G. (1975) : « Contremarques et surfrappes dans l'Antiquité grecque », *Numismatique antique* 1975, 27-56 (= Le Rider 1999, 211-240).

Le Rider, G. (1986) : « Les alexandres d'argent en Asie Mineure et dans l'Orient séleucide au IIIe siècle av. J.-C. (c. 275-c. 225). Remarques sur le système monétaire des Séleucides et des Ptolémées », *JS*, 3-51 (= Le Rider 1999, 1183-1237).

Le Rider, G. (1989) : « La politique monétaire du royaume de Pergame après 188 », *JS*, 163-89 (= Le Rider 1989, 1287-1314).

Le Rider, G. (1997) : « Cléomène de Naucratis », *BCH*, 121, 71-93 (= Le Rider 1999, 1135-1157).

Le Rider, G. (1998) : « Histoire économique et monétaire de l'Orient hellénistique (le monnayage des Ptolémées) », *Annuaire du Collège de France 1997-1998. Résumé des cours*, 98, 783-809 (= Le Rider 1999, 1107-1133).

Le Rider, G. (1999) : *Études d'histoire monétaire et financière du monde grec. Écrits 1958-1998*, éd. par E. Papaefthymiou, F. de Callataÿ et Fr. Queyrel, Athènes.

Le Rider, G. (2001a) : « Sur un aspect du comportement monétaire des villes libres d'Asie Mineure occidentale au IIe siècle », in : Bresson & Descat 2001, 37-59 (= Le Rider 1999, 1315-1341).

Le Rider, G. (2001b) : *La naissance de la monnaie. Pratiques monétaires de l'Orient ancien*, Paris.

Le Rider, G. (2003) : *Alexandre le Grand. Monnaie, finances et politique*, Paris.

Le Rider, G., et Fr. de Callataÿ (2006) : *Les Séleucides et les Ptolémées. L'héritage monétaire et financier d'Alexandre le Grand*, Paris.

Le Rider, G., N. Waggoner, G.K. Jenkins, U. Westermark, éd. (1989) : *Kraay-Mørkholm Essays. Numismatic Studies in the Memory of C.M. Kraay and O. Mørkholm*, Louvain.

Le Roy Ladurie, E. (1967) : *Histoire du climat depuis l'an mil*, Paris.

Le Roy Ladurie, E. (2004-2006) : *Histoire humaine et comparée du climat*, I, *Canicules et glaciers (XIIIe-XVIIIe siècle)*, II, *Disettes et révolutions, 1740-1860*, Paris.

Lefèvre, Fr. (1998) : *L'amphictionie pyléo-delphique : histoire et institutions*, BEFAR 298, Rome.

Lefèvre, Fr. (2002) : *Documents amphictioniques*, *CID*, IV, Paris.

Legon, R. P. (1981) : *Megara : the Political History of a Geek City-State to 336 B.C.*, Ithaca – Londres, 1981.

Leguilloux, M. (2000) : « L'alimentation carnée au Ier millénaire avant J.-C. en Grèce continentale et dans les Cyclades : premiers résultats archéozoologiques », *Pallas*, 52, 69-95.

Lehmann-Hartleben, K. (1923) : *Die antiken Hafenlagen des Mittelmeeres. Beiträge zur Geschichte der Städtebaues in Altertum*, Klio Beiheft 14, Leipzig.

Leiner, W. (1991) : « Justininians Brücke über den Sangarios », in : Olshausen & Sonnabend 1991, 67-82.

Leroy, Chr. (1978) : « Richesse et exploitation en Laconie au Ier siècle av. J.-C. », *Ktèma*, 3, 261-266.

Lespez, L., et G. Tirologos (2004) : « Changements climatiques, transformations des paysages et sources anciennes : l'exemple du témoignage de Théophraste à propos de Philippes (Grèce) », in : Cantat & Gires 2004, 59-62.

Leteux, S. (2005) : *Libéralisme et corporatisme chez les bouchers parisiens (1776-1944)*, thèse Lille 3.

Levick, B. (2004) : « The Roman Economy : Trade in Asia Minor and the Niche Market », *G&R*, 51, 180-198.

Lévy, Ed. (2003) : *Sparte. Histoire politique et sociale jusqu'à la conquête romaine*, Paris.

Lewis, D. M. (1962) : « The Chronology of the Athenian New Style Coinage », *NC*, 275-300 (= Lewis 1997, 294-320.

Lewis, D. M. (1997) : *Selected Papers in Greek and Near Eastern History*, ed. P. J. Rhodes, New York – Cambridge.

Lewis, S. (1996) : *News and Society in the Greek Polis*, Londres.

Lhôte, É. (2006) : *Les lamelles oraculaires de Dodone*, Hautes études du monde gréco-romain 36, Genève.

Ligt, L. de (1993) : *Fairs and Markets in the Roman Empire : Economic and Social Aspects of Periodic Trade in a Pre-industrial Society*, Amsterdam.

Lilimbaki-Akamati, M., et L. Stephani (2003) : « Hônai ek tès Èmatias », *AE*, 142, 156-196.

Link, S. (1991) : *Landverteilung und sozialer Frieden im archaischen Griechenland*, Stuttgart.

Lo Cascio, E. (1994) : « The Size of the Roman Population : Beloch and the Meaning of the Augustan Census Figures », *JRS*, 84, 23-40.

Lo Cascio, E., éd. (2000) : *Mercati permanenti e mercati periodici nel mondo romano. Atti degli Incontri capresi di storia dell' economia antica, Capri 13-15 ottobre 1997*, Bari.

Lo Cascio, E., éd. (2006) : *Innovazione tecnica e progresso economico nel mondo romano*, Pragmateiai 10, Bari.

Lohmann, H. (1992) : « Agriculture and Country Life in Classical Athens », in : Wells 1992, 29-60.

Lohmann, H. (1993) : *Atene : Forschungen zu Siedlungs- und Wirtschaftsgeschichte des klassischen Attika*, I-II, Cologne – Weimar.

Lohmann, H. (1994) : « Ein "alter Schafstall" in neuem Licht : die Ruinen von Palaia Koprasia bei Legrena (Attika) », in : Doukellis & Mendoni 1994, 81-132.

Lolos, Y. G. (1999) : « The Cargo of Pottery from the Point Iria Wreck : Character and Implications », in : Phelps *et al.* 1999, 43-58.

Loomis, W. T. (1998) : *Wages, Welfare Costs and Inflation in Classical Athens*, Ann Arbor.

Loukopoulou, L. (2002) : « The "prosodos" of the Thracian Kings », in : Fol 2000, 345-353

Lucas, G. (1997) : *Les cités antiques de la haute vallée du Titarèse*, CMO 27, Lyon.

Lund, H. S. (1992) : *Lysimachus. A Study in Early Hellenistic Kingship*, Londres – New York.

Lund, J., et V. Gabrielsen (2005) : « A Fishy Business. Transport Amphorae of the Black Sea Region as a Source for the Trade in Fish and Fish Products in the Classical and Hellenistic Periods », in : Bekker-Nielsen 2005a, 161-170.

MacDowell, D. (1978) : *The Law in Classical Athens*, Ithaca.

Maiuri A. (1916) : « Ricerche archeologiche nell'isola di Rodi (1915) », *ASAA*, 2, 1916, 285-302.

Makarov, I. (2007) : « La ville libre grecque et l'administration romaine : le cas de Chersonèse Taurique », in : Bresson & Ivantchik 2007, 327-342.

Manganaro, G. (2000) : « Kyme e il dinasta Philetairos », *Chiron*, 30, 403-414.

Manning, J. G. (2005) : « Archaeology, Standards of Living and Greek Economic History », in : Manning & Morris 2005, 91-126.

Manning, J. G., et I. Morris, éd. (2005) : *The Ancient Economy : Evidence and Models*, Stanford.

Marcellesi, M.-Chr. (2000) : « Commerce, monnaies locales et monnaies communes dans les États hellénistiques », *REG*, 113, 326-358.

Margolis, H. (1991) : « Free Riding versus Cooperation », in : Zeckhauser 1991, 83-105

Martin, R. (1951) : *Recherches sur l'agora grecque*, Paris, 1951.

Martin, R. (1974) : *L'urbanisme dans la Grèce antique*², Paris.

Mastrokostas (1964) : « Inscriptions de Locride et de Thessalie », *REA*, 66, 291-319.

McDonald, W. A., et G. R. Rapp, Jr., éd. (1972) : *The Minnesota Messenia Expedition : Reconstructing a Bronze Age Regional Environment*, Minneapolis.

Meadows, A., et K. Shipton, éd. (2001) : *Money and its Uses in the Ancient Greek World*, Oxford.

Méditerranée (2007) : *La Méditerranée de Phéniciens de Tyr à Carthage*, Catalogue de l'exposition Paris 2007-2008, Paris.

Mee, C. B., et H. A. Forbes, éd. (1997) : *A Rough and Rocky Place : the Landscape and Settlement History of the Methana Peninsula, Greece. Results of the Methana Survey Project Sponsored by the British School at Athens and the University of Liverpool*, Liverpool.

Meiggs, R. (1975) : *The Athenian Empire*, 3ᵉ éd., Oxford.

Meiggs, R. (1982) : *Trees and Timber in the Ancient Mediterranean World*, Oxford.

Meijer, F., et O. van Nijf, éd. (1992) : *Trade, Transport, and Society in the Ancient World : a Sourcebok*, Londres – New York.

Meikle, S. (1995) : *Aristotle's Economic Thought*, 1995.

Meißner, B. (1999) : *Die technologische Fachliteratur der Antike*, Berlin.

Melaerts, H., éd. (2000) : *Papyri in honorem Johannis Bingen octogenarii (P.Bingen)*, Studia varia Bruxellensia ad orbem Graeco-Latinum pertinentia 5, Leuven.

Melville Jones, J.R. (1993) : *Testimonia Numaria : Greek and Latin Texts concerning Ancient Greek Coinage*, I, *Texts and Translations*, Londres.

Mémoire perdue (1998) : *La mémoire perdue. Recherches sur l'administration romaine*, Coll. de l'École française de Rome 243, Rome.

Ménard, Cl., et M. M. Shirley (2005) : *Handbook of New Institutional Economics*, Dordrecht.

Mendoni, L. (1994) : « The Organisation of the Countryside in Kea », in : Doukellis & Mendoni 1994, 147-162.

Mercantilisme (2001) : *Le mercantilisme en Europe – Un éclairage contemporain*², Les Cahiers du CERE, Tours.

Merkelbach, R. (2000) : « Der Überfall der Piraten auf Teos », *EA*, 32, 2000, 101-114.

Mesogaia 2001 : *Mesogaia : Historia kai politismos tôn mesogeiôn Attikès*, Athènes.

Metzger, H., E. Laroche, A. Dupont-Sommer, M. Mayrhofer (1976) : *Fouilles de Xanthos*, VI, *La stèle trilingue du Létôon*, Paris.

Meyer, Ed. (1895) : « Die wirtschaftliche Entwicklung des Altertums », *Jahrbücher für Nationalökonomie und Statistik*, 9, 696-750 (= Ed. Meyer, *Kleine Schriften zur Geschichts-*

theorie und zur wirtschaftltichen und politischen Geschichte des Altertums, Halle, I-II, 1910, 6-168).

Meyer, H.-C., et A. Moreno (2004) : « A Greek Metrological *koine* : a Lead Weight from the Western Black Sea Region in The Ashmolean Museum, Oxford », *OJA*, 209-216.

Meyer, M., éd. (2007) : *Neue Zeiten – Neue Sitten. Zu Rezeption und Integration römischen und italischen Kulturguts in Kleinasien*, Vienne.

Migeotte, L. (1984) : *L'emprunt public dans les cités grecques : recueil des documents et analyse critique*, Québec – Paris.

Migeotte, L. (1989-1990) : « Distributions de grain à Samos à la période hellénistique : le "pain gratuit" pour tous ? », *Opes Atticae. Mélanges offerts aux professeurs R. Bogaert et H. van Looy = SEJG*, 31, 297-308.

Migeotte, L. (1990) : « Le pain quotidien dans les cités hellénistiques : Une "affaire d'État" ? », *Hommages à la mémoire d'Ernest Pascal = CEA*, 23-24, 291-300.

Migeotte, L. (1991) : « Le pain quotidien dans les cités hellénistiques : à propos des fonds permanents pour l'approvisionnement en grain », *CCG*, 19-41.

Migeotte, L. (1992) : *Les souscriptions publiques dans les cités grecques*, Genève – Québec.

Migeotte, L. (1993) : « Un fonds d'achat de grain à Coronée », in : *Boeotia Antiqua III*, 11-23.

Migeotte, L. (1995) : « Les finances publiques des cités grecques », *Topoi*, 5, 7-32

Migeotte, L. (1997) : « Le contrôle des prix dans les cités grecques », in : Andreau *et al.* 1997, 33-52.

Migeotte, L. (1998) : « Les ventes de grain public dans les cités grecques aux périodes classique et hellénistique », in : *Mémoire perdue* 1998, 247-270.

Migeotte, L. (2001a) : « Le traité entre Milet et Pidasa (*Delphinion* 149). Les clauses financières », in : Bresson & Descat 2001, 129-135.

Migeotte, L. (2001b) : « Les concours d'Aktion en Acarnanie », *AncW*, 32, 164-170.

Migeotte, L. (2002) : *L'économie des cités grecques*, Paris.

Migeotte, L. (2003) : « Taxation directe en Grèce ancienne », in : Thür & Nieto 2003, 297-314.

Migeotte, L. (2005) : « Les pouvoirs des agoranomes dans les cités grecques », *Symposion 2001*, 287-301.

Mikalson, J. D. (1998) : *Religion in Hellenistic Athens*, Berkeley.

Mileta, Chr. (2002) : « The King and his Land. Some Remarks on the Royal Area (*basilikè chôra*) of Hellenistic Asia Minor », in : Ogden 2002, 157-176.

Miller, J. A. (1999) : *Mastering the Market. The State and the Grain Trade in Northern France, 1700-1860*, Cambridge.

Miller, M. C. (1997) : *Athens and Persia in the Fifth Century B.C. : A Study in Cultural Receptivity*, Cambridge.

Millett, P. (1991) : *Lending and Borrowing in Ancient Athens*, Cambridge.

Minaud G. (2004) : « Regard sur la comptabilité antique romaine : la mosaïque de l'aula des mensores à Ostie, des doigts et des comptes », *MEFRA*, 116, 437-468.

Minaud, G. (2005) : *La comptabilité à Rome*, Lausanne.

Mitchell, H. (1940) : *The Economics of Ancient Greece*, Cambridge (2e éd. 1957).

Mitchell, St. (1993) : *Anatolia. Land, Men, and Gods in Asia Minor*, I-II, Oxford.

Mitchell, St. (1999) : « The Administration of Roman Asia from 133 BC to AD 250 », in : Eck 1999, 17–46.

Mitford, T. B. (1961) : « Hellenistic Inscription of Old Paphos », *ABSA*, 46, 1-41.

Moatti, Cl., éd. (2004) : *La mobilité des personnes en Méditerranée de l'Antiquité à l'époque moderne II, La mobilité négociée*, Collection de l'École française de Rome 341, Rome.

Moatti, Cl., et W. Kaiser, éd. (2007) : *Gens de passage en Méditerranée de l'Antiquité à l'époque moderne. Procédures de contrôle et d'identification*, Paris.

Mokyr, J. (1992) : *The Lever of Riches*, New York – Oxford 1992.

Molkenthin, R. (2006) : *Straßen aus Wasser. Technische, wirtschaftliche und militärische Aspekte der Binnenschiffahrt im Mitteleuropa des frühen und hohen Mittelalters*, Münster.

Monaghan, M. (2000) : « Dyeing Establishments in Classical and Hellenistic Greece », in : Cardon & Feugère 2000, 167-172.

Montchrestien, A. de (1999 [1615]) : *Traicté de l'œconomie politique*, Genève.

Moreau, J. (1949) : « Les théories démographiques dans l'Antiquité grecque », *Population*, 4, 597-614

Morel, J.-P. (1981) : *Céramique campanienne : les formes*, I-II, BEFAR 244, Rome.

Morel, J.-P. (1986) : « Céramiques à vernis noir d'Italie trouvées à Délos », *BCH*, 110, 461-493.

Morel, J.-P. (2002-2003) : « Les céramiques dans l'Afrique antique : quelques problèmes de "marché" », *AntAfr*, 38-39, 331-343.

Moretti, L. (1980) : « Chio e la lupa Capitolina », *RFIC*, 108, 33-54.

Moritz, L. A. (1958) : *Grain-mills and Flour in Classical Antiquity*, Oxford.

Mørkholm, O. (1991) : *Early Hellenistic Coinage from the Accession of Alexander to the Peace of Apamea (336-188 B.C.)*, éd. par Ph. Grierson et U. Westermark, Cambridge – New York.

Morley, N. (2007) : *Trade in Classical Antiquity*, Cambridge.

Morris, I. (1987) : *Burial and Ancient Society : The Rise of the Greek City-State*, Cambridge.

Morris, I. (2004b) : « Economic Growth in Ancient Greece », *Journal of Institutional and Theoretical Economics*, 2004, 160, 709-742.

Morris, I. (2005) : « Archaeology, Standards of Living, and Greek Economic History », in : Manning & Morris 2005, 91-126.

Morris, I. (2006) : « The Collapse and Regeneration of Complex Society in Greece, 1500-500 BC », in : Schwartz & Nichols 2006, 72-85.

Morris, I. (à paraître) : « The Athenian Empire », in : W. Scheidel, *The Dynamics of Ancient Empires*, Stanford.

Morris, I., éd. (1994) : *Classical Greece : Ancient Histories and Modern Archaeologies*, Cambridge.

Morris, S. P., et J. K. Papadopoulos (2005) : « Greek Towers and Slaves : An Archaeology of Exploitation », *AJA*, 109, 155-225.

Muller, A. (1981) : « Megarika », *BCH*, 105, 203-218.

Müller, Chr. (2002) : « Les Italiens en Béotie », in : Müller & Hasenohr 2002, 89-100.

Müller, Chr. (2007) : « Quelques réflexions à propos de la chôra d'Hermonassa dans le Bospore Cimmérien », in : Bresson & Ivantchik 2007, 69-78.

Müller, Chr., et Cl. Hasenohr (2002) : *Les Italiens dans le monde grec (IIe s. av. J.-C. - Ier s. ap. J.-C.*, BCH Suppl. 41, Athènes – Paris.

Müller, D. (1987-1997) : *Topographischer Bildkommentar zu den Historien Herodots*, I-II, Tübingen.

Mulliez D. (1982) : « Notes sur le transport du bois », *BCH*, 107, 107-118.

Murray, O., et S. Price, éd. (1992) [1990] : *La cité grecque d'Homère à Alexandre*, Paris (trad. fr. de *The Greek City from Homer to Alexander*, Oxford, 1990).

Musti, D. (1981) : *L'economia in Grecia*, Rome.

Nafissi, M. (2005) : *Ancient Athens & Modern Ideology : Value, Theory & Evidence in Historical Sciences. Max Weber, Karl Polanyi & Moses Finley*, Londres.

Needham, J., *et al.* (1985) : *Science and Civilization in China*, Cambridge.

Nef, J. (1932) : *The Rise of the British Coal Industry*, I-II, Londres.

Neppi Modona, A. (1981) : *L'Etruria mineraria : atti del XII Convegno di studi etruschi e italici*, Florence.

Nevett, L. C. (1999) : *House and Society in the Ancient Greek World*, Cambridge.

Nevett, L. C. (2005) : « Between Urban and Rural : House-Form and Social Relations in Attic Villages and Deme Centers », in : Ault & Nevett 2005, 83-98.

Nicolet, Cl. (1991) : « Le *monumentum Ephesenum* et les dîmes d'Asie », *BCH*, 115, 465-480.

Nicolet, Cl. (1993) : « Le *monumentum Ephesenum* et la délimitation du *portorium* d'Asie », *MEFRA*, 105, 929-959.

Nicolet, Cl. (1999) : « Le *monumentum Ephesenum*, la loi Terentia-Casia et les dîmes d'Asie », *MEFRA*, 111, 191-215.

Nicolet-Pierre, H. (2002) : *Numismatique grecque*, Paris.

North, D. C. (1981) : *Structure and Change in Economic History*, New York.

North, D. C. (1990) : *Institutions, Institutional Change and Economic Performance*, Cambridge.

North, D. C. (2005) : *Le processus du développement économique*, Paris, 2005 (trad. fr. de *Understanding the Process of Economic Change*, Princeton, 2005).

North, D. C. et Thomas, R. P. (1980) [1973] : *L'essor du monde occidental : une nouvelle histoire économique*, Paris (trad. fr. de *The Rise of the Western World. A New Economic History*, Cambridge, 1973).

North, D. C., et R. P. Thomas (1973) : *The Rise of the Western World*, Cambridge.

Numismatique antique (1975) : *Numismatique antique. Problèmes et méthodes*, Études d'archéologie classique IV, Nancy.

O'Neil, Ed. D.(1977) : *Teles (the Cynic Teacher)*, Missoula.

O'Neill, K., W. Yielding, J. Near, J. E. Coleman, P. S. Wren, K. M. Quinn (1999) : « Halai the 1992-1994 Field Seasons », *Hesperia*, 68, 285-341.

Ogden, D. éd. (2002) : *The Hellenistic World. New Perspectives*, Duckworth, Swansea.

Oliver, G. J. (2007) : *War, Food and Politics in Early Hellenistic Athens*, Oxford.

Olshausen, E., et H. Sonnabend, éd. (1991) : *Stuttgarter Kolloquium zur historischen Geographie des Altertums 2,1984 und 3,1987*, Geographica historica 5, Stuttgart.

Olshausen, E., et H. Sonnabend, éd. (1998) : *Naturkatastrophen in der antiken Welt, Stuttgarter Kolloquium zur historischen Geographie des Altertums 6,1996*, Geographica historica 10, Stuttgart.

Olshausen, E., et H. Sonnabend, éd. (2002) : *Zu Wasser und zu Land. Verkherswege in der antiken Welt, Stuttgarter Kolloquium zur historischen Geographie des Altertums 7,1999*, Geographica historica 17, Stuttgart.

Olson, D. S. (1991) : « Firewood and Charcoal in Classical Athens », *Hesperia*, 60, 411-420.

Oppenheim, A. L. (1967) : « Essay on Overland Trade in the First Millenium B.C. », *Journal of Cuneiform Studies*, 21, 236-254.

Orrieux, Cl. (1983) : *Les papyrus de Zénon*, Paris.

Orrieux, Cl. (1985) : *Zénon de Caunos, parépidèmos et le destin grec*, Paris – Besançon.

Ortolani, Fr., et S. Pagliuca (2003) : « Cyclical Climatic-Environmental Changes in the Mediterranean Area (2500 BP-Present Day) », *Pages News*, 11.1, 15-17.

Osborne, R. (1983) : « Buildings and Residence on the Land in Classical and Hellenistic Greece », *ABSA*, 80, 119-128.

Osborne, R. (1987) : *Classical Landscape with Figures*, Dobbs Ferry, NY.

Osborne, R. (1988) : « Social and Economic Implications of the Leasing of Land and Property in Classical and Hellenistic Greece », *Chiron*, 18, 279-323.

Osborne, R. (1996) : « Pots, Trade and the Archaic Greek Economy », *Antiquity*, 70, 31-44.

Osborne, R. (2004) : « Greek Archaeology : A Survey of Recent Work », *American Journal of Archaeology*, 87-102

Papadopoulos, J. K., et S. A. Paspalas (1999) : « Mendaian as Chalkidian Wine », *Hesperia*, 68, 161-188.

Papazoglou, F. (1997) : *Laoi et paroikoi. Recherches sur la structure de la société hellénistique*, Belgrade.

Parker, A. J. (1992) : *Ancient Shipwrecks of the Mediterranean & the Roman Provinces*, BAR International Series 580, Oxford.

Parker, R. (2005) : *Polytheism and Society at Athens*, Oxford.

Patterson, C. (1985) : « "Not Worth the Rearing" : the Causes of Infant Exposure in Ancient Greece », *TAPhA*, 115, 103-123.

Pearson, H. W. (1975) [1957] : « L'économie n'a pas de surplus. Critique d'une théorie. du développement », trad. fr. de « The Economy has no Surplus », in : Polanyi *et al.* 1957 [1975], 301-317, [320-341].

Pébarthe, Chr. (2000) : « Fiscalité, empire d'Athènes et écriture : retour sur les causes de la guerre du Péloponnèse », *ZPE*, 129, 47-96.

Pébarthe, Chr. (2008) : *Monnaie et marché à Athènes à l'époque classique*, Paris.

Peristiany, J., et M.-E. Handman, éd. (1989) : *Le prix de l'alliance en Méditerranée*, Paris.

Perna, M. (2004) : *Recherches sur la fiscalité mycénienne*, Nancy.

Pernin, I. (2004) : « Les baux de Thespies (Béotie) : essai d'analyse économique », *Pallas*, 64, 221-232.

Perreault, J.-Y. (1990) : « L'atelier de potier archaïque de Phari (Thasos). La production de tuiles », *Hesperia*, 59, 201-209.

Perrin, É. (1994) : « Héracleidès le Crétois à Athènes : les plaisirs du tourisme », *REG*, 104, 192-202.

Persson, K. G. (1999) : *Grain Markets in Europe 1500-1900*, Cambridge.

Pfohl, G. (1977) : *Inschriften der Griechen. Epigraphische Quellen zur Geschichte der Antiken Medizin*, Darmstadt, 1977 (trad. all. de *Cam. Hist. Journ.*, 10, 3, 1952, 235-253).

Phelps, W., Y. Lolos et Y. Vichos (1999), éd. : *The Point Iria Wreck: Interconnections in the Mediterranean ca. 1200 BC*, Athènes.

Philimonos-Tsopotou, M. (2004) : *I ellinistiki ochyrosi tis Rhodou*, Athènes.

Picard, O. (1980) : « Aristote et la monnaie », *Ktèma*, 5, 267-76.

Picard, O. (1984) : « Sur deux termes des inscriptions de la trésorerie d'Aï Khanoum », in : *Hommages Lerat* 1984, II, 679-690.

Picard, O. (2000) : « Le contre-exemple du monnayage stéphanéphore d'Athènes », *RN*, 155, 79-85.

Picard, O. (2001) : « La découverte des gisements du Laurion et les débuts de la chouette », *RBN*, 147, 1-10.

Picard, O. (2007) : « Monnaie et circulation monétaire à l'époque classique », *Pallas*, 74, 113-128.

Picon, M. (2005) : « Des aluns naturels aux aluns artificiels et aux aluns de synthèse : matières premières, gisements et procédés », in : Borgard *et al.* 2005, 13-38.

Picon, M., et Y. Garlan (1986) : « Recherches sur l'implantation des ateliers amphoriques à Thasos et analyse de la pâte des amphores thasiennes », in : Empereur & Garlan 1986, 287-309.

Plassart, A. (1916) : « Fouilles de Délos, exécutées aux frais de M. le duc de Loubat (1912-1913). Quartier d'habitations privées à l'est du stade (pl. V-VII), *BCH*, 40, 145-256.

Podlecki A. J. (1971) : « Cimon, Skyros and "Theseus' Bones" », *JHS*, 91, 141-143.

Polanyi, K. (1968) : *Primitive, Archaic and Modern Economies. Essays of Karl Polanyi Edited by George Dalton*, New York.

Polanyi, K. (1975) [1957], « Aristote découvre l'économie », in : Polanyi & Arensberg, 1975 [1957], 93-117.

Polanyi, K. (1977) : *The Livelihood of Man*, essais édités par H. W. Pearson, New York – San Francisco – Londres.

Polanyi, K. (1983) [1944] : *La grande transformation*, Paris (trad. fr. de *The Great Transformation*, New York, 1944).

Polanyi, K. et C. Arensberg, éd. (1975) [1957] : *Les systèmes économiques dans l'histoire et dans la théorie*, Paris, trad. fr. de Polanyi, K., C. Arensberg et H. Pearson, éd., *Trade and Market in the Early Empires. Economies in History and Theory*, New York, 1975.

Pomeranz, K. (2000) : *The Great Divergence : Europe, China and the Making of the Modern World Economy*, Princeton.

Pomeroy, S. B. (1975) : *Goddesses, Whores, Wives and Slaves*, New York.

Pomeroy, S. B. (1983) : « Infanticide in Hellenistic Greece », in : Cameron & Kuhrt 1983, 207-222.

Pomeroy, S. B. (1997) : *Families in Classical and Hellenistic Greece : Representations and Realities*, Oxford.

Pomey, P. (1981) : « L'épave de Bon-Porté et les bateaux cousus de Méditerranée », *MM*, 67, 225-243.

Pomey, P. (1995) : « Les épaves grecques et romaines de la Place Jules Verne à Marseille », *CRAI*, 459-484.

Pomey, P., et A. Tchernia (2006) : « Les inventions entre l'anonymat et l'exploit : le pressoir à vis et la *Syracusia* », in : Lo Cascio 2005, 81-99.

Popper, K. (1981) [1976] : *La quête inachevée*, Paris (trad. fr. de *Unended Quest : an Intellectual Autobiography*, Londres, 1976)

Population (1975) : *Population Policy in Plato and Aristotle = Arethusa*, 8.2, 1975.

Porten, B., et A. Yardeni (1993) : *Textbook of Aramaic Documents from Ancient Egypt III. : Literature, Accounts, Lists*, Jerusalem.

Pouilloux, J. (1954) : *Recherches sur l'histoire et les cultes de Thasos*, I, Paris.

Pounder, R. L., et N. Dimitrova (2003) : « Dedication by the Thessalian League to the Great Gods in Samothrace », *Hesperia*, 72, 31-39.

Préaux, Cl. (1939) : *L'économie royale des Lagides*, Bruxelles.

Préaux, Cl. (1978) : *Le monde hellénistique, la Grèce et l'Orient*, I-II, Paris, 1978 (rééd. avec compléments bibliographiques 2002).

Price, M, et N. Waggoner (1975) : *Archaic Greek Silver Coinage.The 'Asyut' Hoard*, Londres.

Price, M. J. (1991) : *The Coinage in the Name of Alexander the Great and Philip Arrhideus*, I-II, Londres.

Priddat, B. P. (2004) : « Gustav Schmoller : L'économie comme moralité institutionnalisée », in : Bruhns 2004a, 53-74.

Pringsheim, F. (1950) : *The Greek Law of Sale*, Weimar.

Pritchett, W. K. (1953) : « The Attic Stelai, Part I », *Hesperia*, 22, 225-299.

Pritchett, W. K., et A. Pippin (1956) : « The Attic Stelai, Part II », *Hesperia*, 25, 178-328.

Prost, Fr., éd. (1999) : *Armées et sociétés de la Grèce classique. Aspects sociaux et politiques de la guerre aux* V^e^ *et* IVe *s. av. J.-C.*, Paris.

Prost, Fr., éd. (2003) : *L'Orient méditerranéen de la mort d'Alexandre aux campagnes de Pompée. Cités et royaumes à l'époque hellénistique*, Actes du colloque international de la SOPHAU Rennes, avril 2003 (= *Pallas*, 62).

Psoma, S. (2006) : « À propos de drachmes d'argent du décret amphictyonique *CID* IV 127 », *ZPE*, 160, 79-88.

Pulak, C., R. F. Townsend, C. G. Koehler et B. Wallace (1987) : « The Hellenistic Shipwreck at Serçe Limani, Turkey : Preliminary Report », *AJA*, 91, 31-57

Pulak. C. (1998) : « The Uluburun shipwreck : an Overview », *IJNA*, 27, 188–224.

Purcell, N. (2005) : « The Ancient Mediterranean : The View from the Customs House », in : Harris 2005, 200-232.

Rackham, O. (1992) [1990] : « Le paysage antique », in : Murray & Price 1992 [1990], 107-137.

Raepsaet, G. (1993) : « Le diolkos de l'Isthme à Corinthe : son tracé, son fonctionnement », *BCH*, 117, 233-261.

Raepsaet, G. (2002) : *Attelages et techniques de transport dans le monde gréco-romain*, Bruxelles.

Rankov, B. (2006) : « Les frumentarii et la circulation de l'information entre les empereurs romains et les provinces », in : Capdetrey & Nelis-Clément 2006, 129-140.

Rathbone, D. (1991) : *Economic Rationalism and Rural Society in Third-Century A.D. Egypt*, Cambridge.

Ravis-Giordani, G. éd. (1987) : *Femmes et patrimoine dans les sociétés rurales de l'Europe méditerranéenne*, Paris.

Recensement (1914) : *Recensement agricole de 1911. Superficie, rendement agricole et valeur du rendement*, Athènes.

Recensement (1921) : *Recensement agricole de 1919. Superficie, rendement agricole et valeur du rendement*, Athènes.

Reden, S. von (1995) : *Exchange in Ancient Greece*, Londres.

Reden, S. von (2002) : « Money in the Ancient Economy : A Survey of Recent Research », *Klio*, 84, 141-174.

Redslob, A. (1991) : *Théorie micro-économique*, Paris.

Reed, M. (2004) : *Maritime Traders in the Ancient Greek World*, Cambridge.

Reger, G. (1993) : « The Purchase of Grain on Independent Delos », *ClAnt*, 12, 300-334.

Reger, G. (1994) : *Regionalism and Change in the Economy of Independent Delos*, Berkeley – Los Angeles – Oxford.

Reger, G. (1997) : « The Price Histories of Some Imported Goods on Independent Goods », in : Andreau *et al.* 1997, 53-72 (= *Id.*, in : Scheidel & von Reden 2002, 133-154).

Reger, G. (1999) : « The Relations between Rhodes and Caria from 246 to 167 BC », : Gabrielsen 1999, 76-97.

Reger, G. (2003) : « Aspects of the Role of Merchants in the Political Life of the Hellenistic World », in : Zaccagnini 2003, 165-197.

Reger, G. (2005) : « The Manufacture and Distribution of Perfume », in : Archibald 2005, 252-297.

Renfrew, C., et M. Wagstaff, éd. (1982) : *An Island Polity : the Archaeology of Exploitation in Melos*. Cambridge.

Réparaz, A. de (1987) : *L'eau et les hommes en Méditerranée*, Paris.

Rhodes, P. J. (2006) : « The Reform and Laws of Solon : an Optimistic View », in : Blok & Lardinois 2006, 248-260.

Rhodos (1999) : *Rhodos 2.400 Chronia*, Athènes.

Ricardo, D. (1992 [1817]) : *Des principes de l'économie politique et de l'impôt*, Paris (trad. fr. de *Principles of Political Economy and Taxation* [1ère éd., Londres, 1817], 3e éd., Londres, 1821).

Rich, J. and G. Shipley, éd. (1993) : *War and Society in the Greek World*, Londres.

Richter, G.M.A. (1966) : *The Furniture of the Greeks, Etruscans, and Romans*, Londres.

Rivet L., et M. Sciallano, éd. (2002) : *Vivre, produire et échanger : reflets méditerranéens. Mélanges offerts à Bernard Liou*, Montagnac.

Rizakis, A. D. (1995) : *Achaïe I. Sources textuelles et histoire régionale*, *Meletemata* 20, Paris.

Robert, L. (1936) : *Collection Froener*, I, *Inscriptions grecques*, Paris.

Robert, L. (1960) : « XVI. Bergers grecs » et « XVII. Les chèvres d'Héracleia », *Hellenica*, VII, Paris, 152-160 et 161-170.

Robert, L. (1962) : *Villes d'Asie Mineure*², Paris.

Robert, L. (1969) : « Apollonios de Rhodes et le fer de Bithynie », *Actes du VIII*ᵉ *Congrès de l'Association G. Budé Paris 1968*, Paris, 67-86 (*OMS*, IV, 383-403 = *Choix d'écrits*, 157-171).

Robert, L. (1973) : « Les juges étrangers dans la cité grecque », dans *Xenion. Festschrift für Pan. I. Zepos*, Athènes – Fribourg – Cologne, 765-782 (= *OMS*, V, 137-154 = *Choix d'écrits*, 299-314).

Robert, L. (1977) : « La titulature de Nicée et de Nicomédie : la gloire et la haine », *HSPh*, 81, 1-39 (= *OMS*, VI, 211-249).

Robert, L. (1980) : *À travers l'Asie Mineure*, Paris.

Robert, L. (1987) : *Documents d'Asie Mineure*, Paris.

Robert, L. et J. (1976) : « Une inscription grecque de Téos en Ionie : l'union de Téos et de Kyrbissos », *JS*, 154-235 (= *OMS*, VII, Amsterdam, 1990, 297-379).

Robertson, N. (1993) : « Athens' Festival of the New Wine », *HStCPh*, 95, 197-250.

Robineau, Cl. (1994) : « Anthropologie économique et marché », *Cahiers des Sciences Humaines*, 30.1-2, 23-33.

Robinson, D. M. (1924) : « A New Latin Economic Edict from Pisidian Antioch », *TAPhA*, 55, 5-20.

Robinson, E. H. (1974) : « The Early Diffusion of Steam Power », *Journal of Economic History*, 34, 91-107.

Roos, P. (1996) : « Strabo and the Water-Mill at Cabeira », *Opuscula Romana*, 20, 99-103.

Rosivach, V. J. (1989) : « *Talasiourga* and *paidia* in *IG* 2² 1553-1578 : a Note on Athenian Social History », *Historia*, 38, 365-370.

Rostovtzeff, M. (1910) : *Studien zur Geschichte der römischen Kolonates*, Leipzig.

Rostovtzeff, M. (1989) [1941] : *Histoire économique et sociale du monde hellénistique*, Paris (trad. fr. de *A Social and Economic History of the Hellenistic World*, I-III, Oxford, 1941).

Rotroff, S. I. (1984) : « Ceramic Workshops in Hellenistic Athens », in : Brijder 1984, 173-177.

Rotroff, S. I. (1997) : *Hellenistic Pottery : Athenian and Imported Wheelmade Table Ware and Related Material*, I-II, Princeton.

Rotroff, S. I. (2002) : « West Slope in the East », in : Blondé *et al.* 2002, 97-115.

Rotroff, S. I. (2006) : « The Introduction of the Moldmade Bowl Revisited : Tracking a Hellenistic Innovation », *Hesperia*, 75, 357-378.

Rouillard, P., et M.-Chr. Villanueva-Puig, éd. (1987) : *Grecs et Ibères au IV*ᵉ *siècle avant Jésus-Christ. Commerce et iconographie*, Actes de la Table ronde Bordeaux 1986 (= *REA*, 89, 1987).

Roussel, P. (1916) : *Délos colonie athénienne*, BEFAR 111 (nouvelle éd. avec suppl. biblio., Paris 1987).

Rousset, D. (2002) : *Le territoire de Delphes et la terre d'Apollon*, BEFAR 310, Paris.

Rousset, D. (2004) : « La cité et son territoire dans la province d'Achaïe et la notion de "Grèce romaine" », *AnnalesHSC*, 59.2, 363-383.

Runcorn, S. J., et J.-C. Pecker, éd. (1990) : *The Earth's Climate and Variability of the Sun Over Recent Millennia,* Philosophical Transactions of the Royal Society of London Series A 330, Londres.

Ruschenbusch, E. (1966) : Solônos Nomoi, Wiesbaden.

Ruschenbusch, E. (1981a) : « Epheben, Buleuten und die Burgerzahl von Athen um 330 v. Chr. », *ZPE,* 41, 103-105

Ruschenbusch, E. (1981b) : « Noch einmal die Burgerzahl Athens um 330 v. Chr. », *ZPE,* 44, 110-112.

Ruschenbusch, E. (1999) : « La démographie d'Athènes au IVe siècle », in : Bellancourt-Valdher & Corvisier 1999, 91-95.

Rutishauser, B. (2001) : « Island Strategies : the Case of Tenedos », *REA,* 103, 197-204.

Rutter, N. K. (1997) : *The Greek Coinages of Southern Italy and Sicily*, Londres, 1997.

Sabattini, Br., éd. (2000) : *La céramique attique du IVe siècle en Méditerranée occidentale*, Actes du Colloque international organisé par le Centre Camille Jullian, Arles 7-9 décembre 1995, Naples.

Sabin, Ph., H. van Wees et M. Whitby, éd. (2007) : *The Cambridge History of Greek and Roman Warfare. 1. Greece, The Hellenistic World and the Rise of Rome,* Cambridge.

Şahin, S. (1994) : « Piratenüberfall auf Teos. Volksbeschluß über die Finanzierung der Erpressungsgelder », *EA,* 23, 1994, 1-40.

Sahlins, M. (1980) [1972] : *Au cœur des sociétés. Raison utilitaire et raison culturelle*, Paris (trad. fr. de *Stone Age Economics*, Chicago, 1972).

Sallares, R. (1991) : *The Ecology of the Ancient Greek World*, Ithaca.

Saller, R. (2005) : « Framing the Debate over Growth in the Ancient Economy », in : Manning & Morris 2005, 223-238.

Salmon, J. B. (1984) : *Wealthy Corinth : A History of the City to 338 B.C.*, Oxford.

Salmon, J. B. (2000) : « Pots and Profits », in : Tsetskhladze 2000, 245-252.

Salmon, P. (1959) : « La population de la Grèce antique. Essai de démographie appliquée à l'Antiquité », *Bull. de l'Assoc. Gu. Budé*, 448-476.

Salomon, N. (1997) : *Le cleruchie di Atene. Caratteri e funzione*, Pise.

Salviat, Fr. (1986) : « Le vin de Thasos : Amphores, vin et sources écrites », in : Empereur & Garlan 1986, 145-195.

Salviat, Fr. (1990) : « Vignes et vins anciens de Maronée à Mendè », in : *Mnimi D. Lazaridi : Polis kai chôra stin archaia Makedonia kai Thraki : praktika archaiologikou synedriou, Kavala 9-11 maiou 1986,* Thessalonique, 457-476.

Salviat, Fr. (1993) : « Le vin de Rhodes et les plantations du dème d'Amos », in : Amouretti & Brun 1993, 201-211.

Salviat, Fr., et Cl. Vatin (1971) : *Inscriptions de Grèce centrale*, Paris.

Samama, É. (2003) : *Les médecins dans le monde grec. Sources épigraphiques sur la naissance d'un corps médical*, Genève – Paris.

Samama, É. (2006) : « *Thaumatopoloi pharmakopôlai*. La singulière image des préparateurs et vendeurs de remèdes dans les textes grecs », in : Collard & Samama 2006, 7-27.

Samons, L. J. (2000) : *Empire of the Owl*, Stuttgart.

Samson, A. V. M. (2006) : « Offshore Finds From the Bronze Age in North-Western Europe : The Shipwreck Scenario Revisited », *OJA*, 25, 371-388.

Samuelson, P., et W. D. Nordhaus (1998) [2000] : *Économie* (trad. fr. de *Economics*, 16e éd., New York, 1998).

Sánchez, P. (2001) : *L'amphictionie des Pyles et de Delphes. Recherches sur son rôle historique, des origines au* II*e siècle de notre ère*, Historia Einzelschriften 148, Stuttgart.

Saprykin, S. Ju. (2001) : « Polis Chora in the Kingdom of Bosporus », in : Stazio & Ceccoli 2001, 635-665.

Saprykin, S. Ju. (2006) : « The Chora in the Bosporan Kingdom », in : Bilde & Stolba 2006, 273-288.

Sarris, A., E. Athanassopoulou, A. Doulgeri-Intzessiloglou, Eu. Skafida et J. Weymouth (2002) : « Geophysical Prospection Survey of an Ancient Amphorae Workshop at Tsoukalia, Alonnisos (Greece) », *Archaeological Prospection*, 9, 183–195.

Sartre, M. (2004) : *L'Anatolie hellénistique de l'Égée au Caucase*[2], Paris.

Sartre, M., éd. (2007) : *Productions et échanges dans la Syrie grecque et romaine*, Topoi Suppl. 8, Lyon.

Schaps, D. M. (1979) : *Economic Rights of Women in Ancient Greece*, Édimbourg.

Schaps, D. M. (2004) : *The Invention of Coinage and the Monetization of Ancient Greece*, Ann Arbor.

Scheidel, W. (2001) : *Death on the Nile. Disease and Demography of Roman Egypt*, Mnemosyne Supplt. 228, Leyde.

Scheidel, W. (2003) : « The Greek Demographic Expansion », *JHS*, 123, 120-140.

Scheidel, W. (2004) : « Demographic and Economic Development in the Ancient Mediterranean World », *Journal of Institutional and Theoretical Economics*, 160, 743-757.

Scheidel, W., et S. von Reden, éd., (2002) : *The Ancient Economy*, Edinburgh.

Schiavone, A. (2003) [1996] : *L'histoire brisée. La Rome antique et l'Occident moderne*, Paris (trad. fr. de *La storia spezzata. Roma antica e Occidente moderno*, Rome – Bari 1996).

Schmaltz, B., et M. Söldner, éd. (2003) : *Griechische Keramik im Kulturellen Kontext*, Münster.

Schmitz, W. (2004) : *Nachbarschaft und Dorfgemeinschaft im archaischen und klassischen Griechenland*, Berlin.

Schneider, H. (1992) : *Einführung in die antike Technikgeschichte*, Darmstadt.

Scholl, R. (1990) : *Corpus der Ptolemäischen Sklaventexte*, I-II, Berlin.

Scholten, J. B. (2000) : *The Politics of Plunder. Aitolians and their koinon in the Early Hellenistic Era, 279-217 B.C*, Berkeley.

Schuler, Chr. (1998) : *Ländliche Siedlungen und Gemeinden im hellenistischen und römischen Kleinasien*, Vestigia 50, Munich.

Schütrumpf, E. (1982) : *Xenophon Vorschläge zur Beschaffung von Geldmitteln oder über die Staatseinkünfte*, Darmstadt.

Schwartz, G. M., et J. J. Nichols (2006) : *After Collapse : the Regeneration of Complex Societies*, Tucson.

Shaw, B. D. (2001) : c.r. de Horden & Purcell 2000, *JRA*, 14, 2001, 419-453.

Sherwin-White (1966) : *The Letters of Pliny. A Historical and Social Commentary*, Oxford.

Shipley, Gr. (1987) : *A History of Samos, 800-188 BC*, Oxford.

Shipley, Gr. (2002) : « Hidden Landscapes : Greek Field Survey data and Hellenistic History », in : Ogden 2002, 177-198.

Shipley, Gr., et J. Salmon, éd. (1996) : *Human Landscapes in Classical Antiquity : Environment and Culture*, Londres.

Shipton, K. (2000) : *Leasing and Lending : the Cash Economy in Fourth-Century BC Athens*, Bulletin of the Institute of Classical Studies Supplement 74, Londres.

Siebert, G. (1978) : *Recherches sur les ateliers de bols à reliefs du Péloponnèse à l'époque hellénistique*, Athènes – Paris.

Skydsgaard, J. E. (1988) : « Transhumance in Ancient Greece », in : Whittaker 1988, 75-86.

Smelser, N. J., et R. Swedberg, éd. (1994) : *The Handbook fo Economic Sociology*, Princeton.

Smith, Ad. (1995 [1776]) : *Enquête sur la nature et les causes de la richesse des nations*, I-IV, Paris, (trad. fr. de *An Inquiry into the Nature and Causes of the Wealth of Nations*, Edimbourg, 1776).

Snodgrass, A. (1980) : *Early Greece*, Londres.

Snodgrass, A. (1987) : *An Archaeology of Greece*, Berkeley – Los Angeles – Londres.

Snodgrass, A. (1991) : « The Rural Landscape and its Political Significance », *Opus*, Berkeley – Los Angeles – Londres.

Soren, D., et J. R. Leonard (1989) : « Archeologia sismica a Kourion : un approccio multidisciplinare in azione per un terremoto del IV secolo d. C. », in : Guidoboni 1989, 438-448.

Sosin, S. (2004) : « Alexanders and *Stephanephoroi* at Delphi », *ClPh*, 99, 192-208.

Sourisseau, J.-C. (1998) : « Marseille et la production d'amphores 'ionio-massaliètes' en Occident : les problèmes de fabrication », in : Amouretti & Comet 1998, 127-152.

Stanley, Ph. V. (1976) : *Ancient Greek Market Regulations and Controls*, dissertation Berkeley.

Stanley, Ph. V. (1999) : *The Economic Reforms of Solon*, St. Katharinen.

Starr, C. G. (1970) : *Athenian Coinage 480-449 B.C.*, Oxford.

Starr, C. G. (1977) : *The Economic and Social Growth of Early Greece, 800-500 B.C.*, New York.

Stazio, A., et S. Ceccoli, éd. (2001) : *Problemi della chora coloniale dall'Occidente al mar Nero. Atti del quarantesimo convegno di studi sulla Magna Grecia, Taranto 29 sept.-3 oct. 2000*, Tarente.

Ste Croix, G. E. M. de (1961) : « Notes on Jurisdiction in the Athenian Empire », *CQ*, 55, 94-112.

Ste Croix, G. E. M. de (1966) : « The Estate of Phainippos (Ps.-Dem., XLII) », in : Badian 1966, 109-114.

Steffy, J. R. (1985) : « The Kyrenia Ship : An Interim Report on its Hull Construction », *AJA*, 89, 71-101.

Steinhauer, G. (1994) : « Inscription agoranomique du Pirée », *BCH*, 118, 51-68.

Stevens, G. Ph. (1950) : « A Tile Standard in the Agora of Ancient Athens », *Hesperia*, 19, 174-188.

Stiglitz, J. (1987) : « The Causes and Consequences of the Dependence of Quality on Price », *Journal of Economic Literature*, 25, 1-48.

Stiros, St. C., et Ph. Dakoronia (1989) : « Ruolo storico e identificazione di antichi terremoti nei siti della Grecia », in : Guidoboni 1989, 422-437.

Stolba, V. F. (2005) : « Fish and Money : Numismatic Evidence for Black Sea Fishing », in : Bekker-Nielsen 2005, 115-132.

Stöllner, Th., G. Körlin, G. Steffens, J. Cierny, éd. (2003) : *Man and Mining – Mensch und Bergbau. Studies in honour of Gerd Weisberger on Occasion of his 65th Birthday*, Der Anschrift Beiheft 16, Bochum.

Stroud, R. S. (1974) : « An Athenian Law on Silver Coinage », *Hesperia*, 43, 145-188.

Stroud, R. S. (1998) : *The Athenian Grain-Tax Law of 374/3 B.C.*, Hesperia Suppl. 29, Princeton.

Summerer, L. (2007) : « From Tatarlı to Munich. The Recovery of a Painted Wooden Tomb Chamber in Phrygia », in : Dinçol & Delemen 2007, 129-156.

Swedberg, R. (1998) : *Max Weber and the Idea of Economic Sociology*, Princeton.

Swedberg, R. (2004) : « La sociologie économique de Max Weber : une introduction », in : Bruhns 2004a, 211-228.

Swedberg, R. (2005) : *The Max Weber Dictionary : Key Words and Central Concepts*, Stanford.

Swiny, H. W., et M. L. Katzev (1973) : « The Kyrenia Shipwreck : A Fourth-Century B.C. Greek Merchant Ship », in : Blackman 1973, 339-359.

Swiny, S., R. L. Hohlfelder et H. W. Swiny, éd. (1997) : *Res Maritimae : Cyprus and the Eastern Mediterranean from Prehistory to Late Antiguity*, Atlanta.

Symposion 1977 (1982) : *Symposion 1977. Vorträge zur griechischen und hellenistischen Rechts-geschichte (Chantilly, 1.-4. Juni 1977),* J. Modrzejewski et D. Liebs éd., Cologne – Vienne.

Symposion 1997 (2001) : *Symposion 1997. Vorträge zur griechischen und hellenistischen Rechtsgeschichte (Altafiumara, 8.-14. September 1997), Communicazioni sul diritto greco ed ellenistico,* E. Cantarellea et G. Thür éd., Cologne – Weimar – Vienne.

Symposion 1999 (2003) : *Symposion 1999. Vorträge zur griechischen und hellenistischen Rechtsgeschichte (Pazo de Mariñán, La Coruña, 6.-9. September 1999)*, G. Thür et F. J. F. Nieto éd., Cologne – Weimar – Vienne.

Symposion 2003 (2006) : *Symposion 2003. Vorträge zur griechischen und hellenistischen Rechtsgeschichte (Rauischholzhausen, 30. September - 3. Oktober 2003),* H.-A. Rupprecht éd., Vienne.

Talbert, R., et coll., éd. (2000) : *Barrington Atlas of the Greek and Roman World*, Oxford – Princeton.

Tandy, D. W. (1997) : *Warriors into Traders : the Power of the Market in Early Greece*, Berkeley.

Tarn, W. W. (1952) : *Hellenistic Civilisation*[3], Londres.

Tchernia, A. (1986) : *Le vin de l'Italie romaine*, BEFAR 261, Rome.

Tchernia, A. (2000) : « La vente du vin », in : Lo Cascio 2000, 199-209.

Thivel, A. (1981) : *Cnide et Cos,* Paris.

Thompson, D. (1971) : *An Ancient Shopping Center : The Athenian Agora*, Princeton.

Thompson, M. (1961) : *The New Style Silver Coinage of Athens*, New York.

Thompson, W. E. (1972) : « Athenian Marriage Patterns : Remarriage », *CSCA,* 5, 211-225.

Thompson, W. F. (1982) : « The Athenian Entrepreneur », *AC*, 51, 53-85.

Thür, G. (1987) : « Hypotheken-Urkunde eines Seedarlehens für eine Reise nach Muziris für die Tetarte in Alexandreia », *Tyche*, 2, 229-245.

Todd, St. (1993) : *The Shape of Athenian Law*, Oxford

Tölle-Kastenbein, R. (1990) : *Antike Wasserkultur*, Munich.

Tölle-Kastenbein, R. (1994) : *Das archaische Wasserleitungsnetz für Athen und seine späteren Bauphasen*, Mayence.

Tolles, R. (1951) : *Untersuchungen zur Kinderaussetzung bei der Griechen,* diss. Breslau, 1941.

Tomber, R. (1987) : « Evidence for Long-Distance Commerce. Imported Bricks and Tiles at Carthage », *Rei Cretariae Romanae Fautorum Acta,* 25-26, 161-74.

Toutain, J. (1927) : *L'économie antique*, Paris.

Traill, J. (1975) : *The Political Organization of Attica : a Study of the Demes, Trittyes, and Phylai, and their Representation in the Athenian Council*, Hesperia Supplt. 14, Princeton.

Traina, G. (1988) : *Paludi e bonifiche del mondo antico. Saggio di archeologia geografica*, Rome.

Traina, G. (1994) : *La tecnica in Grecia e a Roma*, Roma.

Treister, M. Yu. (1995) : *The Role of Metal in the Ancient Greek History*, Mnemosyne supplt. 108, Leyde.

Treuil, R., P. Darcque, J.-Cl. Poursat, G. Touchais, éd. (1989) : *Les civilisations égéennes du Néolithique et de l'Âge du bronze*, Paris.

Trümper, M. (1998) : *Wohnen in Delos. Eine baugeschichtliche Untersuchung zum Wandel der Wohnkultur in hellenistischer Zeit*, Internationale Archäologie 46, Rahden.

Trümper, M. (2005) : « Modest Housing in late Hellenistic Delos », in : Ault & Nevett 2005, 119-139.

Trümpy, C. (1997) : *Untersuchungen zu altgriechischen Monatsnamen und Monatsfolgen*, Heidelberg.

Tsakirgis, B. (2005) : « Living and Working Around the Athenian Agora : a Preliminary Case Study of Three Houses », in : Ault & Nevett 2005, 67-82.

Tsetskhladze, G. R. (1998) : « Trade on the Black Sea in the Archaic and Classical Periods : Some Observations », in : Parkins & Smith 1998, 52-74.

Tsetskhladze, G. R., A. J. N. W. Prag et A. M. Snodgrass, éd. (2000) : *Periplous. Papers on Classical Art and Archaeology presented to Sir John Boardman*, Londres.

Tsetskhladze, G. R., éd. (1998) : *The Greek Colonisation of the Black Sea Region*, Stuttgart.

Valavanis, P. (1986) : « Les amphores panathénaïques et le commerce athénien de l'huile », in : Empereur & Garlan 1986, 453-460.

Vallois, R. (1944-1966) : *L'architecture hellénique et hellénistique à Délos jusqu'à l'éviction des Déliens (166 av. J.-C.)*, I-II, BEFAR 157, Paris.

van Alfen, P. G., éd. (2006) : *Agoranomia : Studies in Money and Exchange Presented to John H. Kroll,* New York.

van Andel Tj. H., E. Zangger, A. Demitrack (1990) : « Land Use and Soil Erosion in Prehistoric and Historical Greece », *Journal of Field Archaeology*, 17, 379-396.

van Andel, Tj. H., et C.N. Runnels (1987) : *Beyond the Acropolis : a Rural Greek Past*, Stanford.

van Bremen, R. (1983) : « Women and Wealth », in : Cameron & Kuhrt 1983, 223-242.

van Bremen, R. (1996) : *The Limits of Participation*, Amsterdam.

Van der Spek, R. J. (2000) : « The Effect of War on the Prices of Barley and Agricultural Land in Hellenistic Babylonia », in : Andreau *et al.*, 2000, 293-313.

Van der Spek, R. J. (2006) : « How to Measure Prosperity ? The Case of Hellenistic Babylonia », in : Descat 2006, 287-310.

Van Effenterre, H., et D. Gondicas (1999) : « Lyttos ville fantôme », in : Bellancourt-Valdher & Corvisier 1999, 127-139.

Van Groningen, B. A. (1933) : *Aristote. Le second livre de l'Économique*, Leyde.

Van Hook, L. (1920 : « The Exposure of Infants at Athens », *TAPhA*, 51, 1920, 134-145.

Vanderpool, E. (1968) : « Metronomoi », *Hesperia*, 37, 73-76.

Vargyas, P. (1997) : « Le prix des denrées alimentaires de première nécessité en Babylonie à l'époque achéménide et hellénistique », in : Andreau *et al.* 1997, 335-354.

Vargyas, P. (2001) : *A History of Babylonian Prices in the First Millennium BC. 1. Prices of the Basic Commodities*, Heidelberg.

Vasi attici 1991 [1996] : *I vasi attici ed altre ceramiche coevi in Sicilia. Atti del convegno internazionale, Catania, Camarina, Gela, Vittoria, 22 marzo-1 aprile 1990*, I-II, Cronache di Archeologia 30, 1991 [paru en1996], Palerme.

Vatin, Cl. (1966) : « Un tarif des poissons à Delphes », *BCH*, 90, 274-280.

Vatin, Cl. (1976) : « Jardins et services de voirie », *BCH*, 100, 555-564.

Veblen, Th. 1970 [1899] : *Théorie de la classe de loisir*, Paris (trad. fr. de *The Theory of the Leisure Class : an Economic Study of Institutions*, New York – Londres, 1899).

Veligianni-Terzi, Chr. (2004) : *Oi Hellènides poleis kai to basileio tôn Odrusôn apo Abdèrôn poleôs mechri Istrou potamou*, Thessalonique (*non vidi*).

Vélissaropoulos, J. (1980) : *Les nauclères grecs. Recherches sur les institutions maritimes en Grèce et dans l'Orient hellénisé*, Genève – Paris.

Velkov, V., et L. Domaradzka (1994) : « Kotys I (383/2-359) et l'emporion de Pistiros en Thrace », BCH, 118, 1-15.

Vera, D., éd. (1999) : *Demografia, sistemi agrari, regimi alimentari nel mondo antico*, Atti del Convegno Internazionale di Studi (Parma, 17-19 ottobre 1997), Bari.

Vergilio, B. (2003) : *Lancia, diadema e porpora. Il re e la regalità ellenistica*, Pise.

Vérilhac, A.-M., et Cl. Vial (1998) : *Le mariage grec du vi^e siècle av. J.-C. à l'époque d'Auguste*, BCH Suppl. 32, Athènes.

Veyne, P. (1979) : « Mythe et réalité de l'autarcie à Rome », *REA*, 261-280.

Vial, Cl. (1984) : *Délos indépendante*, Paris, 1984.

Vickers, M., et D. W. J. Gill (1996) : *Artful Crafts. Ancient Greek Silverware and Pottery*, Oxford.

Vidal-Naquet, P. (1970) : « Valeurs religieuses de la terre et du sacrifice dans l'Odyssée », *AESC*, 25, 1278-1297 (= *Le chasseur noir*, rééd. Paris, 2005, 39-68).

Villanueva, M.-Chr. (1992) : *Images de la vie quotidienne en Grèce dans l'Antiquité.* Paris. Hachette.

Villanueva-Puig, M.-Chr., Fr. Lissarrague, P. Rouillard et A. Rouveret, éd. (1999) : *Céramique et peinture grecques. Modes d'emploi*, Paris.

Vilquin, E. (1979) : *La doctrine démographique de Platon,* Louvain.

Vinogradov Yu. G., V. P. Tolstikov, F. V. Shelov-Kovedyayev (2002) : « New Decrees of Leucon I, Paerisades and Eumelos from Panticapaeum », *VDI*, 58-75 (en russe).

Virlouvet, C., et Br. Marin (2004) : *Nourrir les cités de Méditerranée : Antiquité – Temps Moderne*, Paris – Aix-en-Provence – Madrid.

Viviers, D. (1994) : « La cité de Datalla et l'expansion territoriale de Lyktos en Crète centrale », *BCH*, 118, 229-259.

Vokotopoulou, J. (1990) : « Nea topographika stoicheia gia tèn chôra tôn Chalkideôn », in : *Mnèmè D. Lazaridè : Polis kai chôra stèn archaia Makedonia kai Thrakè : praktika archaiologikou synedriou, Kavala 9-11 maiou 1986,* Thessalonique, 109-144.

Vokotopoulou, J. (1997) : « Ho Kassandros, hè Kassandreia kai hè Thessalonikè », in : *Mnèmè Manolè Andronikou*, Thessalonique, 39-50.

Vreeken, W. A. L. (1953) : *De lege quadam sacra Coorum*, Groningue.

Wade-Gery, H. T. (1958) : *Essays in Greek History*, Oxford.

Wagner-Hasel, B. (2004) : « Le regard de Karl Bücher sur l'économie antique », in : Bruhns 2004a, 159-182.

Walbank, M. B. (1983) : « Leases of Sacred Property in Attica, Part IV », *Hesperia*, 52, 207-231.

Waldbaum, J. C. (1978) : *From Bronze to Iron : the Transition from the Bronze Age to the Iron Age in the Eastern Mediterranean*, Studies in Mediterranean Archaeology 54, Goteburg.

Waldbaum, J. C. (1997) : « Greeks in the East or Greeks and the East ? Royal Accountancy in an Erased Customs Account from 475 B.C.E. on the Ahiqar Scroll from Elephantine », *BASOR*, 293, 67-78.

Wallace, M. B. (1986) : « Progress in Measuring Amphora Capacities », in : Empereur & Garlan 1986, 87-94.

Wallerstein, I. (1980-1984) : *Le système du monde du XVe siècle à nos jours*, I-II, Paris (trad. fr. de *The Modern World-System (1450-1640)*, New York, 1974-1980).

Watrous, L. V., D. Hadzi-Vallianou et H. Blitzer, éd. (2004) : *The Plain of Phaistos : Cycles of Social Complexity in the Mesara Region of Crete*, Monumenta Archaeologica 23, Los Angeles.

Weber, M. (1971) [1921-1922] : *Économie et société*, I-II, Agora, Paris (trad. fr. de *Wirtschaft und Gesellschaft : Grundriß der verstehenden Soziologie*, Tübingen, 1921-1922).

Weber, M. (1985) [1904-1905] : *L'éthique protestante et l'esprit du capitalisme*, Agora, Paris (trad. fr. de *Die protestantische Ethik und der Geist des Kapitalismus*, 1ère éd., in *Archiv für Sozialwissenschaften und Sozialpolitik*, 20-21, 1904-1905).

Weber, M. (1998) [1909] : *Économie et société dans l'Antiquité. Précédé de : Les causes sociales du déclin de la civilisation antique*, introduction de H. Bruhns, Paris (trad. fr. de *Agrarverhältnisse im Altertum*, dans *Handwörterbuch der Staatswissenschaften*, 3e éd., I, Iéna, 1909 ; nouvelle édition critique complète par J. Deininger, *Max Weber. Zur Sozial- und Wirtschaftsgeschichte des Altertums, Schriften und Reden 1893-1908*, Tübingen, 2006, avec les trois versions des *Agrarverhältnisse*, et en outre entre autres les essais *Die sozialen Gründe des Untergangs der antiken Kultur*, *Kapitalismus im Altertum* et *Agrargeschichte. Altertum)*.

Welles, C. B. (1938) : « New Texts from the Chancery of Philip V of Macedonia and the Problem of the "Diagramma" », *AJA*, 42, 245-260.

Wells, B., éd. (1992) : *Agriculture in Ancient Greece. Proceedings of the Seventh International Symposium at the Swedish Institute at Athens, 16-17 May 1990,* Stockholm.

Welskopf, E. C., éd. (1973) : *Hellenische Poleis*, I, Berlin.

Werner, W. (1997) : « The Largest Ship Trackway in Ancient Times : the Diolkos of the Isthmus of Corinth, Greece, and Early Attempts to Build a Canal », *IJNA*, 26.2, 98-119.

Wertime, T., et J. Muhly, éd. (1984) : *The Coming of the Age of Iron*, New Haven.

Whitbread, I. (1995) : *Greek Transport* Amphorae : *a Petrological and Archaeological Study*, Athènes.

Whitby, M. (1985) : « Justinian's Bridge Over the Sangarius and the Date of Procopius' *De aedificiis* », *JHS*, 105, 129-148.

Whitby, M. (1998) : « The Grain Trade of Athens in the Fourth Century BC », in : Parkins & Smith 1998, 102-128.

White, K. D. (1977) : *Country Life in Classical Times,* Ithaca.

White, K. D. (1984) : *Greek and Roman Technology*, Londres.

Whitehead, D. (1986) : *The Demes of Attica, 508/507-ca. 250 B.C. A Political and Social. Study*, Princeton.

Whitley, J. (2001) : *The Archaeology of Ancient Greece*, Cambridge.

Whitley, J. (2003-2004) : « Archaeology in Greece 2003-2004 », *Archaeological Reports*, 50, 1-92.

Whittaker, C.R., éd. (1988) : *Pastoral Economies in Classical Antiquity*, Cambridge Philological Society Suppl. 14, Cambridge.

Wiegand, Th., et H. Schrader, *Priene,* Berlin, 1904.

Wiegand, Th., et U. von Wilamowitz (1904) : « Ein Gesetz von Samos über die Beschaffung von Brotkorn aus öffentlichen Mitteln », *SDAW*, 917-931.

Wiemer, H.-U. (1997) : « Das Edikt des L. Antistius Rusticus : eine Preisregulierung als Antwort auf eine überregionale Versorgungskrise ? », *AS*, 47, 195-215.

Wiemer, H.-U. (2002) : *Krieg, Handel und Piraterie : Untersuchungen zur Geschichte des hellenistischen Rhodos. Klio. Beiträge zur Alten Geschichte, Beihefte, Neue Folge Band 6*. Berlin.

Wilhelm, Ad. (1942) : « Proxenie und Euvergesie », in : *Attische Urkunden*, V, Vienne, *SAWW*, 220.5, p. 11-86 (= *Kleine Schriften*, I.1, 627-702).

Wilkins, J. (2005) : « Fish a Source of Food in Antiquity », in : Bekker-Nielsen 2005a, 21-30.

Wilkins, J., D. Harvey et M. Dobson, éd. (1995) : *Food in Antiquity*, Exeter.

Will, Éd. (1979-1982) : *Histoire politique du monde hellénistique (323-30 av. J.-C.)*, I-II, Nancy.

Williams, Ch. K., et N. Bookidis, éd. (2003) : *Corinth*, XX. *Corinth, The Centenary, 1896-1996*, Princeton.

Williamson O. E. (1985) : *The Economic Institutions of Capitalism,* New York – Londres.

Williams-Thorpe, O., et R. S. Thorpe (1990) : «Millstone Provenancing Used in Tracing the Route of a Fourth-Century BC Greek Merchant Ship », *Archaeometry*, 32, 115–137.

Wilson, A. (2002) : « Machines, Power and the Ancient Economy », *JHS*, 112, 1-32.

Wilson, A. (2006a) : « New Light on a Greek City : Archaeology and History at Euesperides », in : Fabbricotti & Menozzi 2006, 141-149.

Wilson, A. (2006b) : « The Economic Impact of Technological Advances in the Roman Construction Industry », in : Lo Cascio 2006, 225-236.

Wilson, P. (2000) : *The Athenian Institution of the* Khoregia. *The Chorus, the City and the Stage*, Cambridge.

Woodhead, A. G. (1977) : « Der Staatliche Gesundheitsdienst im antiken Griechenland », in : Pfohl 1977.

Wörrle, M. (1988) : *Stadt und Fest im kaiserzeitlichen Kleinasien. Studien zu einer agonistischen Stiftung aus Oinoanda*, Munich.

Wrigley, E. A. (1988) : *Continuity, Chance and Change : The Character of the Industrial Revolution in England*, Cambridge.

Wycherley, R. (1972) : *The Agora of Athens : The History, Shape, and Uses of an Ancient City Center*, Princeton.

Yavetz, Z. (1988) : *Slaves and Slavery in Ancient Rome*, New Brunswick.

Yeo, C. A. (1946) : « Land and Sea Transport in Imperial Italy », *TAPhA*, 77, 221-244.

Zaccagnini, C. (1994) : « Feet of Clay at Emar and Elsewhere », *Orientalia*, 63,1-4.

Zaccagnini, C. (1995) : « War and Famine at Emar », *Orientalia*, 64, 92-109.

Zaccagnini, C., éd. (2003) : *Mercanti e politica nel mondo antico*, Rome.

Zeckhauser, R. J. (1991) : *Strategy and Choice*, Cambridge, Ma.

Zelener, Y. (2006) : « Between Technology and Productivity », in : Lo Cascio 2006, 303-318.

Zimmerman Munn, M. L. (2003) : « Corinthian Trade with the Punic West in the Classical Period », in : Williams & Bookidis 2003, 195-217.

Zolotarev, M. I. (2003) : « Chersonesus Tauricus. The Foundation and the Development of the Polis », in : Grammenos & Petropoulos 2003, 603-644.

Zoumbaki, S. (1998-1999) : « Die Niederlassuung römischer Geschäfstleute in der Peloponnes », *Tekmeria*, 4, 111-176.

Carte du monde égéen

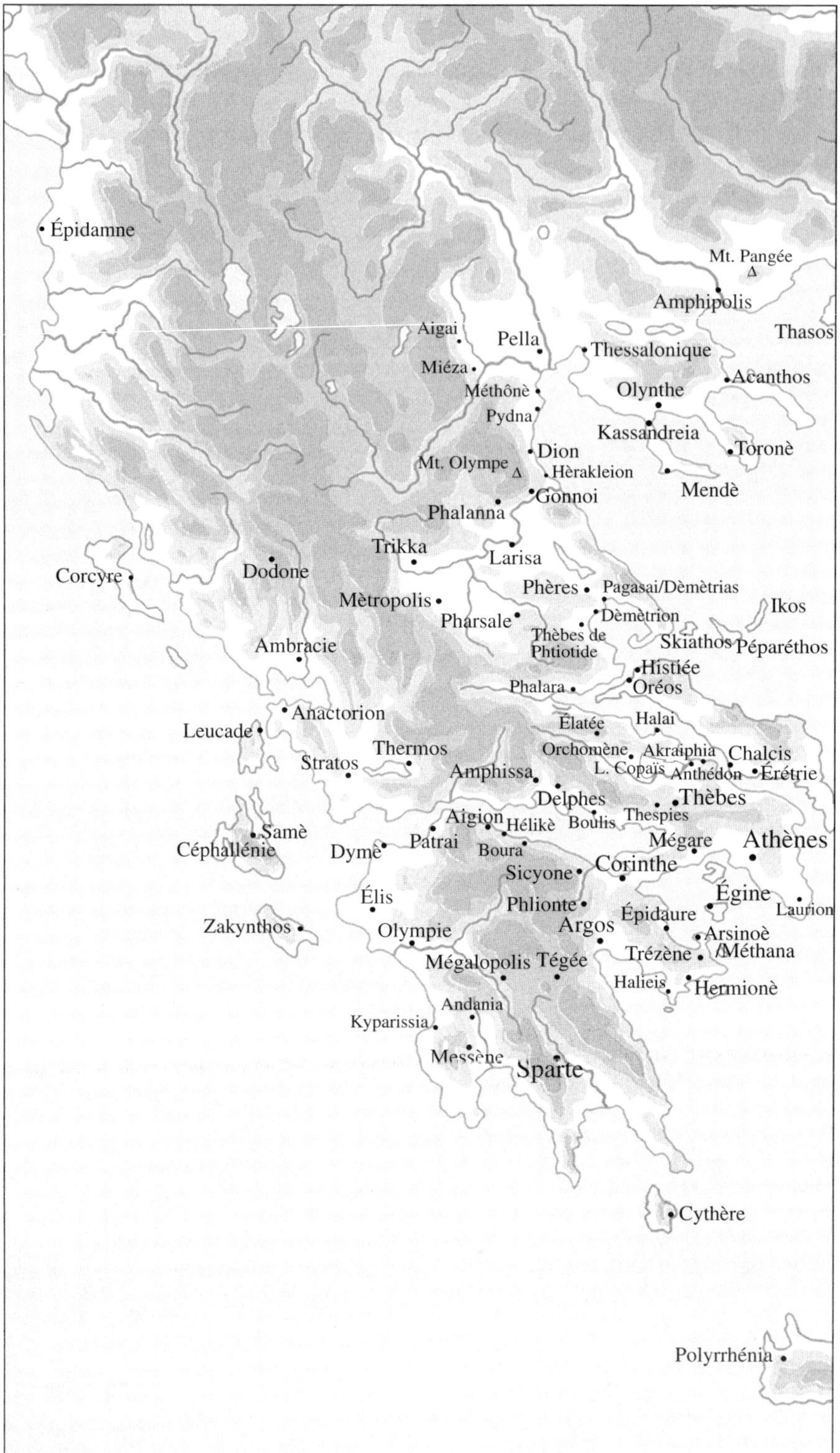

Épidamne
Mt. Pangée
Amphipolis
Thasos
Aigai
Pella
Thessalonique
Miéza
Méthônè
Acanthos
Olynthe
Pydna
Kassandreia
Dion
Toronè
Mt. Olympe
Hèrakleion
Mendè
Gonnoi
Phalanna
Trikka
Larisa
Corcyre
Dodone
Phères
Pagasai/Dèmètrias
Mètropolis
Ikos
Dèmètrion
Pharsale
Thèbes de Phtiotide
Skiathos
Péparéthos
Ambracie
Histiée
Oréos
Phalara
Anactorion
Élatée
Halai
Leucade
Thermos
Orchomène
Akraiphia
Chalcis
Stratos
Amphissa
L. Copaïs
Anthédon
Érétrie
Delphes
Thèbes
Thespies
Samè
Aigion
Hélikè
Boulis
Céphallénie
Patrai
Mégare
Athènes
Dymè
Boura
Sicyone
Corinthe
Élis
Phlionte
Égine
Laurion
Épidaure
Zakynthos
Argos
Olympie
Arsinoè
Méthana
Trézène
Mégalopolis
Tégée
Halieis
Hermionè
Andania
Kyparissia
Messène
Sparte
Cythère
Polyrrhénia

Hiéron
Sélymbria
Byzance
Chalcédoine
Périnthe
Nicomédie
Abdère
Maronée
Proconnèsos
Nicée
Kios
Ainos
Lysimacheia
Apamée
Thasos
Samothrace
Cyzique
Pruse
Lampsaque
Sestos
Abydos
Imbros
Lemnos
Ilion
Ténédos
Alexandrie
de Troade
Adramyttion
Hamaxitos
Halonnèsos
Méthymna
Pergame
Mytilène
Skyros
Phocée
Magnésie
Sardes
Smyrne
Chios
Érythrai
Clazomènes
Téos
Éphèse
Antioche
du Méandre
Karystos
Magnésie du M.
Andros
Samos
Priène
Icarie
Stratonicée
Kéos
Ténos
Milet
Mylasa
Kythnos
Délos
Théangéla
Kéramos
Halicarnasse
Paros
Naxos
Calymnos
Caunos
Siphnos
Cos
Amorgos
V. Cnide
Cnide
Mélos
Nisyros
Astypalée
Rhodes
Camiros
Théra
Lindos
Carpathos
Kydonia
Olonte
Itanos
Cnossos
Lato
Lyktos
Gortyne
Hiérapytna

Index des noms propres

V

W

X

Index des notions

V

W

Table des matières

11006525 - (I) - (3) - OSB 100° - ACT
Imprimé en France par EMD S.A.S. - 53110 Lassay-les-Châteaux
N° d'imprimeur :18667 - Dépôt légal : janvier 2008